房地产
项目管理体系下的
全成本价值策划

化荣庆 ◎ 编著

化学工业出版社

·北京·

内容简介

本书针对当前全成本价值管理的痛点、难点，运用现代项目管理的知识，从价值创造的角度着手。首先对现代项目管理进行了体系介绍，然后系统介绍了什么是房地产全成本价值管理，再详细介绍了全成本价值管理的微笑曲线。在此基础上，本书重点讲解了微笑曲线的开始端，也就是全成本价值管理策划，包括项目策划概述、拿地前的投资策划、定位策划、规划设计、工程策划、合约规划、成本策划这七大策划主题。

本书适合房地产项目管理者、房地产企业人员、房地产上下游行业的从业者阅读使用。

图书在版编目（CIP）数据

房地产项目管理体系下的全成本价值策划／化荣庆编著．—北京：化学工业出版社，2022.5
ISBN 978-7-122-41066-5

Ⅰ.①房… Ⅱ.①化… Ⅲ.①房地产-项目管理-成本管理　Ⅳ.①F293.33

中国版本图书馆CIP数据核字（2022）第050414号

责任编辑：毕小山
责任校对：王　静　　　　　　　　　装帧设计：王晓宇

出版发行：化学工业出版社（北京市东城区青年湖南街13号　邮政编码100011）
印　　装：河北京平诚乾印刷有限公司
787mm×1092mm　1/16　印张28¾　字数694千字　2022年7月北京第1版第1次印刷

购书咨询：010-64518888　　　　　　　售后服务：010-64518899
网　　址：http://www.cip.com.cn
凡购买本书，如有缺损质量问题，本社销售中心负责调换。

定　价：198.00元　　　　　　　　　　　　　　　　版权所有　违者必究

有全局观；二是站在老板的角度，要会算账，要有商业观；三是站在管理者的角度，要有现代项目管理观。三观统一，又能落实在行动上，才是一个优秀的项目总。为此，本书着重从拿地前的项目策划讲起，一直讲到项目实施过程中的每一个细节，包括定位、设计、工程、合约、成本等方面的策划。要想做好项目，必须重视策划。通过策划，才能发现问题，提出解决问题的最佳实施方案。

当下，很多房企强调大运营管理，可实际仅停留在了"说"字上，而无具体行动。有的即使行动了，也不过是蜻蜓点水，应付老板而已。如果老板对这方面没什么兴趣，其后果则可想而知了。未来要做好地产项目，如果没有优秀的项目总，一切都为零。项目总离市场最近，每天泡在项目上，对具体项目的了解一定比后方的行政部门、综合部门更清楚。这是项目总的责任，但如果项目总发现不了问题，不懂工程，不懂管理，不懂商务，又教条地执行一些内部规定和标准，这就是不合格的。项目总一定要学会发现价值，创造价值。这在精细化管理要求下，意义十分重大。

毋庸置疑，化荣庆先生把他的经验、教训用心凝结成这本书。这是一本操作宝典，必将为在这方面有需要的管理者提供启迪和指导。当读者能举一反三，融会贯通时，有助于做好每一个项目，并能成就他的人生。

吴建斌

2021年8月13日

阳光城集团执行副总裁

原碧桂园集团执行董事、财务委员会主席、首席财务官

原中国海外集团常务董事、副总经理、财务总监

原中海投资发展集团有限公司董事长

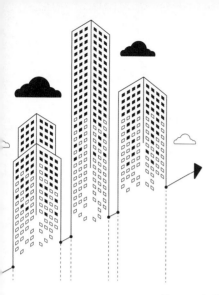

序一
此书的出版恰逢其时

从1998年算起,中国房地产行业兴旺发达了二十多年,可谓黄金期。但自2018年以来,随着房地产行业的高度成熟及其在经济社会中的地位改变,国家陆续而且密集出台了多项政策,有的从债务管理端,有的从筹资融资端,有的从销售预售端,形成了"五限政策""三道红线""两道红线"等规定,致使房地产行业供需减弱,利润率下降,大部分房企流动性受到了前所未有的抑制。

面对如此情况,房地产商们纷纷寻求突破,已经逐渐认识到精细化管理的重要性。但如何做好精细化管理,至今没有一本完整的、有见地的、教科书级的指南。我在房地产行业从业三十多年,见识过中海、碧桂园、阳光城的做法,深知精细化管理涵盖了房地产开发的全过程。从买地开始,到设计,到集中采购,到施工,到销售,再到售后服务,处处要求精细化管理。面对这么多的管理环节,到底从哪里抓起,如何抓,体系如何建立,节点如何把控,标准又是怎样的,都需要落实到具体行动上。如果一家房企没有这些有实战经验的经理人,那是说不清楚的,即使很努力,也仅能停留在皮毛之上,或一知半解之上,是解决不了问题的。

我和化荣庆先生共事多年,他是理科出身,工程管理专家,曾经参与过很多著名的项目实施管理,加上勤奋好学,愿意交流,又善于总结,就在房企急需这方面知识和智慧之时,把自己经历过的项目管理经验及后期的授课体会和系统学习理论融为一体,也就成就了这本书。这本书具有强烈的实战感,堪称宝典。若能照这本书去做,定会收获颇丰,同时可以降本增效,对于公司改善项目利润率大有裨益。

曾经有一位老板请教我中海地产是怎么做好每一个房地产项目的,我说了两点,一是买好地,二是选好项目总。在化荣庆先生的这本书中,用了大量的图像、数据及现场实例,就是着重解决项目总遇到问题如何面对这一难题。因此,书中的很多观点,我是赞同的。

其中,一个优秀的项目总必须要有三观:一是站在经营者的角度,做事要

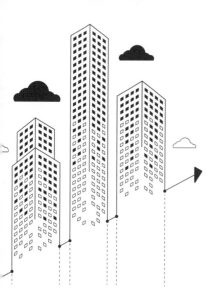

序二 一书在手,"降本"无忧

作为生活必需品的房子,无时无刻不在撩动社会的神经。我国房地产经过迅速扩张发展,已逐渐进入"白银"时代。针对可能到来的"窗口期",历经磨难的房企觉醒:过去黄金时代的超额利润、高房价确实在很大程度上削弱了房企对成本管理的重视程度,"晒地就是钱"的短视观念必须从根本上消除,精细化降本增效成为微利时代下房地产行业的必由之路。为尽快追回和减少损失,尤其是在相关政策日益收紧之时,大家更加意识到"开源节流并重""省钱就是赚钱"。因此,挖掘每一个项目,加强成本控制、实现有效节流、向管理要效益才是地产业应对市场巨变的核心能力。

"降成本就是保利润,就是增效益。"科学的成本管理在于用精细化、专业化的管理思维,建立全员、全过程成本管理意识和文化,做到目标分解、责任落实、考核监控全到位,从细节入手,在问题上抓实,以实现企业利润最大化。"三全"成本管理为行业聚焦,但房地产开发是一个复杂的系统工程,项目投资大,建设周期长,设计、工程建造的专业性和政策依赖性都很强,精细化的成本控制和项目管理都存在相当大的难度。"现实很骨感",实践中目标成本屡屡突破,过程控制难以下手,绩效考核形同虚设等,难以直击"痛点"。

所幸今天,化荣庆先生在自己深耕房地产二十余年之后,结合自己的实战、思考和授课,通过全成本价值管理的"微笑曲线",将成本管控与项目生命周期紧密结合,分阶段、分模块详解了全成本策划和控制方法,通过理论引导、实战经验和正反案例(尤其是教训)分析,深度揭秘了标杆房企(如中海、碧桂园、万科、龙湖等)成本控制的优秀做法和背后的逻辑,客观点评了那些不慎流失的"高额利润",给大家一整套"事前精策划、事中控管理、事后真评估"的精准系统控制工具。掌握了这一方法,众多房企不必再挣扎在"活下去"的边缘。

"立德、立功、立言"是国人追求的极致,化荣庆先生努力做到了。这样一本洋洋洒洒、无数图表、无数案例的心血结晶真正成了房企管理经营从业者和研究爱好者"降本增效"的利器,各环节的思维导图拨开了重重迷雾。"站在巨人的肩膀上",降本增效其实就这么简单。"授人以鱼不如授人以渔",他幽默地将这本书也做了个"降本增效"的价值测算,相信朋友们读到这里,定能会心一笑,的确物超所值。

我是化荣庆先生的大学同窗。同为理科出身的我,只能驻足实践仰望,上升不到理论和教授的高度。"师者,所以传道授业解惑也。"化荣庆谦虚地称自己是站着的"学生",大家是坐着的老师。诚如其言,我想,在我们分享其成果时,他定当是又学了一回的。而且,本书还附送增值利器,真正实现了"学海无涯"的愿景,他时刻陪伴着大家。荣幸作为他上铺的兄弟,喜见大作问世,要我作序,不敢推辞,欣然写下这些文字,虽未及一二,却更知其精妙。随手一阅,即有所得,大到项目策划,小到网管孔洞,细到每一个具体环节。

"中国不缺房子,而是缺好房子。"大形势下的地产业势必在相当长的时期内要顶住困难前行,中国地产已经逐步从高速发展转到高质量发展上来,竞争变得更加白热化,就连逻辑都在发生巨大改变。地产人在适应,"痛并快乐着",这与新时代的发展同步。"三孩政策"的出台和"对美好生活的向往"更强化着这种感觉:我国地产业至少还有二十年的机遇期。如何在品质需求和开发成本控制的博弈中实现双赢、多赢,是未来地产人不得不去面对的课题。本书提出的全面科学成本观、精细化全成本价值管理流程、实战技巧及复盘等,都会让其价值更加放大,这些实战案例更显弥足珍贵。

化荣庆先生具有二十七年的行业经验以及全国大型央企和上市公司的高管履历。本书不仅是在回味他的地产事业生涯,更是他作为行业专家展示给我们的珍贵宝典。

周彤
2021年8月15日晚于麓山
长沙盈润投资管理有限公司董事长

目录

第1章　项目管理体系　/001

1.1 什么是项目管理　/004
- 1.1.1 什么是项目　/004
- 1.1.2 项目的多种特性　/004
- 1.1.3 项目管理的定义　/006
- 1.1.4 项目管理与运营管理的关系　/006
- 1.1.5 什么是现代项目管理体系　/008
- 1.1.6 现代项目管理的应用前景　/009

1.2 现代项目管理应该具有的思维　/012
- 1.2.1 整合思维，有大局观　/012
- 1.2.2 以项目结果为导向　/014
- 1.2.3 发挥以项目经理为核心的项目团队作用　/014
- 1.2.4 微笑曲线　/014
- 1.2.5 价值工程下的决策　/015

1.3 项目经理与项目架构　/016
- 1.3.1 对项目团队成员的要求　/017
- 1.3.2 项目经理的核心价值观　/017
- 1.3.3 项目经理的作用　/019
- 1.3.4 项目组织结构比较　/020
- 1.3.5 标杆企业对项目经理及项目结构设置的良好做法　/024

1.4 房地产项目应用现代项目管理体系　/029

第2章　全成本价值管理　/033

2.1 成本管理四段论　/034
- 2.1.1 核算型管理阶段　/034
- 2.1.2 目标控制型管理阶段　/037
- 2.1.3 策划型管理阶段　/039
- 2.1.4 全价值创造型全成本价值管理阶段　/039

2.2 全成本价值管理的"五全" /039
2.2.1 全员的责任维度 /040
2.2.2 全过程的时间维度 /044
2.2.3 全业务的业务维度 /047
2.2.4 全成本科目的费用维度 /047
2.2.5 全领域的体系维度 /049
2.3 项目风险管理工具 /049

第3章 全成本价值管理的微笑曲线 /051

3.1 什么是全成本价值管理的微笑曲线 /052
3.2 微笑曲线的开始端 /056
3.2.1 标杆企业重视微笑曲线的开始 /056
3.2.2 项目开盘不理想的原因分析 /058
3.2.3 项目能顺利实现、顺利开盘的措施 /059
3.3 微笑曲线的结尾端 /061
3.3.1 认识复盘 /061
3.3.2 如何进行项目复盘 /062
3.3.3 复盘的应用 /064

第4章 项目策划概述 /067

4.1 项目策划的前提是基准与范围管理 /068
4.1.1 范围管理 /068
4.1.2 范围管理的"漂移"问题 /068
4.1.3 范围管理的工作分解结构：WBS /070
4.1.4 范围管理的产品范围：产品适配 /072
4.2 项目成功的标尺 /075
4.3 如何进行项目策划 /077
4.3.1 碧桂园的策划体系 /078
4.3.2 中海地产的"沙盘推演"工具 /083

第5章　拿地前的投资策划　　/085

- 5.1 房地产形势判断与投资选择　/086
- 5.2 房地产常用拿地模式分析　/089
  - 5.2.1 直接招拍挂　/090
  - 5.2.2 意向性投资　/091
  - 5.2.3 一二级市场联动　/092
  - 5.2.4 三旧改造　/096
  - 5.2.5 土地使用权转让　/100
  - 5.2.6 股权转让与合作开发　/101
  - 5.2.7 联营型合作开发　/104
  - 5.2.8 委托代管代建　/104
  - 5.2.9 各种拿地模式下的税务成本　/105
- 5.3 拿地工具与方法介绍　/106
  - 5.3.1 拓展信息渠道　/106
  - 5.3.2 地块市场调研　/108
  - 5.3.3 多位一体会　/113
- 5.4 投资测算与成本优化　/114
  - 5.4.1 土地成本　/115
  - 5.4.2 行政事业性收费与前期工程费用　/119
  - 5.4.3 主体建筑安装工程费　/123

第6章　项目定位策划　　/143

- 6.1 项目定位定什么　/144
- 6.2 项目如何定位　/145
  - 6.2.1 对市场、地块的情况要了然于胸　/146
  - 6.2.2 应对竞品进行全面对标　/147
  - 6.2.3 认真对待客户调研　/149
  - 6.2.4 形成自身项目的市场定位　/154
  - 6.2.5 最后形成开发建议　/165

6.3　项目定位案例分析　　　　　　　　　　　　　　　/167

第7章　项目规划设计　　　　　　　　　　　　　　/171

7.1　项目规划设计的阶段划分　　　　　　　　　　　/172
7.2　可研阶段设计与成本控制重点　　　　　　　　　/174
　　7.2.1　可研阶段的主要内容　　　　　　　　　　/174
　　7.2.2　可研阶段设计与成本控制的重点　　　　　/174
　　7.2.3　标杆企业在土方及基础设计上的案例分享　/178
　　7.2.4　建设指标及规划条件　　　　　　　　　　/182
　　7.2.5　产品品类（产品线）　　　　　　　　　　/185
7.3　概念和方案阶段设计与成本控制重点　　　　　　/185
　　7.3.1　概念及方案阶段的重点　　　　　　　　　/185
　　7.3.2　总图规划设计概要　　　　　　　　　　　/188
　　7.3.3　产品组合与户型配比　　　　　　　　　　/189
　　7.3.4　建筑体型与户型优化　　　　　　　　　　/193
　　7.3.5　可售率管理　　　　　　　　　　　　　　/198
　　7.3.6　竖向标高管理　　　　　　　　　　　　　/201
　　7.3.7　展示区初步策划　　　　　　　　　　　　/203
7.4　扩初阶段设计与成本控制重点　　　　　　　　　/206
　　7.4.1　外立面优化设计专题　　　　　　　　　　/207
　　7.4.2　门窗工程优化设计与成本控制专题　　　　/216
　　7.4.3　结构工程优化设计与成本控制专题　　　　/226
7.5　施工图阶段设计与成本控制重点　　　　　　　　/233
　　7.5.1　综合叠加图　　　　　　　　　　　　　　/233
　　7.5.2　各种细化图的设计　　　　　　　　　　　/233
　　7.5.3　施工图设计中的建筑材料和工艺考量　　　/236
7.6　地下综合管网净空高度解决方案　　　　　　　　/237
　　7.6.1　应用BIM进行优化设计　　　　　　　　　/237
　　7.6.2　应用手工BIM进行优化设计　　　　　　　/240
　　7.6.3　地下室管网综合布置技术要遵循的七项基本原则　/242
　　7.6.4　地下室管网综合布置实施步骤　　　　　　/244

7.7 地下室优化设计与成本控制 /253
7.7.1 住宅地下室优化设计要点 /256
7.7.2 地下车库案例 /260
7.7.3 地下车库车位配比的深度思考 /263
7.7.4 Loft地下车库新技术 /264

7.8 地基、基础设计与成本控制专题 /265
7.8.1 强夯法 /266
7.8.2 抗拔构件中锚杆、管桩、灌注桩三者的比选研究 /268

第8章 项目工程策划 /275

8.1 工程策划与全成本价值策划的关系 /276
8.1.1 工程策划与工程管理在降本增效中的作用 /276
8.1.2 工程策划的内容 /278
8.1.3 工程策划须遵循项目管理目标 /280

8.2 通过开发报建策划来降本增效 /283
8.2.1 开发报建的要素、定位、意义和作用 /284
8.2.2 开发报建策划的内容 /285
8.2.3 建设工程规划许可证策划 /287
8.2.4 建设工程施工许可证策划 /291
8.2.5 商品房预售许可证策划 /292
8.2.6 优秀开发报建策划的良好做法 /293
8.2.7 报建12个痛点总结 /294
8.2.8 开发报建与设计有效协同 /296
8.2.9 开发报建中的政府关系维护与公关技巧 /297

8.3 展示区的降本增效策划 /299
8.3.1 做好前置的策划和标准动作 /301
8.3.2 四抢四保 /304
8.3.3 十项管理 /307

8.4 如何通过大穿插策划来降本增效 /311
8.4.1 大穿插技术要点解析 /314
8.4.2 大穿插对成本的影响分析 /317

8.4.3	大穿插的基本理论及逻辑支持	/321
8.4.4	碧桂园对大穿插及工期优化的指引	/325
8.4.5	大穿插施工的三大突破和三大最难挑战	/328
8.4.6	现场降本增效的管理工具	/332

第9章　项目合约规划　　　　　　　　　　　　　　　/335

9.1　认识合约规划　　　　　　　　　　　　　　　　/336
- 9.1.1　合约规划的作用　　　　　　　　　　　　/337
- 9.1.2　合约规划的前置条件与成果输出　　　　　/340
- 9.1.3　合约规划的实施时间　　　　　　　　　　/346
- 9.1.4　合约规划的编写组织　　　　　　　　　　/347
- 9.1.5　影响合约规划内容的因素　　　　　　　　/347
- 9.1.6　如何来编制合约规划　　　　　　　　　　/350

9.2　合约规划之标段划分　　　　　　　　　　　　　/352
- 9.2.1　总体标段划分原则　　　　　　　　　　　/352
- 9.2.2　中海总包分区分段划分的良好做法　　　　/353
- 9.2.3　中海分包招标的良好做法　　　　　　　　/355

9.3　合约规划之承包范围与界面划分　　　　　　　　/356
- 9.3.1　合约界面管理的意义　　　　　　　　　　/357
- 9.3.2　总分包界面管理的原则　　　　　　　　　/358
- 9.3.3　总分包界面管理　　　　　　　　　　　　/360
- 9.3.4　界面划分的三种表现形式　　　　　　　　/369
- 9.3.5　关于界面划分中的质量交接面　　　　　　/370

9.4　合约规划之招标计价方式　　　　　　　　　　　/371
- 9.4.1　费率计价　　　　　　　　　　　　　　　/371
- 9.4.2　模拟工程量清单计价　　　　　　　　　　/372
- 9.4.3　工程量清单计价　　　　　　　　　　　　/372
- 9.4.4　总价包干计价　　　　　　　　　　　　　/372
- 9.4.5　复合型招标计价　　　　　　　　　　　　/373

9.5　合约规划之评标、议标、定标　　　　　　　　　/375
- 9.5.1　招标方式决策　　　　　　　　　　　　　/375

	9.5.2　招标与议标的合约规划	/377
	9.5.3　评标定标原则	/381
9.6	合约规划之物资采购策划	/384
	9.6.1　甲方采购	/384
	9.6.2　甲供材料的界面划分	/387
	9.6.3　甲指乙供材料的界面划分	/389
	9.6.4　关于对认质认价问题的看法	/390
9.7	合约规划中合约与成本科目的对应	/390
9.8	合约规划后期的更新与动态成本监控	/394

第10章　项目成本策划　/399

10.1	成本策划的认识	/400
10.2	成本策划的内容	/403
	10.2.1　项目经营指标	/404
	10.2.2　项目成本策划内容	/405
	10.2.3　项目资金策划	/417
	10.2.4　成本管控策略	/417
	10.2.5　成本策划的主要成果	/418
10.3	成本策划的动态监控	/418
	10.3.1　碧桂园动态成本的良好做法	/419
	10.3.2　动态监控的两种做法	/423
10.4	动态成本控制的"一月一清"专题	/428
	10.4.1　认识签证、变更、索赔	/429
	10.4.2　引起签证、变更的原因及应对	/431
	10.4.3　规范签证的良好做法	/436

后记　/442

参考文献　/445

CHAPTER ONE

第 1 章

项目管理体系

近些年，一批批国家级重点特大型复杂项目（如港珠澳大桥、青藏铁路等）的顺利竣工与使用，反映了中国项目管理的高超水平。中国项目管理水平不但体现在实践上，在理论和创新方面也有很高的学术地位。南开大学项目管理工程硕士中心主任、南开大学现代项目管理研究中心主任戚安邦老师（作者的恩师），在2009年获得了IPMA项目管理研究大奖。戚安邦老师凭借卓越的国际学术影响力，担任了国际项目管理协会研究委员会的主席。

聚焦房地产领域，根据2018年国家统计局公布的数据显示，由1978年的城镇人均住房面积8.1m^2，到人均住房建筑面积39m^2，城镇住房套均面积从44.9m^2增至89.6m^2，城镇住宅套数从约3100万套增至3.11亿套。增长的除了住房面积和套数，还有用作商业办公用途的超高层建筑的数量和高度。据"The Tower Info"网站在2021年5月份公布的排名，中国是当下世界上拥有高楼数量最多的国家，在已建成的高楼中，有多达超过1400座高度150m以上的高楼，超过50座是300m以上的摩天大楼。除了已建成的，还有一大批在建的超高层项目。这么多的房地产项目，一样离不开专业而深入的项目管理。

综上所述，中国的项目管理水平是很高的，是世界瞩目、有目共睹的。管理的水平体现在实践项目的数量、高度、难度上，更体现在理论的深度和项目的创新发展上。

受戚安邦老师《项目管理学》一书的影响，作者在工作学习中不断理论联系实际，力求在总结房地产开发领域实践经验的同时，利用培训咨询的良好机会，与行业内的诸多专业人士一起深入探讨项目管理中的问题，力求找出解决工作实际问题的切实可行的最优方法和管理思路，在借鉴过往经验的同时，也进行了某些创新的思考，如本书提到的全成本价值管理、微笑曲线等。通过不断地工作学习，越来越发现项目管理涉及多学科、多专业、多维度，博大精深。

讲到项目管理的多学科问题，就需要讲一下本书引用的学术书籍，除了戚老师的《项目管理学》，还融合了美国项目管理协会的《项目管理知识体系指南（PMBOK指南）》（以下简称《PMBOK指南》或《PMBOK》），以及与MBA和EMBA有关的人力资源管理、组织行为学、管理经济学、领导学、收购与兼并、税收制度与税务筹划等多种学科与知识。

在作者讲课实践中，大家都是带着问题和困惑来的，只讲理论通常不受欢迎，因此作者通常会讲很多案例，用99%的时间讲具体问题，只用10~15分钟的时间讲解与课程有关的一点理论知识。但实际上，理论知识才是解决根本问题的命脉和法宝。只是现代人太功利与急躁，往往出于多方面原因，只看到或只能顾及问题的表面，却不去深究事物内在的问题，因此造成了人们总是疲于奔命的普遍现象。

管理大师彼得·德鲁克在《管理的实践》一书中强调，管理人员一定要避免"活动陷阱"，不能只顾低头拉车，而不抬头看路，最终忘记了自己的主要目标。要掌握项目管理的捷径其实还是应该多读些与项目管理有关的理论书籍，找到好方法，运用好"套路"，再结合实践，达到事半功倍的效果（图1-0-1）。

管理工具　最想介绍的管理工具就是如何找到并应用"套路"，这是受《刻意练习》这本书的影响。这个"套路"可以理解为成功的"捷径"，成功原来是有很多共性的特点，是有捷径的。下面以思维导图的形式把成功的"套路"介绍给大家，如图1-0-2所示。

图 1-0-1
漫画
（左边的圆形轮子代表好方法、捷径，右边的方形轮子代表固执的、落后的方法）

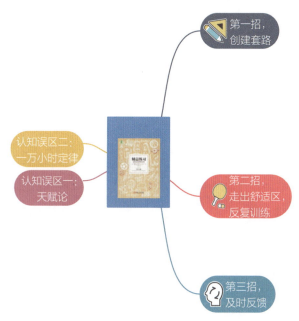

图 1-0-2
刻意练习 – 成功的秘诀思维导图

扫码阅读详图

第 1 章　项目管理体系　003

1.1 什么是项目管理

1.1.1 什么是项目

要知道什么是项目管理,就要先知道什么是项目。

《项目管理标准》和《PMBOK指南》是美国项目管理协会(以下简称"PMI")的经典项目管理书。书上给出了项目的定义:项目是为创造独特的产品、服务或成果而进行的临时性工作。

戚安邦老师对项目的定义给出的解释会更好:项目是一个组织为实现既定的目标,在一定的时间、人员和其他资源的约束条件下,所开展的一种有一定独特性的一次性工作。

项目不仅是指专业的建筑项目,房地产领域的工程也是项目。根据美国项目管理专业资质认证委员会主席Paul Grace的说法,"在当今社会,一切都是项目,一切都将成为项目"。

因为事事皆项目,所以项目管理的应用十分广泛。大到国家重点建设项目,如神舟七号、港珠澳大桥、地铁干线,小到一次年终总结、一次楼市开盘售卖,甚至一次晚餐、一次会议等,都可以称为项目,可以应用项目管理的知识。

1.1.2 项目的多种特性

项目有多种特性,如图1-1-1所示。

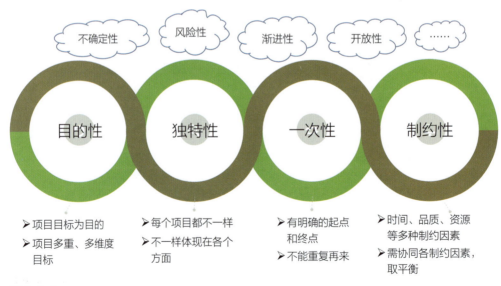

图1-1-1
项目的多种特性

(1)项目的目的性

项目的目的性即目标性,是指项目要以实现目标为基本要求。有时项目只有一个目标,有时有多重目标。房地产项目的目标,可以分为对内目标和对外目标。对内目标是在合理的工期内,在优秀的品质及成本可控的前提之下,实现利润最大化,使现金流尽快回正;对外目标,就是要有良好的客户满意度和社会口碑。

项目的目标管理应该遵循"SMART"原则,如图1-1-2所示。

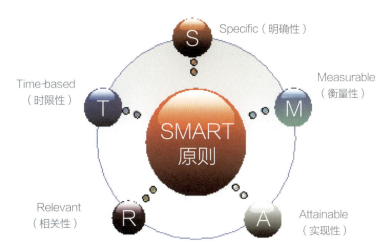

图1-1-2
项目目标的"SMART"原则

(2)项目的独特性

以房地产项目为例,尽管一个小区里有很多栋楼都是根据同一个平面图纸施工的,似乎没有独特性,但是由于位置不同,施工的节奏也不同,施工队伍、施工质量各有不同,所以处处能体现出项目的独特性。

正是因为项目具有独特性,才能体现出管理的价值,否则项目管理就像工厂化生产一样简单了。

(3)项目的一次性

项目的一次性是指项目有明确的起点和终点,不能重复再来。这个特点,决定了时间对项目的重要性。比如,房地产抢销售一般都会在周六或节假日之前拿到销售许可证。又比如,为了上市公司年底业绩计算的需要,很多项目选择在元旦之前入伙以便结转。

在与业主签署购买合同时,交房的日期对房企来说基本上是充裕的,但是设计变更、施工材料、施工单位等各种问题往往造成开始的工期延误,后期交房前的装修、园林绿化、室外道路等拼命赶工,往往造成品质下降,从而影响房地产企业品牌。

(4)项目的制约性

项目是在一定的时间限定、一定的资源约束、一定的质量要求、一定的范围、一定的预算等各种制约条件下完成的,最后还要令客户满意,如图1-1-3所示。

制约因素相互竞争,各个制约因素对不同项目的重要性不一样。项目经理应根据项目环境、组织文化、

图1-1-3
项目的多种制约因素

相关方需求和其他变更进行裁剪管理这些制约因素。

项目除了具有以上四个基本特性外,还衍生出一些其他特性,如项目的不确定性、风险性、渐进性,项目成果的不可挽回性,项目的临时性和开放性等。

渐进性是指项目一开始并不是很清晰,但随着项目的进行,人们对项目的认识和了解会不断加强,外界环境也会不断影响项目,各种内外因素、变量一直作用于项目,导致项目的确定性信息越来越多,过程中的中间结果也会越来越多,所以项目会越来越确定。

这些特性提醒我们,项目管理的每个阶段都要及时准确地获取各种内外项目信息,并及时做出科学的研判和应对。

1.1.3　项目管理的定义

《PMBOK指南》对项目管理的定义是:项目管理就是将知识、技能、工具与技术应用于项目活动,以满足项目的要求。

项目管理不善或者缺乏项目管理可能会导致超过时限竣工、成本超支、质量低劣、返工、组织声誉受损、相关方不满意、无法达成项目目标等问题。

项目管理是管理学的一个分支。戚安邦老师在其著作《项目管理学》一书中对项目管理进行了定义:"项目管理是使用各种管理方法、技术和知识为实现项目目标面对项目各项活动所开展的管理工作"。

戚安邦老师对"管"和"理"作了独到而深入的解释。他认为:

① "管"就是"以其昭昭,使人昭昭",就是按照客观规律去管人和管事,普遍的客观规律如"道生一,一生二,二生三,三生万物"是放之四海而皆准的;

② "理"就是"为了使人昭昭,先要使己昭昭",即找出管理的客观规律,也就是"套路",例如,"人法地、地法天,天法道,道法自然"。

从项目管理的解释来看,项目管理是有规律、有套路的,只要按照这个规律和套路去做,就会满足项目的要求,可见项目管理的意义和作用还是非常大的。

华罗庚在20世纪60年代中期讲过,我们的企业要两条腿走路,一个是科学技术,一个是项目管理。可以说,中国目前的企业早已会走路了,也能走好路了。现在要进入如何走好、如何跑、如何跑好的阶段。

美国项目管理协会执行总裁Virgfi Carter先生指出:"随着全球经济一体化以及科学技术的日新月异,项目管理作为一次性创造活动的管理模式,已成为适应新经济时代最具生命力的管理工具之一。"

美国学者DavidCleland断言,在应对全球化的市场变化中,战略管理和项目管理将起到关键作用。

1.1.4　项目管理与运营管理的关系

项目管理与运营管理既有联系,又具有不同之处。

它们的共同点显而易见:

① 都是由人完成的;

② 都是有计划、有执行、有控制的管理;

③ 都有资源的限制。

他们的不同之处也是非常明显的。

① 项目管理是临时性工作，运营管理是持续性工作。对于房地产公司来说，建造项目是项目管理，而建造完成移交给物业公司之后就是运营管理。

② 项目管理可交付成果为新事物，运营管理保持着可交付成果。项目管理交付的成果是独特的产品、服务和结果，而运营管理交付的是可重复的产品、服务和结果。

③ 项目管理是受预算约束的，运营管理是可持续驱动的。每个项目都有其固定的预算，而运营则是通过关注成本和收益，并获得利润来保持系统的可持续发展。

④ 项目管理由项目团队完成，运营管理由职能部门来完成，例如财务、人力。项目管理的团队是临时的、变化的，由项目经理负责，而运营管理是由相对稳定的、持久的公司部门完成，由部门经理完成。

⑤ 项目追求的重点是效果，运营追求的重点是效率。

项目管理是面对一次性、独特性和不确定性的例外活动，因而适合知识经济或二次现代化社会，适合面对意外和例外的管理。运营管理的适用对象，是周而复始、不断重复的日常经营活动，适用于工业经济或一次现代化社会。对于房地产集团公司来说，由于项目众多，且每个项目都相差不大，因此适合用集团公司统一的标准来要求每一个项目，图纸标准化、公司流程标准化，希望像工厂流水线一样来管项目，这对于集团公司来讲是可以的。这样做的好处是，由于标准化、集成化程度的增加，公司很容易扩大规模，往往也会有好的公司利润表现。

房地产行业近些年发展迅速。2020年年报显示，碧桂园的在建项目多达2 958个；万科在100个城市服务3 051个住宅项目（含香港）。其中的管理包括项目管理和运营管理两个方面。

运营是为房地产组织战略实施服务的，强调战略目标的实现。明源地产研究院的《房地产项目运营最佳实践》一书给出了运营的定义：聚集房地产项目开发的全生命周期，从项目进度、质量、成本和现金流4条主线实现对整个项目的全面管理，覆盖项目发展、规划设计、项目建设和销售及服务等项目运营管理的重要阶段，从而实现对整个项目规范化、流程化和精细化的全方位运营管理。

房地产组织提出的这种运营管理就是在管理不同项目，尊重项目独特性的同时，利用项目的共同性进行集团组织层面的管理，兼顾独特性和共同性的平衡。因此，近些年，大家对运营管理越来越重视。

但是，重视归重视，一定要用好用对。在集团公司层面，需要用到运营管理。而在项目层面，由于房地产的绝大部分项目面对外部的环境和内部的管理是复杂的，会有很多意外情况的管理，因此，在项目层面，应该用项目管理的思维，而不是用运营的思维。

哈佛大学商学院不招收本科生只设研究生院，他们对MBA的理解不光是工商管理硕士的简称，还有一个特别的解释，就是"Management By Accident"，即对意外和例外的管理。这个意外和例外的管理其实就是风险管理。可见，高层次的管理不是运营管理，而是对意外的管理，即项目的风险管理。戚安邦老师早在2004年就出版了《项目管理十大风险》，是对项目风险管理研究较早的专家。

非标准化项目和高难度项目，如酒店、综合体、坡地建筑、复杂地质下的房地产开发等，更加需要用项目管理的模式去管理。对这样的项目，如何体现是项目管理的模式，还是运营管理的模式呢？举例，在还没有拿到销售许可证的阶段，甚至还没有拿到施工许可证的阶段，某项目就换了3位项目经理，这3位项目经理都是因为能力不错才被派过来的。面对这样的项目，如果继续以项目经理来承担责任，项目有问题，把项目经理解决掉，问题还在的方式来推进项目，就是运营管理思维。职能部门的思维就是运营管理思维。运营管理思维本身没有错，错在用错了位置。如果公司与现任项目经理一起，共同把解决项目的核心问题放在第一位，就是项目管理思维的体现。

1.1.5　什么是现代项目管理体系

现代项目管理起源于军事科学、登月工程，因为工程太复杂，所以必须有一个好的体系。美国项目管理协会编写的《项目管理知识体系指南（PMBOK指南）》是现代项目管理体系的代表。

传统项目管理模型体现的是以职能分工为基础的日常运营管理为主，项目管理为辅的模式。管理的内容主要表现在项目管理的"铁三角"上，即工期、质量、成本这三个方面。

而现代项目管理是一个管理体系，在关注工期、质量、成本这三个方面的同时，还关注了整合管理（也称集成管理）、范围管理、风险管理、沟通管理、采购管理、资源管理、相关方管理（也称"干系人管理"）等多维度内容。

需要指出的是，《项目管理知识体系指南（PMBOK指南）》作为一部国际公认的、针对单个项目的管理标准，只是项目管理的方法、框架和标准，因此被称为指南。虽然是指南，但是遵循科学管理的四大要素，就是科学管理一定是将复杂的事情简单化、简单的事情数量化、量化的事情专业化、专业的事情模块化，如图1-1-4所示。

图1-1-4
管理科学的基本思路

以上管理科学的基本思路，是作者在硕士论文中引用过的内容，觉得是经典论述。例如，对于"复杂的事情简单化"这一点，作者的理解是两个方面：

① 复杂的事情简单化，是解决问题，化繁为简，抓住解决问题的本质、要点即可；

② 简单的事情复杂化，是分析问题的方法，目的就是要分析出表面问题是不是问题，可能不是问题而只是一种现象，可能提出的问题并不重要，相关事情的其他问题更加重要，解决了其他问题，这个开始提出的问题自然消失。

由此感叹：管理的科学博大精深，界定问题本身就是一个很大的问题，包含很多的学问。

《PMBOK指南》（第6版）将现代项目管理体系分为10大知识领域、5个过程组和49个过程。这10大知识领域分别是：整合管理、范围管理、进度管理、成本管理、质量管理、资源管理、沟通管理、风险管理、采购管理、相关方管理。而过程组分为启动、规划、执行、监控、收尾。图1-1-5表明了5个过程组、10个知识领域和49个过程在其中的分布，这表明现代项目管理的核心是非常看重规划过程的。

以上图表中反映两个重要的管理秘诀。

① 49个过程在5个过程组中的分布，规划过程组占了24个，是49个过程的近一半，说明规划在现代项目管理中十分重要，因此成为本书写作的主题。

	启动	规划	执行	监控	收尾	小计
整合	1	1	2	2	1	7
范围		4		2		6
进度		5		1		6
成本		3		1		4
质量		1	1	1		3
资源		2	3	1		6
沟通		1	1	1		3
风险		5	1	1		7
采购		1	1	1		3
相关方	1	1	1	1		4
小计	2	24	10	12	1	49

图 1-1-5
现代项目管理体系的"5、10、49"

② 10大知识领域中，成本只有4个过程，而且只分布在规划和监控过程组。现代项目管理难道不重视成本吗？答案肯定是重视。那么是靠什么来管理成本的呢？答案仍然在以上图表中。成本是靠项目整合来实现项目整体目标，从而实现成本目标的，因此，在房地产项目管理中，整合、跨界协同是十分重要的。

现代项目管理体系的管理内容与联系是有体系的，如图1-1-6所示。

作为项目管理，首先是要清楚项目是做什么的，即项目的范围。很多项目的失败在于范围的漂移不定，也就是需求不清楚，自己究竟要什么一直是模糊的。如果范围和需求不清楚，后面的工作程序开展起来就会受到很大的影响。比如，项目是做精装修还是毛坯房交楼，其实很影响后续的成本、工期、采购等一系列项目管理工作。

其次是项目管理的三个要求，即是进度、质量、成本，这也是传统项目管理的基本要求。

有了这么多的要求，接下来就是如何去实现。这就要用到项目的各种资源，主要是指项目资源管理、项目采购管理、项目相关方管理。

有这么多的资源，就要去协调各种资源以便加以利用。资源利用的最好方式就是沟通管理，它是项目管理的血液循环。最新项目管理研究显示，顶尖的项目经理将90%左右的时间花在沟通上。可见沟通的重要性。

项目管理的每个不同阶段，都会存在不确定性，因此有很多的风险。如何进行风险管理，是项目一直关注的。最好的风险管理是风险的识别和风险应对。

最后，项目管理千头万绪，需要去协调、平衡、整合（集成）的方面非常多，所以需要站在项目经理的角度，进行整合管理。

1.1.6 现代项目管理的应用前景

根据戚安邦老师的研究，不同社会和经济中的社会与组织转型过程是不一样的，如图1-1-7所示。

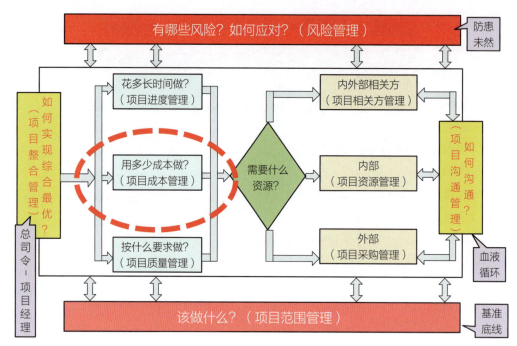

图 1-1-6
现代项目管理体系的管理内容与联系

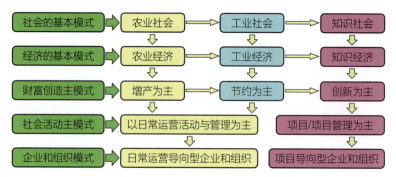

图 1-1-7
不同社会和经济中的社会与组织转型过程示意（来源于《项目管理学》）

现代社会发展的趋势是以项目/项目管理为主的项目导向型企业和组织，因此项目要以创新为主，运营为辅，这是知识社会的特征。这样的企业和组织才有长久的生命力。而以运营为主导的企业和组织只是农业和工业社会的产物。

作者认为，在所有项目管理的民用领域，应用现代项目管理最广泛且最好的，不是建造业，而是以华为为代表的电子通信行业，因为通信对项目管理的要求非常高，也是因为华为高管很早之前对项目管理的重视。

《华为经营管理智慧》一书记录了华为学习项目管理的故事："1997年圣诞节前夕，任正非先后访问了美国休斯公司、IBM公司、贝尔实验室和惠普公司。IBM副总裁送给任正非一本哈佛大学出版的关于大项目管理的书（后来，华为又买了几百本该书，发给公司干部学习）。在IBM，任正非听了一天的管理介绍，听得津津有味，还认真地做笔记，如同一个谦虚的学生。从早上一直到傍晚，身体不好的他竟然一点也没有觉得累。任正非说，只有认真地向这些大公司学习,才会使自己少走弯路,少交学费。IBM是付出数十亿美元的代价总结出来的,他们经历的痛苦是人类的宝贵财富。"

因此,房地产领域应该跨界向"华为们"学习项目管理。以万科为代表的头部房地产企业一直在进行跨界学习,其他房企也应该像华为这样的企业一样,多学习和应用现代项目管理,用项目管理的手段和思维,来适应多变的社会环境。

业内比较熟知的龙湖的项目管理办公室(简称"PMO")以及启动会,就是采用了与现代项目管理理念一致的做法,形成了根据行业和自身企业特点进行了细化的公司规章制度。

碧桂园的总裁莫斌有句名言"管理无定式",其实从一个侧面反映出碧桂园项目管理乃至公司管治的成功是源自现代项目管理的思维模式。

管理工具

这里介绍一个非常好的工具——清单管理。清单管理会综合运用执行清单和核查清单,然后检查销项,不断更新。在房地产行业中的应用是,根据企业的标准化流程清单再结合实际情况,将项目正在跟进的事宜进行清单式管理。对于都完成的进行消项;对于正在进行的,在进行全面管理的同时,有重点地跟进。

推荐清单管理的原因是,它应用广泛且有效,是避免无能之错的好工具。

① 应用于飞机制造:早在1935年,波音飞机就开始应用。

② 应用于房地产:碧桂园项目管理的良好工具(五大管理之一,称为"销项管理")。

③ 应用于投资:巴菲特的著名合伙人查理芒格,非常推崇在投资过程中使用核查清单。

④ 可以将清单管理应用于项目管理,也就是日常工作和生活,因为事事皆项目。

想了解更多清单管理的内容,可以读一下关于清单管理的畅销书《清单革命》。以下是用最少时间了解这本书主要内容的思维导图,供参考(图1-1-8)。

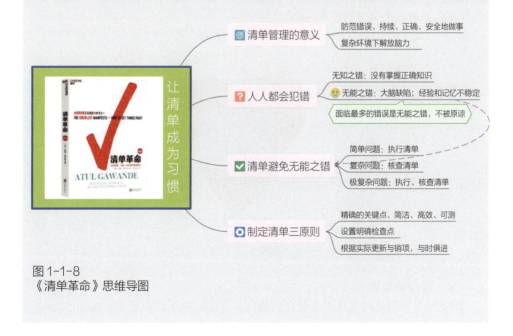

图1-1-8
《清单革命》思维导图

1.2 现代项目管理应该具有的思维

我们已进入一个 VUCA 的时代,即充满不稳定性(volatility)、不确定性(uncertainty)、复杂性(complexity)和模糊性(ambiguity)的时代。这使得客户的需求与项目的要求随时都可能发生变化。近些年来,敏捷项目管理在 IT 与软件开发行业特别盛行。因此,现代项目管理的思维应该与时俱进。

现代项目管理应该具有什么样的思维?

美国项目管理协会是目前最大的项目管理组织,提出了很多管理思想,其中有些是核心的管理思维,这里和大家分享一下作者认为重要的五个方面。

1.2.1 整合思维,有大局观

整合即是协同、集成。整合管理是项目管理的总司令,即项目经理最应具备的能力。在整合的过程中,要有大局观,有老板思维,有经营意识,因为思路决定出路、高度决定深度、格局决定结局,只有大的格局才能在项目管理过程中做到整体协同一致,达到项目目标。

整合管理有四大要素。

(1)整合分目标

即在相互竞争的项目的各分目标之间整合。项目管理的铁三角即进度、成本、质量(又称品质)是分目标,而"多、快、好、省"是项目的总目标,如图 1-2-1 所示。有没有可能花很少的钱和很短的时间,就创造优质的质量呢?理论上肯定是有可能的,但这个理论上是一个平衡,现实中几乎是不可能的,正如"阿罗不可能定理"所描述的那样。

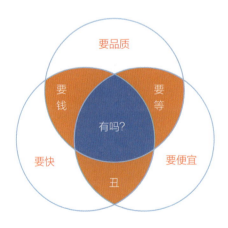

图 1-2-1
进度、成本、质量的整合与平衡(来源:百锐学堂)

(2)整合各专业

即在项目所需要的各技术专业之间整合。大家对以下的声音是不是很熟悉呢?

营销：产品设计不好，我怎么卖得出去啊？
设计：成本控制太狠，哪有好产品？
成本：营销一定要坚持用大理石材外墙，这样才能体现项目档次。
工程：成本这么低，工期这么紧，总包这么差，又要赶进度，怎么保证质量？
财务：没我的事，但你们最后要达到利润率8%的目标不变……

这反映出各个专业之间的种种抱怨、冲突，在项目管理过程中是不可避免的，关键是如何减少和解决这些冲突。答案就是整合。

为了有效沟通，建立良好的工作关系，避免无谓冲突，需要从以下几个方面进行管理：

① 建立信任；
② 寻求共识；
③ 平衡相互竞争和对立的目标；
④ 运用说服、协商、妥协和解决冲突的技能；
⑤ 发展和培养个人及专业网络；
⑥ 以长远的眼光认识到人际关系与项目同样重要；
⑦ 持续发展和运用政治敏锐性。

例如，在营销、设计、成本三者之间建立专业平衡时，就可以达成图1-2-2所示的共识。

图1-2-2
营销、设计、成本的专业平衡（来源：百锐学堂）

（3）整合各相关方

即在具有不同利益的各相关方之间整合。

各相关方在项目上都有自己的利益和诉求。这些利益和诉求有些具有同向差异性，有些具有异向性，不管哪一种利益和诉求，都要小心处理，否则会导致冲突激化，不利于项目顺利进行。

例如，某市领导对某地标性房地产项目的外立面提出个人喜好的要求，可能导致此项目成本增加，以及原有方案推倒重来的风险。如果不尊重领导的要求会有问题，但按照领导的想法去执行又会对项目造成伤害。比较可行的办法就是在良好沟通的基础上，寻找一个合适的第三种、第四种可行性方案,在项目基本目标不变的情况下,积极回应各相关方的诉求。

(4)整合各过程

即在项目管理的各过程之间整合。例如,在材料、设备的选择、安装以及保养维修上会有不同阶段成本的差异,需要整合各过程,如图1-2-3所示。如买变频空调的支出比一般空调贵,但使用的电费支出会便宜得多,是购买变频空调还是普通空调,就要进行整合和选择了。

图1-2-3
整合各过程(来源:百锐学堂)

整合的目的就是寻找各要素的平衡点,以达到项目总体目标最优。

世界上有没有最优呢?理论上是有的,但是现实中很难达到最优,因此,作者提出,在现有条件下的次优方案就是最优方案了。之所以这样说,原因是在房地产项目管理中,一些建筑师为了精益求精完善设计,不断更改设计,本来是应该鼓励的,但是物极必反,当设计变更影响到工程的进度和成本时,除非有致命的问题,否则就不应该再做变更了,这里就是整合各分目标、各专业、各相关方的时刻,要达到跨界平衡的状态。

1.2.2 以项目结果为导向

以项目结果为导向,就是以项目目标和项目绩效为导向。

项目交付的成果及为组织创造的价值是衡量项目成败的关键。以项目结果为导向,就是要努力克服各种困难,去实现项目的目标。而项目管理也是要目标明确,且执行力要强。

1.2.3 发挥以项目经理为核心的项目团队作用

请参考第1章第1.3节的内容。

1.2.4 微笑曲线

微笑曲线是一条微笑嘴型的曲线,两端朝上。宏碁集团创办人施振荣先生在1992年提出产业微笑曲线理论,即在产业链中,设计和销售的附加值最多,体现在两端,而制造的附加值最低,处于中间环节。

作者借鉴了施振荣先生提出的微笑曲线,将其应用在房地产项目管理中,将项目管理中价值最高的两项重点管理,分别是策划和复盘放在微笑曲线的两端,中间施工过程的管理价值相对比较低,处于中间环节。

请参考第3章,关于全成本价值管理的微笑曲线内容。

1.2.5 价值工程下的决策

价值工程下的决策,即多方案比选,其实是协同、整合过程中的工具。之所以单独拿出来说一下,就是因为太重要了。戚安邦老师在指导作者的过程中特别提到了项目管理的核心,就是项目创造额外价值。

讲到价值工程,大家都不陌生,就是$V=F/C$。式中,V为价值;F为产品功能;C为成本。

这个公式还有另外两个名字:①性价比,即是F是性能,C是价格;②降本增效,即是F是增效,C是降本。本书所强调的精细化降本增效,其实就是价值工程公式的两个部分。

从公式表面来看,要想创造和提升额外价值,理论上有5种途径:

① F提高,C降低(双向型,既降本又增效);
② F提高,C不变(改进型),项目价值挖掘,成本用在刀刃上;
③ F不变,C降低(节约型),优化无效成本,产品性能不受影响;
④ C小幅提高,F大幅提高(投资型),增加敏感成本投入,大幅提高产品性能;
⑤ F小幅降低,C大幅降低(牺牲型),限价应对策略,优化刚性成本,弹性成本适当减配。

其中第1种就是既降本又增效,是过于理想的一种理论选择。因此,在房地产中提升价值主要是靠实用的后4种途径。

价值工程无论在项目管理中还是在个人生活中都有着非常重要的应用。例如,您在阅读本书时,就遵循价值工程,分母是本书的售价和您的时间成本。由于您是用业余时间阅读的,花了3个月读完,计算出分母的值假设为1万元,分子是读了本书后的收获,直接拿来应用在现在所在项目和将来的项目上。假设应用了3个项目,每个项目因为读书的关系可以为项目额外创造10万~1 000万元的成本节余或额外收益,3个项目为30万~3 000万元,读本书的价值是多少呢?是30~3 000倍的收益。那么,以上所讲的价值收益究竟是多大呢?这要看您投入的时间,更要看各人的悟性和行动力。例如,本书讲到采用高强度钢筋这一个项目,还有很多项目,只要应用了就会有不止1万元的收益;本书讲到地下室停车效率和层高的具体优化措施,只要在一二线城市项目上优化一个车位收益就超过10万元了。因此读本书的价值工程变为以下描述:

$$本书的价值 = \frac{读者在项目中因本书启发而创造的收益}{本书的书价 + 读本书所用时间的机会成本}$$

经常看到碧桂园有一种"成本加减法管理",经过研究后才发现,指的就是以上的价值工程,即成本管理不一定全部是成本优化,降低成本,而是通过加减价值工程的F和C值,在投入产出比大于1的多个价值工程方案中,选择较为合理的、可行的、价值工程较大的选项。

本书的一些案例就是在说明，房地产项目的决策，一定要时刻以项目综合利益最大化为目标，进行多方案比选。多方案比选是一种科学决策的工具，避免了经验主义和拍脑袋决策的情况，是在重大项目决策上普遍采用的良好做法。

1.3 项目经理与项目架构

首先讲一个案例。

案例1-3-1

某项目利润大幅度下降的复盘分析

某项目在复盘过程中显示，项目净利润率由拿地时预计的14.78%降至结算时的8.18%，于是反思是什么原因造成的。

这家公司复盘的水平比较高，首先分析了净利润下降的多项因素后，得出了设计问题是净利润下降的最大原因，首先抓住了问题的主要矛盾。

经过分析后，发现项目的设计问题是主因。摘录复盘报告如下："设计问题"像个紧箍咒始终戴在规划设计部头上。进度跟不上是"设计问题"，超成本预算是"设计问题"，销售不力是"设计问题"，施工质量不行是"设计问题"，验收和交房时间过长是"设计问题"，现场效果不理想是"设计问题"，物业管理受挫是"设计问题"，办理房产证和土地证时间过长也是"设计问题"。

然后在分析设计问题时，也没有把设计问题当成简单的技术问题，而是进行了深刻的思考，系统分析了设计在哪些方面出了问题。摘录复盘报告如下：设计部及人员调整频繁，设计部员工毫无积极性可言，工作效率和质量也大打折扣，设计单位积极性逐渐缺失，施工图修改幅度过大。

通过此案例的分析发现，表面上是净利润降低的问题，其实是设计的问题，而设计的问题是设计的管理出现问题。设计上有很多的变更和错漏，这些看起来是技术问题，设计的质量问题，可否从技术上解决呢？然后再分析不是设计人员的技术水平不行，表现在设计人员招聘不及时、设计人员积极性不高、设计院的积极性也不高、不能配合项目设计等。这些其实都反映了是项目管理出现了问题。更确切地说，"根"是出在项目管理的"人"上了。因此，一定要看到问题的本质，如图1-3-1所示，项目管理的问题最终是"人"的问题。

图 1-3-1
项目管理问题最终是"人"的问题（来源：百锐学堂）

因此，项目管理首先要解决"人"的管理问题，涉及项目团队、项目经理，还涉及公司的职能人员和领导人员，以及其他诸多相关方。本节讨论项目的团队人员和内部的项目架构。

1.3.1 对项目团队成员的要求

为了确保项目交付能够获得预期结果，项目团队成员必须遵循项目交付的12条原则。
① 管理职责：成为勤勉的、懂得尊重和关怀他人的管理者。
② 团队：有担当且懂得尊重和关怀他人的管理者。
③ 相关方：做好相关方争取工作并充分了解他们的利益和需求。
④ 价值：专注于价值。
⑤ 全局性思维：识别并响应系统性的相互影响。
⑥ 领导力：激励、影响、指导和学习。
⑦ 裁剪：根据不同的项目环境裁剪项目交付方法，以制定出最适合的交付方法。
⑧ 质量：将质量管理监控融入各个流程与结果。
⑨ 复杂性：通过知识、经验和不断学习来解决复杂性。
⑩ 机遇与威胁：积极应对机遇与威胁。
⑪ 适应性和灵活性：具有适应性和灵活性。
⑫ 变更管理：变更管理是组织做好接受变更的准备，减少变革阻力，以实现预期的收益。

1.3.2 项目经理的核心价值观

项目经理是项目管理的主责人，应该具有以下核心价值观：责任、尊重、公平、诚实。

（1）责任

责任是项目经理的第一核心价值观，在房地产企业称为"承责"，是对自己所做的决策或未做决策、所采取的行为或未采取行为以及相应的后果，承担责任，如表1-3-1所示。

表1-3-1 责任的标准

标准	期望性标准	强制性标准
责任	对公共安全和社会负责	遵守政策、规则、法规和法律
	只接受与自身背景、经验、技能和资格相符的任务	举报任何违法或不道德行为（事实证明）

续表

标准	期望性标准	强制性标准
责任	履行自己的承诺	对报复举报者的人采取管制行动
	对错误后果承担责任	
	保护委托给我们的专有或机密信息	
	协助建设项目管理知识库/提高个人技能	

（2）尊重

尊重是我们有义务对自己、他人和委托给我们的资源表现出高度重视（人员、资金、声望、他人安全以及自然或环境资源）。尊重的标准如表1-3-2所示。

表1-3-2 尊重的标准

标准	期望性标准	强制性标准
尊重	了解他人的规范和习俗	以诚信的态度进行谈判
	倾听他人的观点，设法理解他们	不以自己的专业权力或地位来影响他人的决策或行为
	直面那些与自己有冲突或不同意见的人	避免侮辱性言行
	以专业的方式行事，即使没有回报	尊重他人的财产权利

（3）公平

公平是说我们有义务客观而无偏见地做出决策和行动。我们的行为必须远离利益冲突、偏见和偏好。公平的标准如表1-3-3所示。

表1-3-3 公平的标准

标准	期望性标准	强制性标准
公平	决策制定过程中体现透明度	主动完全地向相关方披露任何真实或潜在的利益冲突
	检查自己的公正性和客观性，并采取合理的纠正措施	在有真实或潜在利益冲突时，不参与制定决策（除非获得受影响的相关方批准）
	给有知情权的人提供了解信息的同等途径	不基于自身考虑来做影响他人的决策；在执行组织规章时不带偏好或偏见
	给合格候选人提供平等的机会	不歧视他人

（4）诚实

诚实是说我们有义务了解真相，并且在沟通和行为中以诚实的方式行事。诚实的标准如表1-3-4所示。

表1-3-4 诚实的标准

标准	期望性标准	强制性标准
诚实	寻求真相，以保证决策所依据的信息是准确、可靠和及时的	主动完全地向相关方披露任何真实或潜在的利益冲突
	对消极的结果，不隐瞒信息或推卸责任；对积极的结果，不抢功自居	在有真实或潜在利益冲突时，不参与制定决策（除非获得受影响的相关方批准）

续表

标准	期望性标准	强制性标准
诚实	提供准确、可靠的信息（有勇气分享坏消息）	
	创造一个放心说真话的环境	

1.3.3 项目经理的作用

项目经理在项目管理中的作用如下：
① 执行组织委派，是负责实现项目目标的个人；
② 是项目的"王"；
③ 具备通用管理技能和应用领域技能；
④ 具备知识、实践能力，以及良好的个人素质；
⑤ 对促进相关方与项目之间的互动起到核心作用；
⑥ 应该在启动阶段指定；
⑦ 协调矛盾，寻找平衡点，实现整合；
⑧ 积极主动而非消极被动；
⑨ 拥有相应的权力和责任；
⑩ 控制项目，但不一定控制资源；
⑪ 是通才而非专才；
⑫ 遵守职业道德。

项目经理的作用重大，因此需要具备较高的能力。作者认为项目经理需要具备知、行、悟、杂这四大能力，如图1-3-2所示。

项目经理承担的责任重大，需要具备的素质的确也很高，所以在地产界，将项目经理的综合能力形容为填坑力，也就是万事以解决问题的能力和结果论英雄，有时是超人，有时也是"背锅侠"，要承担最后的责任。填坑力就是解决问题的能力，是自我价值的体现！而且优秀的项目经理总是先做好项目策划，以尽可能地减少坑的数量和坑的深度，如图1-3-3所示。

图1-3-2
项目经理的四大能力要求（来源：百锐学堂）

图 1-3-3
项目经理的填坑力（来源：百锐学堂）

项目经理需要具备的知识和能力有很多，应该具有综合的素质，没有明显短板。项目经理的培养是跟体系和个人努力分不开的。作者的工作体会是：最主要的两个方面的能力是必不可少的，一个是举一反三的学习能力，另一个是触类旁通的领悟能力。因此作者主张的项目经理能力模型就专门将这两个方面的能力给予重点列出，希望各位从事项目管理的人员多学习、多反思。项目经理知识与能力框架，如图 1-3-4 所示。

图 1-3-4
项目经理知识与能力框架（来源：百锐学堂）

1.3.4　项目组织结构比较

PMI 介绍了几种典型的基本项目组织结构，分别是职能型组织结构、矩阵型组织结构和项目型组织结构。其优缺点比较，如表 1-3-5 所示。

表 1-3-5　典型组织结构类型优缺点比较

组织结构类型	优点	缺点
职能型组织结构	有利于专业技能的培养；老板单一；职业发展路线清晰	无全职项目员工，项目工作容易被忽视；缺乏跨职能沟通；项目经理几乎没有权力
矩阵型组织结构	改善跨职能沟通；加强项目经理对资源的控制力	多头领导；沟通与管理工作复杂
项目型组织结构	项目经理权力大，对资源有控制权；员工对项目忠诚度高；沟通有效	资源使用效率低；缺乏归属感；不利于专业技能培养和员工的职业发展

各类型组织结构对项目的影响，如表 1-3-6 所示。

表1-3-6 各类型组织结构对项目的影响

影响对象	职能型组织结构	矩阵型组织结构			项目型组织结构
		弱矩阵	平衡矩阵	强矩阵	
项目经理的职权	很小或没有	小	小到中	中到大	大到几乎全权
可用的资源	很少或没有	少	少到中	中到多	多到几乎全部
项目预算控制者	职能经理	职能经理	混合	项目经理	项目经理
项目经理的角色	兼职	兼职	全职	全职	全职
项目管理行政人员	兼职	兼职	兼职	全职	全职

房地产项目属于具有强烈目标型的项目，需要协调平衡的相关方特别多，因此项目经理一定是全职的，职权应该是比较大的，但还没有也没有必要大到项目型组织结构赋予的权利，因此矩阵型组织结构是比较适合房地产公司的，而矩阵型组织结构也是PMI所推崇的。

现实中房地产公司的项目组织结构多数是矩阵型的，而且是强矩阵项目组织结构比较好，如图1-3-5所示。

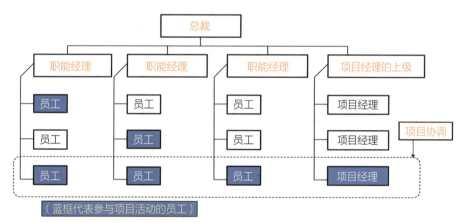

图1-3-5
强矩阵项目组织架构形式

由于有些公司采用弱矩阵或者平衡矩阵的组织结构，造成职能部门的权限过大，部门之间的壁垒比较深，项目经理很难在各职能部门之间协调，因此项目经理可能只起到了工程经理的作用，项目上遇到的问题在项目层面得不到有效的解决，最后大部分上升到公司总裁层面去解决，实际是公司总裁变成某种意义上的项目经理，会很累。当项目比较少时，有些公司还可以应对，而且有些公司的总裁还是十分愿意亲力亲为管项目的，但是脱离了科学项目管理的范畴，也不利于公司的发展壮大。

近年来，房地产的合作项目变得多起来。多个房地产公司以不同的股份比例组成项目公司，按照协议分工来管理项目。尽管合作能产生共赢，但也会带来很多问题。其中一个重要的问题就是，合作项目的组织结构不合理造成了管理的混乱。

那么什么样的组织结构比较适合合作项目呢？作者的研究结果是：项目型组织结构最适合。因为合作项目涉及的各方股东较多，每个股东方都有不同的职能部分，此时合作项目应该是一个股权组成的项目公司。这个公司设有董事会，董事会授权的总经理就是项目经理。他应该相对独立，在董事会的最高决策权领导下开展工作，在项目中拥有最高执行权限和对非重要决策的决策权。综观各个合作项目，凡是综合素质过硬且强势的项目经理，所负责项目的结果都是可以接受的。

因此，项目组织结构的确立，需要因项目而定。现实中还有一些实行大项目部制的管理、复合型组织结构的管理模式也是可以的。

某项目的组织策划

某房地产公司在做项目组织策划时，采用图1-3-6所示的形式。大家看有什么问题吗？

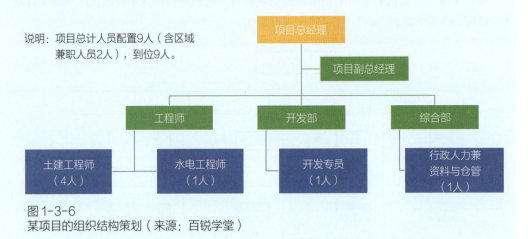

图1-3-6
某项目的组织结构策划（来源：百锐学堂）

答案很显然是有问题的。这其实不是真正的项目组织结构，而是项目驻场工程人员名单。房地产最重要的营销部、设计部和合约部都没有体现，就算当时这些部门属于职能部门，项目的组织结构属于职能型，也应该表现出来。

项目组织结构中的设计和合约成本等岗位，一般是兼职的，或者是职能型的。兼职是没有关系的，要用矩阵的组织结构形式表示出来。项目部用矩阵形式表示出来之后，设计和合约成本的联系人及负责人就清楚了，否则就是不懂项目管理。

正确的做法是，除了项目现场人员之外，还应该有区域或/及集团直接参与项目的同事。他们是兼职的项目管理人员，但也属于项目的成员，项目经理一定要统筹好这些兼职项目管理人员的沟通工作。

案例1-3-3

优秀的项目组织策划案例

优秀的项目组织策划应该由完整的项目组织结构组成,如表1-3-7、表1-3-8、表1-3-9所示。

表1-3-7 某项目组织策划-区域帮扶组(来源:百锐学堂)

工作	区域营销	区域设计	区域招标采购	区域人力	区域财务
项目负责人	××1	××2	××3	××4	××5
电话	138×××××1	138×××××2	138×××××3	138×××××4	138×××××5

表1-3-8 某项目组织策划-区域工程支援组(来源:百锐学堂)

工作	区域工程管理	区域土建	区域电气	区域装饰	区域绿化
项目负责人	××6	××7	××8	××9	××10
电话	138×××××6	138×××××7	138×××××8	138×××××9	138×××××10

表1-3-9 某项目组织策划-集团帮扶组(来源:百锐学堂)

工作	集团运营	集团研发设计	集团工程管理	集团成本管理	集团采购
项目负责人	×11	×12	×13	×14	×15
电话	138×××××11	138×××××12	138×××××13	138×××××14	138×××××15

大型房地产公司的完整项目组织结构应该是:项目现场团队+区域负责项目的团队+集团负责项目的团队。如果集团授权区域较大权限,集团则不需要有直接负责项目的项目负责人。

对于小的地区公司或者只有一两个项目的公司,真正的项目总不是职务上的项目总,而是由公司总或公司副总来兼任项目总的,形式上的项目总只是挂了一个名。当责权利不清晰时,就很容易发生公司管理和项目管理的混乱。

之所以花这么多的篇幅来讲项目的组织结构,是因为跨职能、跨部门的沟通往往是项目管理过程中的大问题。《赋能:打造应对不确定性的敏捷团队》介绍的"深井病"是目前一些房地产企业正面临的问题,各职能部门总是局限于自己的观点,不能从整个项目管理的角度来看问题和解决问题。强矩阵式的管理模式就是打破深井的形式,使参与项目的所有成员成为团队。团队的目标是一致的,团队成员要相互协同,项目经理就是统筹协同的主角。

1.3.5　标杆企业对项目经理及项目结构设置的良好做法

碧桂园的项目经理培养体系

碧桂园十分重视项目经理岗位，为适应公司快速发展的需要，专门建立了项目经理的培养选拔体系，称为"领翔计划"。项目经理或准项目经理必须进行预选考试，只有领导同意才有资格参加预选考试，合格后才有机会进入项目经理培训班。正式进入项目经理培训班后，脱产培训两个月。其中有六大模块，分别是精品质、精准投资、高质量运营完美交楼、合规营销、低成本高收益、团队管理。完成六大模块学习后，进行结班答辩和结业仪式。

碧桂园还总结出优秀人才十大关键素质模型，如图1-3-7所示，是对包括项目经理在内的所有管理人员的严格要求。其中的十大关键素质包括：文化认同（核心）、成就导向、结果导向、不畏艰难、逻辑思维、批判思维、经营意识、团队意识、有大局观、高效执行。

图1-3-7
优秀人才十大关键素质模型

万科项目经理资质模型

万科早在2005年就建立了完善的项目经理资质模型和要求,分为TOP模型和KSAO模型,如图1-3-8所示。

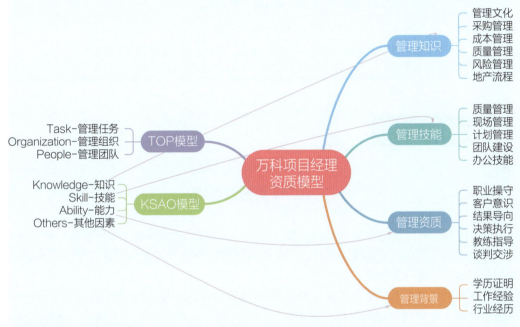

图 1-3-8
万科项目经理资质模型

万科对项目经理的要求有很多,下面重点对成本和采购的管理技能要求进行介绍,如表1-3-10和表1-3-11所示。

表1-3-10 万科对项目经理在采购管理方面的要求(来源:百锐学堂)

采购管理:参与并控制从供方选择、合同签订,到执行实施和效果评估的过程		
维度	定义	级别
采购流程	了解采购流程,熟悉特别商务技术条款,参与推荐、考察供应商	A 领会
合同管理	对总包、监理、甲分包、甲供材等合同编制、签订的过程进行控制,并对上述合同予以执行(履约、谈判、索赔、评估等)	B 运用/C 分析
进度管理	对供应商、甲分包、甲供材料的进场时间进行控制	B 运用
技术管理	对甲供材、甲分包的施工工艺以及效果进行控制	A 领会
供方管理	对总包、甲分包、监理、甲供材等的考察、选择、沟通、谈判和评估	B 运用/C 分析

表1-3-11　万科对项目经理在成本管理方面的要求（来源：百锐学堂）

成本管理：保证项目在预算之内完成所需要的全部过程		
维度	定义	级别
成本策划	确定包括人员的供方在内的总体成本计划（总体节点安排、不同阶段成本匡算、成本构成、成本目标、要点预测等）	A领会/B运用
成本估算	根据利润目标、售价水平测算项目开发各阶段成本以及项目成本总额，使项目投入产出最大化	A领会
成本控制	根据工程进展，对各成本科目项进行良好控制（包括土方、部品、材质含量等）；组织对项目成员的成本管理指导、专业培训	B运用
成本信息	项目实施过程中所表现出的成本动态变化情况	A领会
成本制度	公司成本管理的控制程序；签证/变更、零星工程等具体的成本管理制度	B运用

中海的项目总监管理

中海的项目经理职位称为项目总监，简称"项目总"，与其他公司的项目经理或项目总经理是一样的，只是称谓不同，但从项目经理的主要职能是总筹协同的角度来看，似乎"总监"更切合些。

中海制定了《中国海外发展有限公司项目团队与职能部门责权利配置方案》，对项目总进行了责权利的配置规划，把项目总分为合格、成熟、优秀三个档次，把地区公司分为初创公司、成长公司、成熟公司。对于不同的项目总、不同地区公司下的项目，实行不同的责权利配置，如图1-3-9所示，是一种尊重差异价管理人员和地区公司的良好做法。

图1-3-9
项目总监与公司的弹性适配

每套配置方案包含"责任、权力、利益"这三个清单，每个清单提供"基础项+选配项"。

（1）责任清单，如表1-3-12所示。

表1-3-12　项目总的责任清单（来源：百锐学堂）

责任指标		弱矩阵方案	平衡矩阵方案	强矩阵方案
经营指标	基础项	质量满意度 全景计划达成率	质量满意度 全景计划达成率 客户满意度 总建安成本	全部指标
	选配项	销售额/合约额/回收额/净利润/成本利润率/总建安成本/客户满意度	销售额/合约额/回收额/净利润/成本利润率/IRR	—
发展指标	基础项	××个全景计划节点	××个全景计划节点	××个全景计划节点
	选配项	剩余××个全景计划节点	剩余××个全景计划节点	剩余××个全景计划节点

（2）权力清单

权力主要是指人事权力，分为人权和事权。人权清单如表1-3-13所示；事权清单如表1-3-14所示。

表1-3-13　项目总的人权清单

权力指标		弱矩阵方案	平衡矩阵方案	强矩阵方案
人权	职能经理考核	①工程：评价权 ②设计/合约/报建：建议权 ③营销/客服/财务：不参与	①工程：评价权 ②设计/合约/报建：参与考核 ③营销/客服/财务：提供建议 ④列席/参加绩效评定会	①工程：评价权 ②其他：评价权、参与考核 ③列席/参加绩效评定会、公司总经理办公会等权利
	职能部门评价	不参与	参与（部门360评价）	参与（部门360评价）
	"7+1"团队录用/选配	①工程：审核权（面试） ②其他：不参与	①工程/设计/合约/报建：审核权（面试、对派驻人员有否决权） ②其他：不参与	审核权（面试、对派驻人员有否决权）
	"7+1"团队提职/提级	①工程：建议权 ②其他：不参与	①工程/设计/合约/报建：建议权 ②其他：不参与	建议权

表1-3-14　项目总的事权清单

权力指标		弱矩阵方案	平衡矩阵方案	强矩阵方案
事权	审核权	①设计：施工图、产品配置标准、设计变更 ②合约：合同文件审批、工程变更审批、履约评价	①设计：设计方案、示范区方案 ②合约：合约规划、项目建安成本（变更）审批、工程物资支付审批	①设计：设计费支出、设计单位选择 ②合约：集中采购非标选型及样板房装修配置选型审批等

第1章　项目管理体系

续表

权力指标		弱矩阵方案	平衡矩阵方案	强矩阵方案
事权	审核权	③客服：入伙方案及内部评审、工地开放日方案	③客服：项目重大负面舆情/事件处理方案、入伙后评估 ④营销：项目定位、销售合同、认购协议评审 ⑤财务：盈利预测、盈利预测动态调整	③营销：价格审批、大单销售、供应商选择、合作合同评审、营销费支出、佣金方案、卖场物业合同、延期签约和付款、认购房源更名/加减名、退房、签约房源退房、优惠审批、案场人员及架构、项目S序列人员申请/录用/任免/调岗 ④财务：项目税务筹划、项目管理费支出审批、项目结利方案
	审批权	—	—	客服：项目投诉方案、内部查验整改销项
	参与审核权	—	中标单位审批	
	建议权	承建商/供应商考察及引进	承建商/供应商/垄断商考察及引进	
	一票否决权	投标单位审批		

（3）利益清单

利益方面分为个人利益保障和利益分配两大部分，不同矩阵对应不同激励类型下的利益分配。利益清单如表1-3-15所示。

表1-3-15 项目总的利益清单

激励类型	个人利益保障			利益分配		
	弱矩阵	平衡矩阵	强矩阵	弱矩阵	平衡矩阵	强矩阵
公司土地获取	无					分配决策权 参与决策权
重大发展点达成并满足全景计划	××上限浮动	××上限浮动	××上限浮动	无	无	
重大销售节点达成并实现预期规模与价格	无	××上限浮动			分配建议权	
入伙并实现预期收房率与满意度	无	××上限浮动				
公司重要回款节点达成	无	无				
其他需要激励的节点	无	视情况配置				
中海星奖罚	工程奖罚设置××上限浮动	工程/合约/报建/设计等奖罚设置上限浮动				

中海地产对项目总监的职责定位总结为四大定位，列举如下。

① 第一责任者。项目总为项目开发团队的第一责任者，负责组织和协调设计、报

建、合约、工程、营销、客服、财务等开发全面工作。

② 计划推进者。按全景计划要求，推动完成各阶段建安成本批复，推动完成各项指标、合约执行及采购。

③ 协同组织者。负责业务线间的沟通、计划前后协同、管理边界衔接。

④ 审批审核者。负责变更审核、结算审核等。

项目总监在成本合约上的责任定位，如图1-3-10所示。

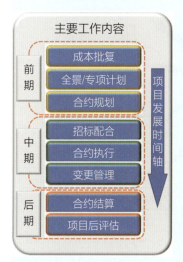
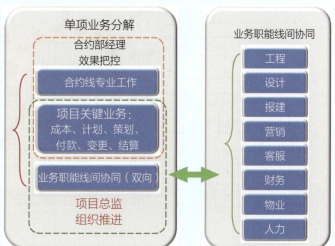

图1-3-10
项目总监在成本合约上的责任定位图

中海地产项目总监在前期、中期、后期都有相对应的主要工作内容和管理动作，细节较多，在此不再展开。

1.4
房地产项目应用现代项目管理体系

现代项目管理其实是新发展的一门学科，而国内的房地产发展历史是始于改革开放后房地产市场化的2000年前后，时间也不长。因此，在研究房地产项目的日常运营如何与现代项目管理结合方面，需要进行一些专项研究。

原生态的现代项目管理体系的核心思想是在不断变化的过程中进行资源整合和信息整合。整合的目的就是实现项目的目标，如图1-4-1所示。

将房地产的八大版块（将人力、财务列为职能版块）放在现代项目管理中，实现对应关系，如图1-4-2所示。

在房地产现代项目管理框架体系的基础上，将以上图表进一步整理，分析出房地产项目成本与项目业务线的关系图，看出项目的各条业务线都与项目成本息息相关，如图1-4-3所示。

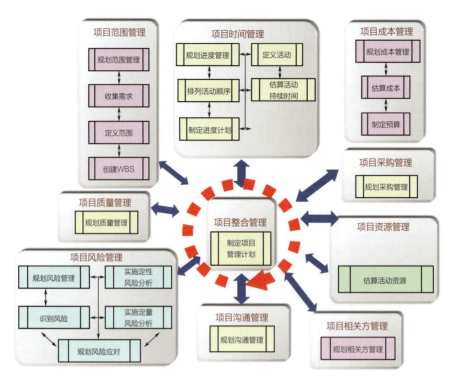

图 1-4-1
现代项目管理的核心思维是整合

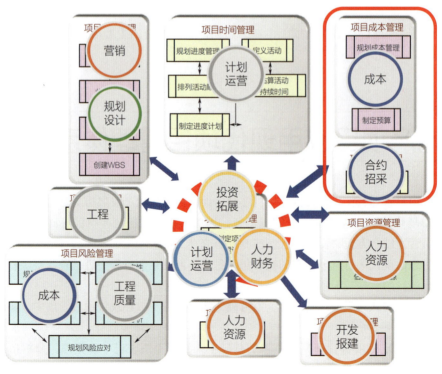

图 1-4-2
现代项目管理体系应用于房地产

图 1-4-3
房地产各业务线与项目成本的关系

在房地产公司中，应用现代项目管理最好的应该是中海地产。中海地产还有很多现代项目管理的优秀理念和做法，例如，以结果为导向、靠项目管理体系和现代公司治理体系管理公司和项目、风险管控意识强、成本意识非常强，等等。

中海"利润王"是项目管理和公司治理的结果

以房地产项目的主要指标"利润率"来衡量，中海地产拥有长达18年的"利润王"称号。2020年度净利润率尽管有所下降，但仍然高达23.6%。而在"三条红线"的大背景下，中海地产的净负债率长期不高于40%，相较于一般房企70%~80%甚至超过100%负债率水平，已经十分不易。另外，中海地产的口碑很好。在2020年9月，中海地产第17次荣获"中国房地产行业领导公司品牌"，品牌价值达人民币1216亿元，蝉联行业第一。而国际评级机构将全行业唯一的A级评级给了中海地产。这充分显示出中海地产的业界评价，不光是赚钱高手，品牌也闪闪发光。

那么，是什么成就了中海地产的优良表现呢？由于看问题的角度不同、经历也不一样，认识会有差异，不同的人会有不同的答案，但业界却有很多对中海地产的共识。

百锐研究院的卢院长曾在中海地产工作了很多年，他对中海地产的总结很实在到位，值得拿来与大家分享。卢院长认为，对标中海地产的成本管理，有以下几点是十分突出的：①低廉的财务融资成本；②拿地前的严谨与专业；③乐于技术研究与总结；④制度规范与超强执行；⑤甲方乙方平等的契约精神；⑥勤俭节约的成本文化。

应某些房地产企业对标学习的要求，作者也对曾经工作十多年的东主中海地产做了一些深入研究。在研究时有一个研究框架，如图1-4-4所示，研究后就形成了一门专业课程。本书不再展开对中海的研究。原中海地产副总裁阚洪波先生出版了以中海地产为背景和基础的《房地产项目全程管理与实战解析系列丛书》，共有三册，非常有价值，有兴趣的朋友可以仔细品鉴。

图1-4-4
中海地产研究框架体系（来源：百锐学堂）

CHAPTER TWO

第 2 章

全成本价值管理

2.1 成本管理四段论

《辞海》对企业的解释是：以营利为目的，向市场提供商品和服务的法人实体和经济组织。既然企业是以营利为目的，那么成本管理就是企业的核心第一管理要务。

房地产企业的企业文化往往充斥着诸如"以经营为视角""降本增效""提升成本意识""现金为王"等与成本有关的管理词语。似乎不多说些这样的词语就不能与时俱进。那么，我们的公司成本控制水平如何呢？如何才能做好成本控制工作呢？要回答这些问题，就要先从成本管理的发展阶段开始。

经过多年的总结积累，作者将成本管理划分为四个阶段，简称"四段论"，分别是核算型管理阶段、目标控制型管理阶段、策划型管理阶段和全价值创造型全成本价值管理阶段，如图2-1-1所示。

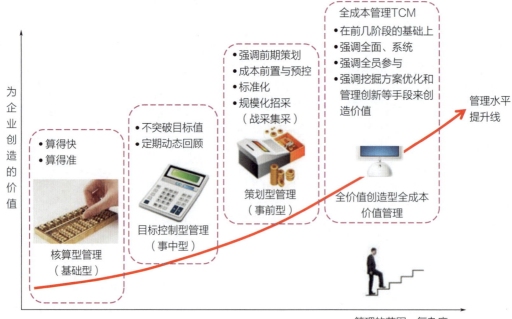

图 2-1-1
成本管理四段论（来源：百锐学堂）

2.1.1 核算型管理阶段

本阶段成本管理重点关注算量和计价，对定位和规划设计阶段的成本控制关注不够，属于事后控制型管理。这种成本管理常见于政府及少部分国企，通常难以控制成本，经常超支。核算型管理阶段的特点，如图2-1-2所示。

- 关注算量和计价：定额、清单、图纸
- 工作重点是四算：估算、概算、预算、结算
- 很少在定位和规划设计阶段涉及成本
- 政府及一部分国企仍处于此阶段

图 2-1-2
核算型管理阶段的特点（来源：百锐学堂）

对于算量和计价的这个阶段，大家都认为很简单。但是，就算是很简单的算量和计价，其实也还有很大的可提升空间。

例如算量，有些企业在结算时遇到了很大问题，合同上写明：结算时按照竣工时设计院出的最终版本施工图再加变更签证，但是现场发现施工做法与最终版本的施工图不一致，变更签证的手续也不完善，施工单位提交的竣工图只是做竣工用，也不能作为结算依据，这该如何办理结算呢？

在计量的问题上，很多房地产企业看到了行业内在此问题上的一个痛点，就是通常在隐蔽工作的计量上，施工单位做手脚的比较多。这也是可以理解的，因为是隐蔽工程，隐蔽之后只是留下对自己有利的证据，基本上不会再有人较真了。

但也有特殊情况，绿城的一个项目就提供了一个很好的案例。

案例 2-1-1

绿城场地标高二次测量的启示

绿城在杭州的某项目总包进场后，工程管理人员会同总包、监理，根据场地面积确定场地原始标高方案。按方案20m×20m网格设测量，共测60个点。工程人员发现数量显示与实际标高可能存在出入，怀疑数据不可靠。因此向总包提出加密网格10m×10m，重新测量一次。尽管总包意见较大，但还是同意了。经过第二次重新布点241个，用了一天半的时间重新测量后，前后两次测量标高误差为16cm，合计土方约3 660m^3，按总包当时的土方开挖运输单价36元/m^{3}计算，误差工程量超过13万元。由此案例看到，隐蔽工程中的土石方测量，如果不认真仔细，就会造成计量的不准确，从而给公司造成损失。

我们在管理的时候，不能只靠个人的认真努力来解决类似的问题。那该怎么办呢？华为给出了解决问题的好办法，就是对于系统性问题，要看到一个问题，解决一类问题！这是管理人员应该有的高度和思维模式。而系统性解决问题的方法往往是从流程制度上去考虑解决，做到无论是什么素质的人，只要按照流程制度走一遍，就会堵住项目管理中的漏洞。

碧桂园对于土石方测量管理的良好做法

碧桂园的主要产品在三、四、五线城市或者一、二线城市的郊区,项目及周边城市基础设施比较差,导致土石方工程量通常比较大,环境也复杂,因此对土石方测量影响成本的管理应该是有切肤之痛。所以在2018年,碧桂园就出台了针对土石方管理的公司文件《前期土石方工程测量验收管理办法》,文件要点如下。

① 规定了项目部、前期工程部、区域成本部这三个主责部门的测量权责。

② 适用于所有项目,采取随机抽查的机制,抽检比例不小于10%。这类似于"实测实量"的飞行检查。

③ 提前三天预约前期工程部的测量人员,并准备好三个测量控制点。

④ 在合同中说明,总包自行测量的数据图不能用作结算依据。测量的数据必须向总包移交,若总包复核数据后有异议,可向项目部反馈,由项目部组织重新复测。

⑤ 管理的红线:不允许未测量先动工,开工前必须完成原地貌测量数据的签认。

⑥ 授权区域/项目对于工程量小于5 000m³且造价小于10万元的土方测量与验收,由区域独立审核。

⑦ 对测量规范、测量计算、工程结算等各环节都做了规范。

案例点评:针对土石方测量的行业痛点,碧桂园真正做到了从制度上、流程上、技术上、管理动作上、执行上都系统性地解决根本问题,是作者一直提倡的"看到一个问题,解决一类问题",而不是看到问题,只解决了问题的表面,但对根本的问题没有看到、没有想到,更加不会做到解决根本问题。

对于计量中发现的问题我们会重视并解决,但对于计价中的问题,我们的执行情况如何呢?其实也不是很好,原因是我们国家长时间实行定额计价模式,实行工程量清单计价模式的时间还比较短,因而有很多问题急需解决,例如房地产对不平衡报价的识别和预防。

这里举一个工程量清单不清晰会影响到工程造价的案例。

由工程量清单问题引发的思考

作者在做业务咨询时,看到一家著名的顾问公司做的工程量清单,如表2-1-1所示。

每次教学时作者都会问大家,看到什么问题没有?多数同学只看到其中的很小一部分问题。这让作者看到我们的房地产从业人员,大部分的专业知识和综合素质还是比较欠缺的,可能是没有真正编制过工程量清单,或者没有认真思考过,为什么实际工作中会有这么多的工程索赔?其中有很多时候就是因为工程量清单编制过程中出现了问题。当然也有一部分专业素质比较好的从业人员能回答出大部分要点来。

表2-1-1 某项目工程量清单（来源：百锐学堂）

	项目描述	数量	单位	单价	金额
1	供应及安装室内楼梯栏杆连扶手，连一切所需之附件及工作 约1 050mm高不锈钢栏杆连扶手，栏杆为Φ12mm、壁厚1.9mm不锈钢管，扶手为Φ38mm、壁厚2mm不锈钢管，表面拉丝处理	20	m	153.63	3 073
……	……	……	……	……	……

综合来看，这个清单的描述在以下几个方面出现了问题。

① 描述中的"约1 050mm"是错误的，清单的描述应该遵守国家规范。在《建筑防护栏杆技术标准》（JGJ/T 470—2019）、《住宅设计规范》（GB 50096—2011）、《民用建筑设计统一标准》（GB 50352—2019）中规定栏杆高度不低于1 050mm。

② 再讲到栏杆高度，根据国际规范，只有临空高度低于24m的住宅防护栏杆是不低于1 050mm。这个项目是高层建筑，阳台标杆临空高度显然高于24m，栏杆高度则应该大于等于1 100mm，而且是从可踏登高面开始算。

③ 工程量清单描述没有参照图纸或图集的情况下，投标单位的报价是没有依据的，这时可能业主也确实是没有想好用什么款式的栏杆。但是，当业主指定某款具体的栏杆时，施工单位就会以栏杆要求高等原因而声称原合同价格不适用，会提出一个新的高价格让业主确认，这样就失去了投标报价的意义。

④ 描述中没有对不锈钢的种类进行说明，给施工单位造成索赔机会，或者造成质量低劣。不锈钢有上千种，建筑市场上经常用到的也有几种，如201、304、316、316L等，每种不锈钢的价格差异比较大，好的与不好的相差一倍甚至几倍价格，因此在清单描述或图纸中对不锈钢种类给予说明非常重要。

2.1.2 目标控制型管理阶段

这个阶段开始关注目标，进行项目目标的制定、分解，及目标责任制的工作，也开始进行成本的动态控制和成本预警工作。目标控制型管理阶段的特点，如图2-1-3所示。

图2-1-3
目标控制型管理阶段的特点（来源：百锐学堂）

初步来看，似乎目标控制型管理阶段还是比较理想的，成本目标得到了控制。但是这个阶段也有一些局限性，如图2-1-4所示。

图 2-1-4
目标控制型管理阶段的局限性（来源：百锐学堂）

成都某小区成本错配的启示

成都某小区为了提升小区的品质，布置了大量的水景，但在入住后却基本闲置。有很多地方生了青苔，成了蚊虫滋生地。这就属于成本的错配，就算目标成本控制得好也没有用，如图2-1-5所示。

图 2-1-5
成都某小区成本错配案例

某项目园林绿化减配引起客户群诉的启示

某大型房企的某项目,在已建成的一期及售楼处的沙盘上都展示了公司对园林绿化的高度重视,但是在二期交付时却出现了由于园林绿化缩水而引起的业主群诉。很显然,园林绿化缩水是由于目标成本超标而不得不采取的措施,可能目标成本暂时控制住了,但是小区业主却不答应,应该花的钱还是要花出去,否则对公司品牌的严重伤害是用钱买不回来的。

2.1.3 策划型管理阶段

这个阶段是目前绝大部分房地产公司正在经历的阶段。公司有策划的文化,实行的标准化产品体系日益成熟,也有项目的创新产品,也实行集中采购、战略采购等管理手段。绝大部分标杆企业处于这个阶段。策划型管理阶段的特点,如图2-1-6所示。

图 2-1-6
策划型管理阶段的特点(来源:百锐学堂)

2.1.4 全价值创造型全成本价值管理阶段

全价值创造型全成本价值管理,简称"全成本价值管理"。目前全国只有较少数房企开始进入这个阶段。全成本价值管理以价值工程为基础,更多强调全方位的成本管理。下节将重点介绍。

2.2 全成本价值管理的"五全"

项目管理的成本就像是人体的血液,成本的各项指标如利润率、投资回报率、变更率就像是血液中红细胞、白细胞、血小板的数值。正如血液指标反映身体的健康状况，成本的各项指标反映公司中项目的运营情况。成本部的同事如同体检科的医生，可以时常检测你的身体健康状况，告诉你各项指标是否良好，还可以预警，但不能直接治疗。

要想项目成本控制得好，还是要通过项目整合和跨界协同，通过影响和控制项目的各个方面达到控制成本的目的，这样的项目才会成功。那么，项目成本控制得好与不好，就不是成本总监的主要责任了，应该是谁呢？正如前面所说，项目经理是项目的"王"，项目经理通过全面掌控项目来控制项目成本。

因此，作者将全成本价值管理放在责任维度、时间维度、费用维度、业务维度、体系维度这五个维度来进行成本管理的描述，如图2-2-1所示。通过这五个不同维度来提升项目的管理水平，找出不足之处，从而对症下药，才会收到良好的效果。

责任维度：
全员成本管理的归属虽是成本管理部门的重点工作，但责任人是全员，全员都有成本意识和成本责任

业务维度：
成本管理需要有各业务板块的配合协同工作，主要包括运营、设计研发、营销、工程、客服、财务、人力资源等业务

体系维度：
全领域的成本管理是指不再就着成本管成本，而是质量、进度、范围、需求、沟通、人力资源等各管理中都要体现成本的整合与平衡，做到成本管理的水到渠成

时间维度：
成本管理贯穿从可研/立项，到定位、方案、图纸、发包、施工，再到竣工结算的全过程、全产业链（价值链）

费用维度：
全成本科目意味着房企不应该把"成本"只局限于建安范畴，而应站在项目和企业全局，不单考虑整个开发成本，还要考虑营销费用、管理费用、财务费用等，将成本管理真正上升到关注企业"全面成本"上来

图 2-2-1
全成本价值管理的五个维度

2.2.1　全员的责任维度

讲到全员的责任维度，首先要提到目前非常流行的词语"经营思维""经营视角"。大家知道什么是"经营视角"，什么样的思维是"经营思维"吗？

经营视角就是老板和领导的视角，经营思维就是老板和领导思维。公司员工只有同公司老板和领导的思维、视角一致，才能同心协力，把公司发展好。

不同企业领导的思维和视角也不同。这里讲碧桂园在2020年公开宣传成本图鉴的例子，从中可以看出管理者在成本控制上的想法。

Boss杨创业时办公室的故事

如图2-2-2所示，是说Boss杨在1984年开始创业接到第一单工程时，他们就在这样的办公室里工作了一年。在旁边配了一段这样的文字："成本控制是一个总的概念，最重要的是效益最大化，成本控制是效益最大化中特别重要的一点。"

图 2-2-2
碧桂园创业时的办公室（来源：疯狂智酷 – 碧桂园成本图鉴）

Boss杨八改餐桌设计

如图2-2-3所示，是说Boss杨八改餐桌的设计，成本由最初的1 900元降到420元，还讲到："成本是竞争力中很重要的一环，但今天我们还不算完美，全集团都要总结、学习、改善、提升。"由此看出老板对成本优化的重视。

图 2-2-3
八改餐桌设计（来源：疯狂智酷 – 碧桂园成本图鉴）

如果您的老板都是这么节省、这么做成本优化、这么告诉员工"效益最大化",那么这样的企业员工一定会受到老板的深度影响。老板连一个餐桌都可以改八次,那么对于房地产动则就是百万元、千万元、上亿元的项目方案,无论如何优化设计也不过分。所以,全员的成本管理首先是从老板、领导和管理层开始的。

有培训公司的人力资源部朋友反映,他们企业员工的成本意识不够,希望通过培训来提升成本意识。那么大家首先要知道,如何才能界定员工是否有成本意识。

作者的答案是,只要是在工作中时刻有性价比的意识,就是有成本意识了。其实性价比就是我们的价值工程,也是Boss杨说的效益最大化。

成本意识的提升依赖于老板和领导的带头示范效果,因此会形成企业的文化。

案例2-2-3

碧桂园的全成本意识体现在"每一天"

碧桂园全成本意识的具体体现,就是要求项目的所有管理人员,都要对每天的利息、费用、效益了然于胸;懂得提前推进一天所增加的费用与产生的效益的对比,在守法前提下,力求效益最大化。为了深入贯彻全成本意识,会在笔记本、手机壳、墙上等各个地方进行宣传,如图2-2-4所示。

图2-2-4
作者使用的笔记本和手机壳

中海一张纸两面用,"抠"出成本意识

作者在中海中建工作了近二十年,受中海中建的企业文化影响比较深,看到一张纸,一面写了字而另外一面没有写,就有一种强迫症,一定要想办法把这样的纸夹起、订起来加以利用。这不是夸张,而是真的,因为中海起源于竞争十分激烈的香港建筑市场,如果没有精打细算的"抠"的精神,就很难在香港立足并成为第一,也很难成就中海地产长期每年复合增长20%以上的"利润王"。如果连一张纸、一瓶矿泉水这样的小成本都去"抠",那么当面对影响项目成本的诸多管理细节,就会更加精细化的。

还有一个能反映成本文化和成本意识的现象,就是企业的流程、决策和执行效率,因为科学高效的决策、高效的运作就是生产力。公司人员素质低、责任心差、能力不足反馈的结果就是执行成本高、错误多(交工工期变长、变更多、返工多等);反之,公司内部效率高、流程顺畅反馈的结果就是内部沟通成本低、内耗少,因此综合成本会降低很多。所以管理出效益是对的,也是可见的。

讲到责任维度,其实,没有什么比影响自己的收入更能促使人精心的工作了。讲的是碧桂园等企业的同心共享、成就共享等合伙人激励机制。因为有项目的文员做了两万元的跟投,这位文员也会时刻关心这个项目到底能赚多少钱(涉及项目的利润),什么时候能把自己投的钱拿回来(涉及现金流回正的时间等),因而也会在岗位上努力贡献自己的力量,顺便为自己的资产增值。

某项目全员关心每天成本的影响

某项目计算了每天的成本和费用支出,并让全员都关注每天成本对自己收入的影响,如图2-2-5所示。

每日指标

融资早到位 **1天**，成就共享奖金增加 **2.2万元**，年化自有资金收益率增加 **8%**

土地款推迟支付 **1天**，成就共享奖金增加 **2.0万元**，年化自有资金收益率增加 **7%**

每日费用
- 每一天管理费用 **3.0万元**
- 每一天营销费用 **2.0万元**
- 每一天贷款利息 **4.0万元**

每日费用合计 **9.0万元**

每提前一天，可省费用 **9.0万元**，效益提升 **6.0万元**

图 2-2-5
某项目全员关注每天成本对自己收入的影响（来源：百锐学堂）

中海全员成本意识的切入点

中海地产没有采用简单粗暴的金钱激励机制，而是落实在全员成本意识、职能线意识以及公司整体意识上。例如，成本、运营条线的成本意识体现在确保利润、关注市场、及时检讨等方面；设计、营销条线成本意识体现在优化方案、控制指标、加大对标等方面；工程、客服条线成本意识体现在质效平衡、投放合理、切中要点等方面，如图2-2-6所示。

图 2-2-6
中海全员成本意识

2.2.2 全过程的时间维度

全过程的时间维度其实是房地产从可研拿地到项目交付及后续物业维护的全生命周期全价值链的维度进行的成本管理。全过程管理其实也是全产业链、全价值链管理，如图2-2-7所示。

作者将这个全过程分为五次经营，即第一次经营是拿地的投资阶段，第二次经营是规划设计阶段，第三次经营是有了施工图后的招投标阶段，第四次经营是现场施工阶段，第五次经营是项目的最后结算和复盘阶段。每个阶段都可能对项目的经营指标产生较大影响。

项目全过程管理中，越靠近前端，经营的风险越大，对项目成本及利润的影响越大。越靠近后端，经营风险越小，这个阶段的重点是实施和对目标的微调，但越靠近后端，对公司品牌和客户价值产生的影响越大。因此每个阶段都是重要的，都要做好这五个阶段的经营工作。

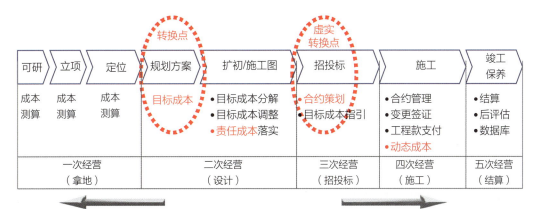

图 2-2-7
全过程成本管理（来源：百锐学堂）

中海地产的全过程成本管理，即是"全生命周期"的闭合管控。它将全生命周期分为5个阶段，分别为可行性研究阶段（简称"可研阶段"）、启动会阶段、施工图阶段、竣工阶段、结算阶段，分别对应了5个版本的成本控制，如图2-2-8所示。

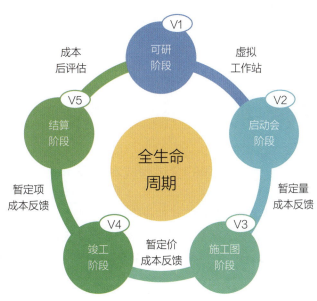

图 2-2-8
中海全过程成本管理的 5 个阶段

在以上五个阶段中，都有成本的关注重点，如图2-2-9所示。

而全过程管控体系，分为"策、控、评"三个部分，对应项目管理的事前控制、事中控制和事后复盘（后评估）。

①"策"即是策划，重点是成本策划、成本适配，在保证收益最大化和成本总额可控的情况下，优先保障前期客户调研和后期客户敏感点的成本投放。最终目的是实现成本的投放产出比最大化，即价值最大化。

②"控"即是全成本、全方位、全过程的动态成本管理体系。

③"评"即是成本后评估，重点是围绕历次成本控制目标的变化加以分析，重点分析实际成本与V2/V4版本的成本差异原因，总结经验，为后续项目成本测算和成本控制提供数据参考。

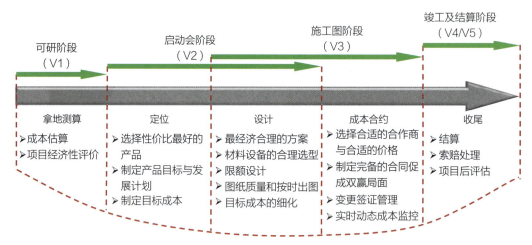

图 2-2-9
中海5个阶段成本管理的重点（来源：百锐学堂）

碧桂园的全过程成本管理

全过程成本控制包括：投资阶段产生的投资版目标成本、成本策划、方案版目标成本、招投标之前的合约规划、施工过程中的动态成本监控与控制、竣工结算、成本后评估（复盘）、成本数据库、经验库、案例库等。碧桂园的全过程成本管理，如图2-2-10所示。

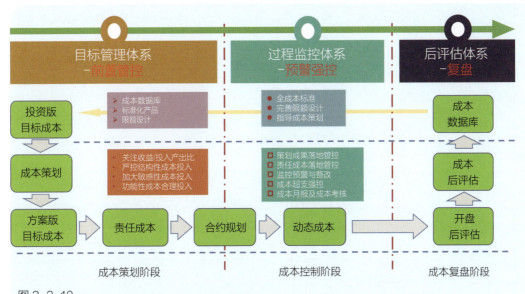

图 2-2-10
碧桂园的全过程成本管理（来源：百锐学堂）

2.2.3 全业务的业务维度

全业务的业务维度就是每个专业条线都与成本管理密切相关，都会在自己的岗位上与其他条线进行专业协同，以实现项目整体利益最大化。

以前多数企业十分重视投资拿地、营销、设计、工程等主要业务线。现在随着精细化的深入，大家普遍认同开发报建、计划运营和财务这样的业务线可能影响成本的效益。例如，税务的筹划和现金流的安排，不再是财务业务部门一家的事，而是从项目拿地的投拓阶段就开始策划了。还比如计划运营，基于公司运营节点的需要和实际情况，运营部门会综合后给出每一个的合理工期和合理的运营指标，并在项目遇到困难时给予积极的协调帮助。再比如，物业管理和客户关系尽管没有在以上业务条线中列出，但在每次重要决策会议上，都会有他们的专业意见供其他业务条线参考。

2.2.4 全成本科目的费用维度

以前粗放型企业的成本管理重点多集中在建造成本方面，后来发现建造成本以外的三项费用（即公司管理费、营销费、财务费用）对成本的影响也比较大，因此会出现一些对标指标，比如人均效能、营销费按百分比包干等。有关成本科目的基本组成与内容，见表 2-2-1。

表 2-2-1　成本科目的基本组成与内容（来源：百锐学堂）

成本科目			主要内容
全面成本	开发成本	土地获得价款	交给政府的地价，市政配套设施的使用费，红线以外道路、水、电、气、通信等建造费，地块内各种建筑物的拆迁及苗木补偿费
		开发前期准备费	土地勘测勘察费，设计费，政府有关费用，水电煤气增容费，临时设施（道路、围板、办公室）建造费，场地平整（土方平衡）费，临时水电费
	建造成本	主体建安工程费	基础、柱梁板、墙、门窗、装修、给排水、消防、暖气、天然（煤）气、开关插座、电灯、电话、电视、宽带、对讲、电梯等的费用
		社区管网工程费	园区内的给排水、消防、暖气、天然（煤）气、电气、智能化系统等管线、设备的费用
		园林环境工程费	园区内花草树木、道路、广场、雕塑、围墙、儿童玩具、灯具、背景音乐、标识牌、垃圾桶、座椅等的费用
		配套设施费	居委会、派出所、托儿所、中小学、设备房、会所、游泳池、球场、公交站等的费用
		开发间接费	工程管理费，销售设施建造费用（样板房、售楼处、广告牌、临时销售环境），银行利息，物业基金，空房物业管理费
	公司管理费		—
	营业销售费用		—
	财务费用、税费		开发支出中财务融资和利息支出等财务费用；税金税务费用

由于每个企业、每个项目的情况不同，因此在实际控制的重点上也会有差异。作者在培训咨询过程中，为了分析各成本科目对成本控制的影响，以及在哪些方面还可以有成本控制的提升空间，将成本科目列到第三级，并制成思维导图，然后让学员将自己觉得最重要及最应该提升的成本科目用红色的标贴贴在相应的成本科目上，完成一个基本的调查研究，然后再针对重点要点进行进一步的分析，达到发现共性问题、分析问题，解决问题的效果。企业及具体项目的成本科目内容会有所不同，但框架体系都是一样的，如图2-2-11所示。

图 2-2-11
某标杆企业成本科目思维导图（来源：百锐学堂）

2.2.5 全领域的体系维度

全领域的体系维度是指现代项目管理体系中的十大知识，包括范围、成本、时间、质量、资源、采购、相关方、沟通、风险、整合等十项管理。之前介绍过这十大知识，此处不再赘述。

以上十项管理，都会不同程度地影响项目的成本。比如，项目的文员由于请假一周，没有及时将项目的正式结构工程变更图纸分发到项目的现场工程师，而由于项目沟通不到位，其他同事只是知道有变更的可能，但在没有收到最新变更之前一直按照旧图纸施工，等到项目文员放假回来后再处理时，项目已经按旧图施工，造成无效成本的增加，这就是沟通不及时、不顺畅引起的成本增加。

再比如，在相关方的管理中，涉及重要的政府部门，与政府主管报批的部门进行了有效的沟通，为项目争取了预售时间。项目预售使自有资金占用的间得到较大的缩短，从而提升了项目的效益。

现代项目管理体系专门对风险管理进行了重点梳理，其中的风险识别管理工具十分有用，下面介绍其中的一种工具和技术。

2.3 项目风险管理工具

风险管理的工具有各种图表分析工具，如流程图、检查单、失败树、危害和可操作性分析等。这里介绍一个非常实用的风险管理工具——风险识别。风险识别的成果输出方式就是风险登记册，项目风险登记册模板如表2-3-1所示。

表2-3-1 项目风险登记册模板（来源：百锐学堂）

风险ID	风险识别		风险评估			风险应对		责任人
	类别	风险描述	发生概率	影响后果	优先级	应急措施	预防措施	

针对风险的概率和影响建立项目对目标的概率和影响矩阵，判定某个风险事项是属于低风险、中风险，还是高风险。项目对目标的概率和影响矩阵，如表2-3-2所示。

表2-3-2 项目对目标的概率和影响矩阵（来源：百锐学堂）

概率	威胁					机会				
0.90	0.05	0.09	0.18	0.36	0.72	0.72	0.36	0.18	0.09	0.05
0.70	0.04	0.07	0.14	0.28	0.56	0.56	0.28	0.14	0.07	0.04

续表

概率	威胁					机会				
0.50	0.03	0.05	0.10	0.20	0.40	0.40	0.20	0.10	0.05	0.03
0.30	0.02	0.03	0.06	0.12	0.24	0.24	0.12	0.06	0.03	0.02
0.10	0.01	0.01	0.02	0.04	0.08	0.08	0.04	0.02	0.01	0.01
	0.05	0.10	0.20	0.40	0.80	0.80	0.40	0.20	0.10	0.05

对目标的影响（比率标度）（如费用、时间或范围）

按发生概率及一旦发生所造成的影响，对每一个风险评级。在矩阵中显示组织对低风险、中等风险与高风险所规定的临界值。根据这些临界值，把每个风险分别归入高风险、中等风险或低风险

CHAPTER THREE

第 3 章

全成本价值管理的微笑曲线

3.1 什么是全成本价值管理的微笑曲线

本书第1章在讲到现代项目管理应具有的思维时,提到应该有微笑曲线的思维。而作者提出的微笑曲线,是借鉴了施氏的微笑曲线,将其应用在房地产项目管理中,将项目管理中价值最高的两项重点管理(策划和复盘)放在微笑曲线的两端。策划在微笑曲线的开始一端,称为微笑曲线的开始端;复盘在微笑曲线的结尾一端,称为微笑曲线的结尾端;施工过程的管理价值相对不高,处于中间环节。房地产微笑曲线的提出,是有很多支持和依据的。

前两章讲到了现代项目管理和全成本价值管理,其中讲到美国项目管理协会推出的《PMBOK指南》中,有49个管理过程,其中涉及规划的过程竟高达24个,差不多占到整个管理过程的一半。由此可见,项目管理的重点和核心是规划和策划。

在《麦肯锡季刊》2018年第一期中,有一篇《崛起的中国数字经济》提到,房地产行业降本增效的方法论关键在于聚集成本竞争力提升,其两大抓手分别为设计优化和招标优化。文章认为,设计优化贡献70%的成本节约,招标采购优化贡献20%,其他如施工优化、结算优化等贡献剩下的10%。由此来看,通过事前控制来进行降本增效是行业内的共识。

前文讲到在项目管理的全过程,越靠近项目前期的项目管理越重要,因为万事开头难,良好的开始是成功的一半。但其实后面的阶段也是很重要的,项目管理需要全过程都精细化。为方便分析,业内通常将房地产周期分为投资阶段、规划设计阶段、招采阶段、施工阶段、竣工结算阶段。其中的投资、总图规划、施工图阶段属于事前控制,施工阶段是事中控制,竣工阶段比较偏于事后控制。而根据管理影响度划分,又分为战略层管理、策略层管理和战术层管理,代表在集团公司层面应该控制的项目重点是投资和定位及总图策划。全成本控制五阶段划分,如图3-1-1所示。

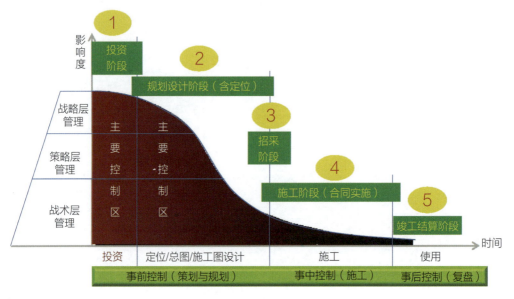

图 3-1-1
全成本控制五阶段划分

另外，由于上图所示主要控制区分别为投资阶段和规划设计阶段（含项目定位），因此标杆的房地产企业通常会让一把手或者二把手来亲自主抓这两个方面。

老板亲自过问投资的生动故事

《我在碧桂园的1000天》里讲到海南三亚的项目投资论证会，当海南区域的总裁说能卖到13 000 ~ 18 000元/m²时，杨主席问道："每平方米售价按13 000元预测，有数据支持吗？"当听到说"有"时，他拿着资料说："我请营销部到三亚私下调研过。结果现在在我手中……在没有客户积累的情况下，按11 000元/m²卖出去都很危险。我说得对吗？"当后面运营中心方总讲到每平方米的成本应该在10 000元以上，而不是你们说的5 000多元时，杨主席生气地请三亚项目的成员全部站起来，并问有没有人知道三亚项目每平方米的成本是多少。结果没人回答。

中海地产做了一个拿地后的影响投资成本程度的图形，显示了项目定位和规划设计的重要性，如图3-1-2所示。

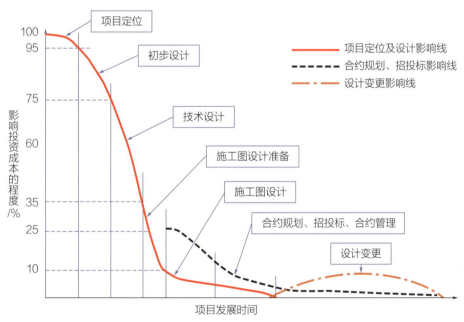

图 3-1-2
拿地后影响投资成本的程度（来源：百锐学堂）

尽管中海地产的阶段划分和表达方式不同，但其实表现的本质是一样的，都能看到项目初期的项目定位和规划设计的重要程度。

上面讲到了事前控制的重要性，那么事后控制是不是不重要呢？作者的答案是，事后控制也是十分重要的。虽然事后控制对已竣工项目的重要性没有那么大，因为木已成舟，

第3章 全成本价值管理的微笑曲线

有不足之处也是悔之晚矣；但事后的反思对整体组织而言反倒是十分重要，因为事后控制的实质是事后反思，也就是后评估，或者叫复盘。一个项目的一期如果能做到及时复盘，那么在该项目的二期、三期中就会发扬在一期工程中的良好做法，避免一期工程中出现的问题。这样做的好处是，二期好过一期，三期又好过二期。就算是一个项目只有一期，那么公司的其他类似项目也可以从这个项目的经验教训中得到反思，从而提升整个公司乃至集团的管理水平。因此，事后的复盘反思对组织提升是非常重要的。

可见，事前策划控制和事后反思是非常重要的，因此，作者提出了项目管理的"微笑曲线"这一工具。"微笑曲线"十分符合现代项目管理的核心理念，也是作者多年经验的总结。

除了项目管理存在"微笑曲线"之外，每个人的职业生涯也存在"微笑曲线"。人生"微笑曲线"的一端是每个人的理想、抱负、目标，首先要有想法，然后才能有行动。人生的反思不要等到老了才开始，而是要"吾日三省吾身"，也就是每天多次反省自己的意思。房地产全过程全成本价值管理微笑曲线，如图3-1-3所示。

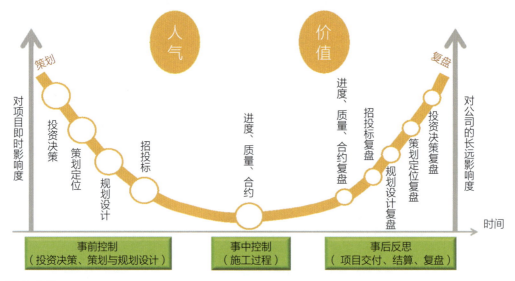

图 3-1-3
房地产全过程全成本价值管理微笑曲线

上述微笑曲线的两端是项目全过程全成本价值管理的重点，分别是策划和复盘。其中前端也就是微笑曲线的开始端是策划，就是事前控制部分，对项目的即时影响度是最大的；后端也就是微笑曲线的结尾端，就是复盘，是事后反思，主要是对项目及时纠偏，对公司的长远影响非常大。

微笑曲线如果组成一个完整的笑脸的话，其实还应该有一双眼睛。作者根据自己在中海工作的工作重点是管钱和管人，再联想到当前房地产项目管理，认为"相关方"的人气是非常重要的，也就是人和，这个作为"一双眼睛"中的一只。另一只眼睛是价值，也就是价值工程，是用钱来衡量的，项目经理的全成本价值管理不是简单地衡量省了多少钱、赚了多少钱，而是在价值工程的要求下，项目经理和项目团队成员要多方案比选、科学评估，跨界协同，在每项决策中都力求是最优方案，从而最后实现项目总体目标，乃至公司经营目标。

业内标杆企业碧桂园，在大运营的一级节点安排上，有一个被内部称为"七前三后"的大运营会议体系，与作者提出的微笑曲线中强调事前策划和事后复盘的管理重点不谋而合。

有所不同的是，作者在仔细梳理碧桂园的"七前三后"大运营会议体系后，觉得还可以进一步完善提升。因此作者对"七前三后"会议体系进行了创新完善，增加了规划设计会等内容，提出了新的"九前四后"会议体系，如图3-1-4所示。

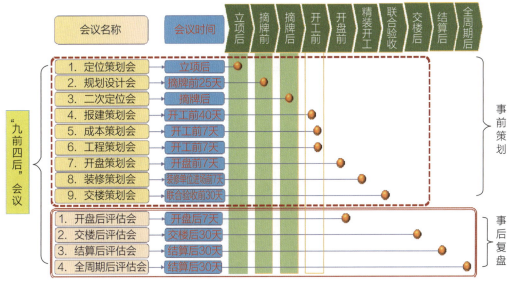

图 3-1-4
"九前四后"大运营会议体系（来源：百锐学堂）

公司的发展都会有一个过程。翻看碧桂园在2014年的资料，还能看到"两前三后"会议。在"两前三后"会议中，还有有关的会议细则，让人不禁感叹，碧桂园这些年的项目管理水平的确是提升了很多，可以与其他标杆企业一起引领行业的发展了。

讲到"微笑曲线"，就不得不顺带讲一下与其对应的"痛苦曲线"，如图3-1-5所示。

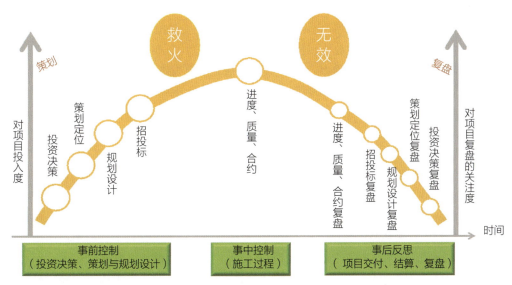

图 3-1-5
房地产业痛苦曲线模型（来源：百锐学堂）

"痛苦曲线"与"微笑曲线"相反，事前控制时对项目的投入度非常不足，只在规划设计的中后期和招投标阶段才十分重视，在施工过程中的重视程度达到顶峰。项目就算做事后反思复盘，也只是停留在进度、质量、合约等方面，深层次的复盘非常少。例如对投资决策的复盘，似乎一复盘投资决策，就到了老板和领导身上，这是职业生存的一大禁忌。这样的项目管理一定会有很多大问题出现，公司的发展一定会受累于现有项目的紧张应付当中而不能抽身做多深层次、高格局的思考与反思。

3.2 微笑曲线的开始端

上节讲到微笑曲线的开始端其实就是项目的策划，具体到房地产项目管理，就是项目管理的投资和总图规划。有一种说法，就是地拿错了，就什么都错了，"神仙项目经理"也很难翻身。相反，如果拿的地比较合适，则随便一个项目经理都可以赚钱，只是赚多赚少的问题。至于项目的总图规划，行内有"1%的成本决定80%的成本"和"四两拨千金"的说法。既然这么重要，组织及项目就要在此阶段花更多的时间和人力资源。因此作者称其为微笑曲线的开始。

3.2.1 标杆企业重视微笑曲线的开始

标杆企业对于微笑曲线开始端的重视具体表现为以下几点。

3.2.1.1 时间上舍得投入

拿地前1~2个月或者更早就做好地块的跟踪研究，拿地前完成定位、规划设计，甚至是关键招标单位的确定等各项准备工作，做到拿地后即开工。如万科在2020年11月24日上午11点花60亿元拍到深圳尖岗山项目，12点签约，下午就拉了横幅，正式动工了。

自2021年2月"土地集中公告，集中出让"的"两集中"政策实行以来，深圳等22个热点城市将实行住宅用地"两集中"出让模式。房地产开发商更要事先在"两集中拿地"之前就开始做一些前期准备工作，否则，政府集中出让土地时有若干块地需要同时报名、同时分析决策，应对的时间非常有限。因此，时间上还是要提前进行市场调研，例如提前去国土规划部门了解年度土地出让计划，尽可能提前了解拟出让土地的指标和限制条件，提早进行客户调研等前期准备工作。

密集的"两集中"供地不仅考验房企的"钱袋子"，也考验房企在全国谋篇布局的战略魄力。在这种背景下，"赢者通吃，强者恒强"的马太效应愈发凸显。另外，联合拿地成为一些房企积极应对的法宝之一，因此，需要花时间去提前沟通，联合拿地。在杭州第一轮集中土拍中，宋都股份共拍得5块地。其中有一块运河新城地块向政府申请退地，损失5 000万元保证金，这个保证金占其2020年归母公司净利润3.52亿元的1.42%。据知情人士透露，宋都拍得此地块之前是有三家意向合作方的，且商务合作相当明确。摘地之后，合作方变卦，致宋都陷入窘境。其实合作方变卦是诱因，主因是此地块耗资最高、时间最紧，算起账来，还不如违约损失5 000万元划算，其实是拿地之前没有想明白所致。

杭州在第二轮集中土拍中有31宗土地，总出让面积191.55万平方米，总出让建筑面积466.02万平方米，总起拍价633.78亿元。此次土拍使用新的竞拍规则，房企需足额缴纳20%的竞买保证金后方可参与竞拍，平均每宗地需保证金4.39亿元。然而，最受关注的变化是此次集中出让首次在十城区推出10宗"竞品质"试点地块。杭州采取一次性公告和线下"竞品质"、线上"竞地价"两阶段操作方式拍地。同时，本次试点地块全部实行现房销售，通过竣工备案等验收手续及政府组织的履约监管核验后方可销售。

竞品质阶段，就需要投报方案包括绿色建筑、装配式建筑、超低能耗建筑等内容。在这样的情况下，要想竞得地块项目，投入的时间与精力就要比正常的一般模式增加很多，当然资源上也要配合，要舍得投入。

3.2.1.2 资源上舍得投入

在拿地之前，不只是投资拓展的部门及同事，而是所有拿地后参与项目的部门及个人，都参与得比较多。在碧桂园宁波项目决定跟进拿地的当晚，片区老总组织20人左右的项目临时团队开始跟进项目，随后是项目现场调研、周边客户调研，经过多次反复论证，光户型选择及比例调整、强排方案、投资测算表就修改了多次，从投入的资源上充分证明了对项目前期的重视。

作者在碧桂园宁波产城项目中仅用3个月就完成了宁波湾区科创小镇的项目签约，其中资源上的投入是不可少的。其中，委托博意建筑设计院做的镇域前期策划、概规，报价高达721.6万元，最后经减价、减项后少于500万元，但也能看出碧桂园在项目意向投资协议阶段就是舍得投入的，如表3-2-1所示。

表3-2-1 产业研究院策划完成节点计划表（来源：百锐学堂）

阶段	工期/天	开始日期	结束日期	5	10	15	20	25	30	35	40	45
第一阶段：分析调研	15	2018/2/26	2018/3/13									
第二阶段：编制总体发展策划方案	25	2018/3/8	2018/4/2									
第三阶段：编制重点项目详细策划方案	15	2018/3/13	2018/3/28									
第四阶段：修改完善确定最终方案	10	2018/4/2	2018/4/12									
注：1.工作日等于日历日，所以总工期45天是日历天。 2.三个启动区中，优先满足镇区的是第一个启动区策划，其次是河畔策划和渔港策划。													

另外，委托了专业的麦哲中国参与专业的产业规划，同时邀请集团产业研究院来做指导，以实际的产业调研数据来确定科创小镇的产业定位。为了避免首开产业用地的盲目规划，多次在深圳召开产业招商会，从而保证在规划设计阶段就与拟定产业用地方签署合约，定制需求。为了落地实施，在项目策划上，联合一级开发的中建二局一起做了项目的整体拆迁方案计划，与政府PPP实施协议的谈判等多项扎实的工作。正是有了这些资源上的投入才有了最终的协议签署。

3.2.1.3 前置策划的方法与套路得当

一份标杆企业关于一、二线城市快周转项目的总结报告，分析了实现项目目标和没有实现项目目标的原因之后，得出了"前端失效、后端失控"的教训。可见，绝大部分项目的问题是在项目前期显现出来的，前端工作不足，致使风险无法识别、预判，而导致后期项目不理想，如图3-2-1所示。

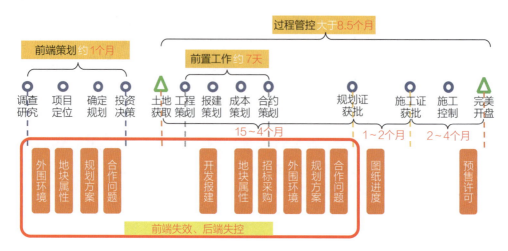

图 3-2-1
复盘总结："前端失效、后端失控"（来源：百锐学堂）

3.2.2 项目开盘不理想的原因分析

深度具体分析不能在限定的时间内实现开盘目标的原因，主要的四大原因如下。

（1）规划方案影响

该项占比约40%，采用同一项目两项原因选择分析法。这些规划方案的共性表现为：

① 规划方案反复调整、耗时过长，如不熟悉当地规划要点、设计条件沟通反复等；

② 规划方案被政府要求调整，如增加幼儿园等；

③ 规划方案公示期间被投诉，如日照问题等；

④ 展示区规划的地库、酒店或总建筑体量偏大等，导致工程实施难度加大。

（2）外围环境制约

该项占比约28%。外围环境制约的共性问题主要表现为：

① 政府未兑现承诺导致提前/早售失败；

② 当地村民或竞品恶意狙击，导致现场停工等；

③ 政府大型活动影响，如国庆阅兵、国际会议等；

④ 外围市政路未修通的影响。

（3）合作项目问题

该项占比约24%。共性问题表现为：

① 合作项目涉及原规划调整、收购耗时较长等；

② 合作项目因土地被抵押而未按时获取国土证。

（4）地块本身属性

该项占比约24%。共性问题表现为：

① 非净地交付，如拆迁、高压线、国防设施或电缆、红线退让、地下管线等；

② 收购、合作土地，如无控规、总规与控规不符、国土证红线与规划红线不符、土地变性、与规划条件不符等；

③ 地质条件影响桩型，如天然条件、管桩、冲孔桩等；

④ 场地受限、溶洞、土方量大、爆石、地下水位、文物等。

3.2.3 项目能顺利实现、顺利开盘的措施

在分析了四大原因之后，就要对症下药地选择应对措施。以下是此标杆企业的应对方案。

（1）规划方案问题

规划方案的滞后会导致后续的勘探、出图、招标、采购、前置报建等一系列系统性滞后，是影响摘牌前置工作的最关键问题。为了做好规划方案，标杆企业要注意以下环节和措施：

① 摘牌前60天，将当地设计规范、面积、规则等规划设计条件进行全面调研熟悉，对初步户型配比进行充分的前期市场调研，为规划方案的前置条件进行充分准备；

② 摘牌前50天，完成与政府相关部门的初步预沟通；

③ 摘牌前40天，完成"户型配比"的最终确定，产品定位最迟不少于摘牌前30天最终确定；

④ 摘牌前35天，再开展与政府相关部门的预审批；

⑤ 摘牌前25天，确定规划方案；

⑥ 摘牌之前，完成全套规划报建文本（意向投资项目的理想状态）。

为了完成上述时间计划，需要建立精英团队、准确定位、快速决策、内外沟通、支撑性制度和指引文件等多种保障措施，确保开发节奏。

（2）外围环境问题

应对外围环境问题，需要从以下方面着手。

① 与政府沟通。做到尊重政府、关注诉求、做好风险预案、做到合法合规。

② 与客户关系。紧盯市场动态，掌握客户需求痛点及变化，并及时调整策略。

③ 与竞品关系。充分调研竞品，动态掌握竞品情况，切莫树敌及诋毁，应全方位阳光竞争，主动应对。

④ 与居民关系，要维护好关系，重点是意见领袖，满足合理诉求。

（3）合作项目问题

为了与合作方做好合作项目，要做好以下工作：

① 选择合作方时要将实力、当地资源、诚信度等作为重要的考量指标；

② 在合作谈判中明确项目开发策略的快周转要求；

③ 利用合作方的资源，实现快速报建及同步施工；

④ 做好合作方的日常维护和管理工作。

（4）地块本身属性

为减少地块本身问题，需要从以下几个方面着手工作：

① 务必做好土地属性的充分调研，尤其是规划条件、国土证件、土地权属等合规问题；

② 摘牌前提前研究周边地质勘探报告，尽可能提前介入做展示区范围勘探；

③ 做好工程策划中的场地布置，协调周边关系。

以上是在业内具有普遍共性的问题，只是问题的严重程度不同、侧重点不同，而做得好的项目，都是应对问题的具体措施落实得比较好。下面列举一些良好的做法和问题项目的案例供大家参考。

前期策划到位，提前实现预定目标

西安某项目，于2016年8月29日摘牌，计划开盘日期为2017年4月30日，实际开盘日期为2017年1月15日，比原计划提前了3个多月。这在西安这样的强二线城市是非常难得的，与前期工程策划、设计前置等各方面努力都是分不开的。

本项目提前实现预定目标的要点如下。

（1）上下同心

邀请集团运营中心、设计院、采购中心等所有参建单位召开项目启动会，明确目标责任，统一行动。集团运营中心3位同事驻点项目3个月，督促、协调，保障施工单位定标、材料供应，统筹现场。

（2）区域大运营协同

每周进行专题例会，梳理设计、报建、采购、成本等问题；展示区开放前三次联合验收点评，保证品质。

（3）外部协调

充分熟知当地报建资料及流程，减少修改。75天完成33万平方米报建工作。

（4）强执行力

"浴雪奋战"，大雪后凌晨4点全体员工扫雪，避免结冰，保证快速全面恢复施工，未因低温天气而停工。

以上是标杆企业的良好做法。但是对于一部分企业来讲，由于意识、资源配合等各方面的原因，拿地之前只是个别的投拓人员跟进；拿地后的项目在前期策划阶段中，营销、设计、成本等部门只有个别同事会偶尔跟进，造成前期阶段总体对项目投入的时间和人力非常有限。这种相对不受重视的情况，作者称之为痛苦曲线的开始，即是开始不投入资源重视策划，施工中就要花大量额外资源疲于应对、到处"救火"的痛苦局面。痛苦曲线中的过程管控努力是必须付出的，但与微笑曲线最大的不同是：过程管控额外加倍付出，但项目结果还是不理想，甚至失败，例如个别户型不符合当地居住习惯而致项目竣工后还有积存的户型。

3.3 微笑曲线的结尾端

上节讲到微笑曲线的结尾端其实就是项目的复盘。在项目的结尾，比较重要的工作是交楼与合同结算，也要重视项目收尾管理。但在项目收尾管理中，还有一项十分重要的工作往往被很多企业轻视，或者流于形式，这就是复盘。当然，复盘不仅要在项目结尾进行，而是对项目的每个重要阶段、重要节点、重大事件都可以复盘，都称为微笑曲线的结尾端。

3.3.1 认识复盘

复盘最早是围棋术语，指对弈者在下完一盘棋后，把对弈过程重新摆一遍，看哪里下得好，哪里下得不好，哪些地方有不同甚至更好的下法。

复盘的实质是，从经验中学习并把经验转化为能力。而华为在十大管理要点中指出，最大的浪费是经验的浪费。哈佛大学戴维A.加尔文教授在《学习型组织行动纲领》中曾指出：学习型组织的快速诊断标准之一是"不犯过去曾犯过的错误"。

常用的复盘有两种方式，一种是方法论复盘，也可以称为流程复盘，属于单环学习。联想的"四步走"就属于此种复盘。另一种是价值观复盘，也叫决策复盘，就是要决策者反思当初是怎么决策的，属于双环学习。以上这两种是迪尔茨逻辑层次的其中两层，这两层更接近落地实践。由于篇幅和应用关系，本节只讨论方法论复盘。

复盘这个工具在各个领域都得到了一定的应用，其中国内应用较知名的企业是联想，在国外应用最知名的组织是美军，称为AAR。

而在房地产领域，复盘的应用也是比较早的，但开始不叫复盘，而是叫后评估。关于复盘和后评估是不是一样的呢，复盘与总结有什么区别呢？看了以下思维导图就会比较清晰。传统的房地产领域应用最多的是项目后评估，即项目全面复盘。随着精细化的深入管理，节点复盘和阶段性复盘也成为项目管理的重点。有关复盘与总结、后评估的区别与联系，请参考图3-3-1。

图 3-3-1
复盘与总结、后评估的区别与联系（来源：百锐学堂）

标杆企业对项目复盘是非常重视的，有的公司甚至让集团总裁或副总裁参加项目的复盘。复盘的成果也是比较有成效的，确保项目的典型经验教训都能得到萃取和利用，以便公司在今后的项目管理中不会再犯类似的错误，良好的经验也能得到推广。这些复盘的成果输出，最终成为未来项目开始策划的输入，因此复盘作为微笑曲线的结尾具有非常重要的意义，如图3-3-2所示。

但绝大部分的项目复盘都是流于形式，基本上是由几个刚毕业的学生或者中层员工来收集资料后进行编写的。主管领导进行修改后就上会走个形式，至于项目有没有完成原计划的目标，项目的经验教训是什么，是否能为后续项目带来好处，则很少再进一步考虑。这样的复盘结果一般是，在A项目的问题出现后，接下来的B、C项目还会重复出现。因此，作者将项目复盘做得不好的情况称之为痛苦曲线的尾巴，不反思、不吸取教训的后果会一直痛苦下去。

3.3.2 如何进行项目复盘

（1）遵循原则

① 最大程度参与原则。复盘是团队行为，而团队的每一个成员都会参与项目的管理，因此，项目复盘追求最大限度的参与，也就是所有参与行动的人都要出席，都有同样的发言权。

② 以身作则原则。领导班子应该重视复盘，并以身作则，亲自参与复盘。原因是，通常领导是项目的第一决策者，领导参与不但能体现出领导的重视，更能真正做到复盘有深度、有效果。某标杆企业在其发布的"项目开盘设计后评估会指引"中，规定参会的固定成员包括集团总裁、集团主管设计副总裁、研发设计中心负责人、设计研究院院长等。

③ 实事求是原则。实事求是体现了客观性，主要体现在两个方面：第一，对已发生的真实数据进行对比分析；第二，当分析造成某事件发生的原因时，多讲主观原因，少讲客观原因，而当分析某事项成功的要素时，多讲客观原因，少讲个人努力，也就是"不归罪于人、不归功于己"。

④ 求学求实原则。求学是以寻求项目和组织改进、学习提高为原则，而不是追究责任、推卸责任，不要开成批判会；求实是要深入分析、挖掘根本原因、洞悉本质、总结规律，而不是流于形式走过场。

（2）复盘议题

除了项目全面复盘和阶段性复盘以外，日常的复盘其实也是十分重要的，即节点/议题复盘，这就需要对复盘的议题进行筛选。一般按照以下情况来进行议题选择。

① 新的事物。通过摸索经验教训，为下次做准备。例如，精装修过程中采用了一款新的防水材料，究竟使用的工艺有什么不同、效果是否理想，是需要进行复盘的。

② 重要的事。因为重要的事所需资源多，协调部门多，结果影响大，需要格外慎重。例如，拍地当天的投资情况肯定是重要的事情，对其进行及时复盘就有非常重要的价值。

③ 未达预期的事。工作没有达到预期，说明个人或者团队有需要提升和改进的地方。例如，原定周五一定要拿到预售许可证，但是因为某种原因没有拿到。

④ 有学习价值的事。当团队新组建或有人员变动时，通过复盘可以让成员快速进入工作状态。

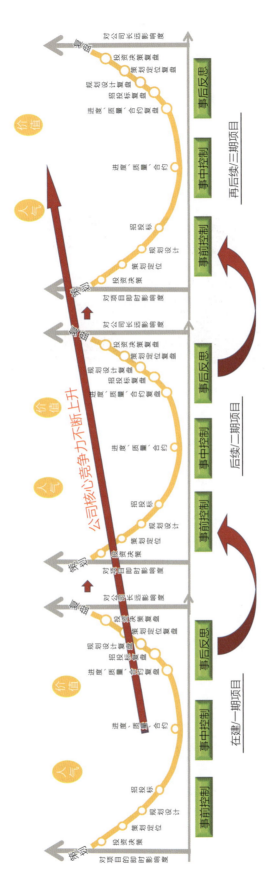

图 3-3-2 微笑曲线及复盘在房地产全成本价值管理中的作用

第 3 章 全成本价值管理的微笑曲线 063

（3）复盘思路与模型

复盘的框架体系有四个方面，如图 3-3-3 所示。

① 回顾目标。回顾项目当初的目的或期望，对于房地产项目来说就是项目在拿地时的工期、利润率、客户满意度等指标。

② 评估结果。就是要看结果和原定目标相比有哪些差异，找出亮点和不足。

③ 分析原因。就是要看目标的差距或者事情成功和失败的关键因素和根本原因是什么。

④ 总结规律。力求在总结反思中，找出更有效解决类似问题的方法，找到事物本身发展的规律，或者看到事物发展的本质。

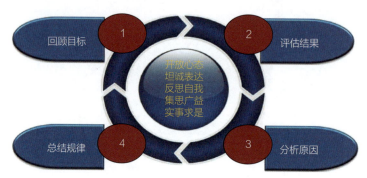

图 3-3-3
复盘的框架体系

（4）复盘方法

复盘主要有以下三种方法。

① 对比分析法。对比分析法又细分为：有无对比法、前后对比法、标杆对比法。

② 成功度评价法。也叫专家打分法，是依靠专家组的经验，对照项目各阶段的目标和计划，综合测评项目各项指标的评价结果。

③ 情境重现法。就是将当时现场的信息场、思维场和情绪场进行回忆和反思。情境重现法的高阶表现是 3D 塑像法，即以塑像的生动形式再现当时的情境。

3.3.3 复盘的应用

有效复盘会输出六大成果，如图 3-3-4 所示。

某企业从案例分析中提升改进的良好做法

某企业通过分析地库副楼施工甩项目的影响，得到了启示，导致集团公司制度的改进，从根本上防止了管理问题的发生。这就是十分有意义的复盘，发现一个问题，从而解决了一类问题。

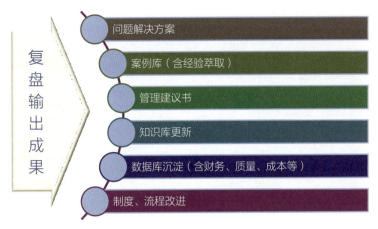

图 3-3-4
复盘的六大输出成果（来源：百锐学堂）

这个地库施工甩项的项目，前期为赶工塔楼，没有做好项目全盘策划，致使地库副楼施工甩项，造成如下影响：
① 甩项后重新组织施工难度大；
② 施工梯无法安装，穿插施工受影响；
③ 室外工程无法提前铺排，进度紧张；
④ 新工期无法达成，交楼风险大。

案例启示：策划时如果能做到塔楼主体施工的人员与副楼地下室施工的人员独立、两套人马同时上，则可避免此类问题的发生。标杆企业为防止此类问题的发生，集团发文通知要求，洋房塔楼施工至正负零后1个月内地库顶板结构必须全部完成，从制度上杜绝了问题的发生。

作者参加的碧桂园项目总培训班，要求小组用10分钟时间做项目复盘分析，于是本小组综合运用了雷达图，对项目管理进行了一次全身体检，找出项目中的短板差距，然后分析原因，制定改进措施，是在顾全项目管理的基础上重点突出的一个好案例，如图3-3-5所示。

在项目诸多复盘评估中，作者认为最有必要的是开盘后评估，也就是开盘后一个月内的阶段后评估，因为这时的投资、设计、成本、营销等各条线经过了策划和实施，急需在实践中验证，找出差距。某项目开盘后的评估框架如图3-3-6所示。

复盘更重要的是一种学习能力，对组织的核心竞争力以及个人的能力提升都具有非常大的帮助。而在众多标杆房企中，中海、万科、碧桂园的复盘学习能力都是非常强的。其中，碧桂园提升竞争力的一个"秘密武器"就是常态化培训。每周五上午，集团会举办常态化培训会。莫斌指出："我们拿出半天的时间在全集团进行培训，做好项目经验总结，好的发扬光大，错的不再重犯。先以自己的项目作为典型案例进行提升从而树立标杆，再将标杆变成标准，然后标杆进一步突破，做得更好"。从莫斌的发言中可以看出，碧桂园的常态化集团培训主要是从集团层面做了常态化复盘工作。

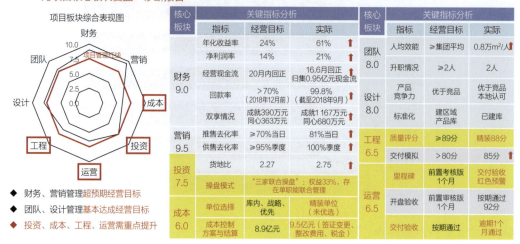

图 3-3-5
项目每一天复盘分析图（来源：碧桂园项目总第 22 班第 6 组作业）

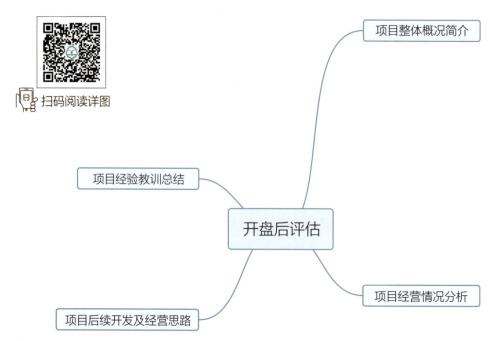

图 3-3-6
某项目开盘后评估框架（来源：百锐学堂）

CHAPTER FOUR

第 4 章

项目策划概述

4.1 项目策划的前提是基准与范围管理

微笑曲线的开始端是策划。在讨论策划之前,首先要讨论基准,因为根据现代项目管理的体系,项目策划首先从项目基准开始。有了基准,才能根据基准做项目策划。而项目的基准有四个方面,分别是范围、成本、时间、质量。由此引出范围管理。

4.1.1 范围管理

项目范围的基本含义是项目交付产品的模样和大小,对于房地产来说就是给业主交付什么样的产品,如小区环境、户型、电梯、装修程度、物业管理如何,等等。

当然,范围管理不只是指项目的"产品范围",还有项目的"工作范围"。二者的集成将保障项目目标的实现。而项目范围服务于产品范围。产品范围与项目范围的区别,如表4-1-1所示。

表4-1-1 产品范围与项目范围的区别(来源:百锐学堂)

名称	定义	衡量标准
产品范围	产品、服务或成果的特征与功能	产品要求作为衡量基准
项目范围	为提供具有规定特征与性能的产品、服务或成果而需要完成的工作	项目管理计划作为衡量基准

项目基准四个方面的关系:范围是自变量,是最先决定的要素;范围决定后,范围内的成本、时间、质量才会成立,如图4-1-1所示。

也就是说,讲项目,首先要讲范围,就是对内项目包含哪些内容,如地下室停车数量是多少,红线外做到什么程度?对外要交付给业主什么成果、什么交付标准,是精装修还是毛坯房?送厨电是什么档次的,入户门是什么档次的?这些都要在项目初始定位时有一个标准。其实,大家都在进行范围管理,只是不知道这个名词,更没有意识到范围的重要性而已。综上所述,如果没有范围管理的基准,成本、时间、质量就无从谈起。

4.1.2 范围管理的"漂移"问题

绝大部分项目存在范围管理"漂移"的问题。原因有多方面,最容易解释的原因是业主期望的范围通常都会高于实际。为了满足客户的要求,营销通常有强烈的动机让项目范围尽量提升,于是多种范围漂移出现了。在项目管理中还有一个名词是"镀金",就是有很多的范围增加、品质提升并不一定能得到业主的认可,而客户最希望为他们认可的地方买单,即"钱应该花在刀刃上",如图4-1-2所示。

飘移的根本原因其实是没有真正去调研了解客户的真实痛点和需求,因此在项目管理过程中不自信,变来变去。作者参观龙湖在广州的第一个项目样板间时曾询问:别墅院子小,而且客厅可以做成跃层增加空间,如果客户想增加面积的话,是否可以增加一层?龙

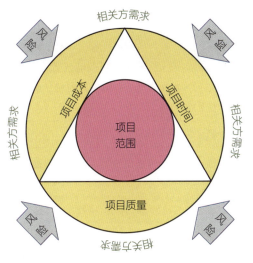

图 4-1-1
项目范围是最先决定的要素（来源：百锐学堂）

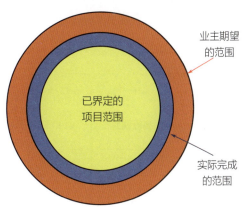

图 4-1-2
项目范围管理的漂移与镀金（来源：百锐学堂）

湖的朋友说，他们的目标客户是需要改善性住房但又不想住大平房的人士，对于这种客户来说，排在前三位的敏感点是：总价、实用性、有天有地的别墅。在说客户敏感点时是脱口而出，显然非常自信。这种自信的原因是他亲自和营销的同事一起经过了市场调研和客户验证。公司对客户验证和访谈有严格的要求，他们只是执行而已。他还给作者讲了很多客户访谈的细节，让作者印象深刻。而且他们项目的销售结果和项目业绩也确实非常好。

某项目的范围管理漂移与镀金

某项目为当地的地王，项目在启动会上展示了方案版的成本比拿地版的成本多出了 2.38 亿元，合销售单方造价增加了 2 209.06 元。经分析，除了保障房异地建设费在拿地前漏算外，结构、外墙、屋面、门窗等全部进行了较大的调整，因此导致了成本的较大增加。这是典型的范围管理漂移的案例，如表 4-1-2 所示。

表 4-1-2 某项目的范围管理漂移与镀金（来源：百锐学堂）

序号	拿地版与方案版差异原因	差异单方/（元/m²）	差异金额/万元	标准差异
1	保障房异地建设费	511.40	5 515.94	—
2	结构调整	284.44	3 064.96	地下室一层改二层，面积增大、层高增加到 4.8m
3	外墙调整	342.66	3 707.73	国产石材结合部分涂料，改为进口珍珠贝和局部铝板。原 GRC 线条改为石材线条
4	屋面调整	124.03	1 337.80	屋面瓦改为 0.7mm 厚铝镁锰屋面板

续表

序号	拿地版与方案版差异原因	差异单方/(元/m²)	差异金额/万元	标准差异
5	窗户调整	54.83	591.38	55系列断桥改为65/110系列断桥，中空Low-E玻璃
6	入户门调整	39.24	423.20	钢木装甲门改仿真铜、指纹锁
7	大堂装修调整	210.78	2 272.59	国产石材改为进口石材，大堂面积翻倍且挑空5.8m
8	售楼部	69.37	748.18	租房改为建590m²临时售楼处，进口石材
9	电梯调整	39.50	426.00	改为高档电梯及增加电梯内装饰
10	会所调整	64.90	700.00	提升标准
11	景观调整	120.06	1 294.96	景观整体提升，其中围墙增加1762万元
12	增加新风系统	134.15	1 446.95	新增双流全热交换新风系统
13	其他调整	221.99	2 225.53	—
	合计：	2 217.35	23 755.22	—

4.1.3　范围管理的工作分解结构：WBS

房地产项目管理的内容比较复杂，需要把项目可交付成果和项目工作分解成较小的、更易于管理的组成部分，称为工作分解结构的分解，简称WBS分解。WBS分解需要有系统、有层次。WBS分解的第一层级可以是可交付成果，也可以是以阶段作为第一层级，但WBS分解的主要规则是以可交付成果为导向的。

根据标杆企业的经验，工作分解结构一般分为四至六层级。集团层面看重一、二级，地区公司层面的重点是二、三级，项目公司层面的重点是编制和落实三、四、五级，专业公司或队伍会最后落实到六级。

某标杆房企的WBS分解

某标杆房企WBS分解的一级工作分为阶段性工作的十个部分：①土地获取阶段；②前期策划阶段；③主要施工图设计阶段；④招标及主体施工前阶段；⑤园林、装修及专项施工图设计阶段；⑥售前策划阶段；⑦施工阶段；⑧销售阶段；⑨室外工程施工阶段；⑩工程验收、入伙、移交阶段。有关一级、二级WBS分解结构，如图4-1-3所示。

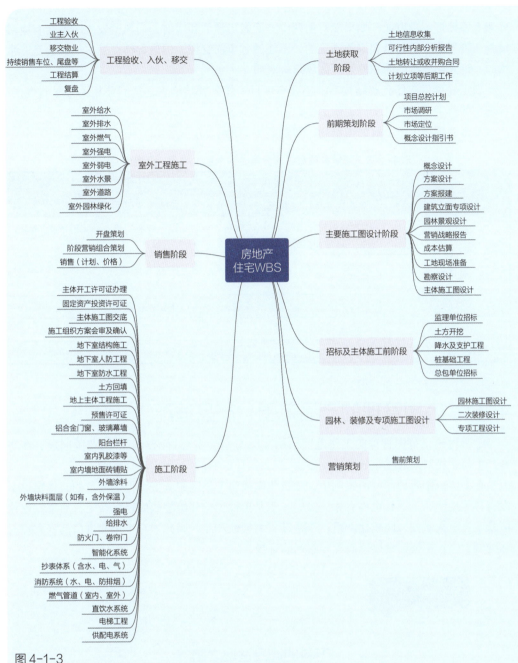

图 4-1-3
某标杆房地产住宅项目 WBS 分解图（来源：百锐学堂）

工作分解结构通常在项目初始进行编写，然后作为进度计划编制的基础，在项目进行的过程中，再对其进行修正。然而，现实中会出现因为工作内容不到位而影响项目顺利进行的一些问题。例如：原本项目为毛坯房交楼，因此没有将精装修的工作纳入计划，后期因为政府限价，项目为增加利润，被迫按照精装修交楼来实施项目。由于前期没有对此进行全面策划，因此某些方面成本浪费，管理相对混乱。有朋友说，在项目开始条件下做的决定确实没有问题，只是后来客观环境变化了，没有办法预见这种客观环境的变化。在面对不确定性时，项目的风险管理就变得非常重要了。风险分为可知可控、可知不可控、不可知不可控这三个方面。如果能对前两个方面做出评估和应对，当风险发生时就会有应对措施，第三个方面不是大家能预见的，不能做到事前管控，但这种情况发生的机会是非常小的，绝大部分所谓的意外是可做风险应对的。

制定好项目工作分解结构后，还要有项目工作分解结构表，让利益相关方尽到责任，实现任务落实、人员落实、组织落实。

某聚会项目工作分解结构示意，如表4-1-3所示。

表4-1-3 某聚会项目工作分解结构示意（来源：百锐学堂）

工作包	酒水	上层要素	物品
负责人	×××	协助人	×××
工作内容	酒水的选择，包括一瓶软饮料、一瓶红酒、一瓶白酒；酒水的采购，包括购买、运输和摆放到餐桌上		
质量要求	正规厂家生产、正规商店销售的、符合国家相关标准的、并在当地受普遍欢迎的酒水		
时间要求	聚会当天中午12点完成采购，下午4点摆放到餐桌上		
成本要求	250～300元		
项目经理（签字）		负责人（签字）	

4.1.4 范围管理的产品范围：产品适配

上节讨论了范围管理的工作范围结构WBS分解，本节讨论一下产品范围问题。在房地产中与之相对应的就是成本适配。

在上述范围管理漂移的案例中，项目想做成整个地区的豪宅，但是项目的整体定位上没有科学地调研论证，也没有相关经验，于是出现了一开始想做成轻奢豪宅，后来发现片区豪宅竞争太激烈，同质化严重，于是升级为顶豪产品，因此才有了全部进口高档大理石和纯铜大门、铝镁锰金属屋面等一系列的升级。

案例4-1-3

万科的产品适配之路

早在2012年，万科在成本适配方面就以帕尔迪为标杆，率先在国内建立了以产品为中心的成本适配体系。万科的成本适配体系是建立在万科产品标准化基础上的，针对不同的目标客户，万科建立起T系列（高端住宅）、金色系列（城市住宅）、城花系列（城郊住宅）、四季系列（郊区住宅）等四大产品体系。

为了有效推行成本适配体系，万科对产品实行标准化、模块化管理，从产品建造角度将产品包分为10+1模块，即土建坯体、立面工程、装修工程、设备工程、水电消防工程这5个单体模块，景观工程、智能工程、管网工程、配套工程、费用工程这5个公共模块，以及1个特别模块，即赠送面积、绿色环保模块。

万科针对不同模块设置A、B、C、T档的建造标准，每个标准均有相对应的标准做法及相应的成本指标，如表4-1-4所示。A标产品包是部品配置的上限标准，B标产品包是主流项目的配置标准，C标产品包是低配项目的底线标准。T类为高端产品包，对立面、门窗、景观、栏杆四个板块进行升级配置。而且，A、B、C产品包随市场变化，逐年更新，保证了高配置产品包标准内容的领先性，以及低配置产品包标准内容的全面性。

表4-1-4 万科早期的产品线及产品包配置（来源：百锐学堂）

产品系列	土地属性			产品定位		客户价值
	位置	交通	配套	定位（产品包）	与市区单价比	
金色 GOLDEN	市区或新城区	发达	生活配套完善	中高档（A/B/C）	1.5以上	繁华的中心生活
城花 CITY	市区（含新城区）边缘	便利	规划有完善的生活配套	中档偏高（B）	1.2以上	"闹中取静"的城市生活
四季 TOWN	郊区（或卫星城）	不便利	不完善	中档（B）	0.8以上	舒适的郊区生活
VANKE高档	市区或郊区拥有稀缺资源	便捷	对配套无要求	高档（T）	2以上	成功人士的生活选择

万科通过成本适配找准了客户关注点，合理地进行了成本腾挪。以万科某郊区项目为例，对应的产品包应为C级标配。本项目分析客户价值，在保持总成本不突破的前提下，对客户感知度高的景观（由原来的C标250元/m²提升至B标350元/m²）及大堂装修（由原来的C标1500元/m²提升至B标2500元/m²）提升配置，智能化及门窗工程适当减配，建安成本保持2234元/m²不变，从而更好地实现了客户价值。

招商产品线与成本适配的经验分享

招商地产早期由于存在较强烈的"作品意识"，导致其在住宅类项目开发中一些项目的成本显著高于业内标杆企业。主要的表现就是成本适配造成的成本配置不合理和总成本居高不下。例如，公司某准豪宅项目电梯轿厢未设置空调，在回访时客户对此意见很大，最后公司不得不增加空调，而在轿厢中设置空调的成本是低廉的。另外该项目首层大堂为提升档次全部采用中空Low-E玻璃，而实际上，为了通风换气的考虑，大堂的窗户需要全部开启。这样中空Low-E玻璃的高档次感无法体现，客户无法感知到，属于脱离客户感知的不合理成本适配。

因此，招商地产痛定思痛，在公司内部不断建设、推行、完善起一套适合自己的成本适配体系。体系框架和流程，如图4-1-4和图4-1-5所示。

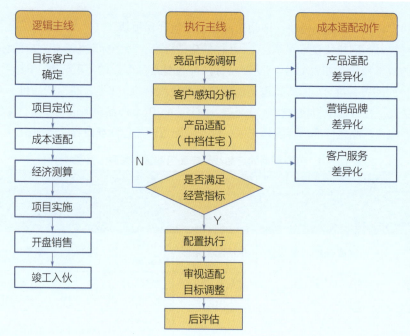

图 4-1-4
招商地产成本适配框架体系（来源：王献硕士论文）

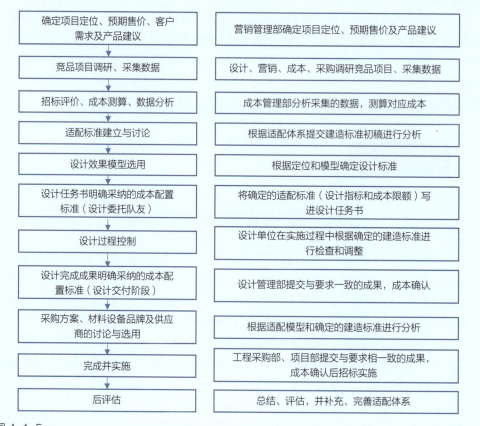

图 4-1-5
招商地产成本适配流程（来源：王献硕士论文）

作者一向倡导房地产精细化研究，如果您对本案例及成本适配感兴趣，可以参考天津大学王献的硕士论文《招商地产成本适配体系的研究与应用》。

4.2 项目成功的标尺

有了范围的界定，项目策划的业务内容和产品要求就比较清楚了，但还有一件事情也需要明确，就是项目成功的标准是什么。你觉得项目做得很努力，卖得也很好，也赚到钱了，但是老板可能还不满意，因此项目的目标管理是项目策划的又一个标尺。

一提到项目成功的标尺，很多人就想到"利润最大化"。大家应如何看待企业和项目"利润最大化"的问题呢？管理大师彼得·德鲁克在他的《管理的实践》一书中指出："企业利润并不能解释所有企业的活动与决策，而是检验企业效能的指标。"

在现代项目管理中，由于很多项目相关方的期望和要求是不同的，因此判断项目成功的标尺也是不一样的。那么，以谁的为准呢？项目管理给出了答案，就是用经高级管理层批准的范围、时间、成本、质量、资源和风险等目标来考核项目的成功。这个目标不是由管理层口头说的，而是经过批准的正式基准。

在以前作者的项目中，公司一般要项目经理签署"地盘经理承包协议"（在香港，项目经理称为地盘经理）。里面的项目成功的标准非常清晰明了，项目指标完成度的奖罚也十分明确。在香港某特大型项目上，作者为了让项目同事为共同目标而努力，项目员工晚会上还举行了一个责任状的签字仪式。

有些朋友是从建筑公司转过来的，正式从事房地产工作后，会发现房地产项目的目标管理除了建筑公司项目的工期、质量、成本、安全之外，还有更加重要的一点，就是客户满意度。如果产品口碑好、客户满意度高，产品就比较容易溢价，对项目的利润影响十分巨大，但产品溢价并不一定是由于投入了很多成本造成的溢价，反而有时是很小的细节、很小的成本也能带来客户的满意度上升，于是作者一直在思考房地产项目成功的标尺问题。

龙湖首进上海后，在第一个项目启动会上给出的项目成功标尺（图4-2-1）令人眼前一亮。原来尽管绝大部分房地产项目的成功标尺大同小异，但是对于企业发展的不同阶段、不同项目，老板的期望是有差异的。以这个项目为例，销售净利润率和内部收益率的指标显然是出于成本角度，一次性交房成功率显然是站在品质的角度，项目品牌知名度进入前5的指标显然也是品质上的考量。最有特色的是向上海公司其他项目团队输送人才不少于5人。龙湖要求通过在上海的首进项目，培养出一批人才，为公司进一步深耕上海地区打好坚实的基础。

碧桂园实行了同心共享和成就共享，简称"价值双享"，是将公司利益与个人利益绑定形成利益共同体的合伙人制度。其中的同心共享是集团集资并以股权的形式，与项目成功标尺没有关系。而成就共享则主要绑定直接与项目相关的核心管理人员，兑换成就共享的条件就是衡量项目是否成功的标尺，最后资金兑换得越多说明项目越成功，非常直接明了，就是参与成就共享的核心管理人员投入的钱收回来了，达到一定赚钱的目标就可以分钱，也就是项目成功的标准。

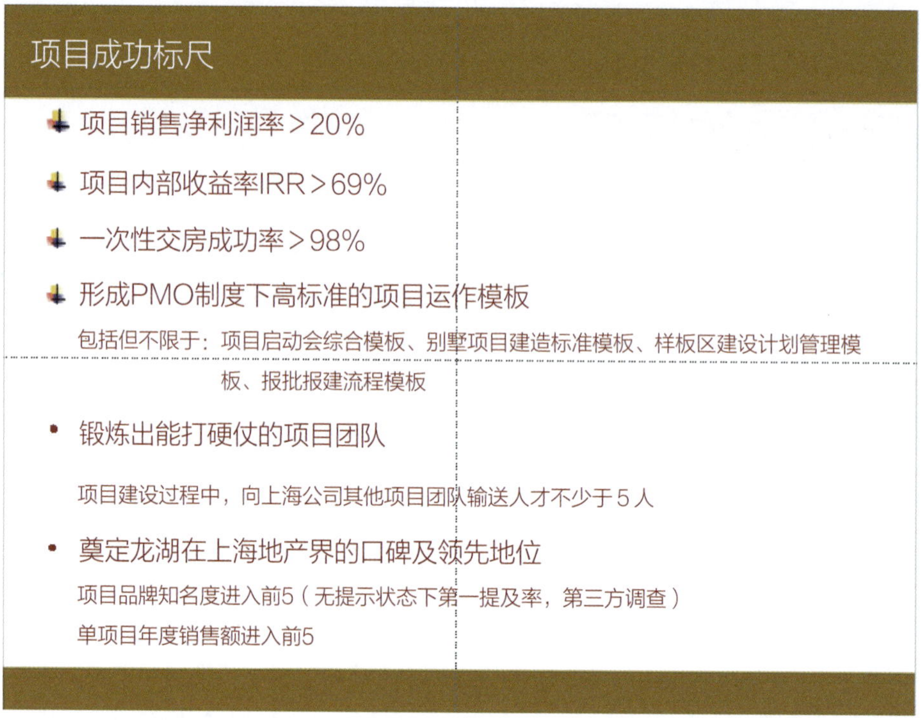

项目成功标尺
▼ 项目销售净利润率＞20%
▼ 项目内部收益率IRR＞69%
▼ 一次性交房成功率＞98%
▼ 形成PMO制度下高标准的项目运作模板
包括但不限于：项目启动会综合模板、别墅项目建造标准模板、样板区建设计划管理模板、报批报建流程模板
• 锻炼出能打硬仗的项目团队
项目建设过程中，向上海公司其他项目团队输送人才不少于5人
• 奠定龙湖在上海地产界的口碑及领先地位
项目品牌知名度进入前5（无提示状态下第一提及率，第三方调查）
单项目年度销售额进入前5

图 4-2-1
龙湖首入上海项目的成功标尺（来源：百锐学堂）

成就共享门槛的条件：
① 一年内集团自有资金全部回笼（含贷款），现金流为正，且将持续为正；
② 净利润＞年化自有资金投入×30%；
③ 当项目发生重大质量、安全、成本责任事故，重大负面新闻事件或未按合同交楼的，根据实际影响和损失对所提取的奖励金额进行扣减，并报集团领导审定。

碧桂园在项目总内部考试中还有这样的题目让大家回答：试论工程板块在实现"价值双享"中的作用。然后有以下参考答案，可见该公司对价值双享的重视。

参考答案：
① 展示区完美开放是实现价值双享的前提条件，只有工程顺利完成，展示区完美开放才能实现后续快速销售、快速回款，现金流才能快速回正；
② 做好工程质量可以促进销售，提升客户满意度，形成良性循环，更好支持实现价值双享；
③ 控制好工程成本，优化成本，提高利润率，直接帮助价值双享的实现；
④ 确保按时交楼、完美交楼，工程板块是价值双享的最好保障。

4.3 如何进行项目策划

项目的目标确立之后，项目团队在开始时一定要思考和确定以何种路径、何种方式达到目标，如图4-3-1所示。

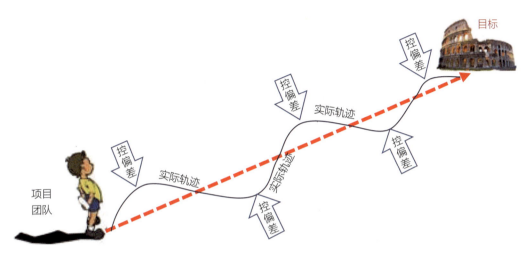

图4-3-1
通过项目策划指导过程来实现目标（来源：百锐学堂）

项目策划有一个重要的任务，就是预先准备对项目管理过程中每个难度高的弯道、每一个可能的坑的应对措施，做好预先的安排和准备，等真的拿到地了，就按照事先研究好的目标前行。这会比事先没有仔细思考过的情况顺畅得多，尽管实际与计划有偏差也不会很大，基本是在可控范围之内。

重视实施策划的项目一定会有"早跑"的动作，用另外一个词就是"前置"。例如，在拿地前就进行地质勘探、设计出图、招标、初步建立核心团队，又如提前和政府进行沟通，进行规划报建的预审核。这些"早跑"动作是标杆公司的优秀做法，会节省拿地后的大量时间。因为提早策划并实施，后续的销售、回款都会有良好的表现。这就是房地产企业的比较竞争优势，也就是为什么同一块地，在拍卖时有的公司很有信心地拿下，拿下后还赚钱，而有些企业不敢拿，因为拿了就亏。这些竞争优势中的一个重要点，就是项目提早前置策划。

每一个方面的策划规划都会深刻影响项目的成本，而且，各个策划之间都是相互影响和联系的。有了项目范围的确定，有了项目成功的标尺，策划的内容和标准也就有了。接下来的项目策划是基于公司大运营视角的项目总体策划。下面分别介绍碧桂园和中海的策划体系与工具。

4.3.1 碧桂园的策划体系

碧桂园对项目基于大运营视角的总体策划流程，如图4-3-2所示。

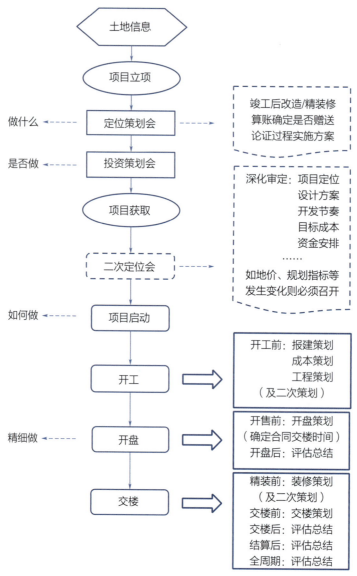

图 4-3-2
碧桂园大运营的总体策划流程（来源：百锐学堂）

通过该流程可以看到，项目策划一直是大运营的主线。项目策划包含的范围是十分广泛的，总结起来有很多方面，有针对项目整体的，有针对某阶段的，也有针对某一主题的专题策划：

① 项目整体运营策划；
② 项目定位策划；

③ 项目投资拓展策划；
④ 项目组织策划；
⑤ 项目营销策划；
⑥ 规划设计；
⑦ 合约规划；
⑧ 工程策划；
⑨ 报批报建策划；
⑩ 成本策划；
⑪ 展示区专项策划；
⑫ 开盘策划；
⑬ 装修策划；
⑭ 交楼策划；
⑮ 税务筹划；
⑯ 融资及资金使用策划等。

下面简介一下碧桂园的大运营会议体系，如图4-3-3所示。运营会议体系分为三个层面，第一个层面是里程碑会议，目的是聚集项目决策，由流程触发会议；第二个层面是定期运营会议；第三个层面是专项会议。与策划有关的内容基本都在里程碑会议里。

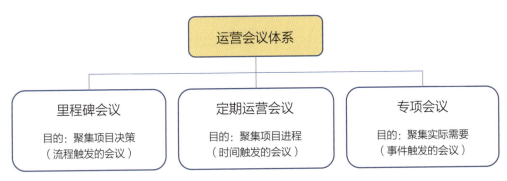

图4-3-3
碧桂园运营会议体系（来源：百锐学堂）

下面简介一下里程碑会议。
① 定位策划会，如表4-3-1所示。

表4-3-1 定位策划会（来源：百锐学堂）

会议名称	召开目的	组织中心/部门	会议成果
定位策划会	在土地获取前进行可行性研究，完成市场、客户、产品、成本等要素的定位，对开发过程进行预演，明确项目定位及初步规划方向。对于户型涉及要竣备后改造/精装修，算账确定是否赠送，论证过程实施方案，保证产品品质、经济可行及风险可控	区域投资拓展部	项目定位策划会议纪要

② 二次定位会，如表4-3-2所示。

表 4-3-2 二次定位会（来源：百锐学堂）

会议名称	召开目的	组织中心/部门	会议成果
二次定位会（如地价、规划指标等发生变化则必须召开）	项目获取后根据实际需要进行二次定位策划，深化审定项目定位、设计方案、开发节奏、成本目标、资金安排等	项目部	项目二次定位策划会议纪要

③ 报建策划会，如表4-3-3所示。

表 4-3-3 报建策划会（来源：百锐学堂）

会议名称	召开目的	组织中心/部门	会议成果
报建策划会	明确当地报建流程、规定规费、市政条件，落实政府对接部门、优惠条件，提前预审方案、分证、人防、消防等，为实现快速开发扫清障碍	区域运营管理部	项目报建策划会议纪要

④ 成本策划会，如表4-3-4所示。

表 4-3-4 成本策划会（来源：百锐学堂）

会议名称	召开目的	组织中心/部门	会议成果
成本策划会	系统性梳理各成本项，进行加减法分析，优化成本，合理投入，助力项目获得和保持竞争优势，取得更大利益	区域成本管理部	项目成本策划会议纪要

⑤ 工程策划会，如表4-3-5所示。

表 4-3-5 工程策划会（来源：百锐学堂）

会议名称	召开目的	组织中心/部门	会议成果
工程策划会（及二次工程策划会）	工程策划会：在开工前进行全面交底，对项目整体开发思路进行推演，明确关键决策点、控制点，提前识别风险并提出预案，为开工做好充分准备 二次工程策划会：总包应明确当前工作偏差原因，项目传达经营目标并协助解决关键制约因素，保证各项工作顺利推进	区域运营管理部	项目工程策划会议纪要 项目二次工程策划会议纪要

⑥ 开盘策划会，如表4-3-6所示。

表 4-3-6 开盘策划会（来源：百锐学堂）

会议名称	召开目的	组织中心/部门	会议成果
开盘策划会	在开盘前做好推广策略、客户落位、推货节奏、价格策略、签约回款、合同交楼时间等工作的筹划，促进销售目标达成与资金快速回笼，实现完美开盘	区域营销管理部	项目开盘策划会议纪要

⑦ 装修策划会，如表4-3-7所示。

表4-3-7 装修策划会（来源：百锐学堂）

会议名称	召开目的	组织中心/部门	会议成果
装修策划会（及二次装修策划会）	装修策划会：在批量装修前做工程策划，明确各分部分项工程的完成时间节点及质量控制要求，保证过程精品，确保按时完美交楼	区域工程技术部	项目装修策划会议纪要
	二次装修策划会：对货量区装修进度及质量及时做出修正，保证项目能够按计划实现，确认收入，完美交楼		项目二次装修策划会议纪要

⑧ 交楼策划会，如表4-3-8所示。

表4-3-8 交楼策划会（来源：百锐学堂）

会议名称	召开目的	组织中心/部门	会议成果
交楼策划会	组织各相关部门在交楼前进行查验，及时整改，提前做好预案及收楼计划，保证产品品质，避免群体性事件，按时完美交楼	区域客户关系管理部	交楼策划会议纪要

有关碧桂园项目里程碑节点计划表的内容汇总，请参阅表4-3-9。

表4-3-9 碧桂园项目里程碑节点计划表（来源：百锐学堂）

序号	节点等级	节点名称	计划开始时间要求	计划完成时间要求	完成标准（参考）	成果上传清单
1	里程碑	规划设计方案确定	开始时间依据实际情况自行确定	①摘牌前25天 ②完成时间纳入考核	主席签字确认的规划方案（含总图）及展示区范围终稿	略
2	里程碑	土地获取	①填写实际已摘牌时间 ②本节点开始及完成时间填写为同一天 ③不纳入考核		①招拍挂：公司摘牌时间 ②合作或收并购项目：工商变更完成时间、公司自有资金投入时间（不含共管资金，不含订金）	略
3	里程碑	开工	①项目计划开工时间（已开工的填写实际开工时间） ②本节点开始及完成时间填写为同一天 ③完成时间纳入考核		①项目总签发基础施工开工令 ②桩基施工单位中标通知书 ③可实施的基础工程施工图纸 ④土方/桩基连续施工（不含临水、临电、临设开工） ⑤获取建设工程施工许可证或政府建设部门颁发的准许开工文件	略
4	里程碑	展示区开放	①由项目依据实际情况，结合集团营销要求，最晚开售日前2周 ②完成时间纳入考核		区域营销总经理（或项目营销第一负责人）签字确认凭据	略
5	里程碑	工程规划许可证	①由区域项目依据实际情况，结合当地情况报建，要求不晚于开工前 ②完成时间纳入考核		项目规划获得市规划委员会审批并公示通过，取得市规划局颁发的建设工程规划许可证原件	略

续表

序号	节点等级	节点名称	计划开始时间要求	计划完成时间要求	完成标准（参考）	成果上传清单
6	里程碑	开售	①项目计划开售时间，已开售的填写实际开售时间 ②本节点开始及完成时间填写为同一天 ③完成时间纳入考核		①工程进度达到形象进度要求 ②取得商品房预售许可证原件	略
7	里程碑	竣工验收及备案	开始时间依据实际情况自行确定	①不迟于交楼前15天 ②完成时间纳入考核	取得竣工验收备案原件	略
8	里程碑	交楼联合验收	①项目计划交楼联合验收完成时间 ②本节点开始及完成时间填写为同一天 ③完成时间纳入考核		①交楼联合验收通过 ②项目、营销及客服完成交楼准备 ③开荒清洁完成	略

以上只是运营重要会议，在年度会议和专题会议上还有很多重要的会议，例如多位一体会、规划设计会等。除了里程碑计划，还有更加详细的项目主项计划，除了以上8个里程碑节点计划之外，还有23个一级计划点、77个二级计划点、51个三级计划点。这个计划分别跨过了筹备、经营、摘牌、设计、招标、工程、五证、销售、验收等各个阶段。主项计划列出了业务事项、输入条件、完成标准、需要在计划管控系统上传的资料要求、成果审批流程和责任体系。

除了策划的计划节点，还有一个策划的执行责任问题。为此碧桂园的多位一体会在前期策划中进行了目标的确定和责任的划分，如图4-3-4所示。

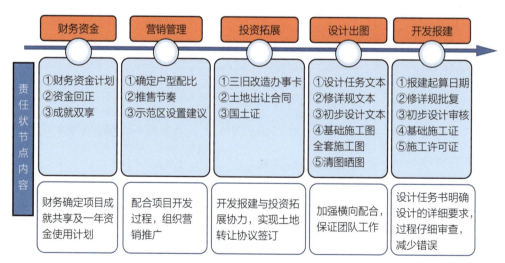

图4-3-4
前期策划的责任状节点内容（来源：百锐学堂）

4.3.2 中海地产的"沙盘推演"工具

4.3.2.1 "沙盘推演"的目的与内容

（1）强化目标
① 以启动会决议中的项目经营指标为目标。
② 梳理项目"7+1"各职能工作目标。

（2）分解任务
① 根据各职能工作目标分解任务。
② 梳理项目重难点、风险点及业务矛盾点。

（3）解决矛盾
① 针对项目重难点、风险点及业务交叉点。
② 梳理工作清单，提前预判、铺排。

（4）业务交圈
在清晰各自业务重难点的同时，相互碰撞，提出对上游业务的需求。

4.3.2.2 "沙盘推演"体系

"沙盘推演"是指项目启动会后的项目沙盘推演，是对项目开发全景目标、重难点、交叉点、风险点及相关应对措施的梳理。

"沙盘推演"对应各开发阶段的专业策划，如营销策划、工程策划、合约策划、报建策划及交付策划等。

4.3.2.3 "沙盘推演"的时间与人员

① 时间：项目启动会后30天内，方案批复前。
② 人员：项目总组织，区域职能总/经理、地区职能总/经理，及项目"7+1"团队。区域及地区运营部负责协调并跟进。

4.3.2.4 "沙盘推演"的阶段及内容

① 报批报建阶段。主要内容是：土地整理（如有）、规划方案及规划证取得、施工证取得。
② 开盘策划阶段。主要内容是：市场简析及保障、卖场全周期规划、首批预售。
③ 实施建设阶段。主要内容是：全部达预售、施工阶段推演。
④ 竣工入伙阶段。主要内容是：竣工验收、入伙交付。

4.3.2.5 "沙盘推演"的成果与要点

① 亮点及风险汇总。成果有两点：项目亮点成果提炼清单及计划，项目风险汇总清单及销项计划。
② 全景计划检讨。成果：检查全景计划刻度与推演情况对比及刻度修正。
③ 经济指标检讨。成果：根据供货计划、回款铺排及动态成本等检讨核心经济指标。
④ 各专项落实计划。成果：重难点工作专项计划及责任人。

以上四点分别作为发展纲要、行动指南、风险排查和评价考核的成果应用。

基于策划的内容较多，本着重点突出的原则，下面就针对最重要的拿地前的投资策划、项目定位策划、项目规划设计、项目合约规划、项目工程策划、项目成本策划这六个方面做出阐述。

CHAPTER FIVE

第 5 章

拿地前的投资策划

房地产企业拿地的投资拓展业务，应该是房地产企业内部在战略层面最重点的工作。拿地是最首要的风险、最高的公司战略部署，因此拿地的工作通常被称为"一把手工程"。

在上文所述的微笑曲线中，投资拓展位于最左端，对项目的影响程度提升在最高的位置，也可以看出投资拿地的重要作用。

房地产投资拓展其实包括了非常多的内容，如市场监控、市场分析与研判、战略选择、区域分析、土地价值研判、产品价值分析、投资测算、营销策略、实际操作等多个方面，是非常专业的、有体系的一套管理系统。本书不会全面展开，而是从投资策划中与成本有关的角度进行展开论述。

5.1 房地产形势判断与投资选择

经济学家任泽平先生提出房地产周期的决定因素：长期看人口、中期看土地、短期看金融。房地产的开发周期通常比较长，标杆企业的土地储备都会有3~5年的发展存量，因此房地产最终还是看长期。就人口来讲，应该有三层含义，分别是人口的增长、人口的分布变迁、人口的年龄变化。

（1）人口的增长

全国第七次人口普查的结果显示，我国人口10年间增加了7 206万，如图5-1-1所示。这个增量相当于一个河北省的人口（河北省人口在第七次人口普查中排第六）。有了这么多增量人口，就有房地产的需求，再加上人民日益增长的居住品质需求，需要有较多的改善型住房，增加了房地产市场的总需求量。另外，2021年5月31日，中共中央政治局召开会议，决定进一步优化生育政策，实施一对夫妻可以生育三个子女的政策及配套支持措施。

图 5-1-1
历次人口普查全国人口及年均增长率（数据来源：国家统计局）

有专家表示，现在制约育龄夫妇生育孩子的一个重要原因是高房价，这一点对大城市的工薪阶层尤为明显。现在的房价里一大半都是土地的价格，也就是地方政府收的税，应该把这部分作为购房补贴的返回给家庭。专家建议，土地政策应该跟着人走，哪些地方有更多的人口流入，就应该给更多的住房用地指标，来增加供给和平抑房价。

（2）人口的分布变迁

第七次人口普查的结果表明，全国流动人口高达3.76亿人，10年间增长近70%，反映出中国的城镇化率在不断提升，城镇化率达到63.89%。这个数值与发达国家80%的平均水平还有较大的差距。这个差距就反映出中国房地产的发展空间，如图5-1-2所示。

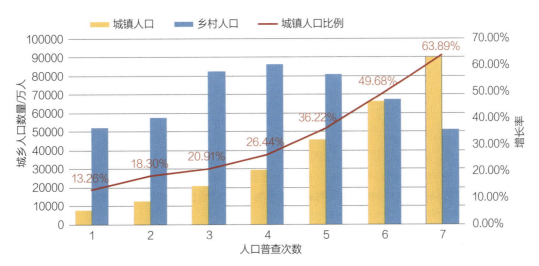

图 5-1-2
历次人口普查城乡人口（数据来源：中国城市中心）

在城镇化率不断提升的大背景下，各大城市的人口流动变化十分明显，不少城市以人口增量之多引发关注。

从省份来看，广东省人口增长位居全国之首，其中深圳、广州两市，同样在全国城市中以人口增量领先。数据显示，深圳人口达1 756.01万人，比2010年第六次全国人口普查时增加了713.61万人，增长68.46%；广州人口达1 867.66万人，比2010年增加597.58万人，增长47.05%。两市各自2010年起的人口增量比广东、浙江、江苏三省之外其他省份的人口增量都多。

西南地区的成都也表现突出，其常住人口突破2 000万人大关，达到2 093.78万人，紧追上海和北京。10年间，成都人口增加了581.89万人。

此外，西安、郑州、杭州、重庆、长沙表现抢眼，10年间人口增量均超300万人。其中，西安以448.51万人的人口增量、52.97%的人口增幅位居全国前列，也成为西北人口表现最抢眼的城市。

这些省份和城市人口的大量增加，是城市经济活力、人才吸引力、产业基础等重要特质的作用与体现。财经作家吴晓波提出了城市值得投资的四大指标：第一是马路上有没有年轻人；第二是有没有年轻的产业；第三是有没有年轻的钱愿意投资；第四是有没有年轻心态的政府。

（3）人口的年龄变化

从全国第七次人口普查数据可以看出，人口年龄变化的最大特点是，老龄化率再创新高,社会即将进入"深度老龄化社会"。普查数据显示,65岁及以上人口为190635280人,占13.50%,因此适老化的房地产需求会进一步提升。另外,随着户均人口数量的下降,以及刚刚推出的三孩政策,户型的设计要满足不同客户的需求,也会带动房地产的变化。

孟子曰:"天时不如地利,地利不如人和。"人们通常将一项重大事项的成败归结于天时、地利、人和几个因素的综合作用,即客观环境与主观条件。人们很好地认识了主客观规律然后进行把握,三者具备,则会成功。

对于房地产投资拓展工作来说,要想拿到好项目,也要讲天时、地利、人和。下面从这三个方面展开分析。

(1) 天时因素

大家都知道中国的房地产市场是政策主导的市场,因此,投资拓展首要的工作是国家和地方的政策研究。在国家当前"房住不炒"的大形势下,限购、限贷、土地限价、售楼限价等各种政策层出不穷,如"双红线"管理、集中供地,还有各种地方的政策等。只有了解国家的宏观形势、地方政策这个"天时",才可能"顺势而为"。

例如,某企业为应对"两集中"(集中发布出让公告、集中组织出让活动)带来的土地供应端变革,专门制定如下应对策略:

① 抓住重点城市的投资机会,重点22城市均为核心一、二线城市,尽管这些城市的情况各不相同,但是可以对不同城市的潜力、市场周期的精准研判等工作进行充分准备;

② 关注非"两集中"城市的投资机会;

③ 合作拿地、分散风险,共担资金压力,实现合作共赢。

(2) 地利因素

房地产投资中地段的重要性已是众人皆知,而"一方水土养一方人"决定着不同地区的人对住房的需求具有巨大差异。因此,作为房地产的投资拓展业务,一定要接地气,了解地区特点和当地的人。在碧桂园安徽区域的朋友讲了一个规律,就是经济越不发达,房地产所处的地段对项目越重要,因此有个"安徽"现象,即核心地段,地价最高,收益最好。

看地有一个重要的指标,就是地货比,即土地价值和能够提供的货值之间的比例。这个地货比指标再加上高周转指标,就是碧桂园快速发展的核心竞争力之一。

如果项目地货比为1:5,项目净利润率为10%,则一年可实现两次周转:原始投入1亿元,当年可实现总货值10亿元,净利润1亿元;项目预售资金的50%再投入新项目,循环两年,可实现62.5亿元的规模和6.25亿元的利润。

中海地产的典型项目成本构成如图5-1-3所示。

按照上图算出的地货比为1:3左右,是非常理想的,因为中海地产的核心城市为一、二线城市。根据经验数据,现在一、二线城市的地货比大都处于1:1.5左右的水平,在浙江做到1:1.8,因此能做到1:3就十分理想了。

有些二、三线城市的当地房企,每年在当地都能销售50亿~80亿元,甚至过100亿元。其原因就是有"地头蛇"的优势,政府下一步要发展哪个区域,哪个地段是当地人最认可的,哪块地要收储了,什么时候推出,竞争对手可能是谁,当地人喜欢什么样的户型,还有什么样的特别喜好,都非常清楚,因此能做到当地的老大。就连头部房企,自认为有非常牛的卖点,品质比当地房企做得好,也不一定能胜过当地房企。

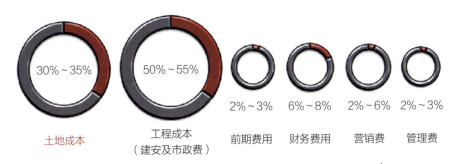

图 5-1-3
中海地产的典型项目成本构成（不含税）（来源：百锐学堂）

非当地企业如何能和当地企业竞争呢？其实也很简单，就是对于重点投资城市，深耕成当地企业的样子，或者与当地企业合作，优势互补、合作共赢。

（3）人和因素

在天时、地利的客观因素对项目成功具有影响的情况下，人和才是项目成功的根本。作者对此深以为然，因为同样的时段、同样的城市地段，同样的一个项目，就是因为换了一个项目经理，项目的财务指标就会扭转乾坤，天差地别，这是很多项目遇到的实际情况。不光是运营阶段如此，在项目前期拿地阶段中人的作用也十分重要。这个"人和"表现在内外两个方面，即是对外的与政府、合作方的"人和"，以及对内的团队协作。

这个"人和"在项目管理体系中，属于"项目相关方管理"，有一套管理的方法和工具。其中最重要的是识别项目最重要的相关方。从实践经验来看，对于项目拿地前的投资策划，项目相关方肯定首先是政府，其次是有项目资源的潜在合作方，而重点是政府。

5.2
房地产常用拿地模式分析

根据标杆房地产企业在房地产市场的情况，总结出常用拿的模式，共有8种，分别如下：

① 直接招拍挂；
② 意向性投资（俗称"意向性勾地""勾地"）；
③ 一二级市场联动；
④ 三旧改造；
⑤ 土地使用权转让；
⑥ 股权类转让与合作开发；
⑦ 联营型合作开发；
⑧ 委托代管代建。

其中前面的4种都是在一级市场启动而获得二手市场的土地，而后面的4种实际上是二级市场的收并购与合作开发类型。常用拿地模式思维导图，如图5-2-1所示。

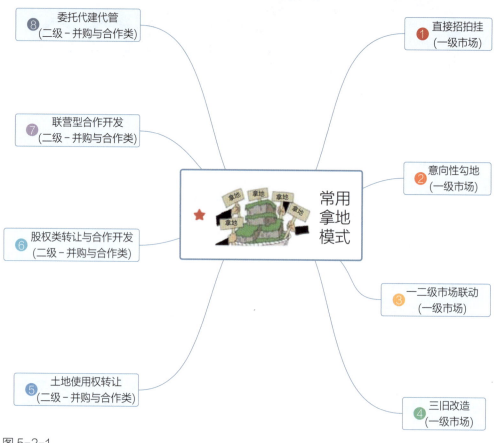

图 5-2-1
常用拿地模式思维导图（简图）（来源：百锐学堂）

扫码阅读详图

各种拿地模式的难度也是不一样的，例如业内形容直接招拍挂是小学生水平，意向性投资是中学生水平，三旧改造是大学生水平，收并购是研究生水平。这不一定是科学的说法，但是从另外一个层面看出，收并购是相对最复杂的。下面分别讨论各种拿地模式的特点及操作要点。

5.2.1 直接招拍挂

直接招拍挂是指政府通过公开程序，将成熟的土地推向市场，企业通过招标、拍卖、挂牌的方式获得土地使用权。

一般人认为招拍挂简单，只要举出最高价就可以了。其实这是一种误解，因为在目前限价的情况下，有很多特殊的规则需要留意，如竞自持物业、竞方案，最后抽签等，也要去研究游戏规则。

> **案例 5-2-1**

深圳尖岗山某项目招拍挂拿地的启示

曾经有过深圳尖岗山A122-0341住宅地与深圳当代艺术馆与城市规划展览馆的项目建设运营管理权的拍卖。此次竞标采用综合评标法。其中有天健、中海、佳兆业、万科与招商联合体共4家递交标书参与竞标。最终中海以总分93.71分、20亿元竞得深圳尖岗山地块，楼面地价10 982.97元/m²。项目住宅最后利润十分可观，而两馆虽然设计和建设理论上与住宅同步，但是由于多种原因却推迟了建设，在一定程度上保障了项目现金流的尽快回正。这个案例的启示是，出价高不一定能够最终获取地块，有时拥有高标准的建筑与规划方案才能得到招标的最高综合分数，从而胜出。

根据经验，总结出招拍挂的"五部曲"。

① 挂地节奏。根据政府的预期挂地时间、市场的拐点及机会点，以及竞争企业的资金空档期来把握节奏。

② 劝退竞争企业。这主要靠自身的筹码和政府的支持与默认，否则就会是纸上谈兵。

③ 和谐竞争企业。通过多宗优选、联合操盘等策略，各个击破、互利共赢。

④ 竞价拍地。通过前期充分调研、精准研判、理性评估、合理预期，避免出现高溢价。

⑤ 充分利用游戏规则。只要合法合规，突破常规思维也是创新。

5.2.2 意向性投资

意向性投资俗称"意向性勾地"，是指土地在正式挂牌出让前，由单位或个人对感兴趣的土地向政府表明购买意向，并承诺愿意支付的土地价格。

意向性投资的地块条件是：①政府已经完成（或基本完成）了土地的一级开发，土地具备出让条件；②土地的一级开发虽未完成，但政府无须企业投入资金完善该工作。

具体路径是，企业直接与政府签署意向性的项目投资开发协议书，交纳一定数额的诚意金或保证金（也可约定不交纳），在公开、公平的情况下，通过招拍挂形式合法获取土地。

需要注意的是，诚意金或保证金需要银行托管，规避存在协议出让的法律风险。理想的情况是，政府无须企业投入资金完善一级开发工作，但是，很多政府都比较缺钱，一般在签署投资意向书后，交纳的保证金会有挪用于政府的征地、拆迁工作的情况出现。在这种情况下，只要在协议中列出保障公司利益的条款即可。

在意向性投资协议的谈判中，需要确立主要谈判条件，明确要点，如表5-2-1所示。

在意向性投资过程中，应通过商务条件的谈判来争取优惠政策的支持，以及竞买条件的设置，操作的要点如下：

① 法律法规及相关政策明文禁止的一定不要在出让公告或文件中做直接违规的约定；
② 不要直接在出让公告中设置竞买条件，而是把竞买条件在出让文件中做具体约定；
③ 不要设置唯一性的条件，但可通过众多非唯一性条件来实现唯一性的目的；
④ 对于和政府谈定但政府无法书面承诺公司的一些优惠政策及有利于公司的开发条件等，也可以在出让文件中约定，如规费优惠、建围墙等；
⑤ 涉及回迁安置房建设以及红线外支出的，应在出让文件中注明，方可计入项目公司成本。

表5-2-1 意向性投资协议谈判要点（来源：百锐学堂）

要点	主要谈判条件
地价	①根据市场情况、政府欢迎度，争取最有优势地价 ②若涉及公建配套建设，如酒店、学校等，可争取该部分用地地价的优惠或总地价降低 ③实际地价最低
合作范围	根据市场情况确定项目规模、首期位置及面积，以及其他额外配套建设内容
供地计划	约定每期用地供应时间，根据实际情况调整出让节奏
规划条件	建筑限高、建筑密度、绿化率、车位比例等条件不限制或按公司方案执行
供地条件	用地手续合法，市政等开发条件到位
土地交付	沿红线建好围墙，净地交付，确保摘牌即开工
付款节奏	土地款分期支付，分期付款不缴纳利息
优惠政策	提前预售或提早预售，预售款不监管或少监管，规费减免，提前开工，政府工作组协调，开通报建绿色通道
开发要求	未付清地价款可办理开工报建手续，开、竣工自由，开发规模自主
其他	专线巴士、业主办理入户享受当地同等待遇及周边教育待遇，自设混凝土搅拌站等

5.2.3 一二级市场联动

一二级市场联动的开发模式，就是开发商通过筹措资金或基础设施建设等形式参与一级土地整理过程，并通过联动土地市场招拍挂获得土地使用权，进行二级开发。其操作的核心是，赚取一级收益不是目的，重要的是锁定并低价进入二级市场，如图5-2-2所示。

华夏幸福，就是一二级市场联动模式的代表，称为华夏幸福模式。其实这个一二级市场联动模式是单一PPP投资模式与房地产二级市场结合的复合模式。这个复合模式与单一PPP投资模式的主要区别是：①PPP投资看重一级土地的整理闭环，一般由建筑总包为主业主，建筑公司或投资公司来主导；②而一二级市场联动模式，看重一级土地整理后的前期投入来支付投资款，是从房地产视角进行的投资，由房地产公司主导。

图 5-2-2
一二级市场联动模式（来源：百锐学堂）

华夏幸福的开发模式介绍

华夏幸福的产城融合小镇模式，是按照"政府主导、企业运作、合作共赢"原则，由区/县/市级政府成立对应管委会，负责对项目公司进行监管。项目公司负责项目的实施和产业项目的招引。其基本框架如图 5-2-3 所示。

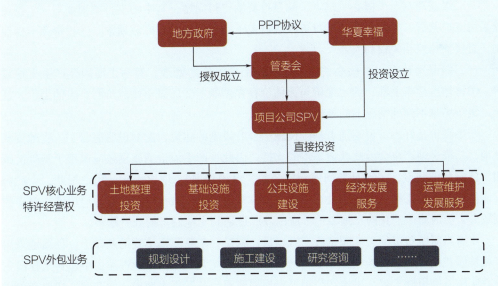

图 5-2-3
华夏幸福的类 PPP 模式基本框架（来源：百锐学堂）

华夏幸福模式的合作内容、结算方式和资金来源可用图 5-2-4 中的形式明了表示。华夏幸福主要是做政府委托的服务，如果合作区域内新增财政收入小于服务结算费，合作期满后，记账清零，政府无负债；如果合作区域内新增财政收入大于服务结算费，则双方依合同完成结算，超出部分归政府。这种合作模式既满足了政府的底线要求，即政府无负债、财政不兜底，也会给政府带来财政的税收和政绩。

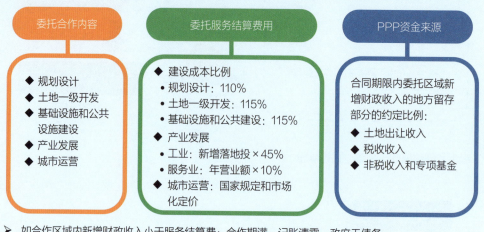

图 5-2-4
华夏幸福的合作模式（来源：百锐学堂）

一二级联动，基本上就是特色小镇、科技小镇、产城融合的形式。其中产城融合生态圈的关键是满足产业和人的需求。

一二级联动有一个核心关键点，就是投资款支付问题，其中的支付原则如下：①投资款采用专户共管，专款专用；②投资款政府包干，包费用，包完成期限；③投资款严格控制，直接支付给相关权利人。

一二级联动还有一个核心关键点，就是土地溢价的处理。有两个原因会产生土地溢价：①评估价逐年上涨，约定地价与评估价存在差额；②二级市场竞价所产生的溢价，甚至二级市场拿不到地情况下的处理。

产生溢价是好事，说明随着基础设施和公共设施的建设，配套设施完善了，生地变成熟地，二级房地产也会因此获得基本的支持。因此，产生溢价的款项还应该用于基础设施和公建配套的建设。关键是如何做到资金的"封闭管理"，取之于此，用之于此。一般对于需使用溢价的工程，由投资公司与相关单位签署协议，由投资公司向政府申请。对于数额较大，一时难以消化的土地溢价，应由政府返还到土地储备的共管账户。

作者当时所负责的碧桂园宁波产城项目，就是在华夏幸福模式的基础上，创新地采用了碧桂园式的产城融合新模式来获得产业用地和住宅用地。PPP投资端由中建某工程局主导并实施基础设施工程。房地产公司提出规划要求和开发后土地出让的兜底，房地产公司做产业地产、住宅、公共建筑的建设与开发。后期的产业运营则由碧桂园的产业公司统筹各方资源进行运营。

这种模式有很多成功的案例，但也有一些失败的案例，主要原因是：①这种复合发展模式对企业的要求特别高，企业要有较大的社会影响力，有对产业等资源的整合能力；②另外，企业家要有产业情怀，企业还要能耐得住寂寞，不报挣快钱的心态才能持续发展。

碧桂园产城融合的实践

碧桂园在2017年开始发展一二级市场联动中的产城融合与特色小镇，如图5-2-5所示。可惜的是，在只做了几个样板项目后，不但没有再发展壮大，其产城事业条线还被传统产业替代，标志着一二级市场联动模式在碧桂园基本没有了生存之地。究其原因，关键是碧桂园一直是用房地产投资的心态来做产城融合，既要"456"，也要1年内自有现金流回正。而且更重要的现实是，做产业和做一级开发，前期占用的资金确实比较多，就算是银行肯贷款，自己也要出一部分钱，周期比较长，不像房地产，讲究自有资金的年化回报率，盖房子时自己没有拿多少钱出来，就开始卖楼收钱了。

图 5-2-5
2017年碧桂园提出的种地模式（来源：百锐学堂）

有比较好的经验总结一二级联动的四部曲为：借力资源、少占资金、转移风险和强控节点。

19号文件对一二级联动的影响解读

2021年6月，财政部、自然资源部、税务总局、人民银行四部门发布《关于将国有土地使用权出让收入、矿产资源专项收入、海域使用金、无居民海岛使用金四项政府非税收入划转税务部门征收有关问题的通知》（财综〔2021〕19号），以下简称"19号文"。

就地产业务而言，19号文的发布对土地的一级开发、一二级联动、城投债等造成了较大的影响。其中土地出让金的返还与延期缴纳是否可维续等问题对市场造成了一定的冲击，城投平台的融资、城投债的投资、土地出让金作为还款来源的融资产品等均出现了市场波动。主要影响有以下三点。

① 从表面看，土地出让金划转税务部门征收，与两年前的社保入税本质上是一样的，只是征收权限移交，税务部门在一段时间内不会实质性介入。

② 土地出让金征收、管理和使用本质上是地方政府的事权，土地财政收入征收后

（地方部分）全额归地方政府，税务部门征收后地方分得部分还是由地方财政全额支配，收支两条线管理本身不会改变。

③ 从长期来看，土地出让金划归税务部门征收，会增加中央和地方政府在土地出让金使用方面的透明度，也会减少地方政府的操作自由度。市场各方普遍认为，以往地方政府在土地招拍挂方面的出让金返还、允许开发商分期或延期缴纳土地出让金等做法肯定会受19号文的影响而有所变化。除此之外，土地出让金划转税务部门征收后，拍地企业想拖延时间缴纳土地出让金也会面临税务部门的监管。

从实务的情况来看，以华夏幸福等典型一二级联动开发企业为例，前期投入的资金多数是以前期投资返还款的名义收回，具体如前期配套建设、园区建设费用等，另外对净地招拍挂的溢价分成也是一级开发企业重要的收益来源。土地出让金划转税务部门征收后，上述操作模式将面临更多的合法或合规性挑战，而这也是市场各方充满忧虑的根源所在。

土地出让金划归税务部门征收后，一旦税务部门对地方政府分配所得的出让金调配或使用施加影响，则势必会影响一二级联动的SPV项目公司平台取得出让金返还或政府支付费用的周期并引发其他的不确定性。因此，19号文对一级土地开发的影响深度如何，目前市场仍持保守和谨慎观望态度。

5.2.4　三旧改造

三旧改造又称城市更新，是指当城市发展到一定阶段时，在土地集约化发展要求下，实现从"旧城镇""旧厂房""旧村居"向"新城市""新产业""新社区"的转变。有关三旧改造的内容，如图5-2-6所示。

图5-2-6
三旧改造的内容（来源：百锐学堂）

三旧改造首先要看是否有可行性，包括哪些城市可以做三旧改造，当地有什么具体的政策，知道此城市可以做三旧改造后，再去看哪些地块可以做三旧改造。

5.2.4.1　地域性分析

三旧改造与其他拿地模式一样，一定会选择土地资源稀缺、市场前景广阔的城市，一般是一线城市周边及强二线城市。当然，除了以上两点，还有一点非常重要，就是城市的旧改政策支持。有的城市将三旧改造牢牢地把握在政府手里，由政府全权主导，或者只能由国企参与，而有的城市则非常开放，国企、民企都可以参与。在这些城市的三旧改造（城市更新）中，政策最完善、改造力度最大的当数深圳，它一直是三旧改造的创新者。因此，对于三旧改造，一定要首先了解此城市是否具有三旧改造的潜力。

深圳城市更新的政策支撑体系

深圳由于土地稀缺、人口增长过快、经济增长迅速，因此三旧改造的起步非常早，体系也十分完善，是市场主导模式的典型代表，有很多不同层面的体系、文件、规定，如图5-2-7所示。

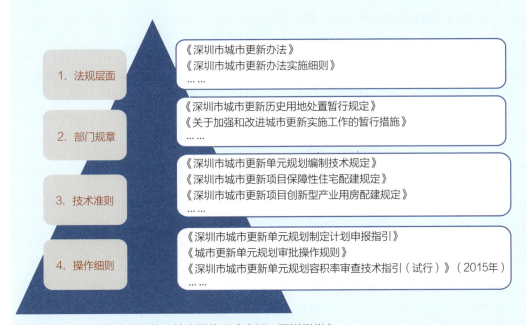

图5-2-7 深圳城市更新的政策支撑体系（来源：百锐学堂）

5.2.4.2 本体分析

本体分析方面有三个注意点：①符合政府的"两规"，即满足城市规划和土地规划的要求；②权属清晰；③具备自行改造的条件，如广州在2017年出台了40条新措施，其中包括旧厂房的原有产权单位可以自行改造，不想自己改造的，可以把土地交回政府，这大大降低了原有产权单位自行改造的门槛。

三旧改造模式一般具有以下优势和特点：

① 城市中心区，商业价值高，升值空间大；

② 土地成本比公开市场上招拍挂的成本要低很多；

③ 获取周期长，可赚取土地的溢价，也可作为公司的长期土地储备。

高利润的背后，可能是高风险。三旧改造也会存在一定的风险。

① 政策变动性大。政府领导换届和财政问题对政策的变动有直接的影响，政策又直接影响项目的改造方向。

② 村领导换届。村领导的作用直接影响村旧改合作的效率和改造的进度。

③ 交地难。签约率低，钉子户多，拆迁难度大，交地时间长。

④ 开发商实力。开发商的财力和背景直接影响旧改的成败。例如，在深圳，由于华润成功地做了大冲村改造等项目，央企背景、实力雄厚、品质卓著，后面在深圳签署了多片旧城改造的合约。而对于深耕深圳多年的私企如佳兆业、鸿荣源等，在深圳三旧改造中也有自身的优势。但是对于"外来的和尚"，哪怕是财力雄厚的一般国企，也很难在短时间涉足项目，一般改为与当地中小企业合作拿二手的三旧改造项目。

由于三旧改造是一项非常特殊的拿地方式，因此，企业参与的模式一般会分为四种，如图5-2-8所示，分别是：

① 企业直接参与旧改；
② 自行改造并吸收房企参与，合作开发；
③ 收购改造；
④ 政府统一收储，之后在二级市场上公开上市。

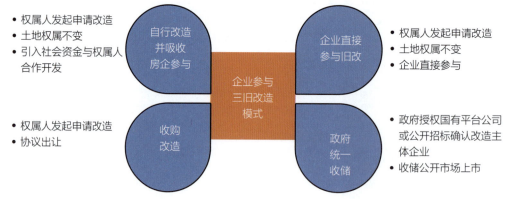

图 5-2-8
企业参与三旧改造的模式（来源：百锐学堂）

三旧改造的流程，根据深圳、郑州、河北等地旧改项目政策规定梳理的主要环节，如图5-2-9所示。

在三旧改造中，有以下三个关键点需要注意。

（1）前期投入资金安全

为保障前期投入资金安全，一般会有合作方的人保物保，会多多益善。包括以下几个方面：

① 有便于变现的实物抵押（如物业等）；
② 合作项目，如合作方与公司已有合作，进行权益担保；
③ 具备偿还能力的法人或自然人（上市公司、实业老板）；
④ 工业用地抵押（评估工业用地目前市值），明确委贷费用的承担；
⑤ 其他方式。

在获得抵押合约条款的同时，还应本着少投入前期资金的原则，以降低风险。

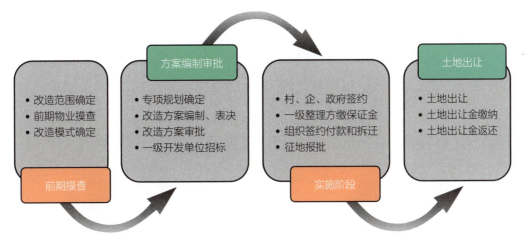

图 5-2-9
三旧改造的一般流程（来源：百锐学堂）

（2）想清楚再行动

在看到项目的基本资料后，首先了解合作方的诉求，是缺钱周转、急着变现还是吊起来卖，以方便对症下药。另外，还要清楚用地的现值、发展空间，还有什么风险，以方便去算好大账后，再决定值不值得继续跟进。

（3）做好组织保障

之前讲过，三旧改造比招拍挂与意向性投资都要难得多，是研究生的水准，因此需要有做三旧改造的专业人才，让专业的人做专业的事。

（4）风险效益评估

用底线思维进行风险评估，例如算多一笔账，如果三旧改造的转性不成功，是不是可以做目前状况的改造运营，例如做创新工场、影视产业园、艺术家村等模式，力求达到自持租赁能够覆盖运营成本和融资利息，等升值后再卖，或者等政策有转机时再转性也是有可能的。

在效益评估的过程中，资金组合的使用，以及合理避税的税筹安排都是项目成功的关键点，都需要引起重视。

三旧改造运用不同资金组合的回报分析

在三旧改造项目中，运用不同资金组合方案，其收益相差比较大。例如在一定假设条件下的分析，表明利用便宜钱做资金组合更容易实现回报，如图 5-2-10 所示。

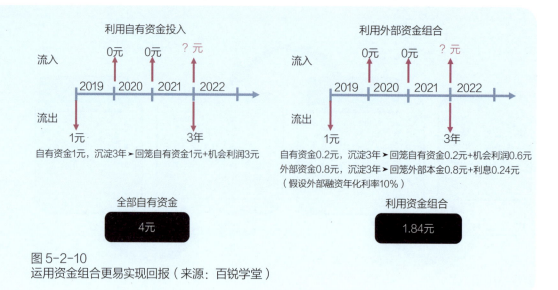

图 5-2-10
运用资金组合更易实现回报（来源：百锐学堂）

5.2.5 土地使用权转让

土地使用权转让，是指原建设用地使用权人将建设用地使用权再转移的行为，即土地过户。土地过户不单指土地，有时还包含土地本身已经开发的工程部分。

国家为防止非法倒买倒卖土地，设置了如下转让条件：
① 划拨用地需经原批准机关批准，且需补交土地出让金；
② 土地已经缴纳土地出让金，已经取得国有土地使用权证；
③ 项目开发已投资额占总投资额的25%（不含土地出让金）；
④ 项目须按照土地出让合同约定进行投资开发。

在土地使用权转让模式下需要的关键点是，须进行详细的土地尽职调查，包括土地获取途径及合同；国土证及相关证照、附图；已发生成本、当前合同履行情况；土地出让金及发票、完税凭证；规划设计条件和指标批复情况；土地闲置问题处理（如有）；地上建筑物和附着物；土地年限问题等。

对于土地使用权转让涉及的问题，有些比较复杂和特殊，但通常可以归纳为以下四种情况，各情况的问题及处理方案如下。

（1）土地闲置风险和处理

对于土地闲置的问题，首先要了解清楚是政府的原因还是转让方的原因，然后采取相应的应对措施。如果是政府的原因，则需要转让方协调政府出具由于政府原因导致土地闲置的函件。如果是转让方的原因，则要看土地闲置的时间：①土地闲置满一年不满两年的，应要求转让方承担日后被处罚的土地价款20%的土地闲置费；②土地闲置满两年的，如果转让方无法获得国土部门批准延期动工的批复且转让方也无相关保证的，则土地存在随时被政府无偿收回的风险，因此公司应谨慎购买该土地。

（2）土地已抵押问题的处理

对于土地抵押的问题，一般买方会垫资解开抵押，但是要注意：
① 监管账户、专款专用；

② 买方直接向债权人付款；

③ 对方提供足额担保。

对于拟受让的土地已抵押，不允许转让，同时也办理不了过户的情况，可采取以下转让方解抵押的方法：置换其他抵押物解抵押、抵押人自行出资解除抵押。

（3）已有在建工程的处理

对于已有的在建工程，需要特别关注：

① 在建工程是否可以继续使用；

② 已发生的在建工程成本是否为有效成本；

③ 必须在交易价款中预留费用防范在建工程出现质量等风险的成本。

（4）未按规定达到25%的处理

① 如果对方缺乏开发建设资金，则买方可以借款解决，但对方应提供足额担保以确保资金安全。

② 要求必须按照买方的规划设计条件进行开发建设。

③ 由买方派管理团队以对方名义进行建设，类似于委托代建代管，但不收费。这样更有利于掌控进度、资金安全、工程质量以及施工单位的衔接等。

④ 在实施步骤上，前期签署合作协议，按照转让方案设定好条件及双方的权利义务，在满足25%后，另行按照双方议定的价格签署一份土地转让合同。

5.2.6　股权转让与合作开发

股权类转让与合作，也称股权收购，是指以目标公司股东的全部或部分股权为转让与合作的标的物（即目标公司），可分为全部（100%）股权收购和部分股权收购。股权转让是目标公司的股东发生变化，但并不导致目标公司债权债务主体的变更，权利义务的载体仍然是该目标公司。

常见的股权类转让合作方式有两种，分别是土地作价入股和增资扩股。土地作价入股是指合作方以土地作价入股，买方以现金出资，双方共同组建项目公司合作开发。增资扩股是指对于有限公司来说企业增加注册资本，增加部分由新股东认购，达到投资项目的目的。

股权收购的法律风险有三大类，如图5-2-11所示。

图 5-2-11
股权收购的法律风险（来源：百锐学堂）

对于法律风险，通常有以下风险防范措施：

① 收购前进行详尽的审计和尽职调查；

② 合同约定签署合同当天至股权过户期间，公司的印章共管；

③ 合同约定对方披露债务，如有遗漏或隐瞒，责任由对方承担；并约定明确的债权债务划分，转让过户前的由对方承担，转让过户后的由买方承担；

④ 对于正在履行的合同，如果对买方有用，则由买方承继；如果买方不需要，则由对方及时解除；

⑤ 股权转让款尽量能够分期付款，预留尾款在股权转让后2年左右支付。一般诉讼时效为2年（这一点在商务条件洽谈上存在困难）；

⑥ 对方提供足额的担保；

⑦ 改变交易模式。

需要关注的关键点如下。

（1）尽职调查工作

尽职调查工作的对象主要是目标公司和目标地块：

① 对于目标公司的股权结构、债权债务、资产、税票情况、未改造完毕的合同情况、抵押担保等，目的是确保目标公司资产负债明确、债权债务比较清晰，无任何其他的商业风险；

② 对于目标地块的土地手续、权属、土地原始成本、土地现状、土地闲置、规划、市政等，目的是确保土地权属清晰，用地手续合法，规划符合公司的开发条件，目标公司通过合法程序，以合理的价格获取该项目。

（2）债权债务的处理

债权债务的处理步骤是：①双方对项目公司的债权债务进行清理；②双方协商一致处理方案；③股权转让应包含债权债务处置费用。

（3）在建工程的处理

对于在建工程的处理，有三种方法。

①评估作价收购。当在建工程符合买方及市场需求时，可一并作价收购，但需对合作方的成本做一定的评估审核。②资产剥离。当地上部分在建工程不符合买方及市场需求时，可要求合作方将该部分的在建工程剥离出项目公司。③买方代管代建方式。如果该在建工程无法剥离，买方不参与该部分的收购，则由合作方自行开发，可采取代管、代建、代售的方式合作。

（4）交易对价的确定

交易对价的组成，可以用图5-2-12所示的公式来逐项计算确定。

图 5-2-12
交易对价的计算公式（来源：百锐学堂）

其中，或有负债是重点需要防范的风险，一般不太容易通过正式的书面文件获得，而是通过社会调研的方式来侧面了解。

在股权收购中,有可能有以下6种特殊情况需要做特殊处理。

(1)拟收购的公司只有相关权益,土地还未在公司名下

某公司在土地转让中的风险及应对

A公司已经与其他公司签订了土地转让合同,但还没有办理过户。在此情况下,A公司的股东想把股权转让给买方。这一行为肯定存在法律风险,因为A公司仅是获得了相应的合同债权,还未获得土地使用权,至于土地能否最终过户还存在一定的不确定性。如果买方还是决定要收购,则应该分步收购,可以先收购少量股权,等土地过户后再收购剩余股权,或者直接在合同中约定,等约定的土地过户到A公司名下后再收购或付款。

(2)收购已质押的股权

根据法律规定,已质押的股权一般不得转让。如果直接签订股权转让合同,在合同效力上可能存在问题,同时,也无法进行股权过户登记。为收购已质押的股权,就要求对方解除质押。若对方没钱去解押,则需要买方给钱。一般可以采用股权转让款预付款或者直接借款给对方,对方办理质押解除后过户给买方,但为了确保资金安全,必须要求对方提供足额的担保才可以。

(3)国有企业的股权收购

对于国有企业的股权收购,一定要按照国家对国有企业的股权转让程序进行,避免因未履行任一程序导致股权转让合同无效,无法办理股权过户手续,从而导致买方投入大量资金却在法律上对目标公司无任何权利。国有企业股权转让的一般的程序如图5-2-13所示。

图 5-2-13
国有股权转让的流程(来源:百锐学堂)

收购国有企业股权,应特别关注上述程序的履行,避免因未履行任一程序导致股权转让合同无效,无法办理股权过户手续,从而导致收购方投入大量资金却在法律上对目标公司无任何权利。

(4)外资企业的股权收购

由于国家对外资企业的股权有一定的要求,当股权变更时,需要上报省商务厅外资处和商务部外资司备案,因此审批备案手续办理过程和时间有很大不确定性。须注意设置合理的付款条件,避免已付款但无法办妥股权过户工商登记手续。

(5)分立公司的股权收购

根据《中华人民共和国公司法》第九章的相关规定,公司分立指一个公司依照公司法有关规定，通过股东会决议分成两个以上的公司。分立公司是公司合并的相反行为，比较特殊，因此在收购分立公司的股权时，会存在法律风险。风险的表现是：①目标公司为分立后的公司，将对原分立前的公司债务承担连带责任；②分立后的公司一年内不能再发生股权变更，否则视同交易，需要补交相关税费。

有关的风险防范措施如下：①审计评估分立后公司和分立前公司的债权债务风险；②当债务风险较大时，建议改变交易方式，例如土地转让的方式或由目标公司以土地作价入股成立新的干净项目公司后再收购等。

（6）小股操盘的模式

在股权收购中，会有一些大地产公司小股操盘的模式，就是指买方收购项目公司50%以下的股权，和对方共同持股合作开发。虽然买主持股比例小，但通过协议和章程等安排实现全权操盘项目。

为了实现小股操盘，需要有协议约定和保障措施，如董事会中买方占多数，具有董事会控制权，又如股东会决议必须经买方同意或双方同意许可。对于董事会成员组成、股东会决议表决，以及章程的特殊性必须谨慎、严谨，否则在理论上合作方可以依据公司法并利用控股地位，单方做出一些不利的股东会决议。

5.2.7　联营型合作开发

联营型合作开发模式，即"合伙型"合作开发，也叫"联建、参建"合作开发，指合作各方一方出地、一方出钱，共同投资、共享利润、共担风险的一种房地产合作开发模式（注意共同经营不再是合作开发的必备条件）。

其最主要的特征是：合作双方不组建项目公司，通过"联营合作开发协议"约定钱怎么投、怎么开发建设、怎么销售，以及怎么分配利润或物业等。由此可见，合伙型合作开发不同于法人型合作开发，仅依靠协议执行，相互间约束力非常弱，易发生扯皮。因为有此较大的缺点，很多大型房企很少或者几乎禁止采用这种合作开发模式。

5.2.8　委托代管代建

委托代管代建模式就是品牌开发商接受项目公司委托，以项目公司名义开发建设项目，而品牌开发商作为代建方不出资，开发建设资金、债权债务等资金全部由项目公司及对方负责，同时项目公司享有项目的投资收益。

代建方的利润来自项目公司销售额的一定比例的管理费。委托代管代建模式往往伴随品牌的输出，因此可能代建方还会收取一定的品牌费。

具体的经营过程是，代建代管方指派管理团队全权操盘项目，以项目公司名义行使项目日常经营管理权及项目开发建设及销售等全过程管理。在实际操作中，委托方会因信任程度和具体问题影响代管代建方的操盘，不能做到全权操盘，此时如果有品牌输出的情况，就要注重品牌的维护，避免造成只收较少的管理费和品牌费，却对公司的品牌影响造成较大的伤害。

5.2.9 各种拿地模式下的税务成本

进行投资策划，首先要了解不同拿地模式下，根据政策规定在不同阶段有什么税种，然后要了解各种税是如何计算收取的。

房地产涉及的税种有很多，主要有企业所得税、土地增值税、增值税及附加、契税、印花税、耕地占用税等。

税务筹划是投资策划的重头。尽管税务筹划有一定的专业性，但是税务筹划不只是财务人员的事，而是包括投资拓展人员、项目总以及成本管理人员在内的核心管理人员都应该了解和掌握的基本税务知识，尤其是对于收并购项目，税务筹划很多时候是能否成功的关键。因此需要了解不同开发阶段的主要税种及如何进行税务筹划，如图5-2-14所示。

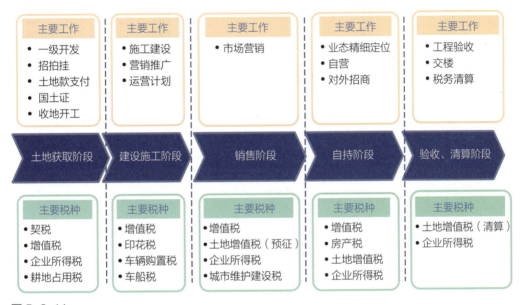

图 5-2-14
不同开发阶段涉及的主要税种（来源：百锐学堂）

因此，在碧桂园的项目总考试中，会闭卷考核从简单的问题如土地获取阶段会涉及哪些主要税种，到复杂的问题，如如何计算一个地块的增值税、契税，总共要交多少税，等等。

问大家一个问题，在以上所讲的不同的拿地合作模式中，哪种模式的税负是最重的？哪种模式的税负是最轻的呢？除了税负最轻的这种模式，哪种是买方税负最轻的呢？

如果能回答以上问题，就是对拿地的合作模式和税筹有了基本了解。如果不能回答的话，看一下表5-2-2就会一目了然了。

表5-2-2 不同拿地模式的税务成本（来源：百锐学堂）

拿地模式 / 税种	一级				二级——非股权合作		二级——股权类合作开发				委托代建代管
	直接招拍挂	意向性投资	一二级联动	三旧改造	土地使用权转让	联营型合作开发	股权收购	增资扩股	土地作价入股后转股	一方出钱一方出地	
企业所得税			🍎	🍎	📺	🍎	📺	📺	📺	📺	📺

续表

税种＼拿地模式	一级				二级——非股权合作		二级——股权类合作开发				委托代建代管
	直接招拍挂	意向性投资	一二级联动	三旧改造	土地使用权转让	联营型合作开发	股权收购	增资扩股	土地作价入股后转股	一方出钱一方出地	
土地增值税					🟢				🟢	🟢	
增值税			🔴	🔴	🟢	🟢			🟢	🟢	
契税	🔴	🔴	🔴	🔴	🔴						
印花税	🔴🟢	🔴🟢	🔴🟢	🔴🟢	🔴🟢		🔴🟢	🔴🟢	🔴🟢	🔴🟢	🔴
税成本					税负重		税负轻	税负最轻	买方税负最少		

买方：🔴红苹果

卖方：🟢绿苹果（卖方为政府时不用支付印花税）

5.3 拿地工具与方法介绍

下面重点介绍三种拿地工具与方法：①拓展信息渠道；②地块市场调研；③多位一体会。

5.3.1 拓展信息渠道

拓展信息渠道是拿地的基础工作，无论是对于刚进入城市的新公司还是深耕本地的区域/城市公司来说都是工作的重点。正所谓"无米之炊"做不成饭。米在哪里？有多少可供选择的米是前提条件。

拓展信息渠道的工作在有的公司被称为"扫地"的工作，主要从以下几个方面着手。

（1）政府沟通

众所周知，提供房地产土地信息最多的是政府，因此，所有区域/城市公司的一把手、投资拓展主管及相关条线，一定是与政府沟通最多的。所以，国土局、规划局、街道办、村书记等都是拓展信息的良好来源，一定要建立良好的关系，并重点掌握以下几点信息：①当地土地出让计划；②已出让土地的信息；③三旧改造计划，以及辖区内的业主出售情况和城市更新意愿等。

（2）借力合作方

除了与政府直接沟通外，借力合作方的资源和信息拿到土地则是第二个重点方向。因为有些合作方的关系渠道确实比较特殊，建立并拥有几个或一批合作方的合作共赢机制，是很多投资拓展工作做得好的区域和城市公司的共性。

（3）金融机构、商会协会、同行

可以发动项目当地资源邀约银行、资产管理公司、商会协会、同行等进行交流，促进三方合作。具体可以从以下三个方面着手：①向银行、资产管理公司了解厂房财务状况，是否有意向出让或资产包挂卖信息；②通过商会等社会关系引荐工厂业主进一步沟通；③通过同行了解其他公司动向、拿地模式，以及是否与同行有合作的可能。

讲到同行，一般在一个区域或城市公司的城市总、副总、投资拓展人员都有同行的联系方式。同行之间的关系比较微妙，有竞争也会有合作。其实大家都知道即使市场竞争激烈，合作共赢也还是主流，至少同行间的良性交流不至于发展成恶性竞争的状态。

下面是某标杆房企拓展渠道的方式，如图5-3-1所示。

图 5-3-1
某标杆房企拓展渠道的方式（来源：百锐学堂）

碧桂园十分重视与合作方的关系

碧桂园十分重视合作方管理，要求视合作方为"老板"，并总结出投资成功区域的经验是"两多"，即合作伙伴多、持续合作多。碧桂园总结了与合作方合作的基础是：诚信、实力、能力。碧桂园还有合作方管理的要诀："前置尊重、透明公开、合同辅导、资金滚投、带来总部、及时反馈。"针对这24字要诀还有一系列的解释、指引、动作和小结，可谓是投资拓展的经典教材。这些宝贵的经验来源于不断实践，是非常值得大家学习的合作方管理经验。

在与合作方二手并购的项目中，往往存在溢价较高而影响项目整体利润的情况。解决这个问题的常规手段是"开票"。但单纯的开票会有以下遗留问题。

① 违法违规风险。根据《税收征收管理法》第63条的相关规定，要补交税款，并处50%以上5倍以下罚款，构成犯罪的，追究刑事责任。

② 所开票有不被税务局认可的风险。

③ 未来无法税前列支的风险，会增加税费的负担。

比较好的解决办法是与合作方一起来解决，合作共赢。

① 预留合作方利润，需要合作方同意在开发过程中负责完善全部票据。

② 说服合作方以分配物业方式处理，达到降低项目公司利润，减少土地增值税的目的。

③ 土地（含溢价）作价出资：与合作方协商同意后，在交易阶段就处理了税费，降低了后续发票处理的难度。

5.3.2 地块市场调研

地块市场调研的作用主要是解决以下四个问题。

① 研判新项目能不能做？怎么做？

② 解决的是"怎样的价格、怎样的产品可实现项目最优"。

③ 探讨是否可实现"假如当地只卖三套房子，就有一套是自己公司的"。

④ 了解"如何做出当地最好的房子"。

市场调研的着眼点可总结为"点、面、体"，即点的收集、面的形成、体的构建，如图5-3-2所示。

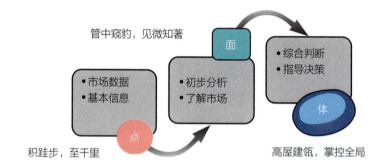

图 5-3-2
市场调研的着眼点（来源：百锐学堂）

5.3.2.1 点的收集

点的收集包括以下内容。

（1）项目概况图

项目概况图包括地块的城市总体规划图、地块四至，以及地块的基本指标，如容积率、占地面积、可售面积等。

为了更清晰地反映项目概况，除了项目的概况图表，还应该有无人机拍摄的鸟瞰图和视频。某些标杆房企对视频的拍摄要求会有一个小的指引。这样就会借助科技的力量，让没有去过项目现场的领导和同事也会有一个直观的印象，让去过项目现场的领导和同事能够从立体视角看项目，更全面直观。

（2）周边楼市图

周边楼市图需要显示周边主要已建成楼盘和在建、在售楼盘的基本情况，如项目名称、占地面积、建筑面积、产品类型、面积区间、二手/销售均价、开竣工日期、去化情况等较为典型的项目特征指标。

（3）周边配套图

周边配套图能清晰地反映本地块所在区域乃至所在城市的主要商业、学校、医院、交通、公园等配套的名称及距离，其中有些是已有配套，也要标示出政府已做出规划的配套。

（4）竞品分析图

竞品分析图是市场调研的重中之重，其中售价的关注点和要求如下：

① 竞品的赠送面积描述中，需要按建筑面积说明赠送比例，如120m² 赠送12m²，赠送率为10%；

② 竞品的主力户型面积及主力户型总价，如主力户型为95～120m²，主力户型的总价为120万～150万元/套；

③ 在竞品的单价描述中，要区分不同的产品类型，如双拼别墅、联排别墅、多层、小高层、高层的均价都不一样，另外在均价描述中，要调研出打折后的实际价格，而不是表面的、广告宣传的价格。

在竞品调研中，竞品的去化率也是十分重要的指标。需要注意的是，描述去化率要清楚地说明多长时间、多少量、推出的什么产品，在此情况下去化率至此已达9成，而不是简单的一句"去化率已达9成"。

案例5-3-2

如何良好地描述去化率

某竞品，今年5月1日开盘，推500套高层单位，3天去化率约300套（60%），目前（7月1日）去化约450套（90%）。项目今年累计推出800套，目前去化率为680套（85%）。

5.3.2.2 面的形成

面的形成包括以下内容。

（1）宏观数据及分析

宏观数据是指为反映本城市的宏观经济与房地产市场有关的近2～5年的基本指标，一般可以从各城市每年公开发布的统计局数据中得到。主要数据应该包括：当地GDP值、人均GDP值、GDP平均增长速度、第三产业比例、总人口、市区人口、城乡居民存款余额、当地居民人均可支配收入、固定资产投资额、房地产投资额、商品房销售面积、商品房销售额等指标。

（2）本地房地产发展情况概述

本地房地产发展情况，需要分析近2～3年住宅用地成交的情况，包括成交面积、可开发建筑面积、成交均价、楼面价等基本指标。

（3）各板块价格及成交情况

各城市房地产会有细化的按板块划分的大致区位，例如离高铁较近的房地产板块称为"高铁板块"，离某著名的湖较近的板块称为"某湖板块"。

分析各板块的价格和成交情况时，会比"点"时的竞品分析图更加详细具体，以方便了解竞品时不会遗漏可能的关键数据。

有时某地块在两个或三个板块之间,或者会受某几个板块的影响,就需要将这些受影响的板块也做出统计分析。

板块竞品分析的数据一般都具有实效性、保密性、专业性、复杂性,因此一般需要掌握当地大量数据的中介咨询公司帮助完成。

（4）地块所在区域竞品开发商分析

由于多数头部房企在策略上都是深耕本区域,因此有必要知道所在区域中品牌开发商的情况。例如,可以描述竞品开发商的基本情况为:"目前进入××市场的品牌开发商主要有万科（5个项目）、保利（2个项目）、华润（1个项目）。"

在分析各开发商在本区域的地位时,一般会着重分析排在第一位的标杆同行,看他们是如何做到当地销售冠军的,对自身的公司会有什么启示。同时,从品牌开发商的分析中基本可以看出,后面地块竞争时潜在的最大竞争对手可能是哪个或哪几个开发商。

5.2.2.3 体的构建

（1）地块本体

地块本体分析的重点是,周边的配套有什么优点和不足、项目地形地貌的特点会给项目带来什么价值还是不利影响、周边环境是否有利于项目营销还是不利影响等。分析这些因素对项目的有利及不利影响,这些因素对利润产生如何的影响,即分析出对成本和售价的影响因素,如表5-3-1所示。

表5-3-1　地块本体因素对成本、售价的影响（来源:百锐学堂）

类别	成本影响因素	售价影响因素
加分项1	成本减少	售价提高
加分项2	成本减少	售价提高
减分项1	成本增加	售价降低
减分项2	成本增加	售价降低

例如,成本减少的因素如下:

① 地质条件好,不用打桩;

② 缓坡地形,适合做半地下室,减少地下室开挖和降低地下室造价等。

又例如,导致成本增加的因素如下:

① 存在高压线或者其他管线需迁移;

② 尚有附着物需拆迁;

③ 特殊地质情况需要额外处理;

④ 土方外运数量较大等。

例如,能使售价提高的因素如下:

① 地块紧靠公园,景观非常好;

② 地块所在片区属于优质学区等。

又例如,能使售价降低的因素如下:

① 项目北侧为城中村;

② 靠近铁路线，噪声较多；

③ 项目离墓地、陵园较近等。

将可能影响地块成本和售价的因素都找出来，从而进行判断分析，就是地块市场调研的重点和意义。

（2）区位价值

区位价值，就是通过本地块所在区域的当前成熟度、城市发展方向与本区域的关系，以及地块与特定资源的距离、时间、路况来判断区位的价值。

根据经验，城市能级不同，对距离的敏感程度会相差比较大。而城市越小，对距离越敏感，反之，城市越大则对距离敏感程度较低。例如，在特大城市北京，人们可以忍受家住河北，每天上下班2～3个小时的通勤时间；而在一个小县城，地块距离小学、菜市场有6km就基本上不可以接受，除非本地块本项目能再造一个资源体系，如附带建小学、超市、商场等配套。

进一步关于区位价值的经验如下。

① 县级市：地块以县中心为主，距离县中心3km以内为宜，远离县城边缘3km以上的地块均要谨慎。

② 一般地级市：以市区、城郊结合处为主，近郊（3～5km）尚可，远离市区9km以上的地块需谨慎，北方区域更应谨慎对待郊区地块。

③ 大中型城市：地块在城郊（3～5km）、近郊（5～10km）比较好，而远离市区30km的地块要重点考虑资源、配套及地块规模，北方区域应谨慎对待郊区地块。

④ 在城市发展规划方向上的地块，会随着城市的发展，拉近与城市的距离。

案例5-3-3

深圳城市发展造就了深汕合作区

广东省汕尾市海丰县产业转移工业园，总面积468.3km²，原为汕尾市政府和深圳市政府共建合作区，距离深圳约100km。但是在此地建了一个深汕合作区，并且作为飞地划归深圳管辖后，规划的地铁、高铁等交通体系陆续完善。根据最新的规划要求，深圳市中心到深汕合作区需要以高铁或磁悬浮相连，直达要求20分钟，深汕合作区房价的想象空间变得非常大。由此可以看到城市规划发展方向对地块的影响是非常大的。

由此，有人将粤港澳大湾区对标东京湾后，看到东京湾的地铁密度非常高，有约2000个地铁站点，通过对标得出了广深港这三大城市未来的辐射能力至少在200km。而深汕合作区，其实就在粤港澳大湾区的辐射范围之内。

在区位价值上，既要看到未来发展的趋势，也要看到当前房地产的销售形势。因此，除非为粮仓型特大型项目，否则区域成熟度比城市发展方向更实在。

① 很多地区的新区，虽处于城市发展方向上，规划得光鲜亮丽，道路通畅、水电气等基础设施完备，有的甚至规划大型公园，但其实毫无人气。政府依靠华丽的外表出让土

地，增加财政收入，一定要慎重对待。

② 能发展起来的新区需要带动人气的生活配套，如重点幼儿园、小学、初中，医院，超市等。

③ 区别对待规划中的配套和建设中的配套，客观评价政府的执政能力。

④ 评估次新区的发展可能性。

（3）城市基础

城市基础一般包括以下几个方面。

① 看老城区的商业和经济活跃度。例如：大型商场、商业街、品牌档次及规模；大中型超市日用品品牌、档次；夜市繁荣程度，消费档次；当地汽车品牌所占比例、档次、车流量等。

② 看居住区。例如，普通民众居住品质及环境、小区新旧程度；高档住宅区位置、规模、品质、小区环境、配套；新城区小区空置率（晚上亮灯户数）。通过以上的调查研究来判断是否有改善的需求，以及了解富人有什么居住偏好。

③ 老城区的工业区。例如，工业区内的企业规模、产业结构；工业区的景气程度，有没有像样的支柱型企业；人员密集度。以此来了解当地的经济基础，尤其是私营经济发展的情况。

④ 城市的供求关系与市场容量。

在供求关系的调查研究上，不但要了解现有地区的三级市场存量，以及现有的供应量（已推未售、积存量，已取得预售、未推向市场量），还要掌握潜在供应量，包括：正在开发，尚未预售量；已获取土地，尚未开发量；新增土地供应。

一般来讲，县级市场和镇区级市场的特点为：

① 有效购买力（富人）有限；

② 市场辐射范围较小；

③ 房价低，增长缓慢。

因此，进入这类市场，一定要留意市场容量及需求释放的程度，并控制拿地规模。

地级市市场和较为发达的县级市市场的特点如下。

① 市场辐射范围变大。

② 有一定的市场容量。

③ 各地级市的房地产市场发展参差不齐，部分地区改善型需求已释放甚至有一些地区出现过剩情况。若市场容量已达"七八分饱"的状态，改善需求变得有限，则应谨慎决策。

一线和强二线城市的特点为：

① 人口基数大，需求旺盛，刚需强劲，市场容量大；

② 富人多，只要好的产品，溢价空间大，只要不限价就容易实现溢价；

③ 房价高，外溢需求强劲。对于一线和强二线城市，只要能有利润就都是房企的最佳竞技市场。

（4）竞品分析

对于竞品分析，是为了"知己知彼"，以便一方面更好地制定自己的指导定价和进行产品设计，另一方面通过竞品来了解当地居民的置业诉求，借鉴竞品成功的经验。因此对项目拿地非常重要。需要回答以下的问题。

① 哪些竞品一定要看？

② 需要了解竞品的哪些信息？
③ 通过什么方式了解？

对竞品分析最直接的调查研究办法就是"踩盘"，分为暗踩和明踩。"踩盘"后再辅助以客户调研、同行咨询等各种方式丰富竞品的分析资料。

"外行看热闹、内行看门道"，踩盘需要有一些技巧，业内有很多的参考资料，可以在网络上进行搜索学习，在此不作赘述。

5.3.3 多位一体会

多位一体会是来自碧桂园的一个良好的拿地前投资决策工具。多位是指区域总裁主持的，包括投资、营销、设计、成本、项目、财务、运营等多方参加的投资决策会议。各专业人员从自身的角度对项目地块进行汇报，汇报的内容已形成标准化，如图5-3-3所示。

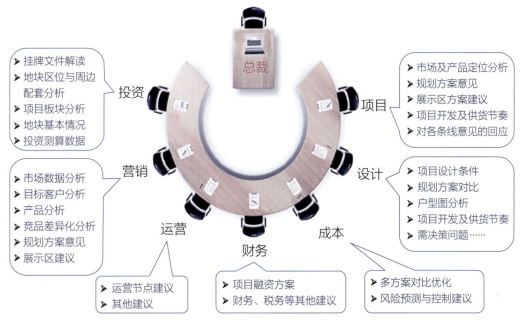

图 5-3-3
多位一体会汇报中各条线汇报内容（来源：百锐学堂）

由以上内容可以看出，多位一体会议不只是一个单独的会议，而是一套投资决策体系。会议之前要做大量而有效的工作才能支持会议的内容，为会议提供决策依据，如图5-3-4所示。

项目在定案汇报前需备齐三表、四图、三报告。其中最重要的部分当然是与钱直接相关的投资测算表。总表由投资团队完成，规划指标由规划设计填报、销售计划由营销填写、总成本由成本条线填报，各种税项、现金流、资金计划由财务人员填报。

投资测算表在检查时需要做到"四闭合，一合理"，即规划指标与规划条件闭合，分摊面积闭合，产品与成本表中名称闭合，占地面积闭合，数据合理。其中的数据合理非常重要，比如窗地比、公装比、可售率、示范区面积占比、物业用房面积占比等。

图 5-3-4
碧桂园的投资定案汇报材料（来源：百锐学堂）

5.4 投资测算与成本优化

投资测算要有"三准"，即"看得准""算得准""选得准"。看得准就是进行扎实有效的"调查研究"，算得准就是做好"投资测算表"的工作，选得准就是要"多方案比选"，得到最优解，如图 5-4-1 所示。

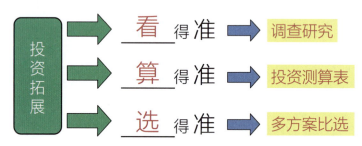

图 5-4-1
投资策划的"三准"（来源：百锐学堂）

上面已探讨了调查研究的内容和重点，本节主要探讨如何算得准和选得准的问题。

投资测算表的结构和计算过程大家都清楚，一般是按照成本科目的二级、三级科目进行分解和计算分析，然后形成成本一级科目的投资测算总表。下面就按照主要成本一级科目的前四个部分为重点进行分析，通过经验总结和案例分析来解决如何"算得准"的问题。同时，可以看到在算得准的基础上，如何在成本科目的各个环节进行成本优化，以巩固及扩大项目的利润空间。

5.4.1 土地成本

成本科目1即土地成本的二、三级科目，如表5-4-1所示。

表5-4-1 土地成本科目组成（来源：百锐学堂）

序号	成本科目			计算基础
一	01.土地成本	01.01 土地出让金	01.01.01 土地出让（转让）金	占地面积
			01.01.02 地下室补缴土地出让金	占地面积
			01.01.03 超容补缴土地出让金	占地面积
		01.02 拆迁补偿及相关费用	01.02.01 拆迁费用	占地面积
			01.02.02 安置补偿费	占地面积
			01.02.03 耕地占用税	占地面积
			01.02.04 相关费用	占地面积
		01.03 契税		占地面积

关于土地成本的三个成本科目，分别表述如下。

5.4.1.1 土地出让金

土地出让金是指土地获得的成本，包括但不限于：
① 土地出让金、安置补偿、交易服务费、评估等费用；
② 土地类合同，含转让、出让、中介、交易费合同所含费用；
③ 土地款延付利息或滞纳金、中介佣金、耕地占用税等；
④ 合作项目对应共同承担的协议作价款，完全收购项目对应收购价款。

由于土地成本中的土地出让金或者转让金特别大，在一线城市及某些强二线的招拍挂中甚至占整个项目开发成本的50%以上，因此是本科目的重中之重。

为有效降低项目的土地出让金，有五大类成本控制的方式可供参考，分别是：
① 通过各种拿地模式下的要点操作降低溢价；
② 通过不占、少占、后占自有资金，来提升自有资金回报率；
③ 合作模式优化创新；
④ 通过意向性投资争取有利规划条件来提升项目利润；
⑤ 通过科学规划与有效沟通等方式，减少甚至避免各类其他费用，例如，通过税筹来增加利润。

有关土地出让金成本控制的详细内容如图5-4-2所示。

在前面讲过的"天时、地利、人和"中，"人和"是核心，通过政府关系维护，可以实现土地价格的降低。以下分别列举三个案例说明"人和"的重要性。

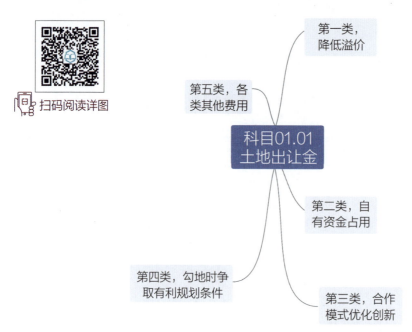

图 5-4-2
土地出让金成本控制思维导图（来源：百锐学堂）

某项目意向性投资策略解读

某公司在四川省某县进行意向性投资，某地块在2018年的起始挂牌价为12248万元，当时研判不满足投资条件，于是影响政府流拍。之后，投拓牵头，通过积极前置规划方案沟通、修改原有竞拍规划方案等方式，得到政府的认可，另外还利用第二次挂牌前的时间，催促政府实现了净地交付条件。最后，在2019年的第二次挂牌时，以9568万元的底价成交，实现了意向性投资的目标。

"人和"还表现在与合作方的合作上。上面讲到，很多企业对合作方都十分重视，有很多的公司指引和实际行动来践行合作方管理。

某地块寻找本土合作伙伴实现共赢

某标杆公司在内蒙古某地块挂牌前寻找本土最强对手，以"品牌+诚意"的方式以打促和，和政府进行意向性投资谈判，降低拍卖价7 000万元，最后实现项目地块的预估净利润由 8.1% 提升到 10.8%。具体操作上有以下值得借鉴的做法：①一定找到最强对手；②必须拿到摘牌的主动权；③以 3000 万元共管资金来做保证，积极沟通、不欺骗、不等待，与合作方驻场连续 15 天持续沟通；④对合作方连续进行 4 场培训与宣传，正面宣传某标杆企业的合作理念和合作细节要求，以诚待友。

在政府双限的背景下，联合拿地是很多标杆房企的优选方案，再一次体现出"人和"的价值。

某项目 7 家合作拿地实现共赢

广州市番禺区某毗邻长隆地块，由于地块较为优质，吸引了多家 20 强房企前来竞争，最后某标杆企业以合作共赢方式，底价摘牌，并主导操盘地块，实现了项目整体利润。具体操作上有以下值得借鉴的做法：①提前了解、沟通目标地块意向企业，最后统筹出共 7 家合作的方案，每家的股份基本均等，由于此标杆企业是主要组织者，因此股份略多 0.04% 并实现操盘；②提前做好前期市场调研、强排方案、项目策划工作，让合作方有十分的信心支持此合作方案；③提前与政府前置沟通方案，做到较好的开盘、快开工的快周转模式。经过以上的操作，最后此地块的拍卖溢价只有 1.8%，真正达到合作共赢。

5.4.1.2 拆迁补偿及相关费用

本科目所指拆迁补偿及相关费用，是指除土地出让金中的拆迁补偿费之外的，另外发生的有关地上、地下建筑物或附着物的拆迁补偿净支出，安置及动（拆）迁支出，农作物补偿费，危房补偿费等，以及长期各类土地租赁费用、交易费用等，不含短期租赁费用及红线外拆迁费用。由于市政工程等原因造成的拆迁费用归入相应的成本科目下。

在非净地出让及三旧改造（城市更新）中的项目，通常会涉及的拆迁费用和安置补偿费用，有时也十分可观。

根据经验总结出拆迁补偿的三要素：①转移风险，给政府和合作方，让投资者承担相应的责任；②利用外力，包括政府、合作方、城投、相关施工单位等各方力量；③最优方案，通过多方案比选，找到成本最低、风险较小、效益最大的解决方案，如图 5-4-3 所示。

某项目拆迁时明确合作方责任

云南某项目涉及拆迁工作，在商务策划时争取与合作方签署合作协议，明确拆迁工作由合作方承担，并约定拆迁完成的时间和要求为："签署合同后60日内，乙方负责按如下要求完成目标地块拆迁及清表工作，确保目标地块达到本身第3款的交付标准……"这些条款做到了与对价款支付挂钩，逾期承担违约责任。这种转移风险给合作方的方法，是值得推广的优秀做法。当然，前提条件是这个合作方一定要经过考查是有实力的，否则履约能力不强也会影响项目顺利进行。

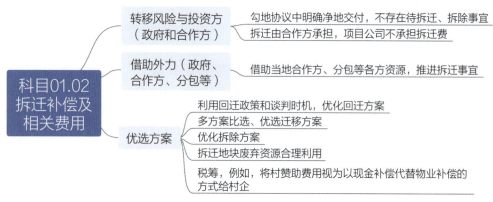

图 5-4-3
拆迁补偿及相关费用成本控制思维导图（来源：百锐学堂）

主动多方案比选寻求公司利润最大化

惠州某项目，原有留用地约32 000m² 被政府规划道路占用，不能原址开发。政府拟定选择另一块03号地，占地面积约30 000m²，地上有3栋房屋，总清场费用约为1 200万元。经过项目多方案比选后，认为还有一块占地面积为28 000m²的16号地，是政府的储备用地，占地面积尽管小一些，但是地块位置可以接受，地上权属简单，地上只有一般林木及青苗补偿，涉及补偿费用只有约210万元。于是与政府沟通，最终同意选定16号地块，减少了补偿费用约990万元。

5.4.1.3 契税

此处的契税是指含土地价款或各类配套费产生的应缴契税。

契税一般在3%～4%之间，整体税费可按照经验数据4.05%进行简算。契税成本控制，如图5-4-4所示。

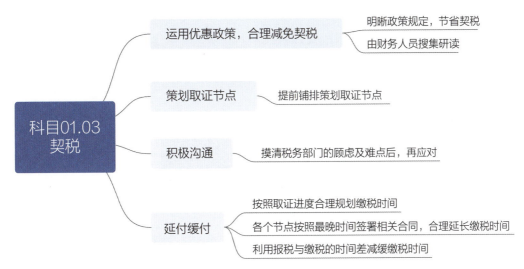

图 5-4-4
契税成本控制思维导图（来源：百锐学堂）

某项目利用税收政策合理避税

河北唐山市某项目，根据财税［2018］和17号文件的"关于继续执行企业、事业单位改制重组有关契税政策的公告"规定：母公司以土地房屋权转向其全资子公司增资，视同划转。由于当地区域公司财务人员关注并抓住了这次税收政策，合法合规地做到了免征契税约830万元。

5.4.2 行政事业性收费与前期工程费用

成本科目2即行政事业性收费与前期工程费用。其中行政事业性收费（科目号：02.01）下的三级科目内容，如表5-4-2所示。

表5-4-2 行政事业性收费科目组成（来源：百锐学堂）

序号	成本科目			计算基础
二	02.行政事业性收费与前期工程费用	02.01 行政事业性收费	02.01.01 报批报建费	建筑面积
			02.01.02 定额外专项检测费	建筑面积
			02.01.03 增容配套费	建筑面积

5.4.2.1 报批报建费

下面重点简介：报批报建费（科目号：02.01.01）的3项重要的费用，为基础设施建设配套费（科目号：02.01.01.01）、人防易地建设费（科目号：02.01.01.02），和其他报批报费（科目号：02.01.01.06）其费成本控制要点，如图5-4-5所示。

第 5 章　拿地前的投资策划

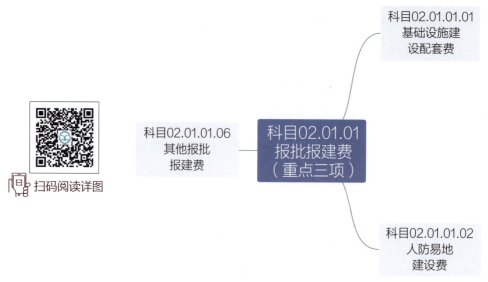

图 5-4-5
报批报建费中的三项成本控制要点（来源：百锐学堂）

（1）基础设施建设配套费

大部分地区政府规定，基础设施建设配套费的取费基数为建筑面积，即建筑总面积。很多成功的实践表明，可以通过研读理解政府文件、申请参与代建扶贫返还等方法，向当地政府全力争取建筑面积（不含地下建筑、公共配套建筑），通过沟通有时会取得突破。

某项目实现免交配套费

湛江市某项目基础设施配套费在行政事业性收费中占比达到50%，经过项目团队多次与政府沟通，利用政策并借助公关力量，合法实现免交地下建筑21 468m² 的基础设施配套费，实现优化含税成本838.42万元，如表5-4-3所示。

表5-4-3　某项目方案优化对比表（来源：百锐学堂）

项目	原方案	优化后的最终方案
基础设施配套费	按建筑总面积全额缴纳	免交地下室部分的配套费
综合单价/（元/m²）	109	62.71
面积/m²	153 552	133 310
合计/万元	1 674.46	836.04

除了合法免交费用，合法减交或缓交都是减少政府费用的方法。

另外，基础设施配套费中已经包含了市政（水电气暖等）配套费用，而一些地方的上述垄断行业会要求收取相应专项费用，属于重复计费。在这种情况下，应找出相关文件规定，有理有据沟通、全力争取避免。

关于基础设施建设配套费的成本控制小结为:"一免二减三缓缴,先缓后免盯政策。地库公配是重点,重复计费需避免。"

(2)人防易地建设费

关于人防易地建设费,如果本地区支持人防易地建设,则首先要考虑是人防自建还是易地建设?如果自建人防的经济测算成本更低、周期可控,不影响项目关键节点,那么决策应该为自建人防。

当本地区的政策支持人防易地建设,而项目决定采用人防易地建设时,项目需要找到合适的理由来证明本项目不适合建人防地下室,以确保所提交易地建设方案能申请通过。

某项目人防方案优化

某项目在评估人防成本时,通过公关和方案比选,缴纳人防易地建设费,按照评估数据,整个地下室考虑自建人防的净利润为-2 161万元,考虑不建人防的净利润为-1 995万元,缴纳人防易地建设费比自建人防的净利润增加166万元。但是根据当时要求,项目必须自建人防。由于本项目为山地,地下室为架空,不满足做全地下室的条件,以此作为沟通突破口,最后向防空主管部门成功申请不修建人防地下室。

5.4.2.2 前期工程费

前期工程费的科目号为02.02,所含三级科目的组成,如表5-4-4所示。

表5-4-4 前期工程费科目组成(来源:百锐学堂)

序号	成本科目			计算基础
二	02.行政事业性收费与前期工程费用	02.02前期工程费	02.02.01 三通工程费	建筑面积
			02.02.02 场地平整费	占地面积
			02.02.03 临时设施费	建筑面积
			02.02.04 勘测丈量费	建筑面积
			02.02.05 规划设计费	建筑面积
			02.02.06 独立样板房和独立售楼部(含建造和装修)	建筑面积

下面重点介绍三通工程费和场地平整费。

(1)三通工程费

三通工程费指项目开工前的水通、电通、道路通,含临时施工道路费、临时施工供排水设施、临时施工供电设施这三个方面,如图5-4-6所示。

图 5-4-6
三通工程费的三项成本控制要点（来源：百锐学堂）

某项目道路方案优化

江苏某万亩大盘项目，多区同时开发，临时道路比较多，导致临时施工道路的维修维护次数多且维修成本较高，另外也出现了因临时道路不顺畅而影响施工现场进度的情况。于是项目组织多方联动，多方案对比，最后确定有 4 200m² 的永临结合道路，基本解决了以上问题，节省成本达 88 万元。

某项目停车场方案优化

海南某项目示范区的临时停车场地面，原设计图纸的路面做法是：①40mm 厚细石混凝土面层；②100mm 厚沥青混凝土；③200mm 厚水泥稳定碎石；④300mm 厚碎石压实；⑤路基压实，压实度大于 93%。

项目组分析项目用途及做法后认为尽管为示范区停车场，但是为临时使用功能，后续会拆除，只需要保证基本使用功能即可。于是决定优化做法如下：①120mm 厚 C25 混凝土；②300mm 厚 3∶7 灰土；③素土夯实，压实度大于 95%。

优化后没有影响使用功能和客户感受，优化方案节约了成本约 25 万元。

（2）场地平整费

场地平整费是指项目开工前的场地基本平整及大型土石方开挖工程。其中，对于某些位于山坡或者高差比较大的项目，土石方开挖的成本可能非常大。如果土石方平衡做得不好，就有可能导致项目的失败。场地平整的成本控制要点，需要考虑四个方面的方案优化，如图 5-4-7 所示。

图 5-4-7
场地平整费的成本控制要点（来源：百锐学堂）

案例 5-4-11

某项目通过标高规划，减少土石方及基坑支护成本达1.1亿元

佛山市某项目，土地获取前了解到，政府规划要求将项目地块开挖至平均标高 +16.1m，由此计算出开挖深度为1.6～9.9m，土方外运量约为155.45万立方米。除土方外，还须做大量垂直支护边坡，长度达1.15km。

项目部前期提前介入，聘请专业勘察设计单位、土石方平衡专家、护坡设计专家分别出具不建议大规模挖方的专业意见，为后期说服政府调整规划标高提供有力支持。

土地获取后，经过正式规划论证，最终佛山市规划局同意采用提高场地标高和分台设置标高的规划方案，并确定建筑物主出入口处的标高作为室外地面起算基准点高程。经过计算，减少土石方及基坑支护成本达1.1亿元，同时比原方案缩短工期超过120天。

5.4.3 主体建筑安装工程费

主体建筑安装工程费是成本管理的重点和难点部分。重点体现为主体建筑安装工程费在整个建造成本中所占的比例非常高，因此是管理的重点。难点的表现主要是主体工程的基础及地下室部分，涉及的地质条件十分复杂，很难用到像地上主体部分的限额设计和限额成本来统一规定。另外地下部分的设计出图节点往往是整个项目控制节点的重要组成部分，往往很少有时间甚至根本没有时间做优化设计就急着拿到图纸施工了。

主体建筑安装工程费包括三个二级科目：03.01，主体建筑工程；03.02，室内精装修工程；03.03，主体安装工程。

5.4.3.1 主体建筑工程

成本科目3即主体建筑安装工程费用，其二级、三级科目的内容，如表5-4-5所示。

表 5-4-5　主体建筑工程科目组成（来源：百锐学堂）

序号	成本科目			计算基础
三	03.主体建筑安装工程费用（再续）	03.01 主体建筑工程	03.01.01 基础工程费	地下建筑面积
			03.01.02 地下室结构及粗装修	地下建筑面积
			03.01.03 地上结构及粗装修	地上建筑面积
			03.01.04 门窗工程	地上建筑面积
			03.01.05 公共部位装修	地上建筑面积
			03.01.06 外立面装修	地上建筑面积
			03.01.07 栏杆工程（阳台露台护窗栏杆）	地上建筑面积

主体建筑工程费（03.01，含基础）的一般经验值：

① 超豪华别墅，2 800～3 500 元/m² 或以上；
② 双拼别墅，1 800～2 500 元/m² 或以上；
③ 一般高层，1 500～2 100 元/m² 或以上；
④ 地下室，1 800～2 700 元/m²；
⑤ 装配式建筑会视装配率等指标额外增加 200～300 元/m²。

主体建筑工程费的三级科目重点分述如下。

（1）基础工程费

基础工程费（科目号：03.01.01）在建造成本中所占的比重比较大，而且基础工程的特点决定了基础工程的技术和工艺比较复杂、地质条件差异非常大，也难以标准化，因此对基础工程的重视与研究一直是所有房地产公司的重点。

某项目桩基多方案比选

安徽某项目根据地勘报告的建议，按目前的筏板底标高考虑，基底以下以黏土、粉土为主，承载力不满足结构要求，于是经过多方案比选建议 1 号、2 号住宅楼采用 CFG 桩复合地基，以稍密卵石层作为桩端持力层。建议 3 号、4 号住宅楼采用高压旋喷桩复合地基，以中密度卵石层作为桩端持力层。此项目桩基多方案比选成本对比，如表 5-4-6 所示。

表 5-4-6　某项目桩基多方案比选成本对比（来源：百锐学堂）

选择方案	分项工程	单位	工程量	单价/元	金额/元	合计/万元
方案一 CFG 桩（桩径 400mm）	褥垫层	m³	218.00	345.00	75 210.00	129.9
	CFG 桩	m³	328.10	1 100.00	360 910.00	
	截桩头	根	440.00	36.00	15 840.00	
	900mm 厚筏板混凝土	m³	660.00	690.00	455 400.00	

续表

选择方案	分项工程	单位	工程量	单价/元	金额/元	合计/万元
方案一 CFG桩（桩径400mm）	钢筋	t	48.30	6 620.00	319 746.00	129.9
	200mm厚砖胎模	m³	27.30	930.00	25 389.00	
	土方工程	m³	710.00	66.00	46 860.00	
方案二 高压旋喷桩（桩径500mm）	高压旋喷桩	m	3 020.00	160	483 200.00	131.3
	截桩头	根	489.00	36.00	17 604.00	
	900mm厚筏板混凝土	m³	620.00	690.00	427 800.00	
	钢筋	t	48.3	6 620.00	319 746.00	
	200mm厚砖胎模	m³	25.30	930.00	23 529.00	
	土方工程	m³	630.00	66.00	41 580.00	
方案三 换填	900mm厚筏板混凝土	m³	660.00	690.00	455 400.00	236.1
	钢筋	t	46.30	6 620.00	306 506.00	
	换填方量	m³	2 210.00	640.00	1 414 400.00	
	土方工程	m³	2 801.00	66.00	184 866.00	
方案四 管桩	管桩	m	1 822.00	360.00	655 920.00	153.1
	1300mm厚承台混凝土	m³	366.00	690.00	252 540.00	
	400mm厚抗水板混凝土	m³	188.60	690.00	130 134.00	
	截桩头	m	110.60	200	22 120.00	
	钢筋	t	15.66	6 620.00	103 669.20	
	土方工程	m³	560.33	66.00	36 981.78	
	引孔	m	1 100.60	300	330 180.00	
方案五 空腔结构	空腔墙体	m³	188.50	690.00	130 065.00	157.1
	120mm厚板混凝土	m³	470.80	690.00	324 852.00	
	防水工程	m²	410.30	52	21 335.60	
	模板	m²	1 803.00	76	137 028.00	
	900mm厚筏板混凝土	m³	620.33	690.00	428 027.70	
	钢筋	t	46.33	6 620.00	306 704.60	

续表

选择方案	分项工程	单位	工程量	单价/元	金额/元	合计/万元
方案五 空腔结构	200mm厚砖胎模	m³	26.28	930.00	24 440.40	157.1
	土方工程	m³	3 010.60	66.00	198 699.60	

该项目除了地勘报告建议的两种方案之外，还邀请地下工程的专家一起，对另外三种可行的方案进行了桩基选型的方案对比，以及同一桩基类型在不同桩径条件下进行的细化设计方案对比分析，最后测算出每个不同方案的成本值，科学地得出了桩径400mm的CFG桩与桩径为500mm的高压旋喷桩都是较为经济的可行方案。

案例5-4-13

某城市公司复盘深坑支护方案

某城市公司统计了不同项目深坑支护方案的工地后，发现"搅拌桩+土钉墙+放坡"的方案在单方成本上是最优的，值得结合项目的实际情况，合理借鉴，总结推广。如果在同一个项目上，能有以下六个方案比较，则会更有说服力，如表5-4-7所示。

表5-4-7　同城市不同项目基坑支护方案对比（来源：百锐学堂）

项目	A项目	B项目	C项目	D项目	E项目	F项目
支护方式	支护桩+土钉墙+放坡	搅拌桩+支护桩+锚索+土钉	搅拌桩+微型桩+锚索+腰梁	旋喷桩+微型桩+锚索+腰梁	搅拌桩+灌注桩+锚索	支护桩+土钉墙+局部钢板桩
支护金额/元	2 680 000	12 540 000	7 200 000	17 900 000	11 300 000	19 200 000
支护面积/m²	5 820	8 832	4 850	7 580	5 378	7 006
单方支护造价/(元/m²)	460	1 420	1 485	2 361	2 101	2 741
按地下室单方/(元/m²)	78	181	230	390	468	720

尽管基础工程复杂，但也是有管理技巧的。以下是根据经验总结的基础工程费的成本控制要点，如图5-4-8所示。

更多的基础选型案例会在下一部分的设计策划中有所体现。

（2）地下室结构及精装修

地下室结构与基础工程费一样，在建造成本中所占的比重比较大，而且，地下室的结构不但会影响成本支出，也会影响停车效率和停车的舒适度。因此，对地下室结构工程的重视与研究一直是所有房地产公司的重点工作。

地下室结构及精装修的成本控制要点，可总结为四大类：①设计优化类；②建造工艺优化类；③材料优化类；④管理创新类。

地下室结构及粗装修的成本控制要点，如图5-4-9所示。

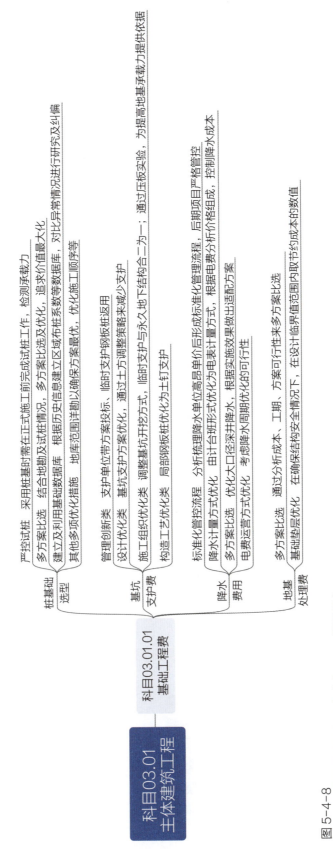

图5-4-8 基础工程费的成本控制要点(来源:百锐学堂)

第5章 拿地前的投资策划

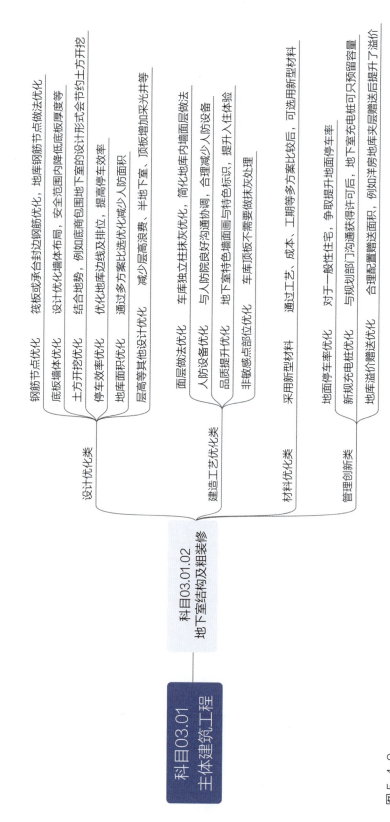

图 5-4-9
地下室结构及粗装修的成本控制要点（来源：百锐学堂）

案例5-4-14

某公司对下地室垫层设计的复盘

根据《建筑地基基础设计规范》(GB50007—2011) 第8.2.1条第2款规定"垫层厚度不宜小于70mm",很多项目的地下室结构基底垫层厚度一般为100mm厚C15素混凝土,其实可以将100mm厚改为60~90mm厚。以某项目地下室面积64 326m²计,因垫层变薄可节省18.22元/m²,项目总计可节省119.56万元,折算到总建筑面积上,单方降低了3.2元/m²。

案例5-4-15

某项目对地库内墙面层优化

重庆某项目,位于三、四线县城,属于售价低、利润低的双低刚需房。项目根据客户定位,对地库内墙面层进行了优化。原设计做法:①满刮腻子两道,刷白色内墙防霉涂料,一底两面;②耐碱玻纤网;③15mm厚1:1.6水泥石灰砂浆找平层两遍成活;④现浇钢筋混凝土或砌体内隔墙。

优化后的做法:①白水泥掺801胶;②15mm厚1:1.6水泥石灰砂浆找平层两遍成活(仅砌体内隔墙有此层);③现浇钢筋混凝土或砌体内隔墙。

优化金额按照建筑面积计算为15.98元/m²,项目地库面积计算按45 000m²计算,优化了71.91万元。

更多的地下室结构优化案例会在下一部分的设计策划中有所体现。

(3)地上结构及粗装修

地上结构及粗装修(科目号:03.01.03)的成本控制涉及以下五类要点:①管理创新类;②设计优化类;③构造工艺优化类;④材料优化类;⑤施工组织优化类。

地上结构及粗装修的成本控制要点,如图5-4-10所示。

案例5-4-16

某项目减少车库成本的良好做法

安徽某项目楼面价较低且容积率有富余,在设计优化中比较了地上车库与地下车库这两种方案的结构工程和土方开挖与外运成本差异,最后决定损容建造地上计容车库,车库成本减少了276万元。地上车库不但建造成本有所节省,车库的照明和通风也节省了建造成本和物业运营费用。

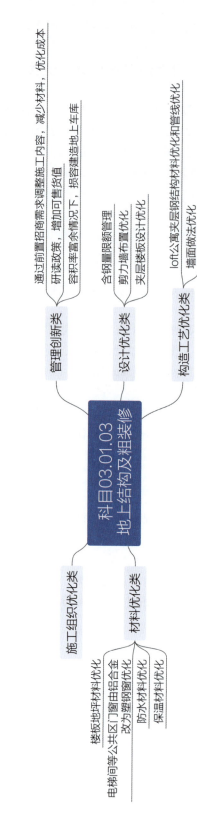

图5-4-10 地上结构及粗装修的成本控制要点（来源：百锐学堂）

某项目停工缓建时减少索赔的良好做法

湖北某项目因为某些特殊原因需要停工缓建,按照合同的约定,因甲方原因导致的停工缓建期间应该支付给施工单位塔吊租赁费。项目做了一个租赁和拆除的方案比选,分析后认为项目停工时间会超过半年,应该选择拆除塔吊以节省成本,等需要时再安装。此决策为项目减少索赔损失超过10万元。该项目塔吊在停工缓建期间租赁或拆装方案比选,如表5-4-8所示。

表5-4-8 某项目塔吊在停工缓建期间租赁或拆装方案比选(来源:百锐学堂)

方案	1个月	2个月	3个月	4个月	5个月	6个月	7个月	8个月
租赁/万元	3.2	6.4	9.6	12.8	16	19.2	22.4	25.6
拆装/万元	6.8							

某项目施工夹层楼板的多方案比选

河南某项目需要主体验收后再施工夹层楼板。根据竞品调研发现,市面上多为两种方案,分别是"膨石楼板+钢结构"方案和"ALC楼板+钢结构"方案。于是对此两种方案进行定性和定量对比分析。结论是:"ALC楼板+钢结构"的方案能节省436万元,且工期和质量都能满足要求。

(4)门窗工程

门窗工程(科目号:03.01.04)分为四大类,分别是:①入户门;②单元门;③外立面门窗;④防火门和防火卷帘。此处不包括幕墙工程,幕墙工程在外立面装修费用的科目中。门窗工程成本控制要点,如图5-4-11所示。

某项目主入口的方案优化

宜宾市某项目售楼处为永久商业综合楼建筑,原设计方案主入口借鉴五星级酒店主入口做法,采用两翼全自动旋转门,因为项目售楼处大门不是客户选择楼盘的敏感

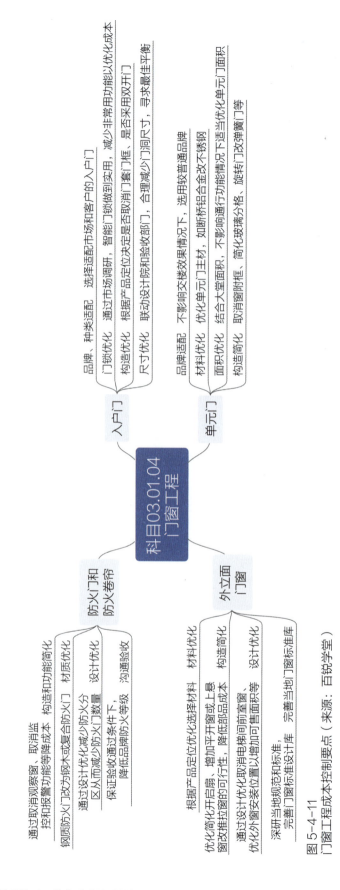

图 5-4-11 门窗工程成本控制要点（来源：百锐学堂）

点因素,而售楼处(商业综合楼建筑)面积较小,设置全自动旋转门的必要性不是很大。经过综合考虑后,将其改为玻璃地弹簧门,节省造价共计28.36万元。此优化售楼处主入口方案对比示意,如图5-4-12所示。

图5-4-12
某项目优化售楼处主入口方案对比示意(来源:百锐学堂)

(5)公共部位装修

公共部位装修(科目号:03.01.05)的成本优化集中体现在四个部位和四个方面。
① 四个部位:入户大堂装修、楼梯间装修、电梯间装修、电梯轿厢装修。
② 四个方面:优化设计、优化施工工艺、新材料应用、建材属地化。
公共部位装修成本控制要点,如图5-4-13所示。

案例5-4-20

某项目优化品牌涂料的良好做法

某标杆企业的区域公司,原公共部分装修的涂料采用某知名品牌,后决定考察20多家当地供应商,发现其中某品牌的品质完全可以满足要求,但是比某知名品牌涂料价格降低了30%,于是切换为性价比更高的新品牌,可以为本区域公司每年至少降低40万元的成本。

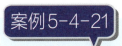

潮州市某项目消防楼梯的两项优化方案

一是消防楼梯间原设计采用满刮腻子两道,滚刷白色内墙涂料一底两面的装修标准。在工法样板论证时优化为只满刮腻子两道,取消涂料的装修标准,由此减少成本达128.32万元。由于消防楼梯间为非客户敏感点,项目依此标准完成二次工地开放均反

图 5-4-13 公共部位装修成本控制要点（来源：百锐学堂）

映良好，于是此项目的良好做法在整个集团公司得到推广。

二是消防楼梯间原设计为不锈钢栏杆扶手，单价为360元/m。项目认为消防楼梯间不是客户敏感点，只需要满足基本使用功能即可，于是将其改为铁艺栏杆扶手，优化后的单价为258元/m。此项优化为该项目减少成本8.68万元。

（6）外立面装修

外立面装修（科目号：03.01.06）的成本控制要点，如图5-4-14所示。

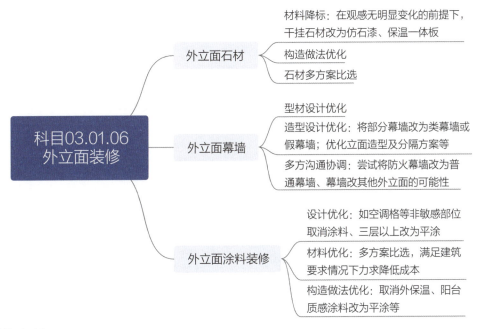

图5-4-14
外立面装修的成本控制要点（来源：百锐学堂）

某项目石材外立面优化措施

某项目位于江苏省盐城市。当地规划局要求住宅裙楼、商业楼外立面必须使用石材，项目周边竞品均已按规划要求使用干挂石材。尽管项目在目标成本中已预计有干挂石材的成本支出，但还想努力突破，寻找最优方案，于是由项目总牵头设计、成本、开发报建一起，在与政府谈判沟通的过程中找到突破点：当地规划局发文只提及外立面采用石材，但没有规定具体施工工艺细节。通过多次沟通，政府最终同意住宅裙楼外立面由干挂石材改为石材保温一体板，为项目减少了约568万元的成本，施工工期因此还减少了至少1.5个月。

某项目减少石材损耗的优化措施

贵州遵义某项目别墅干挂石材,分隔高度满足模数要求为600mm高间隔,项目考虑到正常石材毛板的宽度是600mm,若满足原设计要求,则需要切掉8mm。这8mm就是胶缝的宽度。这样的设计增加了石材的损耗、人工切割的难度和人工费。于是项目在不改变建筑设计意图、满足相关规范要求的前提下,进行专业深化设计,将分格高度调整为608mm。调整后的设计能够保证安全、质量,节约了成本,还加快了装修进度,是一举多得的设计优化方案,如图5-4-15所示。

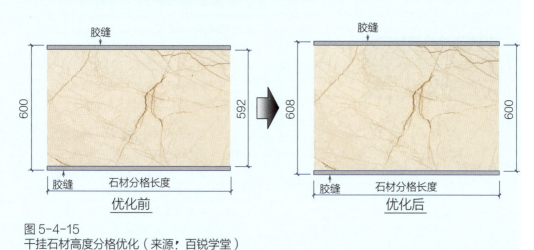

图 5-4-15
干挂石材高度分格优化(来源:百锐学堂)

5.4.3.2 室内精装修工程

室内精装修工程费在不同企业、同一企业的不同产品系列及不同的项目定位中,差异较大。例如,某标杆企业的室内精装修标准为:别墅:800~1 000元/m²;高层600~800元/m²。

室内精装修工程(科目号:03.02)涉及的三级科目,如表5-4-9所示。

表5-4-9 室内精装修工程科目组成(来源:百锐学堂)

序号	成本科目			计算基础
三	03.主体建筑安装工程费用(再续)	03.02 室内精装修工程	03.02.01 室内装修工程	装修建筑面积
			03.02.02 室内装修水电	装修建筑面积
			03.02.03 四大类费用(室内木门、木地板、木扶手、厨柜)	装修建筑面积
			03.02.04 精装修交楼其他配置	装修建筑面积

下面重点介绍一下室内装修工程（科目号：03.02.01），其成本控制要点，如图5-4-16所示。

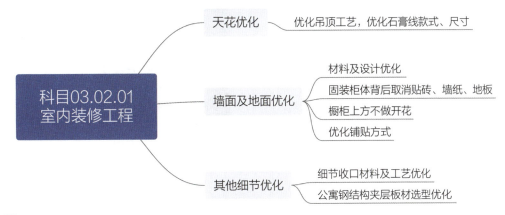

图 5-4-16
室内装修工程的成本控制要点（来源：百锐学堂）

某项目吊顶优化设计

广西某项目的餐厅及过道局部做吊顶，原设计吊顶采用60×27+0.6C型龙骨，主次龙骨间距400mm，横撑龙骨间距600~800mm，吊筋规格为ϕ8。项目根据国际《建筑用轻钢龙骨》（GB/T 11981—2008）及国家图集12J502-2中内半个（室内吊顶）做法进行优化。优化后的方案为：V型直卡式龙骨，龙骨型号为DV20mm×37mm×0.8mm，龙骨间距≤1.2m，覆面龙骨规格为50mm×19mm×0.5mm，间距≤0.4m，吊筋规格为ϕ8。本项目因此节约成本28.58万元。

某项目窗台砖优化措施

惠州某项目共有2350户精装修交付房，窗台砖原设计为抛光砖组成叠加组合窗台砖，具有一定的美观度但是增加了制作成本，于是取消窗台砖的增加角，也能满足使用功能和观感要求，由此节省成本约为24万元，如图5-4-17所示。

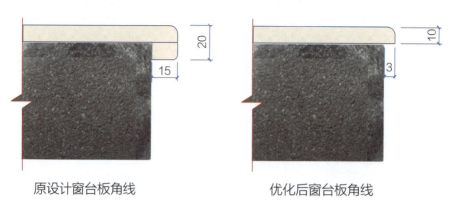

图 5-4-17
窗台砖节点优化（来源：百锐学堂）

5.4.3.3 主体安装工程

主体安装工程涉及的三级科目，如表5-4-10所示。

表5-4-10　主体安装工程科目组成（来源：百锐学堂）

序号	成本科目			计算基础
三	03.主体建筑安装工程费用（再续）	03.03主体安装工程	03.03.01 主体水暖电消防空调	建筑面积
			03.03.02 太阳能热水工程	建筑面积
			03.03.03 单体智能化工程	建筑面积
			03.03.04 电梯工程	建筑面积
			03.03.05 机械停车位	台数
			03.03.06 其他设备安装工程	—

主体安装工程费在一般住宅项目中的比重会比商业项目小。下面是某标杆房企住宅项目主体安装工程费经验值。

① 别墅：120～320元/m²（不含电梯）。

② 洋房：210～370元/m²（含电梯）。

③ 地下车位：250～350元/m²。

④ 其中电梯：a.小高层约10万元/台；b.高层（18层）约28万元/台；c.高层（30层）约35万元/台。

⑤ 其中智能化：35～40元/m²。

主体安装工程的成本控制按部位分项分为六个方面：①主体水暖电消防空调；②太阳能热水工程；③单体智能化工程；④电梯工程；⑤机械停车位；⑥发电机设备。

主体安装工程的成本控制要点，如图5-4-18所示。

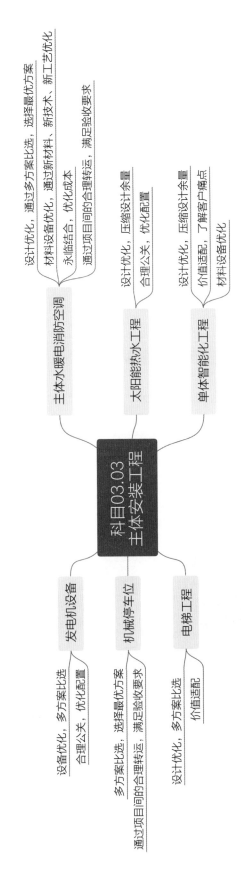

图 5-4-18 主体安装工程的成本控制要点（来源：百锐学堂）

某项目水泵优化设计

海南三亚某项目东地块主体结构已封顶,在订购地下生活水泵时发现原设计方案采用智能变频等多项先进技术,过于智能化,不利于后期维护。于是沟通设计院进行研究处理,最终由原来的智能变频泵体系调整为两台主泵、一台小泵、一台超高压储能泵及控制柜。优化设备配置后,一样能满足项目使用需求,而且由原来的72万元优化为45万元,优化金额达27万元。

某项目管材材质优化

重庆市某超高层住宅项目,原设计污水、通气管管道材质都是铸铁,积水器也是铸铁。经项目方会同总包、区域设计部、区域工程部去区域考察竞品后,看到竞品的管道材质同样是铸铁,而积水器则使用的高强U-PVC塑钢积水器。经多方论证后认为后者也能满足使用需求,且便于施工,更重要的是价格也便宜,于是决定采用与竞品一样的高强U-PVC塑钢积水器,如图5-4-19所示。成本优化方面,原铸铁积水器价格为320元/个,而满足同样功能的高强U-PVC塑钢积水器价格为60元/个,相差了260元/个,而项目有约1800个积水器,优化的总成本高达46.8万元。

(a)铸铁积水器　　　　　　(b)高强U-PVC塑钢积水器

图5-4-19
由铸铁积水器优化为高强U-PVC塑钢积水器(来源:百锐学堂)

某项目配电箱优化设计

郑州市某项目有2 686户,原设计户内配电箱品牌为某合资品牌。项目方认为配电箱为客户非敏感点,可以不采用国际一线大品牌产品,于是选择了某国产一线品牌。由此每户优化了金额约800元,该项目约可由此优化成本约200万元。

某项目消防栓优化

广东清远某项目,地下室和楼梯公区消防栓,由于和墙面尺寸差异过大,无法贴合墙面安装,且需另用支架,造成美观性较差及成本的增加。于是项目方与设计院沟通,对消防栓尺寸进行优化,满足现场实际安装在墙面的要求,原尺寸安装费为1330元/个,尺寸优化后的安装费为856元/个。该项目有380个类似消防栓,涉及优化金额达18万元。

某项目地暖设计优化

安徽滁州某项目有2 420户。原设计客厅、餐厅、房间均分别设置地暖控制器,通过与设计沟通后,将多路控制变为集中控制,即在客厅外设置一个地暖控制器,设计优化后没有影响客户的使用功能,且减少了控制器的数量及窗线预埋管的费用。本项目因此节约成本达89.24万元。

某项目太阳能优化

秦皇岛市某项目,在太阳能招标时进行多方案比选,分别计算了分户式太阳能热水器与集中式太阳能热水器两种方案的可行性以及对成本的影响。分析的结果是,采用集中式太阳能热水器的客户体验会更好些，而且每户分摊成本由分户式的4 000元/户，降为集中式的1 500元/户。本项目涉及1 580户，因此两方案比较，集中式方案比分户式方案节约成本395万元，如图5-4-20所示。

分户式太阳能热水器

集中式太阳能热水器

图5-4-20
太阳能热水器方案及成本优化（来源：百锐学堂）

CHAPTER SIX

第 6 章

项目定位策划

6.1 项目定位定什么

项目定位策划是指项目的营销定位,是以项目的土地为基础,定位房地产产品的客户是谁,以及他们的需求是什么。然后为这样的客户提供合适的产品,再想办法打动客户来购买产品。

某公司对项目定位的思考

某公司对项目定位的思考,如表6-1-1所示。定位提出了要解决的几个问题,并提出了在一线城市和三、四线城市的差异化定位。

表6-1-1 某公司对项目定位的思考(来源:百锐学堂)

问题	一线城市项目	三、四线城市项目
项目定位 (做什么)	① 功能更精细化、精准化 ② 关注与竞争个案的产品差异化 ③ 直面区域市场竞争比较定位	① 功能标准化、大众化 ② 强调未来价值,刺激城镇需求 ③ 树立该城市价值标杆,大盘气势
客户定位 (卖给谁)	① 看中产品的独特风格和唯一性 ② 心理价格,区域差异大 ③ 消费特征地区差异较大	① 购买需求广泛,希望面面俱到 ② 价格是第一标准 ③ 摇摆不定的散户心态
价格定位 (多少钱)	① 基于一线城市价格高地 ② 建立自身价值体系与标准 ③ 附加值大、性价比高	① 了解城镇住宅价格体系 ② 硬件设施与项目内配套的叠加价值 ③ 硬件成本+预期价值=售价
形象定位 (怎么卖)	① 强势植入,建立独特项目形象 ② 整合营销、目标精准营销 ③ 观念引导、创造需求	① 强调发展商品牌及产品品质 ② 大众立体营销 ③ 迎合主流市场需求

碧桂园的定位策划

在碧桂园的定位会上,提出对市场、客户、产品、成本等要素的定位,以及对初步规划方案的方向进行确定。另外特别提到对于精装修的户型，涉及赠送面积的问题，需要明确是竣工验收后再改造还是精装修交付，需要认证实施方案的可行性、经济性、风险性问题，来决定是否赠送面积。在拿地后的二次定位会上，会更加深化项目定位、设计方案、开发节奏、成本目标、资金安排等。可以说，碧桂园的项目定位要求非常精细和具体。

碧桂园的项目定位主要从市场分析、竞品分析、地块分析、户配强排、计划铺排这几个方面来进行，如图6-1-1所示。

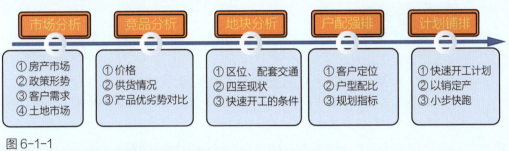

图 6-1-1
碧桂园项目定位要点（来源：百锐学堂）

6.2 项目如何定位

标杆企业的项目定位虽各有差异，但其基本核心内容确是大同小异的。作者认为中海是房地产企业中比较扎实，精细化做得比较好的。他们的定位报告堪称业内项目定位的模范版本，如图6-2-1所示。

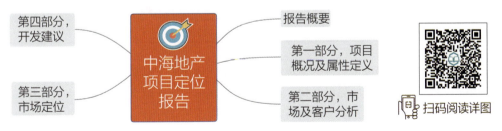

图 6-2-1
中海地产项目定位报告思维导图（来源：百锐学堂）

由于多数公司对项目所在地的房地产市场和区位都比较熟悉，有关资料可以从自身内部数据库、专业公司及网络信息中获取，在此不作赘述。这里只讨论项目定位中的难点、痛点。

6.2.1 对市场、地块的情况要了然于胸

6.2.1.1 定量考察交通、配套，尤其是不利因素指标

在考察地块交通、配套时，按地块所属片区划分，评估区位价值。对于地块的资源、配套现状及规划情况，评估资源及配套价值时，要从步行、车行等多角度评估。在说明有利方面的同时，对不利因素等各项指标进行定量考察。只有这样，项目的风险才能得到有效识别，才有可能针对性有效应对。

某项目地块交通配套及不利因素统计分析

某项目地块与学校的距离为步行10min、开车5min，高压线距离项目红线40m。有关地块交通配套及不利因素统计，如表6-2-1所示。

表6-2-1 地块交通配套及不利因素统计（来源：百锐学堂）

参数	指标	数量	距离/时间	备注
交通区位	地铁	X条	距离Ykm，步行Zmin	
	公交	X条	距离Ykm，步行Zmin	
	路网	X车道，X条		
周边配套	医院	X所二/三甲	距离Ykm，步行Zmin	
	学校	X所小/中学	距离Ykm，步行Zmin	
	超市/商场	X间	距离Ykm，步行Zmin	
	公园	X个	距离Ykm，步行Zmin	
	其他			
不利因素	加油站	X个	距离Ykm	
	高压线	X条	距离Ykm	
	其他			

地块的位置以前多数是只评估地块四至，其实，地块的大四至也很重要，即以地块位置为中心，探寻地块片区的邻里结构，通过测量与城市地标性建筑之间的距离或车程评估出地块大四至资源的优劣，从而快速判断地块的属性。

6.2.1.2 全城市及本片区商品住宅的存量/存销比趋势

由于房地产市场是开放程度很高的市场，一定要遵守市场的供求规律，因此对本片区商品住宅的存量/存销比进行统计分析和预测的工作，对项目定位是很有帮助的。

对片区的市场供销结构特征进行分析时，应包含但不限于以下几种情况。

① 年度供销结构变化：分年度各总价段、面积段、房型供销变化，如表6-2-2所示。

表6-2-2 根据过去（2020年度）成交情况分析市场房型需求（来源：百锐学堂）

房型	成交面积占比	价格同比增幅	成交面积同比增幅	初步建议
二房	12%	-2%	-20%	不考虑
三房	62%	1%	4%	重点配置
四房	21%	4%	30%	增加配置
跃层	5%	8%	280%	增加配置

② 固定总价区间供销结构：选择几个竞争单价段，分析该总价区间内不同总价段、面积段房型供销情况。

③ 固定房型下供销结构：选择主要竞争房型，分析该房型不同总价段、面积段供销情况。

④ 房型及面积段、总价段的交叉分析：以图或交叉表表示。

6.2.2 应对竞品进行全面对标

"知己知彼，百战不殆。"在项目定位时，一定要多去研究竞品。

对竞品楼盘的全面对标，除了包括基本的项目情况之外，还应着重从以下几个方面进行分析。

① 近期（三个月）的分户型成交情况，包括每种户型的供应套数、占比、已销售套数、去化率、成交均价、成交总价、月均去化套数等信息。

② 竞品热销户型情况，包括户型面积、户型格局、套数、占比，以及热销户型的重要卖点、溢价能力，如图6-2-2所示。

图6-2-2
竞品热销户型分析示意（来源：百锐学堂）

③ 进一步分析直接竞品的规划图，如楼型、楼高、梯户比、得房率、楼间距等，如表6-2-3所示。

表 6-2-3 竞品规划数据分析示意（来源：百锐学堂）

项目	楼型	楼层	楼户比	得房率	楼间距	规划特点
竞品1	小高层	11层	1梯2户	82%	42m	全小高层1楼2户社区
竞品2	高层+多层					
竞品3						

④ 竞品尺度对标，包括竞品户型设计的各功能区如客厅、主卧、次卧、主卫、次卫、阳台等空间的面积、面宽、层高、尺度、功能区的朝向，以及该户型对应的单价、总价、去化率，如表6-2-4所示。

表 6-2-4 竞品规划数据分析示意（来源：百锐学堂）

项目	户型	面积	南向面宽	客厅		主卧		主卫	次卧…	月均去化套数	单价	总价
				面积	面宽	面积	面宽	面积				
竞品1												
竞品2												
竞品3												

某公司是片区深耕的房地产标杆企业，它做了一项很有意义的工作，就是将竞品项目的户型数据录入自己公司的城市地图项目户型数据库，为快速定位不断积累宝贵的资源，如图6-2-3所示。

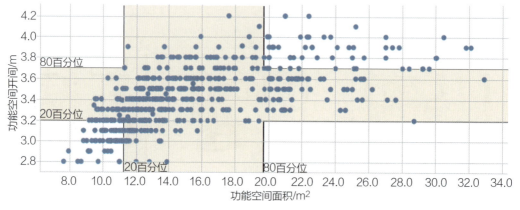

图 6-2-3
某公司的户型空间尺度查询统计系统（来源：百锐学堂）

⑤ 竞品外立面对标。
⑥ 竞品园林绿化，重点是竞品的景观风格、建造标准，以及特色。
⑦ 竞品配套对标，说明竞品项目配套包括的类型、标准、面积，以及内容要点。
⑧ 竞品地下室，重点是地下入户大堂的装修，以及地面的材质工艺。
⑨ 竞品的公共空间，主要是公共空间的面积、装修风格、材质、装修标准等。
⑩ 精装修对标。竞品项目精装修标准，如表6-2-5所示。

表6-2-5 竞品项目精装修标准（来源：百锐学堂）

项目	地面	墙面	厨房配置	卫生间配置	收纳系统	门窗	电器设备	其他	精装价格
项目1	客厅： 卧室： 书房： 厨房： 卫生间：	客厅： 主卧： 次卧： 书房： 厨房： 卫生间：	天花： 橱柜： 厨电：	天花： 洁具： 五金：	玄关柜： 衣柜： 食物柜：	入户门： 户内门： 窗户：	开关： 地暖： 中央空调： 中央净水： 新风系统： 智能化：	定制化： ……	精装成本： 精装售价：
项目2									
项目3									

最后经过多方竞品产品分析，得出竞品产品的价值曲线。

某项目周边竞品价值曲线分析

某项目周边竞品价值曲线分析，如图6-2-4所示。

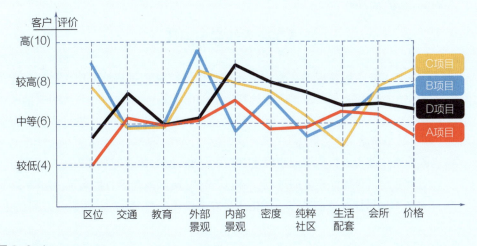

图6-2-4
某项目周边竞品的价值曲线（来源：百锐学堂）

6.2.3 认真对待客户调研

除了以上的市场分析、项目地块分析、竞品分析之外，还有一个十分重要的环节，就是客户调研与访谈。产品的用户是业主，因此在房地产项目正式定位之前非常有必要了解并去验证这些准业主有什么期望，他们希望什么样的小区，住在什么样的房子里。因此，对准业主的客户调研必须十分认真严谨。

综观业内现状，很多企业基本上自己没有认真去做客户调研，而只是委托中介来做，中介出来报告后，自己没有再去验证。这种做法存在较大问题。主要问题是，中介的可信度通常比较低，如果甲方没有很好地去跟踪，就会导致客户调研流于形式，失去了真实了解客户的机会。因此，作者主张尽量由公司自己来做客户调研。

梅州客家人的客户习惯

碧桂园在梅州某县城的一个项目（丰顺项目）中，营销、财务等各方面表现优秀，产品方面适应了客家地区的居住习惯，别墅和大户型十分畅销，但后期剩余的货量为1 100套面积为106～122m²的户型，占总货量3 100余套和洋房货量2 649套的比例较多。剩余货量较难出售的原因是客户反映房间小。后续的应对措施肯定是积极调整户型，增加现场展示区，引导居住习惯等。但从中看出各地的居住习惯差异，体现了做市场调研及产品选择的重要性。

东莞客家人的客户习惯

同样是客家人集中居住区的东莞市清溪镇，经过市场调研却没有用大户型。此项目调研发现，镇上的客家人有以下特点：①有好客的习惯；②喜欢110～130m²的改善住宅。于是项目通过更进一步调研，精确产品定位，对公司原有产品进行优化，调整并制定了如下产品策略：

① 以改善型户型为主，户型面积段为103～118m²的占比达到70.52%；

② 针对竞品户型公摊面积大的缺点，公司产品以18层高为主，提高了得房率；

③ 针对客家人居住好客的特点，优化产品方案设计，增加客厅、主卧及开间尺寸，贴近需求，赢得市场；

④ 最后形成公司产品的综合优势，例如得房率达到89%，高于直接竞品7%。

在客户调研时，有些标杆企业做得十分优秀。例如，中海对客户调研有一套自己的标准，如在问卷调查中，有客户甄别及区域认知的58题，有产品需求测试调研的87题，有针对真实客户产品方案验证调研的16题，如表6-2-6所示。除了内容，对问卷的样本数量也进行了规定，确保调研的真实性、代表性、科学性。

至于调研的方法，除了准客户的定量、定向访谈，还有一种调研方法十分有用。这就是利用大数据来找到精准客户的需求。

表6-2-6　中海客户调研标准问卷（来源：百锐学堂）

问卷维度	问卷要点	核心问题
客户甄别及区域认知（58题）	客户甄别	购房动机、区域选择、支付能力
	客户特征	背景信息、家庭生命周期、居住情况、工作状况、兴趣爱好 购房经历、再购计划、支付能力、总价单价承受能力
	区域认知度测试	区域选择、土地需求排序、楼盘比较
产品需求测试调研（87题）	物业类型偏好	高层、洋房、别墅、大平层、公寓
	户型需求	面积段、朝向、通风采光、功能空间需求及关注度排序
	精装修需求	精装修关注部位、品牌及风格偏好、精装修支付能力及期望
	景观需求	外部资源、小区内部绿化、活动设施、人文环境
	公共空间需求	小区出入口、人车分流、楼间距、大堂、电梯厅、走道、地下车库
	配套需求	交通配套、生活配套、商业配套、教育配套、医疗配套
	物业服务需求	对于物业服务的要求及期望
真实客户产品方案验证调研（16题）	小区规划	物业类型排布、小区整体规划、价格范围
	户型验证	面积段、空间尺度、是否满足基本功能需求
	精装修方案	精装修方案、部品品牌、配置标准

当代置业疫情情况下对健康住宅的调查与研究

2020年，突如其来的疫情让房地产界看到健康住宅的重要性。面对如何建造健康住宅这个重要的问题，有些企业采用网上问卷与线下问卷结合的方式，进行了客户调研，收到了很好的效果。

当代置业一直倡导绿色健康住宅，在疫情期间对5 266个家庭进行调研，其他有社会责任感的公司也就疫情对住宅的最新要求做了类似的调研。有了调查研究，了解了客户的痛点，就能在规划设计之初进行产品定位、成本适配，从而影响后面的设计施工图、招标采购、施工控制等。目前的社会共识是，由于病毒可能与人类长期共存，因此健康住宅是房地产行业的发展趋势，值得业内一起花更多的时间去研究、实践，以满足人员对美好住宅的愿望。

问题一：出于对突发疫情的考虑，以后买房，你会比以前更侧重考虑什么样的房子？调查结果如图6-2-5所示。

问题二：疫情外出期间，你最希望小区楼道或大堂有哪些配置？调查结果如图6-2-6所示。

问题三：疫情暴发后，你在家里对住宅的关注点是什么？调查结果如图6-2-7所示。

问题四：疫情之后，你最有可能为家中添置哪些家用电器或智能设备？调查结果如图6-2-8所示。

第6章　项目定位策划

图 6-2-5
调研疫情下买房更侧重考虑的因素（来源：当代置业）

图 6-2-6
调研疫情中希望小区楼道或大堂的配置（来源：百锐学堂）

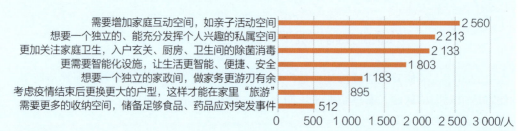

图 6-2-7
调研疫情期间在家情况下的住宅关注点（来源：当代置业）

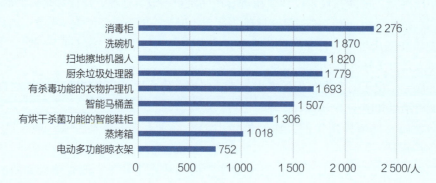

图 6-2-8
调研疫情后为家中添置的电器/设备（来源：当代置业）

然后，根据调研设计出应对疫情的产品系统，并打造六大防疫空间，如图6-2-9所示。

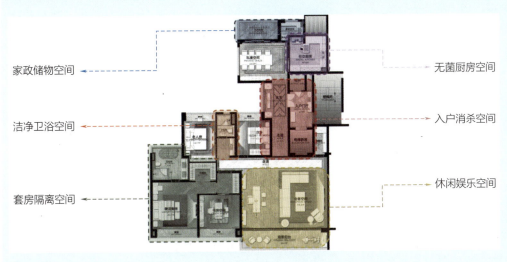

图6-2-9
当代置业六大防疫空间设计（来源：当代置业）

五矿地产业绩大增主要得益于产品力提升

2021年8月26日，五矿地产公布2021年上半年中期业绩，净利润同比增长58%，签约销售额同比大增123%。公司认为全线飘红的指标得益于产品力的提升，其中公司应用5M智能健康体系的成都西棠项目，签约完成率达214%。公司研发的5M智能健康体系（机电设备篇）荣获"2021年度中国房地产协会科学技术奖三等奖"，并且是唯一获奖的企业标准。此案例说明，应对疫情的健康产品是一定会得到市场欢迎的，也会给企业带来相应的回报。疫情对绝大部分企业来讲是一种风险，而对一些企业来讲却是一种提升产品力的机会。

另外，每次在疫情调研时，大数据都能精准跟踪密切接触者，也显示出大数据的应用。其实，大数据在房地产中的应用也很多。下面列出其中的应用场景案例如下。

某标杆企业利用问卷星软件进行客户敏感性调研

调研问卷分为2个必选题和23个可选题，其中两个必选题如下。

● 对于置业所在苑区，社区配套最关注什么？（限选7个 □□□□□□□）
①气派大门　②外墙（石材、涂料、真石漆）　③人车分流设计　④露天泳池　⑤童梦乐园　⑥园林建筑（小品景观、跌水、湖景及喷泉、大理石或地砖铺贴、拱桥或连廊）　⑦多重绿化（绿化景观、草坪、高端绿植）　⑧社区wifi　⑨园区智能安防　⑩健身跑道　⑪社区直饮水　⑫社区会所　⑬幼儿园　⑭架空层活动空间　⑮其他_____

● 您置业房屋时，最关心的配置是什么？（限选8个 □□□□□□□□）
公共区域：
① 双入户大堂（地上、地下）　②入户大堂装修标准　③品牌电梯　④电梯轿厢装修　⑤私家电梯入户
私人区域：
⑥入户花园　⑦入户门档次　⑧智能门锁　⑨室内地砖档次　⑩洁具及品牌　⑪厨电及品牌　⑫智能马桶　⑬家居智能化　⑭隔声玻璃　⑮外窗材质（塑钢、铝合金、断桥铝）　⑯赠送家电　⑰地暖　⑱中央空调　⑲新风系统　⑳其他_____

将以上问卷星调研中的客户选择占比进行排序，形成客户敏感性排序图表，最终形成客户需求及产品配置建议四象限，如图6-2-10所示。

图 6-2-10
客户需求及产品配置象限（来源：百锐学堂）

6.2.4　形成自身项目的市场定位

在全面分析了市场供需情况、竞品的产品力、客户需求后，就可以清楚知道自身项目公司的市场定位，建立自己产品的竞争力。

自身项目的市场定位包括整体形象定位、客户定位、住宅定位、车位定位、配套定位、建筑配置标准定位等方面，经多方案比选，最后量化为成本数据，形成财务成本上的利润最大化定位方案。

6.2.4.1　整体形象定位

整体形象定位，说明客户群，主打资源特色，项目档次定位。

中海给出了标准化模板供参考，如图6-2-11所示。

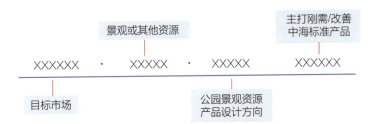

图 6-2-11
中海整体形象标准化模板（来源：百锐学堂）

此形象定位一经确定，基本上是广告宣传的主题标签。客户很可能是看到这些关键词才开始关注项目的。

万科中心四季花城成功的营销定位

万科在中山市开发了一个四季花城的楼盘，微信推送。他们的定位是"深圳西，总价100余万元，出门有湖山和公园"。由于深中通道在2024年建成开通，交通将来会更方便，房价是深圳的1/10，因此总价是客户最关心的。深圳人一看这种广告，的确很心动，短短20分钟就有1.8万人预约看房。

6.2.4.2 客户定位

通过对客户细分模型对位、客户需求的调研，锁定目标客户，圈定核心客户、重点客户、客户范围，确定符合客户需求的产品，评估客户的支付能力，如图6-2-12所示。

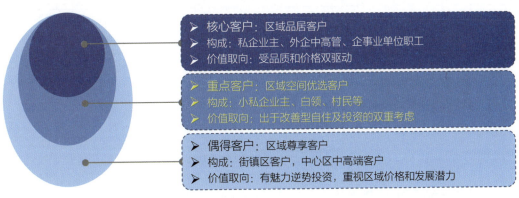

图 6-2-12
客户定位与细分（来源：百锐学堂）

第 6 章　项目定位策划

并且，策划中需量化客户占比及市场可挖掘量，以便指导实践。

某项目客户占比构成，如表6-2-7所示。

表6-2-7 项目客户占比构成表（来源：百锐学堂）

客户来源	核心客户	重点客户	偶得客户
占比，市场可挖量	58%，约9 000～12 000组	25%，约8 000组	12%，约2 800组
产品需求	需求户型 关注产品力 需求配套	需求户型 关注产品力 需求配套	需求户型 关注产品力 需求配套

6.2.4.3 住宅定位

（1）住宅楼型定位

基于项目规划指标，通过对竞争区域内重点项目情况调研，对比不同空间，结合客户需求，得出本项目具有竞争力的楼型定位，如表6-2-8所示。

表6-2-8 住宅楼型定位建议（来源：百锐学堂）

项目	楼型	楼层	楼户比	得房率	楼间距	规划特点
竞品一	小高层	11层	1梯2户	82%	42m	全小高层1梯2户社区
竞品二	高层+多层					
公司项目						规划策略

住宅户型配比建议：基于土地价值的判断，通过市场分析判断市场发展趋势和容量，通过竞争分摊，找到入市产品机会，结合目标客户的置业需求和支付能力，得出户型配比，如表6-2-9所示。

表6-2-9 户型配比建议（来源：百锐学堂）

楼型	细分客户	产品类型	户型面积/m²	房型	套数占比	配比套数	面积占比	配比面积	测算单价	套均总价
2T4高层	小品居	紧凑三房	86	三房二厅一卫						
2T4高层	中品居	紧凑三房	106	三房二厅二卫						
1T2小高层	大品居	紧凑四房	126	四房二厅二卫						
合计：					100%		100%			

某项目户型配比优化设计

温州某项目在户型配比上，90m²左右的Jxx5户型等都是小户型，而根据开盘销售情况的反馈来看，当地客户更偏好大户型，很多业主购买二套或以上的水平相连或垂直相连户型单位。项目分析原因后认为，原方案户型存在以下问题：①面积过小；②主卧均不是套间；③厨房太小；④B户型主卧室门开向客厅，私密性不够。

于是项目采取了Jxx5户型上下打通的改造方案，变为跃层复式户型，改造后的A型套内面积136.04m²，建筑面积171.76m²。改造后的B型套内面积130.04m²，建筑面积165.20m²。改造后，客户反应较好。温州某项目户型改造方案对比，如图6-2-13所示。

图6-2-13
温州某项目户型改造方案（来源：百锐学堂）

（2）户型空间需求

根据竞品空间特点及尺度对标，结合客户对各功能空间的偏好，制定户型空间需求，如表6-2-10所示。

表6-2-10　户型空间需求建议（来源：百锐学堂）

楼型	户型	面积/m²	南向面宽数量	客厅		主卧		主卫	次卧……	次卫……	阳台	其他辅助空间	赠送率
				面积	面宽	面积	面宽	面积					
2T4高层	三房二厅一卫	86									数量位置	储藏间等	
2T4高层	三房二厅二卫	106											
1T2小高层	四房二厅二卫	126											
……													

某项目与竞品户型对标，如图6-2-14所示。

➢ 某竞品项目，90m² 小三房，南向二开间，面积控制更合理

➢ 本公司户型，96m² 三房，南向全凸窗三开间，面宽较宽

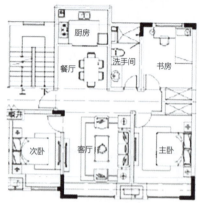

图 6-2-14
户型建议及畅销户型对标案例（来源：百锐学堂）

（3）户型总价验证

将项目选择的总价段、面积段与市场相应总价段的一、二手房进行供销量价验证，找到一、二手市场同总价位段的竞争产品，进行对标。

某项目户型空间需求定位存在偏差

在鹤山某项目的销售过程中，营销反映 Jxx9 户型面积太小，不符合客户需求。后对原户型打通改造，两户变一户，打通后的户型面积达 87m²。但由于原小户型客厅面宽只有 3.1m，打通后由于剪力墙的限制，面宽仍然只能维持原来的 3.1m，达不到大户型对于空间舒适度的要求，因此改造后客户的反应较差。

从案例中可以看出，最初的项目定位是多么重要，不了解客户需求做出的产品，后期改造除花费额外成本之外，客户仍然可能不满意，代价还是比较大的。

（4）本项目户型与市场畅销户型对标

根据定位需求设计户型，与竞品同类畅销产品进行全方位对标，确保能全面胜出。

某项目户型总价验证对标

某项目户型总价验证对标，如图 6-2-15 所示。

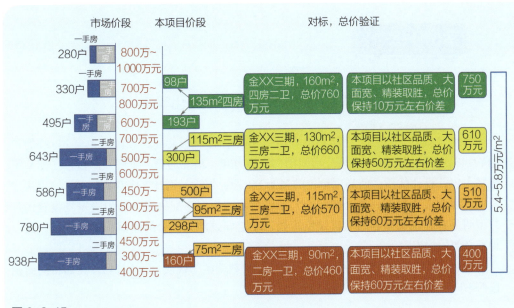

图 6-2-15
户型总价验证对标案例（一、二手房）（来源：百锐学堂）

特别说明：对标一、二手房总价体现了在一、二线市场的当前形式下的必然。例如在深圳市场，由于一手房的供应量有限，而二手房的配套成熟，总价优势明显，二手房的市场交投十分活跃，因此深圳市一手房的主要竞品变成二手房是十分正常的。

（5）精装定位

根据调研区域内精装配置情况，结合公司项目精装标准，制定项目精装修标准建议。同时，通过客户敏感度分析，以及行业优秀做法，设置匹配目标客户需求的精装标准。例如同样的 1 000 元/m² 的装修标准，如何能让客户觉得超值实用，是要去策划的，如表6-2-11所示。

表6-2-11 精装定位表（来源：百锐学堂）

户型	地面	墙面	厨房配置	卫生间配置	收纳系统	门窗	电器设备	其他	精装价格
户型a	客厅： 卧室： 书房： 厨房： 卫生间：	客厅： 主卧： 次卧： 书房： 厨房： 卫生间：	天花： 橱柜： 橱电：	天花： 洁具： 五金：	玄关柜： 衣柜： 食物柜：	入户门： 户内门： 窗户：	开关： 地暖： 中央空调： 中央净水： 新风系统： 智能化：	定制化： ……	精装成本： 精装售价：
户型b									
户型c									

关于户型配置，同样的面积段在同一项目中如果配置不当，也会出现问题。

第6章 项目定位策划

案例6-2-12

某项目户型配置不当导致去化率差

湖北宜城的某项目，高层单位有面积140段的户型143m²，中高层也有140段的户型YJ140。中高层 YJ140户型三房朝南，户型方正，南北通透，景观双阳台，搭配私家电梯入户，设计优质。而高层单位的虽为140段，但设计对比YJ140多有不足，得房率较低，因此去化率差。这个案例给大家以启示：户型搭配失误、面积段重复设置，且户型明显存在优劣差异的项目定位策划，注定导致部分劣势的同面积段去化差，是一种不必要的损失。

当然补救措施还是有的，例如后续三期规划调整为优质户型YJ140，又如将同面积段的不同户型分批次推售，避免相互挤压等。

在精装修标准中，除了硬装，很多还附送厨房的橱柜、厨房三件套（抽油烟机、炉灶、消毒柜）等。这个标准有时是根据楼盘的档次与客户的认可程度来决定的，由此引起的成本差异也可能很大。

案例6-2-13

某项目厨房三件套配置优化

广东某项目一开始选用的厨房三件套是西门子，首期采购价达3 075万元，后来根据项目的定位和美的在广东市场的认可度，决定用美的来代替西门子，而美的的总价只有588万元，由此节约的金额达2 488万元，节约比例达76.5%。当然这种代替一定是在营销对外输出产品标准与实际附送赠送一致的情况下才能进行，因此也要早做策划研究和决定。这个项目开盘当天成为"日光盘"，美的厨房三件套对项目营销产生影响，证明美的的品牌定位比西门子要更合适，如表6-2-12所示。

表6-2-12　厨房三件套改变品牌后节约了2 488万元（来源：百锐学堂）

产品名称	原设计品牌及单价		替代品牌及单价		交楼套数	节约成本
抽油烟机	西门子	2 287元/套	美的	665元/套	3 900套	2 488万元
双头炉灶		2 500元/套		318元/套		
消毒碗柜		3 100元/套		525元/套		

6.2.4.4　配套定位

配套定位就是通过需求调研、竞品调研、成本调研，得出既满足目标客户真正需求，又是性价比较高的配套建议。可以参考的配套设施，如表6-2-13所示。项目的先天性决定有些配套无法做到，项目需要将可实行的配套类别进行分析，力求做到客户真正需要且客户愿意买单。

表6-2-13　某项目配套定位（来源：百锐学堂）

分类	项目	分类	项目
交通配套	地铁接驳	景观资源	自有景观改造
交通配套	快速路接驳	景观资源	红线外景观改造
交通配套	道路通畅	景观资源	视野优化
交通配套	道路改善	景观资源	市政景观接驳
交通配套	公交路线	商业配套	超市
教育配套	中小学新建	商业配套	菜场
教育配套	中小学学区	商业配套	餐饮街
教育配套	幼儿园	商业配套	酒店公寓
运动配套	游泳池（室内外）	社区配套	社区医疗站
运动配套	网球场	社区配套	老年公寓
运动配套	羽毛球场	社区配套	儿童中心
运动配套	篮球场	社区配套	图书馆
运动配套	慢车道	移除设施	电力设施
运动配套	自行车道	移除设施	污染源（噪声、废气等）
运动配套	健身房	移除设施	其他

一个典型的配套对比是水景与游泳池。一些个别项目宁愿将很多钱花在人造水景和水塘上，却没有游泳池。个人觉得对比两者，成本花费都比较大，但是游泳池是豪华酒店的标配，能体现项目高端尊贵的特质，并且实用性非常高；而水景只是体现项目高档的其中一个表现，并不实用，而且入伙后的运营费用非常高。因此，多数标杆企业体现项目高档的重要形式就是拥有游泳池，好的项目做成恒温游泳池，增加的成本不多，但最大化地利用了配套，又体现出全民健康的社区理念，性价比应该是高的。

仁恒采用室内外双泳池设计

仁恒的产品力在业内得到良好的认可，其中的室内恒温带地暖游泳池是其产品的标准配置。泳池配有照明系统、平衡水箱潜水泵、泳池循环泵、男女更衣室、湿蒸房等设备。其中的室外泳池不但具有实用性功能，也是景观园林的重要组成部分，达到与自然环境的和谐统一，如图6-2-16所示。

图 6-2-16
仁恒的室外泳池（来源：百锐学堂）

百锐在仁恒的行动学习中，与30位仁恒的项目经理训练营的学员，总结出仁恒的20个最主要产品特征，如图6-2-17所示。经核定，超过一半的产品特征是与项目配套有关的，可见项目配套的重要性。

- 01 篮羽一体多功能自持会所
- 02 高标准精装交付
- 03 坚持人车分流
- 04 室外景观泳池
- 05 管理式物业服务
- 06 精装双大堂
- 07 围合式中央景观
- 08 恒温带地暖泳池
- 09 酒店式迎宾楼
- 10 舒适尺度地库超高标准
- 11 全明地库
- 12 灵动水景、多重景观
- 13 样板房实景交付
- 14 地下搬家通道
- 15 完善的生活配套
- 16 防渗漏、零容忍施工
- 17 外立面用材高档
- 18 酒店式泊客
- 19 国际化社区
- 20 景观功能丰富

图 6-2-17
仁恒的20个产品特征（来源：百锐学堂）

对于百万平方米大盘项目，以及周边市政和生活配套不成熟的项目，其自有的配套定位更加显得重要。如果思考研究不够，就会影响项目的后期销售。

碧桂园强制小区有生活配套的良好做法

综观碧桂园的大盘项目,一定要有星级酒店配套、酒楼等。碧桂园还强制将凤凰优选超市移入每一个项目,而且对不同项目的超市面积和位置都有详细规定,就是为项目的业主提供最有必要的配套服务保障。

6.2.4.5 车位定位

根据项目周边车位的配置、价格、销售情况进行调研分析,得出本项目的车位定位建议。主要建议内容如下。

① 车位规划数量:×个,住宅/车位实际配比为1:×。当有商业时,还需有商业车位配比。

② 车位分布建议:综合成本情况,并根据项目整体定位,建议地面车位×个,地下一层×个,地下二层×个,机械车位×个。

③ 车位产品建议:可根据项目整体定位,通过客户敏感度分析,并参考行业优秀做法,设置匹配的客户需求车库建议标准。

④ 建议平均售价:×万元/个,按照自20××年×月计划推售计划开始,预计×个月去化完毕。

6.2.4.6 建筑配置标准

建筑配置标准定位即是通过对代表性竞品规划形态的调研,结合目标客户喜好,对建筑外立面设计、园林设计、公共空间配置进行定位建议。例如,万科翡翠滨江园林景观的建筑配置标准就是当时很多公司的标杆,如图6-2-18所示。

图6-2-18
万科翡翠滨江园林景观(来源:百锐学堂)

（1）建筑外立面设计

给出建筑外立面的风格，如新中式风格、新古典风格、欧式风格，还有建议的建筑外立面成本限额控制指标。

（2）景观园林建筑配置标准建议

① 给出景观园林的风格，通常与建筑外立面设计相呼应。

② 园林的配置，是否有儿童游戏区、健康跑道、风雨连廊、景观墙、水景等。

③ 园林造价标准。

（3）公共空间

公共空间的建筑配置标准定位，主要是为入户大堂大厅、公共会所等提供定位建议，如公共空间的以下几个方面：

① 材料性质及档次；

② 建筑风格；

③ 功能布置；

④ 尺度；

⑤ 电梯品牌及电梯间设计标准；

⑥ 各公共空间的限额设计造价建议。

例如，仁恒的篮羽一体多功能自持会所就是公共空间配置的良好做法，如图6-2-19所示。

图 6-2-19
仁恒的篮羽一体多功能自持会所（来源：百锐学堂）

（4）地下车库

地下车库的建筑配置标准定位建议主要包括以下几个方面：

① 地库大堂功能；

② 地库大堂材料；

③ 地库大堂空间；

④ 地库地面材质；

⑤ 地库墙地面设计；

⑥ 地库入口建议；

⑦ 地库成本建造标准。

例如，仁恒的双首层地下大堂建筑配置标准就是很多企业学习的标杆，如图6-2-20所示。

图 6-2-20
仁恒的双首层地下大堂（来源：百锐学堂）

6.2.4.7 财务分析

对于拿地前的定位，通过财务分析就可知道拿地的成本。对于拿地后的二次定位，一定要从可研阶段与项目拿地后整体情况及首批次整体情况三个维度进行指标验证，以确保每次项目定位后的项目成本都在目标成本范围内。

6.2.5 最后形成开发建议

开发建议主要包括以下几个方面。

（1）分期开发定位

综合地块内各分区的产品档次组合、推盘策略等情况，在公司大运营的指导下给出分期开发建议。

通常对于快周转的项目及其首期供货的分区，会采取加快施工的特别策略，如首期地基尽量不打桩，尽量不做地下室等。

某项目分区良好做法，如图 6-2-21 所示。

（2）卖场动线建议

对于整体项目卖场，建议全周期策划。首期、二期等全周期需要的售楼处、示范区、样板间、通道设置等要提前规划。

卖场建议全周期策划，不能做到哪一期才想到哪一期，前期策划不充分不全面的项目，很容易导致示范区缺失、示范区与施工通道交叉、参观动线不合理等问题。相反，如果提前全面策划卖场，不但可以减小问题，还可能因为共用售楼处等卖场而为公司节省大量的不必要费用。作者在各地产公司咨询过程中发现，对于一个大项目而分多期开发的情况，卖场的整体位置及为后期销售的可兼容的预早策划往往是比较欠缺的，需要加强。

某项目卖场动线策划，如图 6-2-22 所示。

（3）销售周期计划

销售周期计划应包括示范区计划及分批销售计划。整体卖场不但要全周期策划，还要全程动态策划，合理设置展示节点，分阶段释放，保持项目全程热度和关注度。

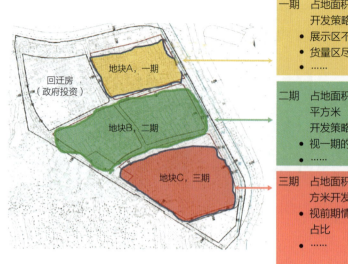

图 6-2-21
某项目分区案例(来源:百锐学堂)

 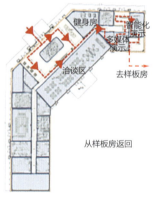 

图 6-2-22
某项目卖场动线图(来源:百锐学堂)

(4)年度销售收入测算

根据项目产品结构和货量铺排销售周期计划,制定分批次上市策略,预测年度销售收入。

某项目年度销售预算表,如表6-2-14所示。

表6-2-14 某项目年度销售预算表(来源:百锐学堂)

物业类型	货量金额	第一年		第n年		首开计划	主要销售期	清盘时间
		供货额	销售额	供货额	销售额			
高层								
小高层								

续表

物业类型	货量金额	第一年		第n年		首开计划	主要销售期	清盘时间
		供货额	销售额	供货额	销售额			
多层								
别墅								
商铺								
公寓								
车位								
合计								

6.3 项目定位案例分析

案例6-3-1

以中海地产某项目为例

中海地产某项目定位中对客户构成的策划,如表6-3-1所示。

表6-3-1 某项目客户构成策划(来源:百锐学堂)

层次细分	自住为主(70%)				投资为主(30%)
	园区目标客户	近郊私营企业主	江浙、上海一带企业家	市区各精英阶层	
所占比例/%	35	25	15	25	—
人群描述	中方企业主、高管及政府官员占25%;外资企业高管占10%	以××市区为核心的周边地区,包括昆山、常熟、张家港等地	在××两地有生意往来或是看重园区良好教育环境	以市区企业主、高级管理人员、政府官员等为主	××本地、周边地区以及外省市的具有投资眼光的富有者
特征描述	对别墅环境质量,设计风格和物业管理较为关注;欧美人士对娱乐配套的要求较高,如高尔夫球场等。中方人士多有海外生活背景	文化层次不一定很高,但是非常富有,多有艰苦创业的经历,成功后向往舒适的生活	这群人往往有多处置业的经历,他们看重园区的生活环境,在××有生意或是重要客户,选择置业为方便生意往来	关心别墅的面积、户型、花园的大小;关注物业管理;对基本生活配套要求高。看重园区国际化的教育环境	有较为丰富的投资置业经验,看好园区房地产市场,有闲钱,只要有高投资回报率的物业和优质的租赁客源,该出手时就出手

续表

层次细分	自住为主（70%）				投资为主（30%）
	园区目标客户	近郊私营企业主	江浙、上海一带企业家	市区各精英阶层	
价格接受度	不确定，对价格要求不高	对价格比较敏感，心理价位低于市场价格	对价格比较敏感，心理价位低于市场价格	对价格比较敏感，心理价位低于市场价格	对价格和租赁市场敏感
年龄/岁	30～45	30～55	35～50	35～55	25～45
家庭结构	三口或四口之家（家里2个小孩）；有保姆	多为三口之家或者长辈健在的五口之家；有保姆	多为三口之家	多为三口之家或者长辈健在的五口之家；有保姆	—
户型需求	四房	四房或五房	四房	四房或五房	三房或四房

该项目复盘后的实际成交客户分析，如图6-3-1所示。

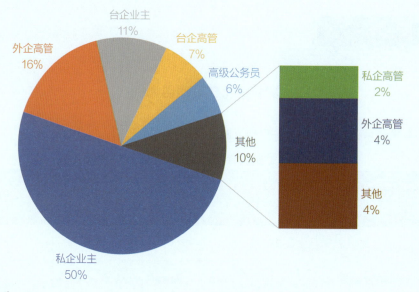

图6-3-1
某项目实际成交客户分析（来源：百锐学堂）

实际成交客户和原有定位客户存在一定差距。实际成交的客户来源中，园区客户远远高于原有定位的标准，而外来的客户群及私营业主的比例也相差不少。这和中海地产作为进入本地区的第一个项目，对市场和客户群的挖掘缺乏本地最直接和清晰的认识有关。因此，深耕并了解本地客户的确是非常重要的。

一期确定的定位按拿地时的原有设计进行，有119套联排别墅。其定位如表6-3-2所示。

表6-3-2 某项目定位（来源：百锐学堂）

指标	整个小区	北区	南区
用地面积/m²	72 345	25 835	46 510
建筑面积/m²	57 875.86	30 172.12	27 703.74
容积率	0.80	1.17	0.60
联排别墅/m²	35 371.58	8 574.32	26 797.26
叠加复式/m²	5 744.82	5 744.82	—
多层住宅/m²	15 852.98	15 852.98	—
会所/m²	906.48	—	906.48
架空层面积/m²	1 069.14	1 069.14	—
地下室面积/m²	15 487.33	7 788.93	7 698.4
建筑总栋数/栋	42	—	—
覆盖率/%	23.06	23.06	24.08
绿地率/%	46.16	46.16	45.67

某项目一期户型分布，如表6-3-3所示。

表6-3-3 某项目一期户型分布（来源：百锐学堂）

户型	A	A1	B	B1	C	C1	D	D1
套数/套	31	7	42	7	20	4	6	2
面积/m²	256	256	230	230	200	200	230	230

由于实际客户群的定位与投资时的客户群定位存在一定的差距，因此在营销时就会出现一些户型十分受欢迎，而另一些户型销售比较滞后的现象。如在案例项目中，在一期发现本项目南地块别墅客户构成中，本地区域的私营业主、企业高级管理人员为主力客层，他们需要通过自己所居住的社区来物化身份，同时他们比较讲究经济实惠。这一点从本项目南地块别墅的不同户型的去化速度可以得到体现。在本项目北地块别墅客户构成中，这部分人还会大量存在，因此根据他们的需求，该项目对北地块的别墅产品户型进行调整，增加了别墅的体量并对面积进行了调整。取消了原有定位中的叠加复式，在项目的北侧只设立一排9层公寓。

某项目二期户型分布，如表6-3-4所示。

表6-3-4 某项目二期户型分布（来源：百锐学堂）

户型	B1	B2	B3	C1	C2	C3	公寓
套数	12	19	3	12	18	7	53
面积/m²	230	230	230	200	200	200	161

由于二期及时进行了定位调整，因此后续销售过程中抢占时机，利用联排别墅在市场上的稀缺性，为项目的快速去化提供了有力的保障。

该项目复盘评定：产品定位准确度90%、主题及形象定位准确度100%、目标客户定位准确度70%、物业定位准确度80%、配套定位准确度80%。作为首进当地的第一个项目，实现当年买地、当年开工、当年销售、当年入伙，项目的精细化定位工作对项目成功起到了关键作用。

CHAPTER SEVEN

第 7 章

项目规划设计

7.1 项目规划设计的阶段划分

上章讲述了项目定位,明确了客户的需求及项目的范围界限,同时对项目的计划和成本也进行了总体策划。在此基础上,就可以进行规划设计了。

规划设计对房地产的重要性已有所共识,就是将项目定位策划具象化。规划设计的费用可能只占项目的1%,但是决定项目建设成本的90%,有四两拨千金的效果。本章就探讨一下项目的规划设计。

某公司实行"456"的快周转运营,即项目拿地后4个月开盘、5个月现金流为正、6个月现金流持续为正并投入下一个项目。在运营中心分析无法实现"4"的原因时,通过共性问题提炼,排在第一位的是规划方案的影响,占42%,是制约的最核心因素。规划方案问题确定的滞后会导致勘探、出图、招标、采购、前置报建等系统性滞后。除了规划方案,还有项目地块本身属性、图纸进度的影响,分别占到24%和17%。这说明,多数项目地块不止有一个问题,都是策划规划不周导致的影响。

规划设计阶段的划分有多种形式,下面是某公司规划设计阶段划分,如图7-1-1所示。

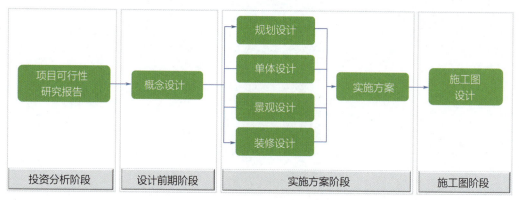

图 7-1-1
某公司规划设计阶段划分(来源:百锐学堂)

本书从项目管理的角度,结合一般企业的情况,将规划设计划分为以下四个阶段。

(1)可研阶段

此阶段是拿地前针对可行性研究及项目定位的,目的是判断项目的基因。规划设计的核心重点有两个,第一是满足规划条件下的产品策划最优;第二是算大账,力求效益最大化。

因为是拿地前,一些企业对此的投入相对不多,只是满足算大账的要求,但另外一些标杆企业,由于标准化程度十分高,其实拿地前就做了概念及方案的总图设计阶段的工作,甚至有了部分施工图,以便一旦拿地后就可以当天出图,为拿地即开工做好充分准备。

（2）概念及方案设计阶段

此阶段是拿地后的概念及方案设计阶段，是在第二次项目定位策划基础上对投资可研阶段的规划设计进一步深化细化研究。重点是总图定位和重点产品参数控制。

（3）扩初阶段

扩初是"扩大初步设计"的简称，此阶段介于方案设计和施工图设计之间，是初步方案设计的延伸。在《建筑工程设计文件编制深度规定》里只有初步设计，没有扩初，但不代表扩初不重要。本书认为，扩初在房地产精细化、设计优化控制等方面的作用超过施工图设计，因为在此阶段，专项方案的编制以及方案优化是主要内容，如果这个阶段不去做，等到施工图阶段就晚了。

扩初阶段主要控制建筑、结构、设备的参数。此时的设计优化对成本优化的影响很大，在影响程度上仅次于总图的方案优化。

（4）施工图阶段

施工图阶段的设计是扩初阶段的细化，其主要工作是产品细部的控制，包括节点详图的细化，建筑、结构、设备等各专业的叠图，以及建筑材料、工艺的比选。所有这些，仍然是在限额设计的大框架下进行的。

在上一章的项目定位策划中，重点是从满足客户的角度去进行策划，本章重点则是从成本控制的角度来进行规划设计。

为了更有体系，更直接地说明四大阶段的内容重点，作者制作了设计与成本要点思维导图，如图7-1-2所示。

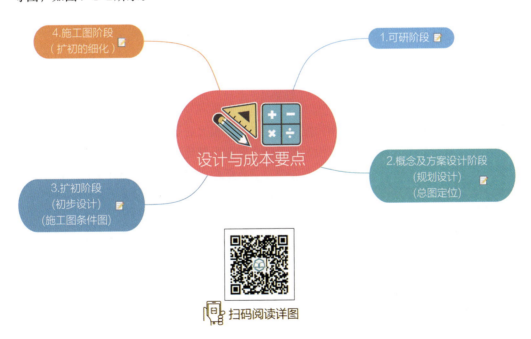

图7-1-2
设计与成本要点思维导图（来源：百锐学堂）

7.2 可研阶段设计与成本控制重点

7.2.1 可研阶段的主要内容

（1）宗地研究

需调研地块的地理位置、周边公共设施、公共配套的情况，以防配套不齐全导致项目成本增加、工期延长和业主投诉等。

还需调研地块地形地貌、水文地质条件，注意周边是否有高压线、变电所、排洪沟、暗渠、噪声源、土地污染或需要保护的构筑物等不利情况。

（2）建设指标及规划条件

主要有用地面积、使用年限、容积率、建筑密度、绿化率、建筑限高、建筑退线退界距离、日照间距、商住比、车位配比及地下车位占比、人防规划要求、充电桩数量、PC预制率、公建配套或公租房等福利性建筑配建要求等。

（3）品类（产品线）

根据土地、客户、产品确定品类（产品线）。

7.2.2 可研阶段设计与成本控制的重点

由于是在可研拿地阶段，因此应将设计与成本的重点首先放在风险控制方面。

7.2.2.1 市政配套

从过往的失败案例中看出，市政配套有时是一个很大的坑。主要原因是很多项目的位置在政府市政配套不完善的片区，没有经验的企业想当然地认为政府公开拍卖的地，肯定是政府负责红线外的所有市政配套，开发商只负责红线以内的部分。但其实，房地产公司在拿地之前要将此部分作为重点考虑才对，否则，就有可能出现小区业主入住了还使用临时电的状况。

市政配套包括红线内和红外的供电、供水、燃气、供暖、弱电、环保六个方面，如图7-2-1所示。

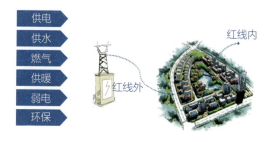

图 7-2-1
市政配套组成（来源：百锐学堂）

有的企业对市政配套没有进行精细化前置管理，主要原因是不知道如何去做。我们可以先学习标杆企业的良好做法，然后消化吸收，做一些加减法，就有了适合本企业的工作指引，然后在执行中进行完善。

在三、四、五线城市的地块配套不完善，地块是意向性投资的情况下，开发协议中一定要量化政府的市政配套要求。

(1) 电力要求

中心配电房容量一般按1.5万~2万kVA考虑。两路进线分别来自不同变电站或同一变电站的不同母线段出线，4~6路出线形成环网。单台公用变压器的容量为：油变不超过630kVA、干变不超过800kVA。

低压供电半径一般不超过300m，但不小于150m。单位面积负荷指标一般按建筑面积估算。多层及高层住宅，建筑面积在80m^2以下的，按4kW/户设计；建筑面积大于80m^2的，按50W/m^2设计；单体住宅及复式住宅，建筑面积在200m^2以下的，按10kW/户设计；建筑面积大于200m^2，按50W/m^2设计。

小于10kVA的供电造价参考数据（线路总长在5km以内，超过5km后，最大负荷相应降低为标准的60%~70%，不包括管线占用土地的补偿费）。供电造价测算经验数据如表7-2-1所示。

表7-2-1　供电造价测算经验数据（来源：百锐学堂）

导线/电缆型号	最大负荷/kVA	工程造价/（万元/km）	可供交楼面积/万平方米
3×195架空导线	6 500	50~60	15~18
3×240架空导线	8 000	60~70	18~23
3×240地埋电缆（含土建费）	6 500	110~130	15~18
3×300地埋电缆（含土建费）	8 000	140~170	18~23

另外，除了将电力要求写入意向性投资协议中，还应关注以下关键的内容：

① 是否可以做箱变；
② 电房能否设于地下室；
③ 能否做首层建筑附属物电房。

由于以上三个关键内容都会对项目成本产生影响，因此必须在第一时间向供电部门了解清楚，并进行必要的有效沟通。

某项目前置落实强电资料的良好做法

广州某项目，根据公司有关项目前置设计条件指引要求及时沟通，得到最有利于公司的做法，如：电房设在地下室；10kV接线方式采用环网接线这种最节省投资的方案等，而且设计条件答复全部及时清晰（要求有项目总签字确认），如表7-2-2所示。

表7-2-2 广州某项目按照前置设计条件指引落实所需资料（强电部分）（来源：百锐学堂）

	所需资料	勾选	确定条件或附件
规划市政专业（强电部分）	地块周边已建变电站数量、距离、方向，可向本地块供电容量、电压及回路数量	□是□否	
	在当地用电指标下，每回10kV电源线路最多允许带多大容量？10kV的接线方式	□是□否	
	地块用电负荷超过多大容量需设置专用10kV线路	□是□否	
	住宅、商业及公建的用电指标。10/0.4kV变配电房低压供电半径	□是□否	
	单个变配电房变压器安装数量或总容量限制，能否设置奇数台变压器	□是□否	
	单台变压器（干式、油式）容量选择的上限值。变压器容量选择的计算系数或配置系数	□是□否	
	高层住宅的电梯、水泵、排烟风机、公共照明以及地下室用电是否要由单独的变压器（专变）供电，还是可以由住宅公变电房混合供电？住宅底层商铺用电可否与住宅共用变压器供电，还是需要专变进行供电	□是□否	
	多大容量的专用负荷（如会所、大商业用电）需要单独设置变压器	□是□否	
	当地供电部门有无干线低压电缆的需要系数要求，还是允许按规范和设计手册自行选择	□是□否	
	多大容量变压器可以采用熔断器负荷开关环网柜的保护方式？确定高压柜采用中置柜或环网柜。是否可以做箱变？容量及台数要求	□是□否	
	当地供电部门对变配电房建筑的要求：①公变电房能否安装在高层住宅地下室内；②专变电房可否设置高层住宅地下室内；③电房设在首层地面时，可否做首层建筑附属物电房；④电房对建筑净高的要求；⑤电房如果可以设在地下室内，防水有无特殊要求，比如抬高电房室内地面；⑥高、低压配电室、变压器室能否合用一个房间；⑦供电部门对电房的门、窗有无特殊要求，还是按建筑规范设计就可以了	□是□否	
	住宅每户用电超过多少容量需采用三相供电，当地供电部门如何要求	□是□否	
	低压配电工程是按工程费还是配套费结算？如按配套费结算，计算住宅户建筑面积时是否含公摊面积？低压干线电缆的需要系数有无与国家标准规范不同的地方法规	□是□否	
	如10kV电源可满足双电源要求（由两个区域变电站引来），地块内一二级负荷是否可取消发电机做备用电源	□是□否	

（2）供水要求

项目在投资拿地阶段可以去当地水务部门了解水压等供水情况。一般要求到户水压不低于0.14MPa，到达红线边缘的水压不低于0.35MPa；人均日用水量综合指标根据地区不同一般设置成三档：南方富裕地区按$0.35m^3$/（人·日），南方一般地区按$0.3\ m^3$/（人·日），北方地区按$0.2\ m^3$/（人·日）估算，加压计算一般按二层以下为12m水头，每增加一层增加4m水头。

在项目拿地阶段，供水造价的可供参考数据，如表7-2-3所示。

表7-2-3　供水造价测算经验数据（来源：百锐学堂）

管径	流量 /（m^3/天）	工程造价 /（万元/km）	可供交楼面积 /万平方米
DN100	750	PE管20～30	10
DN150	1 680	PE管30～40	23
DN200	3 000	球墨管60～75	42
DN250	4 500	球墨管80～92	63
DN300	6 500	球墨管100～120	90
DN400	12 000	球墨管160～200	170
DN500	18 000	球墨管240～265	252
DN600	25 000	球墨管300～350	350
DN700	35 000	球墨管400～480	490
DN800	45 000	球墨管500～560	630

7.2.2.2　地质条件

宗地研究中，从风险控制的角度来看，影响第二大的是地形和地质条件，如高差、土石方、地下水位、暗渠、溶洞等。

为了了解项目地块的地质条件，标杆企业通常都有一套自己获取地质条件的方法。比较良好的做法如下。

① 在项目拿地之前或拿地后第一时间强制做初步勘察。初步勘察的花费只有几万元，大项目可能十几万元，对整个项目来讲不是特别多，但是十分重要。初步勘察就像是打仗前的侦察兵、排雷手，通过初步勘察了解到第一手的地质情况后，再确定桩基、地基及基坑开挖的大方案。而地基及基坑在某些项目中的造价占整个项目的比重比较高，所以说只有通过初步勘察了解了地质情况，拿地前的测算才会准确。所以说，控制拿地前的成本风险是科学拿地决策的成败。而且在项目拿地之前完成的话，就可以在拿地前做大量的设计工作，做到拿地即开工。有人会有以下疑问：投了10块地，可能才投中1次，每次都做初步勘察太浪费成本和精力。这是个现实问题，但有研究表明，就算是10块地中1次，这1次初步勘察的综合收益足以胜过10次初步勘察的支出。而且退一步讲，自己的企业肯定会有志在必得的项目，也会有只是想参与的项目，可以根据投拓的重视程度来决定是否做

初步勘察。

② 向当地长期合作的勘察设计院了解并拿到项目及周边地质条件的第一手资料。

③ 通过其他渠道了解相邻已开发或正在开发项目的地质条件资料。

④ 拿地之后,第一时间组织做详细勘察。

⑤ 有了详细勘察资料,有些标杆企业还做压桩实验,以及超前钻勘探、一桩一孔等措施,为公司优化成本。

前期拿地前对地质情况不了解、预估不足,会导致后期成本高企、工期滞后。

温州某项目对地质情况不了解导致成本超支

(1) 软地基成本超支

定案时正负零以下目标成本为 8 093 万元,实际正负零以下累计支出为 1.352 亿元,超过原目标成本 67%,销售成本由 5 210 元/m^2 提高到 6 391 元/m^2。实际支出明细如下:

① 桩基础成本(每根桩长 80m,共 2 445 根)为 1.13 亿元;

② 基坑支护成本为 1 840 万元;

③ 矿渣回填为 382.4 万元。

(2) 工期滞后

由于地质条件不好,桩的深度和数量增加,原地块的淤泥影响桩基施工和开挖,虽经地上部分赶工,但仍导致项目开盘日期调整延后 55 天。现场情况如图 7-2-2 所示。

图 7-2-2
温州某项目现场情况(来源:百锐学堂)

7.2.3　标杆企业在土方及基础设计上的案例分享

宝龙公司制定了工程前试桩技术标准,规定项目中同一种类型工程桩预计超过 300 根时应进行工程前试桩。各项目桩基优化良好做法的案例如下。

杭州桃源宝龙广场项目桩基优化

① 根据详勘确定钻孔灌注桩,桩径700mm。

② 根据公司《工程前试桩技术标准》中"同一种类型工程桩预计超过300根时应进行工程前试桩"的要求,做了3组工程前试桩。

③ 试桩优化效果:试桩结果桩基承载力提高约15%~20%,估计节省成本400万元(表7-2-4)。

表7-2-4 杭州桃源宝龙广场项目桩基优化

桩型	项目	要求
预制桩(预应力管桩、预应力空心方桩、预制方桩等)	试桩方法	破坏性试桩
	桩身设计	①试桩直径(边长)与设计工程桩相同 ②试桩桩底标高与设计工程桩相近,且在同一持力层 ③试桩壁厚和配筋大于或等于设计工程桩
	最大加载量	①土体遭剪切破坏,按《建筑基桩检测技术规范》(JGJ 106—2014)判断 ②试桩桩身遭破坏,按《建筑基桩检测技术规范》(JGJ 106—2014)判断 ③达到试桩桩身设计承载力的2倍左右
	试桩位置	建设场地周边,分散布置
	试桩时间	桩打入后,沙土不少于7天;粉土不少于10天;非饱和黏性土不少于15天;饱和黏性土不少于25天(参考岩土勘察报告)
灌注桩	试桩方法	试桩兼作工程桩(土体破坏、桩身不得破坏)
	桩身设计	①试桩直径与设计工程桩相同 ②试桩桩底标高与设计工程桩相近,且在同一持力层 ③试桩混凝土强度等级大于或等于设计工程桩 ④试桩配筋大于或等于设计工程桩
	最大加载量	①土体遭剪切破坏按《建筑基桩检测技术规范》(JGJ 106—2014)判断 ②达到试桩桩身设计承载力的1.4倍左右
	试桩位置	选择工程桩桩位、分散布置,例如:框架柱下、剪力墙角部,具体位置由设计单位根据建筑平面指定
	试桩时间	成桩后桩身强度达到设计要求(不少于28天)

巴中宝龙世家二期项目桩基优化方案

① 优化后的方案：旋挖灌注桩，桩径800～1 000mm。
② 施工过程：采用超前钻勘探，一桩一孔，准确判断持力岩层，控制入岩深度。
③ 优化效果：总优化740万元，住宅桩基指标从一期的242元/m^2优化为78元/m^2。

越秀某区域通过试桩进行桩基优化380万元

① 设计之前通过试桩，单桩承载力由1 800kN提高到2 200kN（试桩后桩基承载力提高约22%）。
② 地下车库框架桩下的管桩数量因此减少685根，主楼减少195根，总计减少880根。
③ 仅考虑桩数量变动，一期节省费用约380万元。

武夷山某项目土方标高及基础设计方案优化

> 项目经验一：土石方标高优化

武夷山某项目为山地别墅，绕山顶的主干道原设计为完整半圈，如图7-2-3（a）所示，但因为主干道坡度已达8%的规范要求极限，如果仍按照原设计施工就会产生大量的爆破和土方外运成本。于是优化设计，将主干道绕回，如图7-2-3（b）所示。绕回部分别墅整体标高抬升约7m，涉及土方量约20.1万立方米，按综合造价30元/m^3估计，为公司节省造价约603万元。另外，由于提升了标高及更改了路网，端头的几户别墅成为热销产品。

> 项目经验二：土石方平衡与基础方案优化

该项目挖方多，且挖方多为山体爆破的石头，这些石头可以在回填区进行回填。于是项目根据地形特点，做了土石方挖填平衡的方案，如图7-2-3（c）所示，不但减少了土方整体成本，更重要的是将低层货量区原设计的人工挖孔桩改为强夯基础，节约了工期，减少了安全隐患，还大大节约了造价。

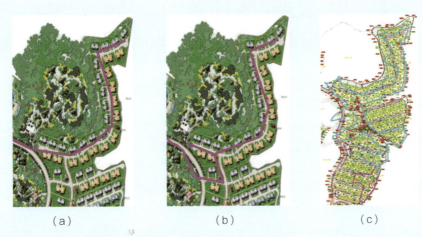

(a)　　　　　　　　　(b)　　　　　　　　　(c)

图 7-2-3
土石方平衡与优化案例（来源：百锐学堂）

> **项目经验三：租用山体公园**

租用山体公园70年，费用267万元，然后在山体公园内修建燃气站、水泵房等设备房，一方面为业主提供了充足的休闲场地，另一方面避免了红线内设备房对住宅的影响，提升了土地利用效益。

因为租用了山体公园，就可以在红线外放坡，在道路外建设。这样的做法增加了别墅28栋和76个车位，增加货值高达1.07亿元，扣除改建洋房的成本和利润，实际增加利润约1 000万元。

◇项目教训一：示范区土石量巨大，严重影响成本和工期

尽管本项目有多项优化措施，但是示范区的土石方量巨大，高达130万立方米，而且主要是石头，需要爆破，且项目紧靠城市快速路旁和高速公路的延长线，距离邻近建筑只有不到10m，因此受爆破限制。另外，由于受块地狭窄、落差大、炸药供应严重不足等多方影响，示范区历时6个月才完成，光土石方的花费就达8 500万元。

◇项目教训二：清表迁坟影响50天

本项目没有做到净地交付，导致清表占用工期50天。自摘牌到完成清表迁坟工作，其中有经验也有教训，就是与村民谈判时，务必找到意见领袖，各个击破。

● 小结武夷山某项目的教训及启示如下。

① 在投资阶段要谨慎拿地，一定要重视前期地形地质勘察工作，否则会造成项目地价的优势全部被土石方造价所侵蚀。

② 在项目拿地的策划之初对爆破难度没有做出充分预估，以后的类似项目须在拿地阶段就做好专项方案的策划，以反映项目合理的成本和工期，避免算错账、拿错地。

③ 示范区的选择一定要谨慎，切不要选择前期工程量巨大的地块来做示范区。

④ 在拿地之前要和政府沟通，争取做到净地交付，就算实在做不到净地交付，合同协议及出让条款中也要有保护性条款，如交地价的日期是自清表完成之日计算。

⑤ 涉及与居民或村民谈判拆迁补偿问题时，务必找到意见领袖，如村书记、村长等，分别商谈各自的各项诉求，灵活应对、各个击破。

第7章 项目规划设计

7.2.4 建设指标及规划条件

规划设计开始之初，有一项工作的质量和完成速度会影响整个规划设计的速度，这项工作就是"规划前置条件"。某企业在2017年开始发布"前置设计条件管理办法"，起到了以下八大作用：①明确条件；②分清权责；③量化考核；④信息化追踪；⑤改善提资影响设计进度现状；⑥规范提资工作；⑦提高设计效率；⑧实现公司目标。某企业在概念性规划方案和修建性详细规划方案阶段的规划前置所需条件如下：细化到提资的点达437个，其中又分为必提点329个、缓提点108个。提出要求后，对其中必提条件中的255项进行考核，实行亮灯预警制度，将设计提资的精细化管理提升到较高水平，由此提出了设计工期的"36+天"理想模型，对设计管理具有积极的指导意义。对设计前置条件的要求（大纲），如表7-2-5所示。

表7-2-5 对设计前置条件的要求（来源：百锐学堂）

规划设计阶段	所需条件	来源
概念性规划方案	用地红线（CAD格式）	当地政府
	准确地形图（CAD格式）	当地政府
	规划设计要点	当地政府
	当地城市总体规划	当地政府
	当地控制性详细规划	当地政府
	地块调研报告及产品规划建议	公司内部
修建性详细规划方案	当地城市规划管理技术规定	当地政府
	地块调研报告	公司内部
	签字后的户型配比及市场调研报告	公司内部

另外，某公司在2017年制定了"设计策划工作指引"，其中在项目开发流程图中，专门设置了提资线的流程，共有五个设计提资点，清晰地界定了设计提资与各条业务线的关系。

所需提资条件来源于公司内部和公司外部，重点还是公司外部和政府的沟通、了解。尤其是部分房企深耕当地，存在意向性投资的机会，此时更加应该发挥主观能动性，在挂牌之前进行沟通。

某项目事前方案沟通的良好做法

南京某项目，设计前置条件齐全，沟通及时到位，因此设计顺利，项目实现了4个月开盘。有两点是通过与政府沟通争取来的：

① 限高，原规划条件为80m，后更改为86m，更改后增加低层的高货值货量，从而增加了项目效益；

② 日照要求，无需退让红线日照间距及进行相邻地块的日照对称分析。

某项目市场定位不确定导致方案反复修改

山东某项目已摘牌,但市场定位仍不确定,造成方案反复修改八次,历时42天。而根据该公司的经验,正常情况下应该在摘牌前3个月提交规划前置设计条件。另外,本项目设计条件存在一定不合理性,如"商业建筑和居住建筑不可连体建设",又如"单套商业单元建筑面积不得小于300m²"等,也未提前与规划部门沟通。

某项目设计条件不全导致项目严重滞后

东北某项目,设计条件提供不全,并多次修改,从开始提交集团规划方案审批起至130天后仍未安排集团层面的内部评审会,报建未通过。变更主要时间点如下:
① 4月13日,提供新的本地规范,日照条件有变化,导致规划设计变更;
② 4月22日,政府对更新后的规划布局提出新要求;
③ 5月16日,区域公司要求双拼改为联排;
④ 6月22日,区域公司重新调低了建筑限高(低于挂牌条件高度);
⑤ 6月29日,地块摘牌;
⑥ 7月18日,政府规划局要求按照1.2倍建筑间距控制高层建筑高度;
⑦ 7月23日,政府要求增加退线距离;
⑧ ……超过130天仍未通过评审。

某项目停车率优化

福建某项目,通过提前与当地政府沟通,将停车率的规划条件由原来的1∶1减小为1∶0.7,因此减少地下室面积约1万平方米,若按地下室2 000元/m²计,则节省成本约2 000万元。

在投资拿地阶段,不同地区、不同项目对装配式建筑的要求不尽相同,对设计、工期及成本都可能产生较大的影响。同时,根据国家对装配式建筑的要求,到2025年,装配式建筑占到新建建筑面积的30%。而个别地区如海南省则要求更高。2020年5月26日,海南省发布的《海南省人民政府办公厅关于加快推进装配式建筑发展的通知》提出,到 2022 年

第 7 章 项目规划设计

底，各市县年度商品住宅实施计划项目中，采用装配式方式建造的比例应不低于80%。因此，装配式建筑项目是未来发展的大方向，需要重视、研究有关设计指标的具体要求。

根据《2020—2024年中国装配式建筑行业深度调研及投资前景预测报告》，混凝土装配技术增加建设成本约300～500元/m²。

而对于装配式建筑是缩短工期还是延长工期的说法不一。作者认为装配式建筑是对企业综合管理水平的一次检验，恰好是企业核心竞争力的体现，好的企业不但能将因此增加的成本降到最低，还能较大幅度地缩短工期；而管理不到位的企业，成本反而比行业平均水平还要高，可能会因为策划规划的滞后而导致工期延长。

中海鹿丹村项目装配式建筑成功经验

中海地产在深圳的鹿丹村改造更新项目，即深圳中海天钻（中海鹿丹名苑）的出让公告显示，该宗地中的商品住房部分，按照《深圳市住宅产业化试点项目技术要求》开展住宅产业化试点工作，包括预制率不低于15%，装配率不低于30%。而中海地产就是从规划设计提前着手，对BIM建筑的全生命周期进行模拟，通过模拟对设计方案进行优化，在拿地之前就做好了各项工作，实现了当年拿地、当年销售、当年回款的优异业绩。15%的预制率看上去好像不高，但是对于超高层住宅来说，相当具有挑战性。在一线城市能做到这么快周转，体现了高超的管理水平。该项目不但做得快，还首创世界居住模式，获得了英国BREEAM绿色认证、2015年度全国人居经典建筑规划设计方案竞赛环境金奖和2016年度READ星设计产业及城市更新·景观设计类别佳作奖，可谓名利双收。

在规划条件中，确定了建筑高度和密度以及强排方案的平面布置图后，日照分析便是必不可少的环节，这在北方地区更加重要。本身日照分析是个技术活，不应在此赘述，但很多项目就此出现了问题。分析原因，多数不是不懂技术，而是项目管理出了问题。上面的案例中，就包括了因为不了解当地政府日照要求而影响项目进程的情况，也有和当地政府积极沟通日照条件而有所突破的优秀项目管理案例，希望对大家有所启示。

国家通用的日照要求是：三个居室需一个满足3小时日照，四个以上居室需两个满足三小时日照。而很多日照标准严格地区的要求是：南向全部居室满足日照要求。

在前置规划条件中，不同地区的规范会存在较大的差异。这对于刚进入某地区尚未深耕的公司来说是一个挑战。

某项目日照问题使项目操盘困难的启示

滁州某项目，总占地面积213.83亩（1亩≈666.67m²），总建筑面积39.45m²，属于竞争对手带方案挂牌的后期地，挂牌条件复杂，包括代建道路、大型公配（电影院、菜市场、幼儿园、垃圾中转站），阳台需全封闭，西侧限高60m等。

项目为当地地王，由于尽调不充分，没有预估到东侧为已入住小区，日照规避复杂，导致规划报建方面，在做满容积率的情况下无法满足日照需求，暴露前期调研不充分，规划未充分前置，未提早对日照问题做出应对措施。再加上规划报建过程中遭遇政府调控升级，导致价格备案延后，使项目操盘困难，利益受损。

7.2.5 产品品类（产品线）

本书第1章讲过，需求定位规划的前置条件是整个集团的品类规划，通过品类规划，实现产品线的标准化，从而实现公司发展的规模化。下面就介绍一下品类。

品类就是产品类别，是一个比品种更大的概念，是指目标顾客购买某种商品的单一利益点。每个单一利益点都由物质利益（功能利益）和情感利益双面构成。因此，对于房地产来说，品类除了产品本身的居住功能之外，还有温馨"家"的情感功能。

万科最早认真学习了美国住宅地产公司"Pulte"的模式，提出了自己的产品研究体系，走上了自己的产品标准化之路。

万科、中海等标杆企业都有成熟的产品库，要求项目90%采用标准化产品，10%自行创新。

因为有了品类及标准化的产品作支持，在可研阶段所做的工作就会大量减少，在后续拿地后的全周期项目管理中，一直发挥着重要而积极的作用，如在品类和标准化产品管理方面实现成本适配，从而在客户满意的情况下控制成本。

7.3 概念和方案阶段设计与成本控制重点

7.3.1 概念及方案阶段的重点

7.3.1.1 合理的总图定位

在一些山地别墅的户型选择中，选用何种户型有时对利润的影响比较大。

案例7-3-1

清远某项目户型选择不当致项目损失

清远某项目为节省土方和挡土墙的成本，选用了一种带车库的户型。户型面积为

597m²，共有96栋，合计57 387m²。该户型净容积率低于其他双拼户型约12%，对比挡土墙和土方的机会成本450万元，该户型的96栋别墅直接损失潜在收入4 200万元、潜在利润1 300万元（图7-3-1）。

图7-3-1
清远某项目案例（来源：百锐学堂）

同样为解决3m高差，节省土方和挡土墙，该项目选用了两种带负一层的户型（图7-3-2），共计12.4万平方米。由于户型带负一层，且花园分两级，客户对此不看好，因此定价较畅销户型低1 200元/m²，对比挡土墙和土方的机会成本100万元，预估潜在损失销售收入1.5亿元、潜在净利润4 600万元。

图7-3-2
两种户型效果图（来源：百锐学堂）

7.3.1.2 合理项目分期，实现运营目标

某标杆企业的"123"开发模式

以200亩地为例，实现"123"开发模式，实现合理项目分期。具体为大"123"模式和小"123"模式。大"123"模式是：200亩先分为3期发展，在1期里再细化为"123"，如图7-3-3所示。

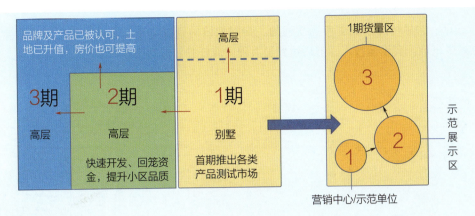

图 7-3-3
以 200 亩为模型的大"123 模式"示意(来源：百锐学堂)

在一期（首期）开发中，再细化为"123"，即营销中心和示范单位、示范展示区、货量区这三个部分，如图 7-3-4 所示。

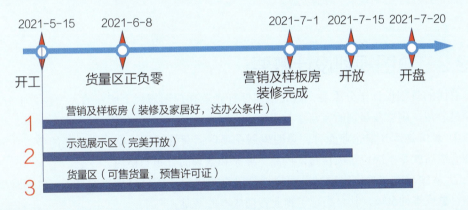

图 7-3-4
以 1 期为基础的"123"模式示意（来源：百锐学堂）

"123"开发模式，可实现"两快一佳"的目标：
① 快速开发，完成启动会上的各项指标；
② 快速回笼资金，一期货量的销售收入不低于已支付的土地款，并力求现金流为正，且持续为正；
③ "佳"即是产品和品牌的口碑都"佳"。

7.3.1.3 合理的可售率（可售比），最大化价值

某项目设计方案优化

钦州某项目为意向性投资项目。前期规划设计经多轮多方案比选优化，做了以

下三点：①尽可能增加受市场欢迎的、高附加值的别墅货量；②地上架空车库方案；③减少市政配套设施投入。最后达到最大程度降低开发成本和提升项目收益的目的。

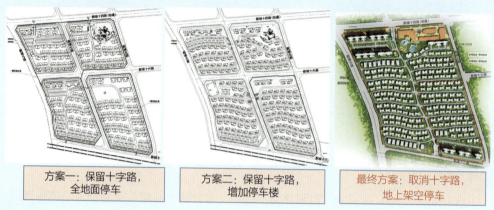

图 7-3-5
钦州某项目设计优化（来源：百锐学堂）

7.3.2　总图规划设计概要

总图的规划设计十分重要，因此很多标杆企业在总图规划上所花的人力物力十分多，甚至是总裁、副总裁级别的亲自参与审核。

① 对房地产开发企业而言，总图规划在项目运营管理中占据非常重要的位置，因为总图完成后就基本决定了项目整体产品、业态和景观的分布与格局。

② 从项目收益角度来看，总图规划阶段直接决定了项目总货值的 80%，也同时决定了项目总成本的 50%，甚至决定了物业管理成本的基础。

③ 房地产要做好项目成本策划，主要是针对总图进行精细化研究，针对景观进行精细化优化，做得好，完全可以突破项目价值的天花板。

④ 总图规划中对产品、业务组合模式的收益进行比较，最终得出最优方案。往往不同产品的配比组合所带来的成本及收益等财务指标的差异是非常显著的。这个差异点正是成本策划所追求的价值点。

总图规划的内容参见之前的思维导图，现列出其中影响成本的重要内容如下：

① 产品组合与户型配比（中海称其为密度分析管理）；
② 可售率管理；
③ 建筑体形与户型；
④ 外立面规划；
⑤ 地下室规划；
⑥ 竖向标高管理；
⑦ 展示区初步策划。

以上规划在项目定位阶段的工作已经确定，只是定位报告与规划设计的重点及策划的精细度不同，因此仍需进一步研究。

7.3.3 产品组合与户型配比

业内专业人士已对产品组合与户型配比（简称户配比）对项目成败的影响产生广泛共识，同一个项目，产品组合与户型配比不同，项目赢利能力相差一倍、两倍甚至几倍的案例屡见不鲜。

不同容积率对应的产品组合及层数，有关经验值如表7-3-1所示。

表7-3-1 不同容积率对应的产品组成（来源：百锐学堂）

容积率	常规单一产品		常规组合化产品形式			
	产品类型	层数	组合类型1	组合类型2	组合类型3	层数
0.4~0.5	双拼别墅	2~3	类独栋+联排	双拼+联排	类独栋	2~3
0.6~0.8	联排别墅	2~3	双拼+联排	双拼+叠拼	合院/类独栋	2~4
0.8~1.0	叠拼	4~5	联排+叠拼	联排+洋房	合院/类独栋	3~5
1.0~1.2	洋房/叠拼	5~6	联排+洋房	联排+小高层	叠拼+洋房	3~11
1.3~1.7	洋房	6~9	联排+小高层	叠拼+小高层	洋房+小高层	3~11
1.8~2.0	小高层	10~11	联排+小高层	叠拼+小高层	洋房+小高层	3~18
2.1~2.5	高层	12~18	小高层+高层	洋房+高层	—	6~18
2.6~3.0	高层	18~27	小高层+高层	洋房+高层	—	11~33
3.1~3.6	高层	27~33	—	—	—	—
>3.6	超高层	>33	高层+超高层			

容积率决定货值，利润率决定溢价，去化率决定现金流，这是户配比的三个核心指标。

不同产品的价值不同，售价由高到低的顺序依次是：双拼别墅＞联排别墅＞叠拼别墅＞多层洋房＞小高层＞高层，如图7-3-6所示。

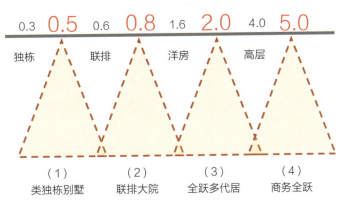

图7-3-6
不同产品的价值及容积率对应示意（来源：百锐学堂）

因此，在项目容积率一定的情况下，需要将可售面积中的高价值产品占比提升，是业内的共识。以上是一种最常用的思路，即将一般别墅做成类独立别墅的效果，将多功能洋房做成叠拼的效果，将高层做成跃式别墅的效果。尤其是拿地地价较高的项目，通过类似

第7章 项目规划设计

方式提升产品溢价的案例越来越多,业内甚至出现了极端"高低配方案"的现象。

特定容积率下的产品组合突破性思考

某地块出让条件规定:容积率不小于1.0,不大于1.2,建筑密度小于等于28%。基于项目条件及市场分析得出可选择的物业为:双拼、联排、叠加、洋房。基于业内普遍要做满容积率的认知,产品组合应该为洋房加别墅,如表7-3-2所示。

表7-3-2　产品组合评价表(来源:百锐学堂)

物业类型	评价因素							综合评价
	指标范围	报批要求	市场供求	客户接受度	产品空间塑造	未来竞争	地块适应性	
大平层	✓	✓	★	★★★	★★★	★★	★	★★
多层/洋房	✓	✓	★★★★	★★★★	★★★★	★★★	★★★★★	★★★★
叠加	✓	✓	★★★★	★★★★	★★★★	★★★★	★★★★	★★★★
联排	✓	✓	★★★★	★★★★	★★★★	★★★★	★★★★	★★★★
双拼	✓	✓	★★★★★	★★★★	★★★★	★★★★	★★★★	★★★★
独栋	✓	×	—	—	—	—	—	—

通过以上指标范围和报批要求地块适应性等,做出初步的综合评价。

由多种物业类型组合进行财务测算分析,得出三个方案,如表7-3-3所示。

表7-3-3　做满容积率情况下的多方案比选(来源:百锐学堂)

财务指标	方案一:单一型物业 花园洋房(4~6F)	方案二:跳跃型物业组合 花园洋房+联排+双拼	方案三:连续型物业组合 花园洋房+叠拼+联排+双拼
总销售收入/万元	307 425	338 374	365 599
建设投资/万元	230 728	237 033	236 824
税前利润/万元	37 991	59 546	84 656
税后利润/万元	28 493	44 659	63 492
财务费用/万元	9 300	9 584	9 606
税前销售利润率/%	12.36	17.60	23.16
税后销售利润率/%	9.27	13.20	17.37
税前投资利润率/%	16.47	25.12	35.75
税后投资利润率/%	12.35	18.84	26.81
财务评价	★★	★★★	★★★★

以上方案中，方案三的利润率为26.81%，也算是可以了，但是由于项目为区域内稀缺的低容积低密度项目，开发商还想再做更多的溢价。于是在营销调研基础上，由专业公司进一步对项目进行了突破性思考，想到区域对别墅的充分认可，溢价能力很强，如果能再多做些别墅，而不做洋房，则会变成纯别墅社区，整体品质得到提升，从而整体溢价得到提升，因此整体项目的利润不一定下降。

于是做了0.8容积率条件下的纯别墅物业组合。为满足政府不低于1的容积率要求，通过其他方式冲高容积率的方案，如表7-3-4所示。

表7-3-4　不满容积率情况下的规划方案（来源：百锐学堂）

物业类型	方案五：叠拼+双拼+联排物业组合			方案六：双拼+联排物业组合		
	建筑面积/万平方米	容积率	占地面积/万平方米	建筑面积/万平方米	容积率	占地面积/万平方米
联排	13.51	0.70	8.92	22.58	0.70	28.22
双拼	2.40	0.50	1.10	1.20	0.60	2
叠拼	8.11	1.10	20.20	23.60	0.78	30.22
商业	1	1.89	0.53	1	1.89	0.53
项目总计	25.04	0.81	30.75	24.60	0.80	30.75

多方案比选情况下的两个方案，如表7-3-5所示。

表7-3-5　不满容积率情况下的多方案比选（来源：百锐学堂）

财务指标	方案五：物业组合	方案六：物业组合
	叠拼+双拼+联排	双拼+联排
总销售收入/万元	408 956	442 400
建设投资/万元	212 758	213 555
税前利润/万元	14 982	179 700
税后利润/万元	112 486	134 775
财务费用/万元	8 709	8 779
税前销售利润率/%	36.67	40.62
税后销售利润率/%	27.51	30.46
税前投资利润率/%	70.49	84.15
税后投资利润率/%	52.87	63.11
财务评价	★★★★	★★★★

以上两种方案，比之前的做满容积率的方案，税后利润由6.3亿元提升到11.2亿～13.4亿元，可以看到突破性思维创造了成倍的利润。

对于方案五和方案六，这家公司又会如何选择呢？是不是选择利润率最高的方案

第7章　项目规划设计

呢？这家公司进行了多维度的精细化方案评估，最后选择了方案五，如表7-3-6所示。方案五尽管不是利润率最高的，却是综合方案最优的。

表7-3-6 不满容积率情况下的多因素多方案比选（来源：百锐学堂）

关键驱动因素	方案五：物业组合 叠拼+双拼+联排		方案六：物业组合 双拼+联排	
整盘概念	别墅社区，档次较高	★★★	纯别墅社区，形象佳，档次高	★★★★
技术可行	限制指标内，可通过一定方法冲高容积率	★★★★	限制指标内，可通过一定方法冲高容积率	★★★
产品塑造	产品相对丰富、户型创新性提升	★★★★★	产品相对单一、户型创新性提升	★★★★
营销策略	销售周期相对较短、价值提升空间较大、客户层覆盖相对较宽	★★★★	销售周期相对较长、价值提升空间较大、客户层覆盖相对较窄	★★★
利润指标	销售收入：424 280万元 税后利润：109 185万元 税后利润率：47.47%	★★★★	销售收入：442 400万元 税后利润：134 775万元 税后利润率：63.11%	★★★★★
最后综合评价		★★★★★		★★★★

需要说明的是，本案例的企业选择了方案五，是此企业基于其价值取向，以项目营销中的去化率为重点考虑指标，实际上似乎牺牲了部分利润指标。如果是另一家房企，例如国企，对去化的敏感性没有那么强烈，很可能选择方案六，因为可以在理论上多赚2.56亿元，因此不能说两个方案谁对谁错。

以上案例给大家的启示如下。

① 不同的产品组合产生不同的经济效益，因此要有多种产品组合的强排方案，以力求找出项目的最大经济效益。

② 突破"一定要做满容积率"的惯性思维，回归项目利润最大化的根本。

③ 在利润率与去化率面前，是选择利润率最大化吗？多数公司的答案是"去化率第一、利润率第二"，因为没有去化率保障的去化是假的，尤其是对于快周转的公司更应如此。

④ 小结：去化率＞利润率＞容积率。

大家有没有听说过或者玩过"炒地皮"游戏？炒地皮本来是江浙一带非常盛行的4人扑克牌游戏，通过"亮主""反主"等配合，双方尽量赢最多的分数。它的乐趣在一个"炒"字，就是要让手里的牌发挥最大的效益。如果你的牌很好，但不会打牌，没有将好牌用到极致，人家就会说你；反之，如果牌不好，但打得好也可能发挥到极致，甚至赢牌。房地产的产品组合就有点像"炒地皮"，只有把地产的地皮发挥到极致，达到利润最大化，才是高手。

有些公司拿了地王项目，为了不使项目亏损，就想到产品组合，甚至做到了极致的高低配。高低配做到极致，一般会带来溢价，但带来的问题也有不少。为了趋利避害，就要先研究高低配的优缺点。

高低配的优点有：
① 产品差异化；
② 产品溢价。

但如果处置不当，缺点也十分明显：
① 覆盖率要求高；
② 高度限制需放宽；
③ 绿化率不能太高（30%），因此园林景观受影响；
④ 边界处理麻烦；
⑤ 成本偏高；
⑥ 设计上复杂得多；
⑦ 矮房子的私密性受影响。

然后，用更精细化的设计推敲研究，来减少甚至避免问题的发生。

7.3.4 建筑体型与户型优化

首先介绍一下建筑体型系数，它是建筑物与室外大气接触的外表面积与其所包围的体积的比值。外表面积中不包括地面和采暖楼梯间隔墙和户门的面积。

《夏热冬暖地区居住建筑节能设计标准》（JGJ 75—2012）中规定：北区内，单元式、通廊式住宅的体形系数不宜超过 0.35，塔式住宅的体形系数不宜超过 0.40；南区内，暂时没有强制规定要求，主要是考虑到南区内建筑主要面临的问题是夏季通风、隔热，需要保持适当的通风散热面积，以满足必要的空气流通。

体形系数的变化会引起一系列的成本问题，如：墙积比（墙地比）、窗积比（窗地比）、保温隔热用材、结构形式等。因此，建筑单体应选择对称形式；地层建筑尽量形体简单；考虑抗震及成本要求。主要优化的重点如下：
① 建筑布局紧凑，外墙凹凸变化少，外墙面的长度越短，体形系数越小；
② 建筑物的进深越大，体形系数越小；
③ 从 $F_0 \div V_0$（建筑外表面积 ÷ 建筑物所占体积）的角度，高层建筑比多层、低层建筑的体形系数小，板式建筑比点式建筑的体形系数小；
④ 大量的凸窗、内凹式空中花园等赠送面积也会增加建筑表面积，增大体形系数。

龙湖某项目优化户型及体形系数

龙湖某项目，优化前采用的户型组合，计算出的体形系数为 0.31，经过优化后，适当地增加了一些面宽，同时减少了凸凹的外立面，使体形系数减小为 0.29，如图 7-3-7 所示。

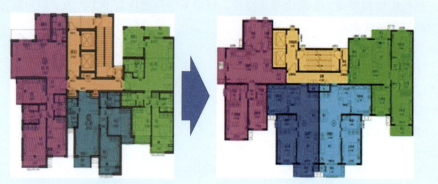

图 7-3-7
优化体型系数案例（来源：百锐学堂）

建筑形体的另外一个指标是高宽比，即建筑高度与建筑平面宽度（短边边长）的比值。这个指标不但影响建筑功能、结构设计，更加影响成本，如图 7-3-8 所示。

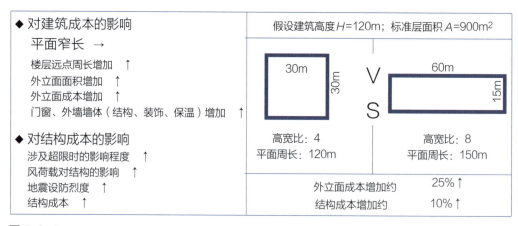

图 7-3-8
建筑高宽比对成本的影响（来源：百锐学堂）

因此，在项目户型选择中，除了客户的喜好，也要将建筑体型系数作为考核指标之一。

某公司对户型应用的思考

某公司在考虑南北方户型的差异时，进行了品字型户型与板楼户型的比较，如图 7-3-9 所示。分析的结果是，因品字型户型的凹凸较大，凹凸位户型日照不利，而用于南方。而板楼户型因凹凸小，户型各部位日照较充足，常用于北方。

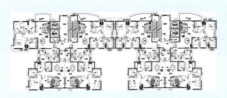

（a）品字型户型

（b）板楼户型

图 7-3-9
品字型户型与板楼户型比较（来源：百锐学堂）

在户型设计方面，产品线的户型定位是在项目定位阶段完成的，但是在设计规划阶段，仍然需要在此基础上斟酌优化户型。

讲到户型优化，就要先知道什么样的户型是好户型。除了以上对建筑形体的成本考量之外，还有什么样的指标能评估户型的好坏呢？下面就探讨一下这个问题。

为了系统地说明什么是好户型，作者研究了一些文章、书籍资料后，给出了好户型的思维导图如图7-3-10所示。

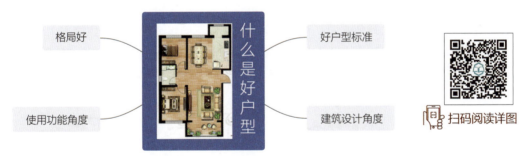

图 7-3-10
好户型思维导图（来源：百锐学堂）

另外，户型没有完美的，在选择户型时，有些维度是有优先顺序的。有人总结了户型选择的优先顺序如下：功能完善>房间朝向>房间面积>房间数量>使用效率。虽然不完善，但可以从中看出功能的实用是第一位的，大于房间朝向在北方地区的重要程度。

室内设计联盟曾介绍，在115m²的一个房屋原始结构中，设计出18种完整的户型方案，可见户型的设计是一项十分具有可塑性的工作。

中国工程建设标准化协会、中国房地产协会正式颁布了《百年住宅建筑设计与评价标准》，并于2018年8月1日起正式实施，编号为T/CECS-CREA 513—2018，全面实现住宅建筑长寿性能、品质优良性能、绿色低碳性能，对推动中国住宅产业转型升级具有里程碑式的意义。如图7-3-11所示。

第 7 章 项目规划设计

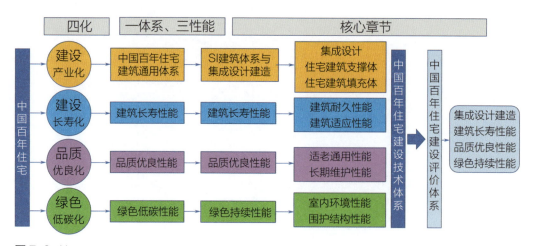

图 7-3-11
百年住宅的"134"（来源：中国装配式建筑网）

标杆企业在研究全生命周期住宅的可变性设计方面取得了一定的成果，值得在此介绍一下。

碧桂园的百年住宅研究

碧桂园将在建筑生命周期内满足家庭住户在不同年龄阶段居住需求的住宅，称为百年住宅。从碧桂园的理解来看，百年住宅更加关注不同年龄阶段的居住需求。为满足居住需求，需要在建筑结构设计上，使支撑体与维护体脱离，管线与结构主体脱离，这样更有利于室内空间的更新迭代。百年住宅的示意如图 7-3-12 所示。

（a）一房二卫 单身贵族　　（b）二厅二卫 三口之家　　（c）三房一卫 改善居住　　（d）三房二卫 五口之家

图 7-3-12
碧桂园百年住宅示意（来源：百锐学堂）

经过模拟计算，百年住宅比传统住宅结构体系造价增加了 95.06 元/m^2，这对于定位高端的住宅来讲是可以接受的。

户型的创新和户型被客户认可的案例屡见不鲜，下面列举典型案例。

案例 7-3-8

杭州钱江彩虹府优质户型得到市场认可

杭州钱江彩虹府总建筑面积约 8.5 万平方米，由 11 幢 8～11 层低密度小高层构成，户型只有两种，分别为 84m² 三房和 99m² 四房，主打刚需，在当地属于创新户型。四房户型中三卧室都朝向南，得房率非常好，南北通透，设计紧凑合理，如 U 型厨房（图 7-3-13）。而且无论小区景观园林、建筑外立面，还是精装修配置方面都做足功夫。这个项目开盘销售形势非常好，出现了一房难求的场面，如果不限价，则还会实现更高的溢价。

A 户型-99m² 四房

B 户型-84m² 三房

图 7-3-13
杭州钱江彩虹府优秀户型（来源：钱江房产）

判断户型好坏有一个指标比较重要，就是得房率。为了提高得房率，就要减少分摊的公用建筑面积，因此得房率的制约因素有三个，如图 7-3-14 所示。

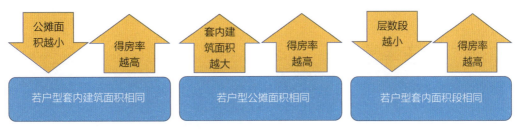

图 7-3-14
得房率的制约因素（来源：百锐学堂）

在提升得房率的同时，也应提升尊贵感和私密性。洋房户型的平面布置原则是首选电梯入户方式，若个别地区因消防规范原因不能采用电梯入户布置方式，则应考虑类电梯入户布置方式。

户型的好坏与楼梯、电梯等公摊面积的交通配套有很大关系。

在高层建筑中，楼梯位置的选择与电梯的关系要适当，否则容易使公共空间增大，从而导致公摊面积的增加。为此，业内将楼梯、电梯进行了以最小公摊面积为导向的最优组合，分为7~11层板式小高层（电梯1部、开敞楼梯间1部），12~18层板式高层（至少2部电梯，其中1部消防梯），18层以上塔式高层（至少2部电梯，其中1部消防梯）这三种住宅，共有24种。这24种交通空间面积从20m^{2}到87.8m^{2}不等，反映出不同的层高、不同的消防和设计规范、不同的组合对楼梯、电梯交通空间的要求差异是很大的。万科、中海等标杆企业做的标准化模块就是依据楼梯、电梯组合模块，然后外接相应的户型，像搭积木一样进行单体建筑平面图布置。

关于户型的设计体系，可参考某标杆公司的做法，实际上是"户型标准化+户型地域化"。为此，区域公司都会根据当地的要求，结合集团公司的标准户型库，制定"区域标准户型库"，如图7-3-15所示。

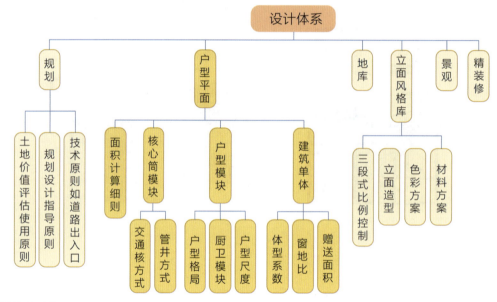

图 7-3-15
户型设计体系（来源：百锐学堂）

7.3.5 可售率管理

对于开发项目的利润率，可采用下式简单粗算：

$$利润率 = \frac{单方售价 \times 可售面积 - 项目发展总成本}{项目发展总成本}$$

项目发展总成本 =（可售面积 + 非可售面积）× 单方造价 + 其他费用

从以上两个公式分析来看，当单方售价不变时，减少非可售面积、增加可售面积就能有效减少项目发展总成本，增加收入，从而增加项目利润率。

在建造面积一定的情况下，提升可售率就是提升了项目的利润，因此可售率管理是房地产项目管理的一个重点，也是规划设计的重点。

$$可售率 = \frac{可售面积}{建造面积}$$

建造面积 = 可售面积 + 非可售面积

下面介绍中海对可售率管理的措施，从以下几个方面着手。

7.3.5.1 非可售面积管理

（1）不可售地下室面积

一般情况下，此部分面积较大，并且土建成本高，应严控，并注意以下几方面的问题。

① 在满足规划面积指标及车位数目要求的前提下，做到面积最小。

② 在满足地下室定义要求和相关总图、设备等要求的前提下，做到埋深最浅。如有条件，尽量设计半地下室，做到自然通风，省掉防排烟设备，减少层高。

③ 在满足人防、园林、综合管网等要求的前提下，做到顶板覆土等荷载最小。

④ 在满足各项基本功能的前提下，做到地下室面积最规整，并避免将地下室分割、分散。

（2）架空层面积

一般情况下，架空层层高较高，经常采用转换结构，土建成本高，应严控。

① 在综合考虑园林设计等因素下，尽量少采用架空层。

② 在采用的架空层中，尽量降低层高和减少转换。

③ 在采用的架空层中，尽量增加其附加值，如后期改造为物业管理用房等。

（3）配套设施面积

配套设施面积一般包括相关政策法规或规划要点的要求面积和物业管理所需要的面积，对于这方面的控制应注意以下问题。

① 医疗、教育、社区服务等配套设施，在满足相关要求的前提下，做到面积最小。

② 医疗、教育、社区服务等配套设施，应尽量设置在商业价值低的区域。

③ 物业管理用房等配套设施，应尽量不单独建设，宜安排在架空层、（半）地下室等，后期改造使用即可。

（4）造型需要的面积

造型需要的面积一般包括无功能坡屋顶、无功能夹层和非景观的凸窗等。

（5）小结

对于非可售的面积，应结合规划指标，在设计的各个阶段（特别是方案阶段）严格控制，降低由此产生的成本。

7.3.5.2 低附加值赠送面积

赠送面积的目的是增加产品的附加值，从而加速销售，提高售价。在设计过程中，应对赠送面积做出评估，判断其是否具有较高的附加值以抵消上升的成本，对于部分低附加值的赠送面积，由于徒增了建设成本，增加了建设难度，却不能有效提升销售甚至侵蚀利润，因此应该杜绝。

下面对通常情况下附加值较低的赠送面积进行分析。

(1) 别墅集中地库

别墅集中地库的优点在于可以较好地满足人车分流,但是别墅集中地库的停车效率相对较低。集中地库面积较大,相对于地上可售面积来说成本较高。增加成本的原因主要是道路为双层结构板设计(地下一层为车行道,地上一层为人行道)及消防系统设备增加。

(2) 非景观转角凸窗

南方地区普遍采用凸窗,可以起到增加使用面积、开阔室内视野等的作用,总体上提升了产品的附加值。但凸窗的使用使得铝合金窗成本、窗台板成本以及由此引起的节能措施成本等有不同程度增加,并且转角凸窗的存在使得竖向构件布置不利于抗震。这些因素都造成成本增加。但就非主要景观朝向的转角凸窗而言,其转角部位增加的面积可用性较差,视野范围的拓宽对于提升附加值的贡献不明显,因此应该对此类凸窗进行控制,在非主要景观的朝向采用普通凸窗,并且一般不做三面玻璃凸窗,如图7-3-16所示。

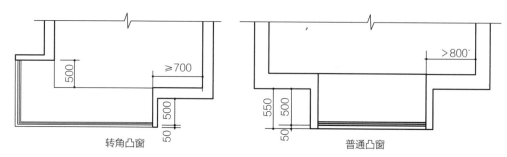

图 7-3-16
凸窗优化设计(来源:百锐学堂)

(3) 无实际功能坡屋顶

无实际功能的坡屋顶有以下特点。

① 实际面积较采用平屋顶大,一般采用水泥瓦形式,整体成本较高。

② 平屋顶的屋顶面积可以作为屋顶花园、设备平台等使用空间,坡屋顶不具备此功能。

③ 坡屋顶的存在使得室内空间局部加高,但很难作为夹层使用空间。空间的加高使得室内空调能耗增加。

④ 坡屋顶的外观效果较好。

⑤ 一般情况下,坡屋顶的实际面积远大于投影面积(有些项目达到 1.5 倍),加之其本身的单位面积成本较高,使其总体成本远高于普通平屋顶,并且不能赋予有附加卖点的功能(如屋顶花园)。

总体而言,坡屋顶的立面外观效果好,但实用性较差,成本较高,除超高端项目外,一般不应采用无实际功能的坡屋顶。

(4) 层高较低不能正常使用的夹层

一般情况下,大家常说的层高较低是指层高低于2m,此类空间的层高跟 2.2m层高的成本值基本相同,但是不能够满足基本使用要求的标准;无法作为卖点进行销售,对售价的影响不大,所以不建议做此类夹层。

有些项目为了遮挡不美观的构件而增加无功能的夹层,应通过优化设计或后期装修来完成,严控无功能夹层的出现。

(5) 小结

对于低附加值的赠送面积，应结合项目实际情况进行分析研究，控制使用。对于特殊情况需要采用的，应谨慎对待。

在可售率管理方面，除了中海，很多其他标杆企业的优秀做法也值得学习。

关于可售率与可售面积的思维导图，如图 7-3-17 所示。

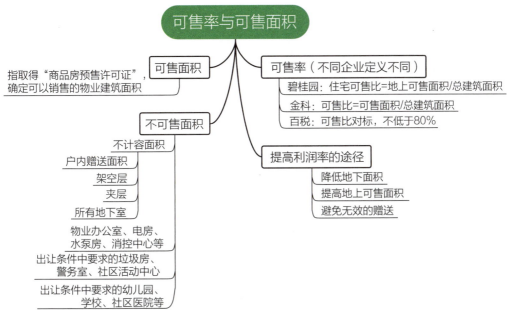

图 7-3-17
可售率与可售面积的思维导图（来源：百锐学堂）

7.3.6 竖向标高管理

竖向标高管理可分为场地标高管理、建筑高度管理和建筑层高管理三个方面。

7.3.6.1 场地标高管理

场地标高的控制应该因地制宜，在总平面图控制时，应该进行多方案比选。选出的方案既要满足政府出让条件及规范要求，又要合理评估其科学性，还要有成本意识，减少造价支出。

优化标高，实现土石方平衡

某项目为典型坡地建筑，地块东南低西北高，高差达到 90m，一期高差达 50.4m。项目通过三级分台 ±0.00m 标高设定，实现土方平衡。具体数据为：总土方量 20.13 万立方米，经土方平衡全部实现内倒25.77万立方米，只需外购土方约5.64万立方米，节约成本近千万元（图7-3-18）。

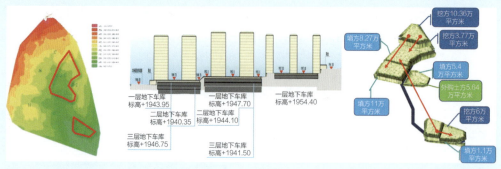

图7-3-18
某项目优化标高案例（来源：百锐学堂）

超高挡土墙

如果项目场地标高问题处理不好，就很容易出现类似图7-3-19所示的超高挡土墙。如果计算一下这个挡土墙的挖掘及建造成本，可能比挡土墙下面的别墅净利润还要高，这样就有可能变成亏本的买卖。

图7-3-19
某项目超高挡土墙（来源：百锐学堂）

7.3.6.2 建筑高度管理

建筑高度的管理主要是在规划条件的基础上，尽可能满足建筑高度的最经济性原则。
① 30m，是框架结构抗震等级的分界点。

② 60m，是50年一遇/100年一遇基本风压的分界点。以深圳为例，60m以下取值$0.75kN/m^2$，60m以上取值$0.90kN/m^2$，水平风荷载增加20%；60m也是框架-剪力墙结构抗震等级的分界点。

③ 80m，是剪力墙、框支剪力墙抗震等级的分界点。抗震等级每提高一级，内力放大系数和构造措施均提高一级。

④ 100m，是高层与超高层的分界点。

以上每超过一个建筑高层的分界值，则每平方米的建造成本加速增加。因此，当建筑物高度超过且接近分界点时，应尽量通过优化层高、标准层面积、楼层等，使建筑物高度按高度分界点控制。

7.3.6.3 建筑层高管理

建筑层高直接影响建筑柱体、墙体、垂直向管道管线的工程量。一般来说，建筑层高每增加0.1m，单层建筑成本增加2%左右。在高层建筑中，层高的累计则会对建筑的基础产生较大影响。

钢筋含量和混凝土含量是体现结构设计经济性的最终检验指标，采用限额设计能有效地对设计院的设计工作进行约束。

对于刚需楼盘，如无特殊情况，一般标准层层高达到2.8m就完全满足使用要求。

地上的层高需要控制，地下室的层高更是控制的重点。某项目对地下室层高对成本的影响进行了分析，初步结论是，地下室层高每增加0.1m，单方可售成本增加37元$/m^2$，如表7-3-7所示。

表7-3-7 地下室层高对成本的影响（来源：百锐学堂）

分项	数量	综合单价	金额/元
土方开挖	12 200m^3	40元$/m^3$	488 000
回填	2 200m^3	45元$/m^3$	99 000
护坡费用	420m^2	180元$/m^2$	75 600
防水费用	390m^2	100元$/m^2$	39 000
防水保护层	390m^2	48元$/m^2$	18 720
墙柱混凝土	220m^3	580元$/m^3$	127 600
墙柱模板	898m^2	80元$/m^2$	71 840
钢筋	240t	6 800元/t	1 632 000
增加装修量	1项	210 000元/项	210 000
增加机电竖向管道费用	1项	181 000元/项	181 000
合计	—	—	2 942 760

7.3.7 展示区初步策划

展示区的初步策划，需要决定展示区采用临时售楼处还是永久建筑？在什么位置做，占地面积多大，包括什么内容，预算是多少等，都是在项目的规划设计阶段应该考虑的。

由于展示区在项目营销中起的作用非常大,因此绝大部分公司都会投入较大的资源来做好展示区。有些公司一个项目展示区的花费高达2 000万~3 000万元,而建造用时可能只有短短的2~3个月。

房地产发展的早期,"挖个坑、打个桩",就可以以展示区为依托"卖图纸"了,因此很多展示区是临时的。后来要求项目主体形象进度达到1/3、2/3,甚至主体封顶才可销售,而且多数公司意识到展示区用临时建筑太浪费钱,于是利用永久建筑作为展示区成为一个趋势。

在展示区的策划上,做得好的最有代表性的是中海。他们早在十多年前就强制规定,一定不可以将展示区做成临时建筑,而是对永久建筑先行施工来做展示区,或者利用项目附属的永久建筑先行施工来做展示区,其主要目的就是不浪费。

另外,在中海的项目定位报告中,就有以营销为导向的开发建议。其重点就是先确定分期开发的定位,然后对卖场动线提出建议,再对展示区提出建议。因此真正好的展示区策划是从拿地时就开始了,是以营销为导向的。而且中海特别强调卖场展示区要全周期策划,许多大盘前期策划不充分,头痛医头,只顾及当前开发区域,等到后续区域再开发时,出现示范区缺失、展示区与施工通道交叉,以及参观动线不合理等问题。

后来,在展示区标准化方面做得最成熟的公司之一是碧桂园,建立了一整套适合高周转的多系列、多用途的展示区体系,各公司可以学习借鉴其中的精华要领。

碧桂园展示区模型介绍

碧桂园标准化展示区模型分为两种,如图7-3-20所示。

图7-3-20
展示区模型图(来源:百锐学堂)

第一种是营销中心与实体样板房都在一栋商业综合楼内。这栋局部二层的商业综合楼设置3套可售样板房,无地下室。为提升综合楼的施工速度,有以下三项措施做保障：

① 综合楼天然基础；总建筑面积约2 500m²，单层建筑面积约2 000m²；

② 外墙一体板，全现浇，不做二次结构和砖砌体；

③ 售楼部内部采用满堂支撑体系，外部采用普通外脚手架。

第二种是营销中心在商业综合楼内，实体样板房在塔楼2层。这栋局部二层的商业综合楼有2层，但不设置样板房，实体样板房设置在塔楼2层，无地下室。同样为提升综合楼的施工速度，有以下四项措施做保障：

① 综合楼天然基础；总建筑面积约1 800m²，单层建筑面积约1 600m²；塔楼为天然基础，主体11层，无地下室，单层建筑面积约400m²；

② 塔楼样板房设置于2层，三层顶悬挑；展示区开放时3层以下外架拆除；

③ 外墙一体板，全现浇，不做二次结构和砖砌体；

④ 售楼部内部采用满堂支撑体系，外部采用普通外脚手架。

然后配合展示区的还有一整套标准化的图纸，是属于拿来就可以用的，大大节省了时间，体现了标准化的巨大好处，如图7-3-21和图7-3-22所示。

图 7-3-21
标准化展示区的规划设计图集目录（来源：百锐学堂）

图 7-3-22
展示区标准化图集中的英伦风格效果图（来源：百锐学堂）

"展示区35天、当天出图"的新闻一经爆出，引起业内极大反响，尽管褒贬不一，但是站在项目管理和公司发展的角度，不得不由衷感叹：碧桂园将项目管理做到极致了！仔细分析一下，"展示区35天"在理论上真的是可行的，"当天出图"是当天打印图纸也是无可非议的，因为人家有标准化的图纸，而且早在拿地前就有图纸了，不是人家不靠谱，是你没有理解到问题的全部。当然后面有句老话做了一个补充，就是"月满则亏""物极必反"，因此本书后面提到的整合平衡就非常必要了。

案例7-3-12

某项目利用规划幼儿园做售楼处

阳江某项目占地91.96亩，其中包括2 735m²的幼儿园，如图7-3-23所示。为实现项目利润最大化，在规划幼儿园时，兼顾做临时售楼处的考虑，售楼处完成历史使命后，再改为幼儿园，节省了大量营销费用，同时也变相提升了幼儿园的档次。

图7-3-23
幼儿园兼做临时售楼处（来源：百锐学堂）

7.4
扩初阶段设计与成本控制重点

扩初设计阶段是初步方案设计的延伸，同时又是施工图的前奏。很多人一心一意要早见到施工图，而扩初阶段应该做的工作没有重视，于是等到施工图到手后发现的问题很多，有些问题等到施工图阶段再去做修改则会牵一发而动全身。

例如，某知名企业以做健康豪宅而出名，在广州的某项目，总图规划中包括了园林景观，要有游泳池，但由于游泳池归入园林景观分项设计，认为还有时间做设计，因此没有在扩初阶段重视游泳池对项目的影响，于是项目正常施工。等到项目施工到一定阶段，游泳池图纸出来后，发现由于地上覆土厚度有限，游泳池只能高出地面一部分，既不科学也不美观，于是决定下降部分地下室梁板的标高。而地下室降梁降板，导致地下室净空不够、设备间移位、车位不够等一系列变化。所以牵一发动全身，导致了很多无效成本的发生。如果在扩初阶段就能考虑多些园林景观中的游泳池设计，就不会出现这样的问题了。

本节从几个专题入手，来说明扩初阶段设计与成本控制的重点。

7.4.1 外立面优化设计专题

外立面设计的重要性是业内的广泛共识。龙湖认为，高品质的外立面是设计的三大价值之一。概念规划带动土地溢价；立面及景观带动形象溢价；户型及科技带动产品溢价。因此，外立面是溢价部分的三驾马车之一，同时外立面对客户的认同感及开发商品牌的忠诚度都有较大作用。

尽管在项目定位阶段，初步确立了项目建筑外立面的风格、用材，但是细化起来，还有很多方案可选，值得去做优化设计，力求能够花有限的钱，做出好的外立面效果。而好材料的堆砌，使产品有一定的品质，但不一定能带来项目的品质感。品质感是在客户调性有效研究下的高品质。

总结当前房地产的立面风格、特点以及适用性，如表7-4-1所示。

表7-4-1　各种外立面风格、特点及适用性（来源：百锐学堂）

外立面风格	特点及适用性
现代风格	适用于各种建筑形态，灵活多变，不易形成高价值感
新中式风格	适用于与政府的特殊需求，或特殊地段，或特殊客户定位，近期流行
英式风格	适用于多层、联排、别墅，不适合高层
美式赖特风格	适用于多层、联排别墅等，品质儒雅。造价不高，不适用于高层
古典主义风格	高贵，造价高，适用于各种形态
托斯卡纳风格	成本低，风情感高，一般不适用于高层
装饰艺术（Art Deco）风格	品位儒雅，适用于各种形态
地中海风格	风格符号强烈，适用于除超高层以外的各种形态

对不同外立面风格下品质和成本关系的研究

旭辉曾针对外立面不同风格下品质和成本的关系进行了一些研究，如图7-4-1所示。这里只是想知道客户究竟喜欢什么样风格的，项目又能提供什么样的产品给客户。

某项目为了解当地人的外立面喜好，以图片形式向参与人员展示并进行调研，并对外墙风格进行打分，显示的结果如表7-4-2所示。

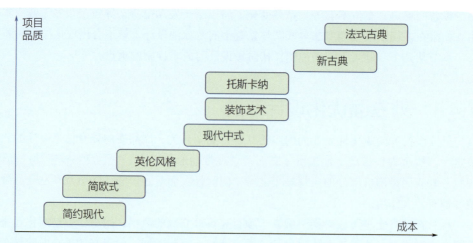

图 7-4-1
旭辉对外立面的研究（来源：百锐学堂）

表7-4-2　以调研形式统计当地人对外立面的喜好（来源：百锐学堂）

喜欢的外立面风格	占比/%
现代风格	43.40
中国古典风格	25.10
欧洲古典风格	14.30
简约欧陆风格	17.20

确定了外立面风格后，相应的外墙材料、颜色、线条造型等各个方面也要给予确定。这里重点说几点与成本高度相关的部分。

7.4.1.1　外墙材料

外墙材料包括屋面瓦、外墙涂料、外墙砖、石材、外墙装饰板、金属、玻璃、栏杆、文化石等。

外墙材料的基本功能有以下三个。

（1）保护墙体

外墙面装饰在一定程度上保护墙体不受外界的侵蚀和影响，提高墙体防潮、抗腐蚀、抗老化的能力，提高墙体的耐久性和坚固性。对一些重点部位如勒脚、踢脚、窗台等应采用相应的装饰构造措施，保证墙体材料的正常功能。

（2）改善墙体的物理性能

对墙面装饰的处理，可以弥补和改善墙体材料在功能方面的某些不足。墙体经过装饰而厚度加大，或者使用一些有特殊性能的材料，能够提高墙体保温、隔热、隔声等功能。

（3）美化建筑立面

建筑立面是人们在正常视野内所能观赏到的一个主要面，因此外墙面的装饰处理，即立面装饰所体现的质感、色彩、线形等，对构成建筑总体艺术效果具有十分重要的作用。

以前有些公司为了表示他们的住宅是豪宅，甚至外墙面全部干挂大理石，并以此为卖点,但是有些项目由于售价不能负担昂贵的外立面,而导致项目亏损。后来,很多公司意识到,外立面体现产品力,使用造价低廉的外立面材料也能达到同样的效果。目前使用最多、最普遍的就是仿石涂料。中海有一句针对建筑外墙的总结:看得到摸得着的,真石材;看得到摸不着的,仿石材;即看不到又摸不着的,不用理。各种仿石涂料,如图7-4-2所示。

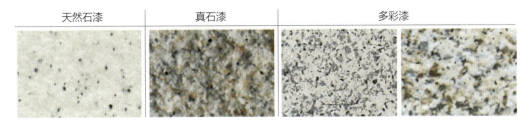

图7-4-2
各种仿石涂料(来源:百锐学堂)

某公司外墙涂料的单方建筑成本,如表7-4-3所示。

表7-4-3　某公司外墙涂料的单方建筑成本(来源:百锐学堂)

种类	名称	材料单价/(元/m²)	综合单价/(元/m²)	施工工艺
乳胶漆	平涂	12.7	36～40	腻子(两遍)→底漆(一遍)→面漆(两遍)
	高光平涂	12.7	36～40	腻子(两遍)→底漆(一遍)→面漆(两遍)
	浮雕涂料	15	42～50	腻子(两遍)→底漆(一遍)→浮雕中涂(一遍)→面漆(两遍)
质感涂料	质感涂料	18	47～52	腻子(两遍)→底漆(一遍)→面漆(两遍)
仿石涂料	天然石漆	27	57～65	腻子(两遍)→底漆(一遍)→面漆(一遍)→罩面(一遍)
	真石漆	42	72～90	腻子(两遍)→底漆(一遍)→面漆(一遍)→罩面(一遍)
	多彩漆	48	80～100	腻子(两遍)→底漆(一遍)→中涂(一遍)→面漆(两遍)→罩面(一遍)
	陶彩石	22	52～60	腻子(两遍)→底漆(一遍)→面漆(两遍)

尽管仿石涂料比真石材便宜很多,但施工质量好的仿石涂料外立面效果还是不错的。

大家都知道绿城项目的外立面非常棒,那么绿城项目的外立面是什么材料的呢,多少钱呢?一家参与绿城外立面施工的公司给出了答案。

绿城某项目外立面造价

绿城某项目,外立面一层为石材,二层以上为多彩仿石漆(图7-4-3),采用常规同色缝仿石工艺,造价为87元/m²;绿城中式别墅系,采用仿石灰石涂料,硅胶缝工艺，达到了高档石材的质感，造价为117元/m²。而如果全部采用真石材，则造价会成倍增加。

图7-4-3
绿城某项目外立面（来源：设计优化圈）

还有一种保温装饰一体板能有效地节省工期和成本，性价比高，应用比较广泛。保温装饰一体板分为薄石材一体板和仿石涂料一体板，市场综合价为240~450元/m²。

某项目优化外立面

武汉某项目为地标性建筑，因此当地政府对这个项目要求很高。按原方案设计，主立面墙身全部为铝幕墙，后优化设计，大面积墙身改用保温装饰一体板代替原铝幕墙（图7-4-4），单价由600元/m²降为300元/m²，既达到了观感的效果，又缩短了工期，更重要的是节约了成本，比原铝幕墙方案节约近783万元。

图7-4-4
武汉某项目外立面优化设计（来源：百锐学堂）

7.4.1.2 线条造型

在外立面线条造型上，建筑师一直想表达得丰富一些，而成本和工程的同事一直想简单些，以方便施工及降低造价。于是对于做成什么样的外立面线条是一个既关系到外立面美观又关系到施工和成本的问题，是值得研究的。

说到底，线条造型如何设计才好，实际上是一个度的问题，有以下原则和技巧可以参考。

（1）线条造型首先取决于项目的外立面定位

如果项目是欧式风格，那么就一定要有相应的线条和造型。例如巴洛克建筑、古罗马建筑、古希腊建筑、文艺复兴建筑、古典主义建筑、新古典主义建筑、浪漫主义建筑、折衷主义建筑，每种风格建筑的窗、拱券、廊、门、墙、屋顶、柱、装饰构件都有不同的特点。你的欧式风格是哪一种？如何能表达得清楚？

因此还是从实用主义的角度来考虑线条造型问题，选取2～3种欧式风格的典型元素来表达即可，根本不必担心是否表达得到位。例如法式建筑配欧罗巴式华贵的线条、斜屋顶等都是必需的元素，省不掉。既然省不掉，就要做好一些，做纯粹些。有这么几个必需的元素就可以撑起这种风格。

而且，个人有一个看法，就是建筑的外立面色彩远比线条造型更加重要。有些通过外立面的线条来表达分块的层次感，在某种程度上也可以用不同的色彩体现。

如果只是担心取消这个线条造型后会变得平淡单调，其实就不是必须做这个线条了。下一个考量就是项目的定位，是高档的改善型住宅还是刚需住宅，越是高档的住宅，在风格还原度上也应该越高些，因此相应的客户群体决定了客户是否愿意为此买单。

在铝模和外爬架施工高层建筑全现浇外墙的过程中，建筑外立面的优化显得更加重要。通常应保留必要的竖向线条，取消不必要的横向线条，以方便施工。

（2）GRC装修线条造型是主要解决方案

"GRC"（Glass-fiber Reinforced Concrete）是指玻璃增强热固性塑料或玻璃钢。由于GRC具有强度高、质量轻、可塑性强、超薄、尺寸大、色彩丰富、造型多样、观感好、肌理多、耐久性高等多种优点，因此广泛应用于装修行业，是外墙装饰线条造型的良好材料。

作者首次接触GRC是在2003年开始施工的香港迪士尼乐园酒店，这个酒店号称超五星级酒店。酒店的外墙就大量使用GRC装修板和装饰线条，连栏杆都是GRC的制品，如图7-4-5所示。从开业后乃至目前的情况来看，外立面仍然十分有特色、色彩丰富、有质感。个人认为，国内GRC的应用水平不高，精细化程度还比较低。对比这个酒店，国内在应用GRC方面还有很大的提升空间。

图 7-4-5
香港迪士尼酒店外墙的 GRC 装饰板、装饰线、栏杆（来源：百锐学堂）

有去过澳门威尼斯人的朋友，肯定被那里的装饰所震撼，其中很多造型就是GRC构件组成的，如图7-4-6所示。

图 7-4-6
澳门威尼斯人应用 GRC 构件作为装饰材料（来源：百锐学堂）

GRC 构件在国内的一些房地产项目中成功应用的案例也有不少，如上海浦东星河湾。

上海星河湾外立面 GRC 构件的使用

上海星河湾开盘 6 小时销售 40 亿元，得到市场的极大认可。成功的背后是无数个结构细节，外立面线条层次感丰富，其中的 GRC 线条定制了 60 多种，总体外立面及线条的精确度在 2mm 以内，如图 7-4-7 所示。不但精度高，还专门订制了与外立面涂料一致的黄色装饰条，确保色泽统一，如图 7-4-8 所示。外立面涂料粉刷后，经过长年累月的雨水冲刷和阳光暴晒后，即使立面涂料褪色，线条也不破坏立面的美观。

图 7-4-7
上海星河湾的 GRC 线条精确在 2mm 以内（来源：百锐学堂）

图 7-4-8
上海星河湾定制外立面黄色装饰条（来源：百锐学堂）

需要指出的是，国内的GRC市场鱼目混珠，总体水平与国际水平相比确实存在较大差距，因而很多人对GRC构件的应用产生了怀疑。其实应用好GRC构件要从厂家供应选择和安装精细化等方面着手，遴选优质的供应商和施工方，才能从根本上解决问题。

除了GRC还有GRP，适用环境、材质各不相同，因而各有应用。

7.4.1.3　推行外立面标准化

某公司外立面标准化的良好做法

某公司在建筑外立面标准化方面建立了立面风格库，包括以下四个方面：①三段式划分比例控制；②造型词汇；③色彩方案；④材料方案。

除了立面风格库，还编写了集团建筑外立面风格使用指引。以洋房为例，外立面标准化方面已经确立了现代1至现代7、北美、古典、新古典、东南亚、泰式、英伦、西班牙、新中式、法式、森林系等风格。在别墅方面形成了现代、北美、古典、英伦、西班牙、新中式、苗族、法式、东南亚、泰式等风格。

该公司规定，原则上首选平屋顶，便于屋面赠送利用，且节省材料成本，方便施工。这从侧面体现出公司实用主义的特点。另外，公司建议项目优先选用公司推荐的首选风格，如项目有特殊风貌要求，可在可选风格中挑选。

7.4.1.4　外立面的空调位置及百叶设计

外立面的空调位置及百叶设计其实不但对外立面的造型有很大的影响，而且空调涉及实用功能，因此这一部分的设计优化也是非常重要的。

首先外立面要有空调位置，否则外立面的空调就会非常凌乱。

某标杆公司曾经做了一个"空调室外机百叶的调查及优化"研究，非常具有参考价值，在此列出重点如下。

（1）满足实用功能

外立面一定要考虑到空调的安装位置。根据通常的做法，一般有几种位置可供参考：第一种是在上下楼层飘窗的中间；第二种是专门有设备空调的空间位；第三种是利用两个户型中间造型的空间位置。

2012年，作者参观考察时了解到一个项目，由于空调的百叶间距太密，散热不好，导致空调经常停机。于是对这个项目进行改造，将百叶间距调到20cm，问题是解决了，但美观度却下降了。因此，在设计空调百叶时，应把实用性放在第一位，同时兼顾美观。后面再了解，空调百叶问题是一个共性问题。各房企都有自己的标准，情况各不相同，需要进行研究。某标杆公司对各大地产公司的空调百叶设计进行了比较分析后，得出了自己公司的设计，如表7-4-4所示。

表7-4-4　各大地产公司空调百叶设计比较（来源：百锐学堂）　　　　单位：mm

开发商	型材截面（宽×高）	百叶截面高度	间距	空调机位立面效果
A地产	百叶片（55×12）	12	108	明显
B地产	百叶片（35×40）	40	90	较明显
C地产	百叶片	75	75	较隐蔽
D地产	格栅管（25×25）	25	68	较明显
E地产	格栅管（30×30）	30	50	较隐蔽
F地产	格栅管	50	50	较隐蔽
G地产	格栅管	10	40	隐蔽
H地产	L型角铝（30×30）	30	80	较明显

从表7-4-4的研究得出结论：从立面效果看，间距取60mm的空调遮蔽效果比较好；从成本角度比较，H地产的空调格栅成本为160元/m^2，而C地产的铝合金百叶片价格为210元/m^2。

业内对百叶的设计规范可参考《夏热冬暖地区居住区建筑节能设计标准》（JGJ75—2012）。

（2）外立面美观

同样一个项目，一部分空调室外机的内墙用了白色涂料，与外墙色调不一致，空调外机较明显。而另一部分空调室外机位的内墙用了黄色涂料，与外墙色调一致，就能弱化空调外机的存在。

案例7-4-6

空调美观问题的分析与设计优化

结合多个案例分析得出结论：百叶、空调外机内墙、周边建筑线条均采用深色调，更能弱化空调外机。采用L型空调格栅，比方管格栅节省成本达41.1%，在不增加造价的前提下，将90°L型百叶改为120°或135°角铝优化百叶形式，缩小百叶间距，会使格栅效果显得更加厚重、密实，从而减少百叶内部的可视范围，如图7-4-9和图7-4-10所示。

图7-4-9
空调美观度案例（来源：百锐学堂）

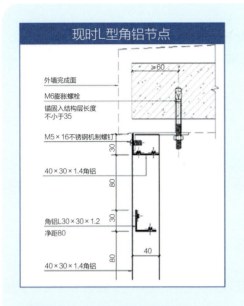
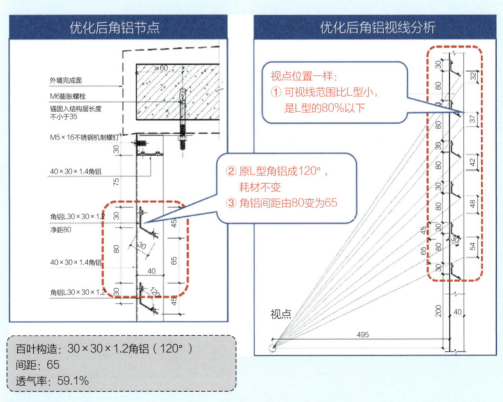

图 7-4-10
空调格栅优化案例（来源：百锐学堂）

第 7 章 项目规划设计

7.4.1.5 屋顶类型

从营销及实用的角度看，平屋顶比坡屋顶更加实用，可以做成屋顶平台或空中花园，作为公共空间使用，也可以做为顶楼业主的私家花园。但是基于建筑立面造型的考虑，有的项目一定要有一定造型的坡屋顶。

坡屋顶的成本一般要比平屋顶高。某些单体建筑采用坡屋顶所增加的成本，约相当于增加一层标准层。

当然，坡屋顶也有一定的优点：
① 坡屋顶的下部阁楼空间可赠送业主，增加顶层户型的产品附加值；
② 坡屋顶的防水、排水性能较好，保温性能佳，对下部居住空间具有非常好的保温隔热效果。

因此在权衡平屋顶和坡屋顶时，需要考虑以下因素。
① 通常情况下，低层、多层住宅宜采用坡屋顶，并考虑阁楼空间的利用。
② 超过18层的高层住宅不宜使用坡屋顶。
③ 应依据项目营销定位、外立面风格定位，进行成本对比分析，综合选择合理的屋顶类型。
④ 如使用坡屋顶，则应尽量简化坡屋顶形式和屋面搭接方式，避免出现复杂的交接关系，进而节约成本。

7.4.2 门窗工程优化设计与成本控制专题

为什么特别强调在扩初阶段提出门窗工程的优化设计呢？这与作者的一段经历有关。2013年，作者在一家集团公司做高管，发现这家公司某项目的施工图纸中门窗没有标准化，窗户有的很宽有的很窄不成比例，于是要求负责该项目的同事进行修改。项目的同事回复说，修改可以，但是修改完成后要到政府那里再更新备案，可能影响施工许可证的办理。于是作者感觉到门窗的优化应该是在扩初阶段进行，因为扩初阶段会出政府的报建图，政府对建筑的外立面是非常看重的，如果改了设计，就应该更新备案。

后来看到业内的标杆企业万科，在他的产品缺陷手册里多次提到，门窗的优化应该在扩初阶段进行。

7.4.2.1 首先解决门窗的不合理设计

在万科某项目批评手册案例中，有几个地方提到了门窗设计问题，绝大部分问题都是行业门窗的痛点问题，具有普遍性。

① 联排卫生间设置上下两个窗户，上面窗户可开启，下面窗户固定。由于上面窗户较高，部分业主无法正常开启，而且两个窗户可以优化成一个窗户，不能为了外立面效果而设计出既不经济也不合理的窗户，如图7-4-11（a）所示。

② 厕所窗户为了外立面专门设计了一款更加高的小窗户，导致业主无法正常开启，其实这样的窗户应该取消，如图7-4-11（b）所示。

③ 阳台门为塑钢门，原预留门洞的尺寸较小，安装门后尺寸更小，体型较胖的人出入阳台比较困难。给出的改进措施是门窗洞口尺寸要再大一些。

④ 由于立面的竖向线条，195户型主卧室内飘窗被一分为二，有业主反映，主卧室像

"鸟笼"。建议后期设计能在设计外立面的时候，更多关注室内感受，不能为了立面造型而损失实用功能。

⑤ 原施工图飘窗上口考虑尽量扩大洞口，在有角线的楼层做了上翻，故不同楼层的窗高不同。后期施工时，公司要求楼层窗高统一，将未施工的外窗梁改为下挂，造成各层做法不一致，也产生了无效成本。建议以后的设计在扩初阶段时，就开始考虑门窗的标准化，以及与结构梁的关系，减少后期调整及避免无效成本。

（a）

（b）

图 7-4-11
卫生间窗户设计不合理案例（来源：百锐学堂）

万科某项目批评手册中的不合理门窗设计

如图 7-4-12 所示，图（a）中，门洞口尺寸偏小；图（b）中，立面造型导致窗一分为二；图（c）中，窗上部与结构梁之间有一个二次浇注的混凝土过梁，可以通过门窗设计优化取消这个过梁。

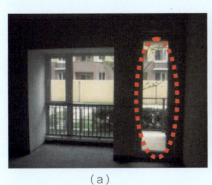
（a）

（b）

（c）

图 7-4-12
门窗不合理设计案例（来源：百锐学堂）

扩初阶段优化的重点是对门窗的定位、建筑外立面、节能、合理尺寸布置、材料选用等大的方面进行把握，当然也会兼顾细节。

厨房中不合理门窗设计节选

到目前为止，很多项目的厨房窗户设计还是外开推拉大窗，而窗户与人中间还有橱柜台面的阻挡，当外开角度较大时，不易够到窗户把手，关窗时也会遇到困难，通常要借助凳子或站在洗手盆上才能做到。这反映出业内一方面强调要人性化设计，一方面在具体的设计层面还没有做到精细化。所以，门窗的设计优化首先应该消灭各种不合理的设计，如图7-4-13所示。

图7-4-13
不合理的窗户设计（来源：百锐学堂）

7.4.2.2　从成本适配的角度进行门窗设计优化

以作者曾经参与的普通高层住宅项目为例，该项目占地面积68 112m²，总建筑面积145 215m²，可售面积104 852m²，铝合金门窗造价为1 931.7万元，可售单方造价为184元/m²，在主体建筑安装工程成本中的占比为4.33%。如果为改善住宅或者豪宅，门窗的造价以及总造价占比还会高，或者高很多。例如以深圳湾一号为代表的一些顶豪项目，外墙面几乎都是玻璃幕墙，内部的门窗也都是顶级的系统门窗，造价自然更高。因此，门窗的设计应该与成本适配相对应。

众所周知，门窗工程是客户的主要敏感点之一，中海地产认为客户的敏感度分为三类，外立面门窗工程、入户门工程属于第二类，因此在成本控制上属于弹性成本，是基于客户敏感点的弹性适配，不敏感、弱敏感点减配。

客户敏感点成本投入分类如下：

① 三类敏感点：此类工程客户敏感度在60%以上，所有项目均需保证此类成本投入，包括室外绿化工程、入户大堂装饰工程、室外部品工程、安防智能化工程、地下大堂装饰工程。

② 二类敏感点：此类工程客户敏感度在50%～60%之间，正常项目保证成本投入，限价风险项目或快销型项目适当成本投入，包括电梯厅装饰工程、入户门工程、外立面门窗工程、电梯工程。

③ 一类敏感点：此类工程客户敏感度在50%以下，所有项目均应规避无效成本的投入，严控此类工程的成本，包括地坪处理工程、外立面装饰工程、栏杆工程、外遮阳工程、外墙保温工程等。

某地产公司在佛山的一个项目，当时拍了个当地的地王，之后还遇到政府限价，因此成本管控的压力非常大。临时展示区本来的预算只有2 000万元，结果由于已施工的园林绿化等方面达不到应有的展示效果，后来再做提升，最后实际支出高达3 500万元，严重超标。另外，在其他多个成本控制问题中，比较有代表性的就是阳台门，项目使用了提升式推拉门，效果确实好，但是每平方米成本增加500～600元。实际上，推拉门推拉顺畅的传统方法是用好的五金件，这个传统方法又便宜又实用，在广东地区并不是客户的痛点，好钢应该用在刀刃上。在项目超支严重，且政府限价的情况下，是不是可以不用这样的提升门呢？

（1）控制窗地面积比值

标杆企业门窗的设计控制主要体现在前期设计和门窗的二次深化设计。前者为控制窗地比，后者包括大固定、小开启、规则窗型设计等。

窗地面积比值，简称窗地比，为直接天然采光房间的侧窗洞口面积Ac与该房间地面面积Ad之比。除了窗地比，还有开窗率、窗积比、窗墙比等指标，虽然名字不同，但反映的本质是一样的，就是要合理控制窗户的面积。为了统一，按《城市居住区规划设计标准》（GB 50180—2018）中的窗地比口径进行设计，如表7-4-5所示。

表7-4-5 设计规范中的窗地比（来源：百锐学堂）

房间名称	侧面采光	
	采用系数最低值/%	窗地面积比（Ac/Ad）
卧室、起居室、厨房	1	1/7
楼梯间	0.5	1/12

一般窗地比为0.25～0.3，北方一般为0.25左右。

根据《住宅设计规范》（GB 50096—2011）的规定，卧室、起居室（厅）、卫生间的通风开口面积不应小于该房间地板面积的1/20；厨房的通风开口面积不应小于该房间地板面积的1/10，并不得小于0.60m²。

从经验、环境科学等角度考虑，北侧的窗地比一定要小于南侧，也尽量避免在北侧设置落地窗。

建筑门窗的分割尽量合理，应避免设置过小和过大的门、窗扇。避免使用平开门，可考虑使用推拉门，如门高度较大，可考虑上侧增加固定扇。

某项目门的设计优化

某项目原设计如图7-4-14（a）所示，200mm宽的门扇显然分割不合理，而高度为2.7m的门显然有些偏高，上侧最好能增加固定扇，这样推拉门的高度会降下来。于是进行方案的优化，如图7-4-14（b）所示。

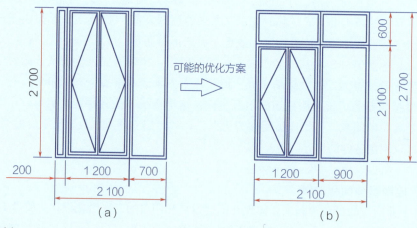

图7-4-14
某项目窗户优化方案（来源：百锐学堂）

某项目阳台推拉门的优化设计

作者曾经服务过的一家地产公司，在审批变更时遇到这样一个问题，阳台推拉门的洞口尺寸为2.4m×2.4m，可以做成2扇，也可以做成3扇推拉门。实际情况是，同一个小区的设计是由不同设计院来做的，有的是2扇，有的是3扇，如图7-4-15所示。为了统一，设计变更准备做3扇。作者经过综合评估后认为，做成2扇推拉门比较合适，不但有利于营销，而且节省成本。算了一下，2扇门比3扇门的综合方案能节省成本23.17万元。至于推拉困难的问题，经查在招标及合同文件中根本没有规定门窗的五金件厂家和质量，是导致推拉门推拉不顺畅的主要原因，只需要指定施工单位用好的小五金件，花很少的钱就可以做好。

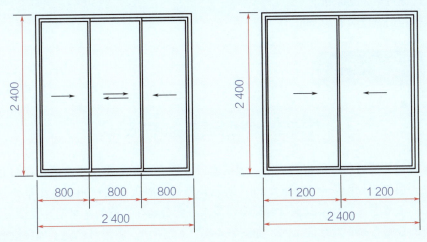

图 7-4-15
某项目窗户优化方案（来源：百锐学堂）

门窗的二次深化设计还有一个口诀，就是"大固定、小开启、规则窗型"，即固定扇占比大、开启扇占比小，窗型尺寸应相对合理并在同一个项目内应尽量统一。还有，应减少对开门（窗）、内开内倒窗、外开窗等设计。

楼梯间等公共部位可以考虑使用造价较低的推拉窗，其他配置如单玻、普通双玻、国产系列五金等。

某项目窗的优化设计

某项目窗的优化设计如图7-4-16所示。

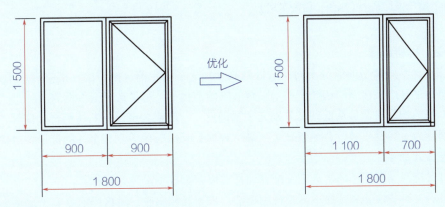

图 7-4-16
某项目窗户优化方案（来源：百锐学堂）

针对合理尺寸的界定，有一个大概的范围可供参考：

① 开启扇的宽度≤700mm；

② 门高度≤2 350mm；

③ 推拉门宽度≤1 200mm。

某项目后评估报告复盘窗户设计

某公司某项目后评估报告显示，塑钢窗尺寸过大，弧形窗户不实用，在东北地区影响室内温度，如图7-4-17（a）、（b）所示。造成的原因是设计图纸只注重外立面展示效果，未考虑北方气候因素与实际使用需求。此公司在广州的某早期开发项目显示，在窗户的控制方面有提升的空间，如图7-4-17（c）所示，由于对已施工项目没有很好地总结和提升，才会使类似的问题再次发生。作者所倡导的是发现一个问题，解决一类问题。

（a）　　　　　　　　　（b）　　　　　　　　　（c）

图7-4-17
不合理的窗户设计案例（来源：百锐学堂）

（2）材料选择

首先，不同窗型的造价不同，从低到高分别为：固定窗、推拉门、推拉窗、平开窗、上悬窗、平开门。窗型的选择应在不影响效果的前提下，尽量选择造价低的。

不同结构型材造价从低到高分别为：塑钢窗、一般铝合金窗、断桥铝合金窗等。不同的玻璃分为：普通单玻、普通双玻、三玻、外片Low-E玻璃等。五金件的选择，有国产优质、进口五金等。

材料选择需根据不同楼盘定位配置选择，以限额成本设计为目标。

最后，有些性能和选择不影响使用功能、也不影响验收。对这样的点应该慎重。

① 后装法增加钢附框费用，相当于每平方米建筑面积增加造价10~15元。业内对使

用钢附框的优缺点已有所了解。中海几乎不用钢附框,也一样能达到好的效果,由此可知"管理出效益"是体现在具体的细节上。

② 慎用氟碳涂料。

③ 慎用木包铝、内开内倒的门窗,造价一般在1 200元/m^2以上,是普通门窗的2~3倍;若以0.3的窗积比计算,相当于单方造价增加约210元/m^2。

④ 系统窗。系统窗的节能效果、品质等各方面都非常突出,比较适合产品定位高端且溢价较高的高档楼盘,对于绝大部分刚需、改善型住宅来说,不建议使用系统窗。

(3)门窗标准化

之前讨论了很多门窗设计和成本的问题,要想一劳永逸地解决问题,最根本的还是实行门窗的标准化,门窗的标准化配合户型的标准化,再配合公司的成本适配标准,就是一个系统解决方案。

万科铝合金门窗标准化的良好做法

万科早在2011年9月就做出了铝合金门窗工程技术标准。这个标准有21页,对铝合金门窗中各种材料要求、设计要求、安装施工要求、质量检测、成品保护都给予了详细规定。就门窗标准化而言,万科属于做得比较早且比较好的。

其他的门窗标准化还有很多,如设计院在设计时直接使用标准入户门的尺寸,在入户门实行集团战略采购时,规定的尺寸变得十分简单,如表7-4-6所示。

表7-4-6 入户门标准化(来源:百锐学堂)

门类型	入户门尺寸/mm
单扇门	1 000(宽)×2 300(高)
子母门	1 300(宽)×2 300(高)

某标杆企业对外墙门窗高度标准的具体措施

某标杆企业,为解决外墙铝合金门窗高度不统一的问题,采取了以下具体措施。

(1)标准化规定

对于门高、梁高、窗顶标高的标准化规定,如表7-4-7所示。

表 7-4-7　关于门高度的标准化规定（来源：百锐学堂）单位：mm

层高	梁高	窗顶标高
2 800	500	2 250
2 900	500	2 350
3 000	600～550	2 350～2 400

（2）解决措施

① 门窗顶面一般应平齐。

② 在立面展开图上，横条的位置应基本一致，且不应位于视线高度范围内（1 400～1 800mm）。

③ 底部反坎：凸窗窗台高450mm；落地窗至少设混凝土反坎100mm高，且与立面符合。

④ 楼梯间窗的底标高和开启扇高度应和平台的标高对应，符合使用功能。

⑤ 门窗分格太大，会很大程度上影响成本。建议：分格尺寸≤1 100mm×2 300mm或≤1 500mm×1 600mm。

一些优秀企业为了控制门窗的质量，会在合同、招标文件附件中，对铝合金门窗提出质量技术要求，是一种非常好的做法。

一些优秀企业，还有专门针对门窗的建筑统一技术措施，用来保障设计和施工的质量。

案例7-4-16

某企业建筑统一技术措施（门窗部分）

① 所有内门均为木门，由装修设计。

② 所有内窗材质均由装修设计，土建设计确定洞口大小。

③ 食堂集体售饭窗由土建设计铝合金窗。

④ 夏热冬暖地区外门窗均采用铝合金门窗。

⑤ 夏热冬冷地区的酒店、商业、会所外门窗用铝合金门窗。

⑥ 夏热冬冷地区其他一般公共建筑和居住建筑外门窗可采用塑钢门窗。

⑦ 酒店、会所大堂的全玻璃幕墙（吊挂玻璃）由建筑设计提要求，由专业单位设计施工。但单块玻璃不宜太宽太长，一般在1 200mm×5 000mm以内，否则钢化有困难。

⑧ 玻璃幕墙由建筑设计提出要求，由有资质的专业单位设计施工。

⑨ 建筑设计中，为了满足气密性、节约材料和造价，优先选用平开窗，也可将门窗做成上悬窗。

⑩ 单窗尺寸不要大于2 100mm×2 100mm，如大于此尺寸，则应做成组合窗。

⑪ 窗高不超过1 500mm时，尽量不要设亮子。

⑫ 门窗亮子高度不应小于400mm。

⑬ 平开窗开启扇宽度一般以不超过600mm为宜，超过600mm的宜做推拉窗。外侧有空调板的应考虑空调安装时需要的出入宽度。

⑭ 推拉门尽量不做2 000～2 800mm的宽尺寸，因它分两扇太宽，分四扇又太窄，造型不美观。

⑮ 百叶窗的百叶片长度不宜超过1 000mm，否则应加立樘。

⑯ 较大窗的受力结构应由建筑和结构工种设计，其他窗由专业单位设计施工。

⑰ 门玻璃应采用钢化玻璃。

⑱ 单片$0.5m^2$以上的窗玻璃应用钢化玻璃。

⑲ 七层以上居住建筑和20m以上公共建筑的窗玻璃均应采用钢化玻璃。

⑳ 窗台低于500mm的落地窗均应采用钢化玻璃。

㉑ 有视觉干扰的卫生间装白片玻璃，住宅卫生间窗采用磨砂玻璃。中空玻璃窗内侧玻璃磨砂。

㉒ 在满足节能要求的前提下，别墅优先选用白片玻璃，其他住宅优先选用浅色玻璃。

㉓ 节能设计中玻璃选择的优先次序是：白片玻璃、浅色吸热玻璃、浅色镀膜玻璃、Low-E玻璃。

㉔ 节能设计中，门窗框料优先选用普通铝合金（或塑钢）框，其次才选断热铝合金框。

㉕ 单块小于$3m^2$的用5mm厚玻璃，3～$4m^2$的用6mm厚玻璃，4～$6m^2$的用10mm厚玻璃。不要采用4mm厚及以下玻璃，或统一见深化设计确定。

㉖ 门窗玻璃为单层玻璃的居住建筑如紧临城市道路或公路，则面向道路一侧的客厅和卧室的外门窗均应采用中空玻璃隔声。

㉗ 住宅中低窗台窗应做900mm高的栏杆防护，按公司标准执行。

㉘ 住宅厨房的大玻璃门应有装插销的中横樘，分成上下两块玻璃。

㉙ 一般工厂生产玻璃的规格为1 800mm×2 400mm左右，所以设计玻璃不宜太大，否则会产生拼接缝。

㉚ 做上下通窗或水平带窗时，要注意分樘与其后梁或墙的位置对应，不要将梁或墙端顶在玻璃中央。

㉛ 住宅排气扇尽量不要装在窗上，若不得已，则应装在较小块的固定玻璃上，防止共振发生，同时还要保证室内侧有必要的安全高度。

㉜ 建筑中的高窗应注意其高度与开启方式，以便能够平时方便开关。

㉝ 一般情况下，尽量不采用天窗，否则节能设计和技术性能都难以保证。

㉞ 有台风的沿海地区，尽量不要做吊挂玻璃窗、超大尺寸窗或单片玻璃较大的窗。

㉟ 建筑中尽量不用防火窗，因为订制和安装繁琐困难，建筑中还要增加自动控制系统。

㊱ 在没有烟感报警系统的建筑中，不得采用特级防火卷帘做防火分隔。

㊲ 防火分区中尽量少用特级防火卷帘，万不得已使用时，跨度也不应太大，没必要的地方尽量用砖砌防火墙。

㊳ 除户门外，其余的防火门应为钢质防火门。

㊟ 地下车库、设备用房的防火门宜采用钢质防火门。
㊱ 建筑设计时，左右对称的两樘门窗要分别编门窗号。
㊷ 开启方向对称的外单扇门窗也应分别编门窗号。

7.4.3　结构工程优化设计与成本控制专题

结构工程的优化设计是个大题目，设计的每个阶段都有结构设计的重点工作。例如，方案阶段的重点是结构选型，扩初阶段的重点是对结构选型、构件尺寸优化，而在施工图阶段，最多的工作是对构件尺寸、配筋优化等细部的把握。

关于结构优化，有很多优秀的专业书，有兴趣的朋友可以去研究。例如，李文平先生编著的《建筑结构优化设计方法及案例分析》，从建筑结构总体方案优化；岩土、结构方案对成本的影响；模拟、分析及设计方法的合理性与设计优化；结构细部精细化设计；外部设计条件对岩土结构成本的影响等几个方面进行了系统而深入的研究分析。在2019年，李文平先生又出版了《地下建筑结构设计优化及案例分析》一书，从降低层高、荷载、地库、基础构件、岩土设计、桩基方案、地基处理、结构抗浮等专业角度进行了地下结构的专项研究。

又如，侯龙文编著的《房地产·建筑设计成本优化管理》，针对房地产结构设计中的肥梁、胖密筋、厚板、深基础等设计痛点问题，从多个角度研究分析了设计对项目成本的影响，以及如何进行成本优化，堪称宝典级精益成本管理书。

本专题只讲作者认为的重点。

某公司对结构方案实行评审评分制度，重点是以管理的结果为导向来进行评分，而不是从繁琐的技术细节角度，总体是一个好的评分标准。从评分标准来看，其实重点是拟订方案的合理性，即是不是在多方案比选中已经是最优方案了，还有没有优化的空间，要经得起推敲。如果一项方案被推翻就要扣10分，一项方案被优化就要扣5分。其他的评分主要是得分项，体现的是结构方案的重视程度要高，体现在细节上要资料完整、对工程复杂程度了解得要充分。

以前没有认真研究结构设计之前，以为结构的限额设计这么多年了，很多企业在结构优化方面做得已经很成熟了。后来随着研究的深入，觉得在结构设计的精细化方面还是有提升的空间的，下面是作者的思考。

7.4.3.1　关于结构限额设计

关于结构单体限额设计指标，各企业大同小异，都在实行。实行的关键是事前控制、事中优化，事后复盘，而重点是事前控制，即是在项目扩初和施工图下发之前，就将结构的限额设计控制在指标范围内。具体措施是公司的相关制度和流程。

某标杆企业用钢量及混凝土含量限额设计指标

某标杆企业有一套结构工程设计指引、限额设计管理、复杂工程管理规定、考核评分、强制培训等。其中的用钢量和混凝土含量标准，如表7-4-8所示。

表7-4-8 某标杆企业用钢量和混凝土含量标准（来源：百锐学堂）

设防烈度	7层以下		7~11层		12~19层且≤60m		20~26层且≤80m		27层以上且≤100m	
	钢筋/(kg/m²)	混凝土/(m/m²)	钢筋/(kg/m²)	混凝土/(m/m²)	钢筋/(kg/m²)	混凝土/(m/m²)	钢筋/(kg/m²)	混凝土/(m/m²)	钢筋/(kg/m²)	混凝土/(m/m²)
6(0.05g)	25~28	0.23~0.26	27~30	0.25~0.28	31~34	0.31~0.34	34~38	0.32~0.36	38~42	0.34~0.38
7(0.10g)	29~32	0.25~0.28	31~34	0.27~0.30	34~38	0.32~0.36	38~42	0.34~0.38	41~46	0.36~0.40
7(0.15g)	33~36	0.27~0.30	34~38	0.29~0.32	38~42	0.34~0.38	41~46	0.36~0.40	45~50	0.38~0.42
8(0.20g)	36~40	0.29~0.32	38~42	0.31~0.34	41~46	0.36~0.40	45~50	0.38~0.42	49~54	0.40~0.44
8(0.30g)	40~44	0.31~0.34	41~46	0.32~0.36	45~50	0.38~0.42	49~54	0.40~0.44	54~60	0.41~0.46

7.4.3.2 剪力墙的优化

根据侯善民在《建筑结构优化设计建议》中有关资料的统计，在七度抗震区，高层剪力墙住宅标准层单位面积含钢量中，剪力墙墙身用钢量约占45%～65%，剪力墙边缘构件用钢量约占30%～50%。

某工程结构构件用钢量精细化分析

在某工程中，各类结构构件钢筋用量占总用钢量的比例如下：底部加强区，暗柱48.5%，墙身18.2%，墙总计66.7%，梁21.8%，板11.5%；非加强区，暗柱32.7%，墙身20.5%，墙总计53.2%，梁30.6%，板16.2%。从用钢量构成上可以看出，剪力墙钢筋用量占总用钢量的比重较大，其中又以暗柱钢筋量最大，因此在设计中，应特别注意剪力墙的布置，减少不必要的暗柱设置。

剪力墙布置的优劣直接关系到整个结构的经济指标。在设计剪力墙时，应采取以下措施：①强周边、弱中部；②多均匀长墙、少短墙；③多L形、T形、十字形墙肢、少复杂形状；④沿高度均匀变化；⑤各墙肢轴压比接近，并尽量靠近相应结构抗震等级轴压比限值。具体说明如下。

（1）剪力墙布置的位置

① 宜在突出部分的端部附近布置剪力墙。剪力墙不应设置在墙面开大洞的部位，当墙有洞口时，洞口宜上下对齐。剪力墙应双向布置，形成空间结构，特别是在抗震结构中，不允许单向布置剪力墙，并宜使两个方向刚度接近。

② 剪力墙不宜布置太密，使结构具有较为适宜的侧向刚度。房屋纵（横）向区段较长时，纵（横）向剪力墙不宜布置在房屋的端开间，否则应采取措施以减少温度、收缩应

力的影响。

③ 为避免施工困难,不宜在变形缝两侧同时设置剪力墙。

(2)强周边、弱中部

① 剪力墙宜布置在建筑物周边,充分发挥抗扭作用,必要时可利用房间窗台设置高连梁以加强刚度。在楼(电)梯间,平面形状变化及静载较大的部位应设置剪力墙。楼梯间、电梯间等竖井的设置,宜尽量与其附近的框架或剪力墙的布置相结合,使之形成连续、完整的抗侧力结构。

② 不宜孤立地布置在单片抗侧力结构,或在柱网以外的中间部分。

(3)多均匀长墙、少短墙

① 要精心选择对结构承受水平及竖向荷载有利的隔墙位置设置剪力墙,尽量拉大剪力墙布置的间距,避免在较小的间距内布置多道剪力墙。墙间距的拉大可增加建筑平面布置的灵活性。

② 设计中应体现使其结构竖向和水平向具有合理的刚度及承载力的分布,尽可能将剪力墙的墙肢截面高度(至少保证一肢)设计得比8倍墙厚稍大,符合一般剪力墙的要求。剪力墙也不必按开间布置,两间合并布置为大开间剪力墙也是不错的选择。

(4)多L形、T形、十字形墙肢、少复杂形状

① 在同样满足规范各项指标的情况下,更能减轻结构自重,减少结构构件,有利于降低工程造价。

② 根据工程经验,对于L形、T形剪力墙,当一个方向的墙符合一般剪力墙要求时,另一个方向的墙肢不宜过短,较小的墙肢常常会出现较大的配筋,一般宜控制在1m左右,以墙端暗柱配筋接近构造配筋为宜。

(5)沿高度均匀变化

① 不宜采取在上部为控制成本而减少剪力墙设置数量的设计方法。此做法会加大层刚度变化,不利于抗震,同时也不一定经济。

② 在结构底部合理设置较厚的剪力墙,厚度随结构高度增加均匀变化。此做法还可以适应底部楼层层高较大的要求,避免为保证墙体稳定性而人为增加墙厚的情况。

(6)各墙肢轴压比接近,并尽量靠近相应结构抗震等级轴压比限值

① 在实际工程设计中,剪力墙截面可由轴压比控制,以保证剪力墙的延性。控制剪力墙在垂直重力荷载作用下的平均轴压比水平为0.5左右,或适当从严,同时各片墙体的轴压比宜尽量均匀。这样可保证各层各片绝大多数剪力墙都均匀受力,处于抗震构造配筋状态。

② 剪力墙中某些小墙段在垂直重力荷载作用下,设计轴压比有可能大于0.6,但不宜大于0.8,此时与之相连的连梁刚度要适当加大。

(7)剪力墙布置数量的控制

① 在实际工程中,剪力墙结构的刚度一般都偏大,周期越短,结构自重越大,原因是剪力墙布置数量偏多。设计时宜控制其基本自振周期为$0.05n \sim 0.08n$(n为结构总层数)。

② 剪力墙的布置数量还可以用层间位移角指标来控制,纯剪结构的层间位移角限值为1/1 000,工程设计时要尽可能地接近这一数值,如果计算结果相差太多(如1/2 000),则说明剪力墙结构刚度较大,剪力墙布置数量太多,应适当减少墙体数量。

案例 7-4-19

总结 104 个项目中的剪力墙异常数据，制定避免措施

某公司在统计 2015～2016 年 104 个项目的含钢量和混凝土含量指标后，分析出引起异常数据的结构部位基本都是剪力墙，并总结出应尽量避免以下因素而影响限额设计指标：

① 建筑单体高宽比超过规范限值较多的，例如比值大于 6；

② 由于建筑方案平面布置原因，高层结构抗侧力方向设置剪力墙较少或虽设计了较多剪力墙但相互间无连梁或框架连接的；

③ 除结构规范规定的平面不规则外，外墙凹凸较多，或因门窗原因导致出现较多短肢剪力墙，造成竖向构件增加较多的；

④ 因建筑布局原因，导致两方向剪力墙设置数量较为悬殊的；

⑤ 由于凹凸原因，结构需要设置拉梁拉板的；

⑥ 转角窗设置较多的；

⑦ 坡屋面建筑。

案例 7-4-20

某区域公司对区域标准施工图中三种户型结构设计的优化

先讲结论。

① 对本区域 YJ260a（T2-30X）、YJ260（T2-16X）、YJ260（T2-10X）结构施工图的优化前后技术经济分析表明，取消 YJ260 端开间横向隔墙处的剪力墙是可行的，同时通过合理优化其他部位剪力墙布置和剪力墙长度，可有效降低工程造价。初步估算表明 YJ260a（T2-30X）可节省造价约 8.05 元/m^2；YJ260（T2-16X）可节省造价约 18.97 元/m^2；YJ260（T2-10X）可节省造价约 20.48 元/m^2。

② 取消上述剪力墙不影响建筑使用功能和立面、剖面设计；并且由于取消了上述剪力墙，户内形成了较大的无墙空间，为后期业主改造及"百年住宅"改造创造了条件。

③ 上述 200mm 厚剪力墙取消后，可改用 100mm 厚砌体隔墙。YJ260a（T2-30X）增加了使用面积约 0.705m^2（标准层每户）；YJ260（T2-16X）增加了使用面积约 0.61m^2（标准层每户）；YJ260（T2-10X）增加了使用面积约 0.49m^2（标准层每户），使得住宅品质得到一定的提升，增强了产品的溢价能力。

④ 建议其他区域"好房子"户型的标准图借鉴本研究成果，对结构布置进行优化，势必产生良好的经济效益。

从以上结论来看，重点是对剪力墙的优化，技术可行，经济效益明显，建议推广。那么他们是如何做到的呢？

首先确定优化设计原则：

① 不改变建筑平面功能和室内布置，不改变建筑的立面、剖面设计；

② 整体结构指标（轴压比、刚度比、位移比、周期比、刚重比、剪重比等）满足国家现行规范规程要求；

③ 构件配筋合理，不出现超筋现象；

④ 位移角按《高层建筑混凝土结构技术规程》规定的1/1 000控制。

然后就是研究具体的标准层结构施工图的原设计，有什么地方可以优化，能优化到什么程度？经过总结可知，一般剪力墙的优化，主要是从三个方面着手，如图7-4-18所示。

① 剪力墙缩短或取消。

② 取消部分位置的剪力墙后，加梁。

③ 取消部分位置的剪力墙后，加框架柱。

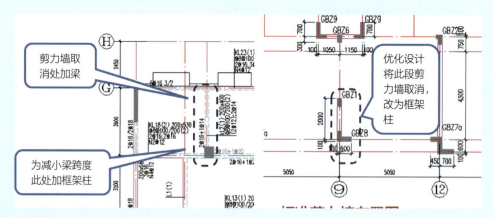

图 7-4-18
剪力墙优化示意图（来源：百锐学堂）

其他优化措施还有以下几方面：

① 为减小梁跨度或其他经济考虑，增加剪力墙（翼墙）；

② 局部改变剪力墙、框架梁的位置；

③ 剪力墙减薄至160mm；

④ 在隔墙下加一次梁，由1块150mm厚大板修改为120mm厚的2块小板；

⑤ 重新优化梁、剪力墙、柱的配筋。

7.4.3.3　高强结构钢的应用

自国家标准由GB50010—2002更新到GB50010—2010后，混凝土结构钢筋的低强度钢筋被淘汰，高强度钢筋成为趋势，如表7-4-9所示。而一些地方政府，比如江苏省更是在《江苏绿色建筑设计标准》中要求，钢筋混凝土结构构件受力钢筋使用不低于400MPa级的高强钢筋用量不低于受力钢筋总量的85%，其中500MPa级以上高强钢筋用量不低于受力钢筋总量的25%。除了江苏省，其他地区如河北、云南、新疆、宁夏等地也提出广泛应用高强度钢筋。

表7-4-9 普通钢筋强度设计值（来源：百锐学堂）

牌号	抗拉强度设计值 f_y/（N/mm²）	抗压强度设计值 f_y'/（N/mm²）
HRB300	270	270
HRB335、HRBF335	300	300
HRB400、HRBF400、RRB400	360	360
HRB500、HRBF500	435	435

企业积极应用高强度钢筋对自身也有好处，即有良好的性价比。因为虽然Ⅳ级钢比Ⅲ级钢每吨价格高约320元，即高出约7%，但钢筋量可节约21%左右，此外每吨还可节省大约600元的人工费。

案例7-4-21

某企业应用高强度钢筋节省造价明显

某标杆企业在2016年就开始HRB500级钢筋（Ⅳ级钢）的应用研究。Ⅳ级钢的抗拉、压强度设计值比HRB400级钢筋（Ⅲ级钢）提高了20.8%。广州钢材市场的材料单价，Ⅳ级钢比Ⅲ级钢仅高出7.14%~8.93%。经测算，对地下室顶板梁采用Ⅳ级钢，可节约纵筋用量17.5%，节约纵筋造价11.1%，折合综合单价每平方米节约12.39元。广州某项目在地下室、裙楼和转换层已采用Ⅳ级钢，经测算可节省107.32万元，折合节省6.98元/m²。

Ⅳ级钢应用的优势可以总结为以下三点。

① 强度高，能使受力的钢筋用量减少。对梁柱构件具有相同承载力时，Ⅳ级钢比Ⅲ级钢用量少，可减小钢筋总根数，进一步优化梁柱构件截面尺寸，进而减少混凝土的用量。

② 解决混凝土构件中的钢筋拥挤问题，提高混凝土浇筑质量。由于采用Ⅳ级钢时，钢筋根数减少，能够大大改善结构构件（梁、框架柱、剪力墙）节点中钢筋拥挤的现象，对提高钢筋安装质量和混凝土浇筑质量十分有利。

③ 安全储备更高。Ⅳ级钢的材料性能分项系数为1.15，高于其余种类钢筋的1.11，安全储备更高。

案例7-4-22

碧桂园推广高强度钢筋的良好做法

碧桂园在2019年发布的集团产品成本优化建议落实手册中就有"扩大高强度钢筋使用范围"和"CRB600H高延性高强钢筋应用"的部分。

扩大高强度钢筋使用范围,是从设计标准化的角度将原标准的高强度钢筋的使用范围扩大。根据某户型的测算,使用HRB400钢筋后,一个楼层可节省1.73元/m^2。试想一下,他们是扩大使用范围,如果之前一直没有使用高强度钢筋,那节省的可能就是更可观的金额。

而采用CRB600H高延性高强钢筋,在住宅楼板中可节省钢材11.6%~13.6%,可节省造价约4.96~6.05元/m^2;地下车库顶板中可节省钢材6.1%~17.2%,可节省造价约4.14~13.02元/m^2。由于地下室的钢筋量比较大,因此地下室部分的材料节省比较明显,如表7-4-10所示。

表7-4-10 高强钢筋节省造价(来源:百锐学堂)

位置		板钢筋含量 HRB400 /(kg/m^2)	板钢筋含量 CRB600H /(kg/m^2)	节约钢筋 /(kg/m^2)	/%	节省造价 /(元/m^2)
A区域标准层	楼板	6.83	6.03	0.80	11.6	4.96
	楼板	6.99	6.03	0.96	13.6	6.05
A区域地下室	大柱网顶板	9.59	8.69	0.90	9.4	6.15
	大小柱网顶板	10.41	9.77	0.64	6.1	4.14
	小柱网顶板	11.09	9.18	1.91	17.2	13.02
B区域地下室	顶板	22.27	20.66	1.61	7.2	10.4

经过综合各项分析,高强钢在以下情况下使用会有更好的经济效益:
① 高烈度区(8级及以上);
② 烈度不高,但抗震等级高的地区建筑,如乙类建筑、超限结构;
③ 荷载大、跨度大的结构部位,如地下室、仓储库、大商业结构;
④ 在框架结构上的经济性优于剪力墙结构。

7.4.3.4 其他方面的结构设计优化

如地下室结构的设计优化、地基与基础的设计优化、基坑支护的设计优化等很多方面。这些不同于地上,属于地下部分,地质条件千差万别,很难标准化,也很难用限定设计来规范,但在工程中占的造价都是比较大的,因此值得深入研究与探讨。

7.5 施工图阶段设计与成本控制重点

在施工图设计阶段,有几个设计与成本控制的重点,具体如下。

7.5.1 综合叠加图

综合叠加图,如综合管线图、综合景观图、综合装修图等。

因为只有多专业交圈的综合图纸才不容易出错,不容易产生无效成本。现在广泛使用的BIM,以及作者在本书提到的手工BIM来做地下室综合管线叠图,就是此类多专业交圈的综合叠加图。希望这样的图在施工图阶段能被重点关注。

7.5.2 各种细化图的设计

细化图设计包括部品部件细化设计、门窗细化设计、玻璃幕墙细化设计、强电、弱电细化设计等。

很多设计院出图质量比较粗糙,需要做二次深化设计才能真正指导施工。这里有两个细化设计的案例。

星河湾施工图细化的表现

星河湾在豪宅精装修方面做得很不错。经过了解,他们的精细化装修施工图做得非常好,"300张施工图纸,确保0误差"。这个图纸数量,是3倍于其他房地产项目的施工图纸,确定施工中的每一处细节。

中建八局深化设计图纸的经验

中建八局在上海迪士尼乐园项目的总结中提到,深化设计施工图纸"超过3倍于甲方图纸",这个甲方图纸包括原合同图、变更图、草图。中建八局参与深化设计图纸的团队人员达400人。

作者对以上两个案例中"3倍图纸数量"十分有感悟。作者在做香港迪士尼工程及其他香港工程时，都是在甲方原图纸的基础上进行细化，细化中包括了叠图，包括了工艺图，也包括了二次设计和二次创作图。为什么要做得这么详细呢？举一个例子，以装修阴阳角中的海棠角为例，如果没有细节的图，在工厂没有精细的加工，而是在现场由工人发挥，每个工人的素质是不一样的，现场使用的工具也十分简陋，施工质量难以保证。因此，为了在工厂定尺加工，提升工作效率及降低成本，图纸一定要精细化，如图7-5-1所示。

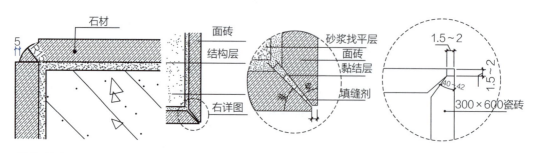

图 7-5-1
以海棠角为例说明图纸精细化的作用（来源：百锐学堂）

关于施工图纸精细化影响品质和成本的案例很多，下面继续举例。

外墙面结构降板对成本的影响

空调板的高度比原设计降低100mm，既可以防止挑板根部渗水，又可以省支做坎台，节约成本，简化施工（图7-5-2）。另外，阳台完成面最高处须低于相邻房间地面50mm；露台完成面最高处须低于相邻房间地面100mm。

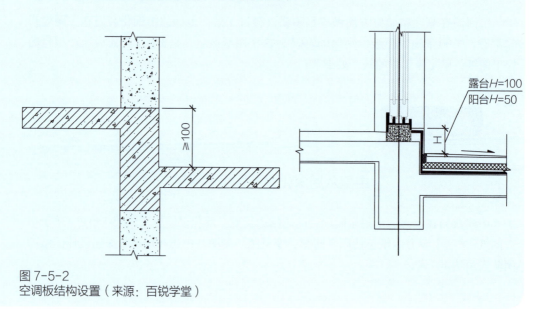

图 7-5-2
空调板结构设置（来源：百锐学堂）

案例7-5-4

为控制成本,墙面抹灰粉刷不到顶

在可能的情况下,地下车库内墙和柱子,只粉刷到2.4m标高。对于装吊顶的房间,吊顶以上墙面和天花不抹灰粉刷(图7-5-3)。

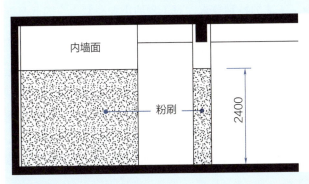
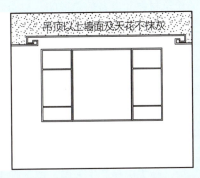

图7-5-3
地下车库抹灰粉刷不到顶(来源:百锐学堂)

案例7-5-5

调整户型设置玄关

原方案没有考虑玄关(门厅)空间的设置,在优化方案中,通过改变厨房开门位置的方式,为入口处增加了鞋柜和衣柜的位置,如图7-5-4所示。

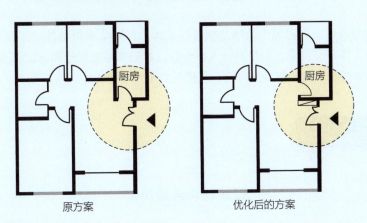

图7-5-4
玄关功能空间不足的优化设计(来源:百锐学堂)

原设计方案没有精细化考虑鞋柜的布置，于是提出了两个优化方案。方案一，入户门在靠近较长的墙一侧，争取到的位置放置鞋柜，但是位置不够长；方案二，入户门改为靠厨房一侧开启，通过改变开门位置及方向的方式，为门厅争取到较长的放置鞋柜的空间和储物空间。

7.5.3 施工图设计中的建筑材料和工艺考量

施工图中的三总图说明（建筑总图说明、结构总图说明和设备总图说明）包括了工程的建筑材料和设备的总说明，以及施工工艺的特别要求，对工程的影响非常大，因此是施工图设计的重点。

施工图中涉及的建筑材料，提醒在设计时，牢记以下几项原则，会有利于成本控制。

① 选用建材种类尽量少，减轻采购和施工管理难度，避免材料种类繁多产生的工序交叉和错误，缩短施工周期，同时体现集团采购的成本优势。

② 尽可能使用社会上常见的材料，材料性能和价格与项目的建筑总体相称，不使用性能超出项目需要，价格又十分昂贵的材料，也不使用性能低劣不能满足技术要求的廉价材料。

③ 构造方法简单易于施工。复杂的构造方法会带来较长的施工周期，同时由于构造复杂，施工中易产生失误，留下隐患。

④ 施工周期尽可能短。工程中，由于各分项工程交叉施工，使用施工周期短的材料、构造和工艺，减少对下道工序的影响，可以缩短整体工期。

⑤ 综合性能优越，它是指在上述几条原则基础上综合的优越，是恰如其分地使用材料、构造及工艺，达到预期的效果，而不是局部、单项或某工种单独的优越，但综合起来却相互抵消不能达到预期结果的做法。

某项目室外入户台阶的优良做法

软土地基或者室内回填土较厚的项目，主体结构通常采用桩基设计或者其他基础形式，因而主体不会沉降。但是室外入户台阶、花槽等可能因地面下沉而开裂的工程，应设置钢筋混凝土梁板，将入户台阶、花槽等与主体结构连为整体。

砌块材料合理优化

《加气混凝土砌块墙》（L13J3-3）规定，加气砌块的最低强度等级不应低于A2.5，用于外墙时，其强度等级不应低于A3.5。某项目地上总建筑面积约为8万平方米，原设计施工图中所有外墙和内墙的墙体砌块强度全部为A5.0,远高于当地规范。经过对砌块材料的优化,光此一项就节省造价约30万元。

总之,在建筑设计过程中,应系统、合理、全面地统筹建筑的相关因素,不片面重视强调某一点或某一部分,使各种材料构造都充分发挥其效能,极大地利用好资源。

7.6 地下综合管网净空高度解决方案

地下室净空在满足规范要求的同时,还要满足经济合理性的要求。这一直是一些企业想做但难以做到的事。有的项目地下室层高都3.8~3.9m了,但仍出现了一些个别部位净高不满足净空高度的要求。如果可以在满足规范要求的情况下,降低不必要的层高,会有较大的经济效益,因此值得研究。

地下室综合管网净空高度的解决方法目前从形式上分为两种:一种是通过最新的科技应用BIM来实现;另一种是"手工BIM"。下面分别讲述。

7.6.1 应用BIM进行优化设计

BIM的好处很多,近年得到了广泛应用。中海早在2002年做香港迪士尼乐园太空山项目时就很好地应用了BIM,使工期提前了半年,经济效益也非常好。这都与使用BIM有很大关系。

某综合体项目BIM优化设计

在第一次应用时,涉及专业设计数据空间干涉位置55 191处,问题主要分布集中的区域为:
① 地下室设备间内、车库上方及地下夹层处;
② 地上裙房连廊处;
③ 地上九层屋面机房层。

针对这些问题,经过主干管综合优化设计后,提出了240项优化建议。其中对各功能区域进行净空优化分析,共发现35处不满足标高,利用BIM技术解决标高问题,并提出最优管线排布方案。

局部管线综合分析举例如下:
(1)优化部位一:地下三层货用电梯厅
优化前:管道下净高2.7m,考虑保温及吊架后净空2.5m,不满足货梯厅2.7m净高要求。优化后：管道下净高3m，考虑保温及吊架后净空2.8m，满足标高要求且管线整齐美观，如图7-6-1所示。

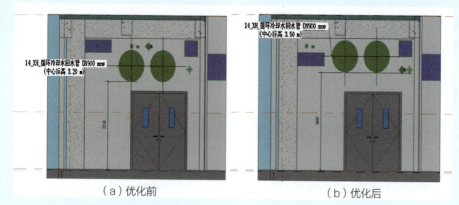

（a）优化前　　　　　　　　　　（b）优化后

图7-6-1
电梯厅管线优化（来源：百锐学堂）

（2）优化部位二：地下三层商业制冷机房

优化前：原设计考虑管道吊装，但是管道尺寸较大，楼板承重不满足，建议采用落地支架。优化后：考虑到楼板荷载、管道整齐美观及支架的整体稳定性，降低管道高度，采用落地支架，如图7-6-2所示。

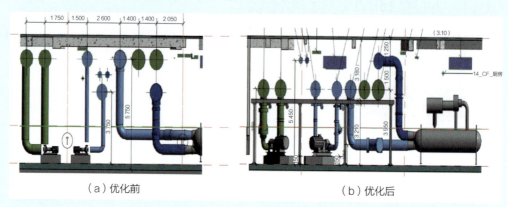

（a）优化前　　　　　　　　　　（b）优化后

图7-6-2
制冷机房管线优化（来源：百锐学堂）

（3）优化部位三：地下三层核心筒处

优化前：分层不明确，管道交叉碰撞，且与梁有冲突。优化后：桥架贴梁底铺设，水管与风管各置一层，所有进入核心筒的管道梁下安装，如图7-6-3所示。

（4）优化部位四：三层中庭、连廊区域

连廊区域要求吊顶后标高达到3.9m，1.6m型钢梁下无空间可供机电管线穿过，若要达到标高，必须在钢梁上开洞口。由于采用BIM的先期介入，为设计提早提供了三层中庭、连廊区域的型钢梁预留洞口资料，实现对钢梁在工厂进行精确预制加工，为后期机电安装提供了便利。BIM在这一点上通过设计对成本影响非常大，就是根据主干管

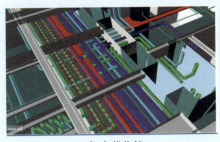 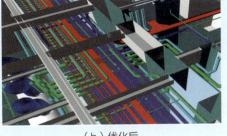

（a）优化前　　　　　　　　　　　（b）优化后

图 7-6-3
核心筒管线优化（来源：百锐学堂）

道的管综方案排布，验证并优化结构及人防结构进行管道预留洞口，当时第一批次提出632处预留洞，如图7-6-4所示。

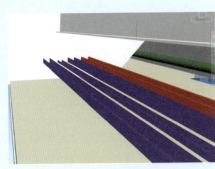 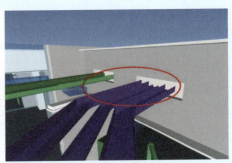

（a）优化前　　　　　　　　　　　（b）优化后

图 7-6-4
电连廊管线优化（来源：百锐学堂）

在管道是否预留洞口的方案论证上，还做了多方案比选，最后得出让主干管道穿过梁的预留洞口方案。

以下是地下一层层高6m，最大型钢结构梁高1.6m情况下的多方案比选。

① 方案一：当前所有机电管线穿1.6m型钢梁布置（当前拟采用方案）。方案优势：此方案可使吊顶高度勉强满足4.2m（考虑吊顶做法及厚度，实际结果吊顶高应为4.1m）。方案缺点：型钢结构梁开洞较多，或影响结构，需结构设计并看是否加强肋。

② 方案二：所有管线不穿梁。方案优势：此方案不影响结构。方案缺点：所有机电管线布置于梁下，需占用有效净空700mm（主风管厚度450mm），可达到吊顶后高度为3.5m，管线优化后（风管压扁），吊顶下净空最高到3.6m，空间浪费较多。

③ 方案三：仅水管穿梁布置，风管及桥架不穿梁。方案优势：穿梁机电管线较少，且洞口小，对结构影响较小。方案缺点：当前设计方案中多处主风管无法避让型钢主梁，经优化后效果仍不理想，吊顶下净空最高只能达到3.6m（与方案二效果相同）。此方案若改为风管及水管穿梁，则吊顶高度最高可达4.0m，但对结构梁影响较大，与方案一类似。

④ 方案四：优化降低梁高。方案优势：降低梁高后，就是直接降层高，效果明显。方案缺点：降低梁高的方案应该在扩初阶段完成多方案比选。在施工单位已进场，以

及原设计已订货加工的情况下,再采购高度较小型梁钢主梁已没有经济效益,也会因为设计变更影响进度。反思:为什么在设计扩初阶段没有重视地下室梁高对整个项目的影响呢?

通过BIM进行优化设计的价值非常明显。有关资料表明,上海虹桥枢纽工程仅管线碰撞一项损失就高达5 000多万元,如果应用BIM技术则可以避免80%此类失误和损失。而北京万科广场项目应用BIM技术实现经济效益节约3 860万元。

作者根据美国斯坦福大学整合设施工程技术中心对32个项目的统计分析总结了使用信息模型技术业主能够获得的价值,推导出应用BIM技术实现价值的表格,如表7-6-1所示。

表7-6-1 运用BIM带来的经济效益评估(来源:百锐学堂)

序号	CIFE权威数据发布	ZH国际广场	某项目潜在效益
1	按变更费用占投资总额的10%计算,预计节省10%	总投资预估30亿元,变更费30亿元×10%=3亿元	总投资预计节约:3亿元×10%=3 000万元
2	项目时限缩短7%,及早实现投资回报	商业部分总工期按3.5年计:3.5×365≈1 277天	节约时间:1 277×7%≈90天
3	消除40%预算外更改	按更改20%计算,更改费用:30亿元×20%=6亿元	消除预算外更改涉及费用:6亿元×40%=2.4亿元

尽管用国外数据和工具来套国内的工程可能有问题,研究缺乏本地化数据支持,但是,从这些令人咋舌的参考数据来看,应用BIM进行科学化管理所创造的价值还是非常大的。

在研究大型综合体项目时,管线穿过钢梁方案认证中,作者也同时参考了国际上的良好做法,可供参考。

案例7-6-2

法国宝嘉钢结构设计优化

法国宝嘉(母公司为世界著名的Bouygues)在香港国际机场三跑某办公楼项目上,原方案为特殊型钢梁,需要定制,材料特别贵,而且订货周期长。

在设计之初,为降低层高,在钢梁上采用高度为610mm、宽度为1 164～812mm的留洞方案,已是非常好的降低层高措施。后来,法国宝嘉继续发挥其强大的优化设计优势,将钢梁由CastB Section改为UB Section。经优化设计后的UB截面钢梁,材料容易采购因而价格合理,也不存在供货周期长的问题。除了材料变更,还进行了梁的局部变截面优化。

7.6.2 应用手工BIM进行优化设计

手工BIM也就是传统的用CAD叠图切面的方法。原理其实和电脑的BIM是一样的,只是对叠图人员的要求比较高，需要的时间较长，但好处也很明显，就是省钱、门槛低、易推广。

手工BIM与电脑BIM一样，可以做综合管线设计优化、室外园林景观及地下管线设计深化、室内设计深化等各项设计优化工作。

地下室综合管网的解决方案是指在未施工前，先根据所施工的图纸在电脑上进行图纸的"预装配"，将地下室水、暖、电、消防等相关专业管道进行正确、合理的布置，综合解决各专业管网布置及其相互间的位置冲突和标高重叠情况，根据模拟结果，结合设计图纸中管线的规格尺寸、走向以及施工现场的实际情况进行综合考虑，使布置、安装结果符合规范要求及使用功能。

合理进行地下室综合管网布置，对于提升工程品质、提升客户体验、助力营销、降低成本等各方面都有一定的帮助。

杭州某项目地下室优化的良好做法

杭州某高端楼盘，地下室层高为3.5m，采用无梁楼盖，运用BIM技术控制，主车道净空标高可达2.5m，车位净空标高可达2.3m，空间感非常好，如图7-6-5所示。

图7-6-5
杭州某高端楼盘地下室（来源：百锐学堂）

某项目地下室净空不达设计要求的启示

某项目地下室层高达3.8m，主梁高度为0.9m，施工完成后主车道的最低净空只有2.077m，达不到设计要求。又如另一项目，层高为3.5m，采用了无梁楼盖设计，施工完成后主车道的最低净空只有1.9m，与规范规定相差太多。

分析了这么多成功的和失败的项目，会有很多的经验和教训总结。最后形成解决问题的框架模型，如图7-6-6所示。

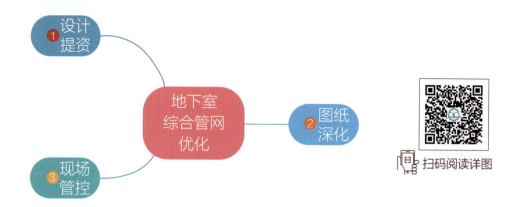

图 7-6-6
地下室综合管网优化措施（来源：百锐学堂）

地下室管网综合布置技术的核心理念是：合理合规布局，利用水平、垂直的空间移位来解决竖向交叉的问题。

7.6.3 地下室管网综合布置技术要遵循的七项基本原则

① 小管让大管，越大越优先。如空调通风管道、排风排烟管道、冷冻水主管等，由于是大截面、大直径的管道，占据的空间较大，如发生局返弯，则施工难度大，应优先布置。而小管道造价低、易安装，因此小管让大管，如图7-6-7所示。

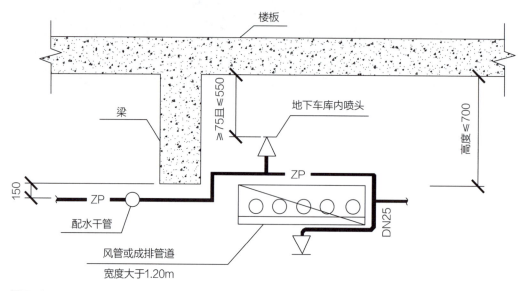

图 7-6-7
喷淋支管遇大风管上翻示意（来源：百锐学堂）

② 有压管道让无压管道。如：生活污水排水管、雨水排水管、冷凝水排水管等都是

靠重力进行排水，因此，水平管段必须保持一定的坡度，这是排水顺利的充分必要条件。有压管道主要是指管道内的介质靠管内存在的压力来进行输送，因此有压管道可以升高或降低，有避让无压管道的条件。

③ 电气避让液体管道。如图7-6-8所示，由于液体管道如给排水管道会有一定程度渗漏的可能，如果与电气靠得比较近，甚至液体管道在电气管线或电气设备的上方，则会存在安全隐患。国家明文规定这是不允许的。

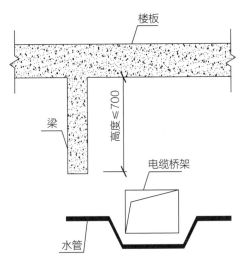

图 7-6-8
水管遇电桥架梁下翻示意（来源：百锐学堂）

④ 一般管道让通风管。由于通风管截面尺寸较大，是所有管线中所占空间最大的，难于变动，且通风管道本身对于建筑功能的保证和影响范围都较大，因此，需要优先布置通风管，再布置一般管道。在布置通风管时，尽可能按直线布置，减少转弯和分流。通风管水平方向避免与成排的主水管和桥架交叉。一般地下车库设备管线高度统计表，如表7-6-2所示。

⑤ 冷水管让热水管。

⑥ 分支管让主干管。

⑦ 低压管让高压管，因为高压管造价高。

而住宅类项目综合管网布置的优先级为：

无压管→大管（风管）→强弱电桥架→给水主管→分支管

表7-6-2　一般地下车库设备管线高度统计表（来源：百锐学堂）

结构形式	喷淋管高度/mm	风管高度/mm	预留安装高度/mm	综合管线预留高度/mm
无梁楼盖	150	400	50（考虑风管预留安装高度）	600
梁板结构	150	400	水管、电管与风管交叉时，考虑利用梁间位置上翻，不考虑预留安装高度	550
其中管线常用的计算高度为：喷淋≥150mm，通风道 400mm，电桥架一般 150mm 高（电桥架与风管平行设置，不占用综合管线高度）；设备管线综合高度为 550～600mm			

7.6.4 地下室管网综合布置实施步骤

地下室管网综合布置技术的实施分为三个步骤，分别是设计提资、图纸深化和现场管控。

7.6.4.1 设计提资

设计提资包括以下几个方面。

（1）地下车库建筑层高

地下车库建筑层高的设定，需在总图阶段根据项目的定位和停车布局等情况确定，并在扩初阶段进行优化。

如某项目的裙楼为一条商业街，为了让货车不走地面影响商业，竟然在地下车库专门做了一条货车通道，增加了地下车库的局部层高。

对于普通地下车库，在实行地下室综合管网优化的前提下，梁板结构层高只要在 3.4～3.5m 就能达到规范要求；如果是高档的小区，可以达到 3.6m 或者 3.8m 的层高。而对于无梁楼盖结构，还可以相应降低建筑层高。

（2）地下车库防火分区设置

在划分地下车库防火分区时，考虑将火势控制在一定的范围内，确保人员安全疏散的同时，防火卷帘沿次梁布置，是提高净高的方法之一。因为次梁梁高比主梁低，如果在主梁下安装防火卷帘，通常防火卷帘会很低，甚至不能满足设计净空要求，如图 7-6-9 所示。

（a）防火卷帘设置于主梁，净空不够　　　　　　（b）防火卷帘应设置于次梁

图 7-6-9
防火卷帘门设置（来源：百锐学堂）

（3）人防门选型与提前预埋

人防门的高度分为门扇高度和门框高度，同型号人防门的门扇高度比门框高度大 400mm，因此，如果人防门净高达 2m，则在设计时就要考虑人防门的门框高度为 2.4m。人防门框上面如果还要管线空间 500mm，再加上梁高 600～800mm，则地下室建筑层高至少要为 3.6m。为减小层高，通常要合理选择人防门，并将人防门的门框事先预埋，如图 7-6-10 所示。

图 7-6-10
人防门提前设计与预埋(来源:百锐学堂)

人防门的型号有很多种。人防门选型在确保满足规范及使用功能的同时,需与地下车库净高要求相匹配,避免人防门选型不当而导致瓶颈现象发生。

(4)梁板结构梁截面高度

梁柱截面与地下室顶板、园林覆土厚度、消防车荷载、柱距等直接关联。梁板结构梁截面高度是决定机电综合管网及车库净高的重要因素。项目在设计梁板结构梁截面高度时,需综合考量。重点考量的就是主梁的高度,因为主梁的高度通常决定地下室最不利净空的高度。根据经验,主梁的高度一般为 600～800mm,个别主梁甚至为 900mm。综合考虑经济性和可行性,除非特殊情况,梁高应控制在 800mm 以内。

当然如果梁比较高,业内通常的良好做法是事先预留洞口以方便消防支管穿梁,以避让主车道的一些管线。但是切忌在没有预留的情况下,在结构梁上进行机器开孔,否则会破坏主梁,降低主梁的承载力。

(5)防排烟风管布置

防排烟风管通常在计算尺寸时,是以风量/风速得出的截面面积。而截面面积是风管的宽乘以风管的高。理论上,在满足规范的要求下,风管的截面可以变径,高度可以是 400mm,也可以是 500mm、600mm 或者 800mm。因此在布置风管时,可以按照通常的截面进行布置,在一些地方进行变截面的处理。

《住宅建筑规范》(GB 50368—2005)规定住宅地下机动车库的车道净高不应低于 2.2m,车位净高不应低于 2.0m。由于防排烟风管尺寸较大,且较高,因此风管应尽量避开主车道设置。

某公司地下车库优化设计指引对风管及风口布置进行了如下规定。

① 对于单层汽车库,为减少风管影响,主风管应走车位上,尽量避免走车道;主风管高度一般不应超过 400mm(局部不超过 450mm);支风管可走车道上,风管高度一般不应超过 350mm。

② 对于双侧机械车库,为减少风管对层高的影响,风管应走在车道上,避免走在机械停车位上部。风管不应穿越采光井。

③ 车库内送排风口采用常开型百叶风口;为降低高度影响,风口应采用侧排风口,设置在风管侧面,不应设在风管底部,每个风口的风量不宜小于 2 500m³/h;风口应能够调节风量。

④ 对于有梁结构,风管应贴梁底安装;对于无梁结构,风管宜贴板底安装。

⑤ 地面进风百叶应直接设置在室外空气较清洁的地点，尽量设在排风口的上风侧且应低于排风口；通风时，进排风空气流速为4.5～5.0m/s。

⑥ 对于5 000元/m² 以下的住宅，风管采用质量合格的玻镁复合风管；5 000元/m² 以上的住宅可采用镀锌铁皮风管。相关规范规定，非金属风管中空气流速要小于15m/s，金属风管流速可以达到20m/s，而用非金属玻镁复合风管可能会影响车库层高。

风管布置的优劣对比

① 图7-6-11（a）中，风管竖向沿主梁、贴次梁避开主车道布置；图7-6-11（b）中，风管横穿主车道变径上翻、贴梁布置。

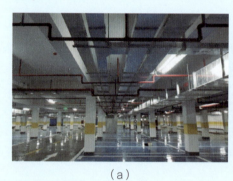
(a)

(b)

图 7-6-11
风管布置的良好做法（来源：百锐学堂）

② 如图7-6-12（a）所示，风管安装后太靠近梁；如图7-6-12（b）所示，风管距梁预留0.8～1.0m间距，水管、桥架可顺利翻越。

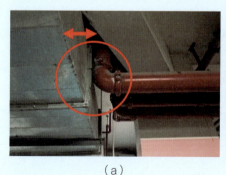
(a)

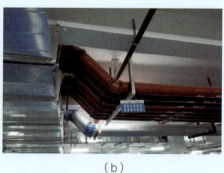
(b)

图 7-6-12
风管与水管安装优劣做法对比（来源：百锐学堂）

③ 如图7-6-13（a）所示，喷淋设置于风管下方，降低车库净高，不可取；如图7-6-13（b）所示，喷淋设置于风管两侧，是正常的良好做法。

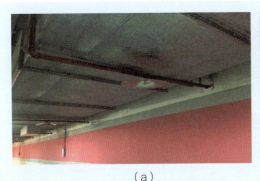 

(a) （b）

图 7-6-13
风管安装优劣做法对比（来源：百锐学堂）

（6）水电管线不得穿越防火卷帘

车辆通道处设置于梁底的防火卷帘，受制于防火卷帘卷轴箱（500mm）已是综合管网的最不利点，其上部穿越水电管线不可取，会使该处的净高不满足2.2m的要求，如图7-6-14（a）所示，而良好做法如图7-6-14（b）所示。

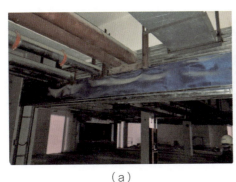 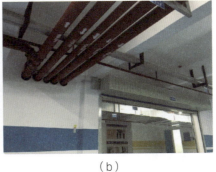

(a) （b）

图 7-6-14
水电管线不得穿越防火卷帘（来源：百锐学堂）

（7）水电分路避让关系

水路与电气设备及桥架之间需分路避让，确保电上水下。水管在动力配电柜上方布置，与规范要求相冲突，也相当不安全，应禁止，如图7-6-15所示。

图 7-6-15
水管在电气设备之上（来源：百锐学堂）

（8）消火栓设置

室内消火栓的布置，应满足同一防火分区有2支消防水枪的2股充实水柱同时达到任何部位的要求。消火栓的布置间距不应大于30m，不应设在车道及车位上。图7-6-16（a）不妥，图7-6-16（b）中的消火栓事先进行了优化避让，是良好的做法。

（a）

（b）

图7-6-16
消防栓布置的优劣对比（来源：百锐学堂）

7.6.4.2 图纸深化

图纸深化的主要内容是将涉及地下车库的所有建筑、结构、设备房及设备、防排烟管、消防水系统、给排水系统、强电、弱电的主桥架、防火门等进行叠图，及节点部分的剖面图，然后根据规范、设计提资、经验规律进行重新细化布置，从而达到综合管网的最优排布，在达到净空高度最优的同时，又达到经济、美观的目的。

根据图纸深化，用以下六张图来进行分析：

（1）建筑图

建筑图深化原则：住宅地下室机动车库应符合车道净高不低于2.2m，车位净高不低于2.0m，如图7-6-17所示。

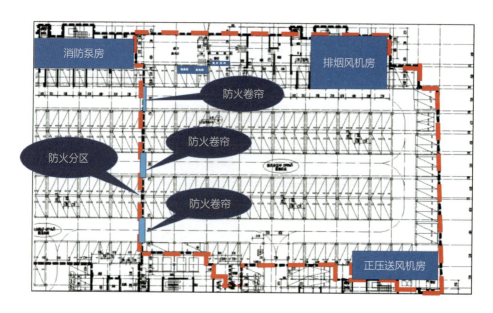

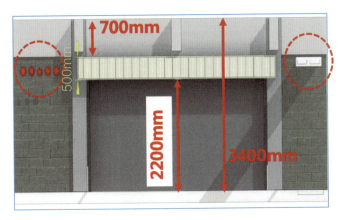

图 7-6-17
建筑图深化（来源：百锐学堂）

为满足建筑图的净空要求，需要在层高、梁高、管线避让、防火卷帘等方面进行优化。

（2）结构图

通过结构图，需要得到主梁、次梁的位置及结构标高并分色标注，最后找出最不利点和最不利区域，如图7-6-18所示。

（3）防排烟风管

在叠图上标示出主梁、次梁、防排烟风管，然后按照防排烟风管沿平行主梁敷设的原则，尽量避免与主梁的交叉。如图7-6-19所示，图（a）为原设计叠图，图（b）为设计优化叠图。

（4）消防、给排水图

应重点关注以下几点：①重力排水与风管有无碰撞；②管道是否穿越防火卷帘；③消火栓与车道、车位避让；④管道与主车道、主次梁避让。如图7-6-20所示，图（a）为原设计叠图，图（b）为设计优化叠图。

（5）强弱电图

强弱电在水管、风管发生碰撞时进行优化。另外强弱电的桥架为避免通过防火卷帘的

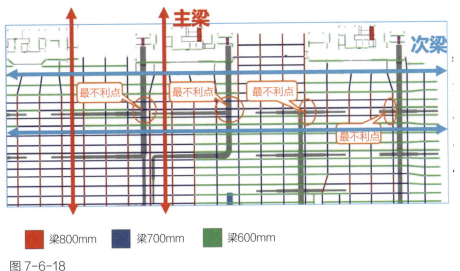

图 7-6-18

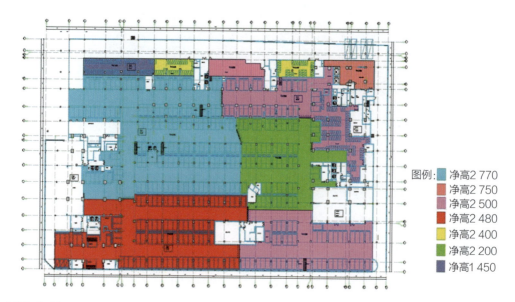

图 7-6-18
结构图叠图标注,来源:百锐学堂

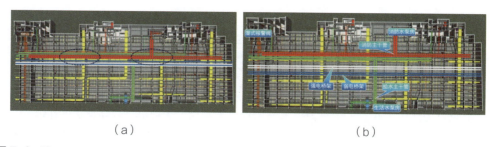

(a)   (b)

图 7-6-19
防排烟风管叠图(来源:百锐学堂)

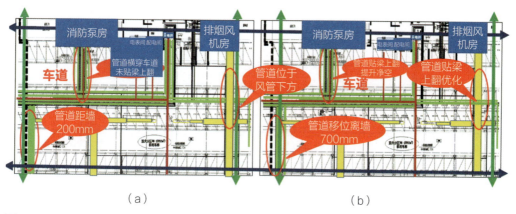

(a)   (b)

图 7-6-20
消防、给排水叠图(来源:百锐学堂)

上方，可事先优化设计，将桥架移至防火卷帘门旁边的车位位置。如图7-6-21所示，图（a）为原设计叠图，图（b）为设计优化叠图。

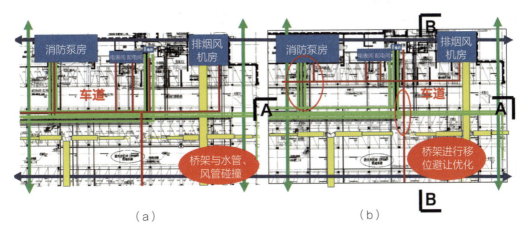

图 7-6-21
强弱电叠图（来源：百锐学堂）

强电与弱电不可共用一个桥架，且强电与弱电之间须保持不小于300mm的安全距离。如图7-6-22所示，图（a）为不符合安全距离的做法，图（b）为合理的做法。

图 7-6-22
强弱电优劣做法对比（来源：百锐学堂）

（6）关键节点剖面图

在地下室层高受限的情况下，需保证防排烟管道设计截面积不变，调整风管宽高比，减小风管高度以满足提升净高的要求（矩形风管的宽高比宜为4∶1以下，不应超过10∶1），如图7-6-23所示。

7.6.4.3 现场管控

设计优化得再好，也需要现场管控来实现设计的要求。现场需要根据以上管线布置原则、优化叠图、工程验收规范与标准等资料，进行一次培训和交底，以确保执行到位。

小结地下室综合管网示范工程验收标准和要点如下。

（1）图纸优化

优先采用BIM技术，如无采用BIM的条件，手工BIM也是可以采用的。但无论如何，

图 7-6-23
关键节点剖面图（来源：百锐学堂）

图纸优化都应该在施工前进行。

（2）人防门选型

人防门选型高度不得低于2.2m。

（3）照明灯具安装要点

车道照明安装高度不宜低于2.4m。

（4）防火卷帘布置要点

防火卷帘宜尽量避开主梁及结构最不利点，以确保防火卷帘下方净高满足要求。

（5）消火栓布置要点

消火栓布置应避开车位及主车道，并满足以下条件：

① 室内消火栓的布置应满足同一防火分区有2支消防水枪的2股充实水柱同时达到任何部位的要求；

② 消火栓的布置间距不应大于30m。

（6）防排烟风管安装要点

① 防排烟风管布置优先考虑避让无压管，并贴梁底安装。

② 防排烟风管与梁平行安装时，应预留不小于800mm的距离，确保各类管线有足够的翻越空间。

③ 防排烟风管应尽可能避开车道布置；确保车道净高不低于2.2m、车位净高不低于2.0m。

④ 宽度大于1.2m的防排烟风管，在车库净高受限的情况下，可调整防排烟管道宽高比，同时采用局部集热方式，将喷淋设置安装在防排烟管道两侧。

⑤ 在地下室层高受限的情况下，需保证防排烟管道设计截面积不变，调整风管宽高比，减小风管高度以满足提升净高的要求（矩形风管的宽高比宜为4：1以下，不应超过10：1）。

（7）水、暖管道安装要点

① 水暖管道不得从防火卷帘上方穿越。

② 管道与桥架交叉安装时，应保证"电上水下"。平行安装时，间距不小于300mm。

③ 水、暖管道与梁平行安装，应预留不小于500mm的距离，确保管线交叉时有足够的空间翻越。

④ 水、暖管道翻越风管及消防、给排水主管线等管网时不宜采用90°弯上翻。

（8）电气线缆桥架、安全指示安装要点

① 电气桥架严禁从防火卷帘上方穿越。

② 电气桥架穿越管道、风管时不宜采用90°弯上翻。
③ 强弱电桥架平行布置时，水平间距不得小于300mm。
④ 安全指示安装高度不宜小于2 400mm，且不宜大于2 500mm。

7.7 地下室优化设计与成本控制

地下室（俗称地库）特别复杂，对项目成本和利润的影响非常大。有项目数据表明，不计算装修成本，地库造价可占到总建筑成本的20% ~ 30%，甚至会影响项目的成功与失败。

因此，标杆企业在很早的时候就开始研究地库的设计优化和成本优化，如中海早期就有地库的成本控制措施（图7-7-1）。后来，很多企业也对地下室进行了很多深入的研究，基本上形成了地下室设计的完整体系。

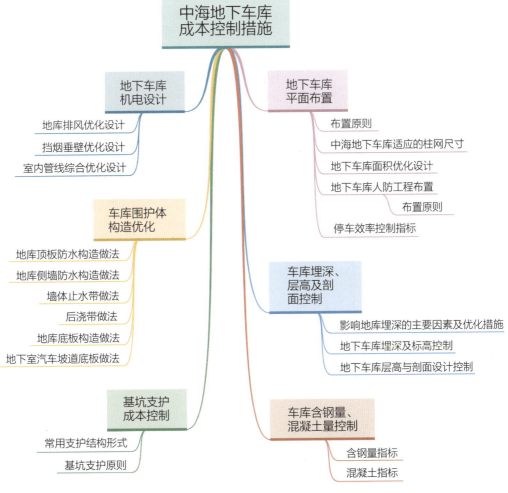

图 7-7-1
中海地产地库成本控制措施思维导图（来源：百锐学堂）

保利地产也十分重视地库的成本控制，在其中一份近 200 页的地库成本控制中，通过分析公司近年项目的地库情况，形成公司设计控制的强制性文件。其中将地库的无效成本分析得十分透彻，如图 7-7-2 所示。

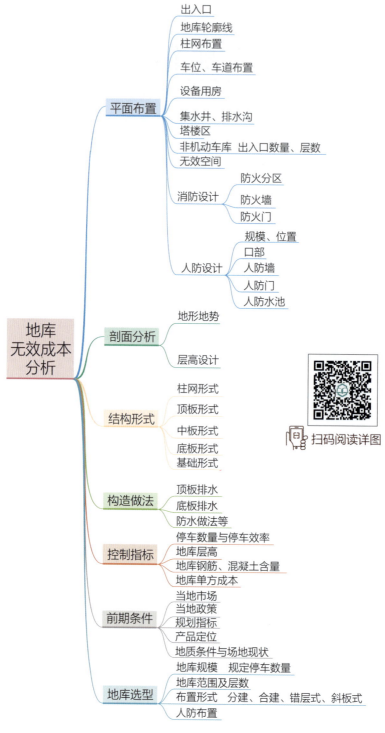

图 7-7-2
保利地库无效成本分析（来源：百锐学堂）

业内有很多标杆企业的成熟体系可以学习、参考,那么很多企业在地下室设计优化中的实际情况如何呢?作者调查发现,标杆企业仍有提升的空间,正在向更加精细化的方向发展;而非标杆企业,虽然认识到了地下室设计的重要性,但是执行优化设计的动作还相对不到位,导致很多企业与标杆企业的差距比较大。调查还发现,有个别非标杆企业做得也非常好,停车效率指标优良。因此,无论是标杆企业还是非标杆企业,只要重视且措施方法正确,执行力到位,一样可以做出非常好的设计效果,达到好的经济效益。

作者根据众多企业对地下室设计优化的资料,整理出了一个思维导图,如图7-7-3所示。

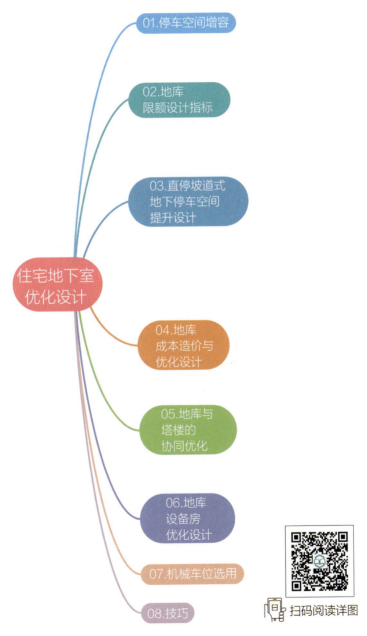

图7-7-3
住宅地下室设计优化思维导图(来源:百锐学堂)

第7章 项目规划设计 255

7.7.1 住宅地下室优化设计要点

7.7.1.1 地库限额设计指标

一般公司规定，非人防车库为33m^2/辆，人防车库为36 m^2/辆，是有前提的：

① 指住宅的普通地库，有塔楼，只含一般设备房，不含特殊设备房；

② 只计地下基本功能面积，不计自行车库和储藏室；

③ 是经验值，适用于80%的项目，有10%的项目可能做不到，也有10%的项目可能做得非常好；

④ 个别项目为了指标好看而做到了极致设计，但不一定综合成本最优；

⑤ 杭州、上海地区要求较高，一般限额设计指标需适当调高。

某公司单车位指标的限额参考数据，如表7-7-1所示。

表7-7-1 某公司单车位指标的限额参考数据（来源：百锐学堂）

地下汽车库组成部分		单车位建筑面积				
无人防地下车库	塔楼面积占总地库面积的比例 b	$b<1/10$		$1/10 \leq b<1/6$		$b \geq 1/6$
	车库区+塔楼区+设备房	33m^2/辆		34m^2/辆		35m^2/辆
	车库区+设备房	28m^2/辆				
	车库区	27m^2/辆				
有人防地下车库	人防面积占总地库面积的比例 c	$c<1/4$	$1/4 \leq c <1/3$	$1/3 \leq c <1/2$	$1/2 \leq c <3/4$	$c \geq 3/4$
	车库区+塔楼区+设备房	36m^2/辆	37m^2/辆	38m^2/辆	39m^2/辆	40m^2/辆
	车库区+设备房	29m^2/辆	30m^2/辆	31m^2/辆	32m^2/辆	33m^2/辆
	车库区	28m^2/辆	29m^2/辆	30m^2/辆	31m^2/辆	32m^2/辆
备注	① 本表适用于住宅楼下方的普通地库,不包括机械立体车库、复式车库、别墅车库等特殊地库 ② 塔楼区：指上部建筑落入地下室的区域 ③ 设备房：指塔楼区域以外的水池、水泵房、变配电房、发电机房、雨水收集房等不仅仅服务于地库的设备房 ④ 规划允许计算子母车位、微型车位时,子母车位、微型车位数量折算值（子母车位按1.5计算折算值,微型车位按地方要求取1.0或0.7）与总车位数量占比≥5%时,标注数值减1m^2/辆,不足5%时标注数减0.5m^2/辆 ⑤ 高档产品配置地下车库（柱网设置8.3m×8.3m）时,表中数值增加1m^2/辆 ⑥ 受特殊条件限制的,如塔楼与车道夹角≥30°、受地形限制、地方要求车道或车位尺寸要加大等可增加1m^2/辆 ⑦ 设置双层地下车库时,表中数值增加1m^2/辆					

7.7.1.2 基于车道及停车布局的提升设计

垂直停车最优。在四种停放方式（平行停放、垂直停车、斜向停车、交叉停车中），垂直停车最优。垂直停车与车道成90°直角的停车位,且车辆倒进顺出布置。垂直停车方式占用面积最小,根据研究表明,经验数据为28～30m²/车,因此是最优选择。

7.7.1.3 柱网布局

根据柱网布局的六大原则,得出基本柱网模式。以柱截面0.6m×0.6m为例,柱网基本尺寸为:

① 停2辆车最紧凑的柱网尺寸为5.4m;
② 停3辆车的柱网尺寸为7.8m;
③ 柱网尺寸须结合车道的最小宽度,即5.5m。

以上只是柱网基本尺寸,需要再根据项目的定位及柱截面等情况,适当增大柱网间距。

一定要模块化设计,而且要做主动设计,即先定车,再确定柱网。基本柱网间距的模块化设计模式一经确定,即可进行整个地库的自由组合。

分析绿城、万科、保利、碧桂园等企业对柱网布局的要求,总结出以下要点。

(1)注重品质的公司,对柱网布局的要求是比较宽松的

绿城柱网布局做法

绿城是十分注重品质的企业。绿城在经济柱网尺寸分析时,认为"一般钢筋混凝土的经济跨度为8m左右",经过分析之后列出了8.1m×8.1m经济柱网车位布置图,如图7-7-4(a)所示。同时也指出,根据项目的实际情况也可以采用短跨小柱距的结构方案,分析出小柱网布置的三车位柱网布置示意图,如图7-7-4(b)所示,以及并排两车位柱网布置示意图,如图7-7-4(c)所示。

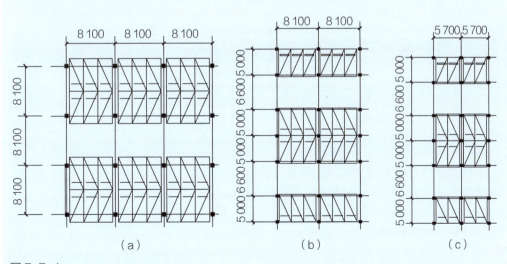

图7-7-4
绿城柱网布置(来源:百锐学堂)

绿城制定的各城市地下车库适应柱网尺寸表体现出绿城是把品质和客户体验放在第一位的（表7-7-2）。

表7-7-2 绿城在各城市地下车库适应柱网尺寸（来源：百锐学堂） 单位：mm

城市	停车位尺寸	停车位间隔	行车道最小宽度	适应柱距 经济	适应柱距 适当	适应柱距 可采用
上海	2 400 × 5 300	无	5 500	7 800 × 8 100	8 100 × 8 100	7 800 × 5 000 + 7 800 × 6 600
苏州	2 400 × 5 300	无	5 500	7 800 × 8 100	8 100 × 8 100	
南京	2 400 × 5 300	无	5 500	7 800 × 8 100	8 100 × 8 100	
杭州	2 500 × 6 000	无	6 000	8 100 × 8 100	8 100 × 8 400	8 100 × 5 000 + 8 100 × 6 600
宁波	2 550 × 6 000	150	6 000	8 100 × 8 100	8 100 × 8 400	

万科公司是很早研究地下车库的重品质公司，从原万科总工王骥老师的主张来看，万科是反对用小柱网布局的。王骥老师还特别提到小柱网布局加无梁楼盖的方案显然是最经济的，但又是客户体验最差的方案，因此王老师特别不建议其他地产公司采用小柱网布置。

（2）项目的定位决定柱网布局

柱网布局带来的停车舒适度是客户的重要体验，因此项目定位在某种程度上决定柱网布局。

案例7-7-2

绿城住宅分级

以绿城为例，其住宅的分级如表7-7-3所示。

表7-7-3 绿城住宅分级（来源：百锐学堂）

等级	代码	代表案例
豪华型	I	上海黄浦湾、杭州蓝色钱江、绍兴玉兰花园
舒适型	II	杭州西溪诚园、丽园、紫兰公寓
经济型	III	星桥紫桂公寓、杭州海棠公寓
保障型	IV	杭州杨公社区、杭州兴隆安置房

绿城在进行地下停车空间的规范时柱网间距要求：I级项目不应小于8.4m；II、III级项目不应小于8.1m；IV级项目不应小于7.8m。

7.7.1.4 关于坡道

在五种坡道形式中，直坡道系统占地面积小，使用效率高，是最普遍使用的坡道形式。为节省用地，增加有效停车面积，坡道的位置大多数在主体建筑之内。坡道宽度有以下经验数据。

① 直线单车坡道：3.0～3.5m。
② 直线双车坡道：5.5～6.5m。
③ 曲线单车坡道：4.2～4.8m。
④ 曲线双车坡道（内圈）：4.2～4.8m。
⑤ 曲线双车坡道（外圈）：3.6～4.2m。

由于直线单车坡道占地较小，因此是优先选用的方案。

7.7.1.5　关注不同结构地库对建造成本的影响

有关研究数据显示，地下室的结构形式对建造成本的影响是比较大的。

① 一般地下一层现浇井字梁的结构成本约为1 600元/m^2。
② 空心楼盖、叠合梁、丰巢芯、模壳结构等一层结构成本一般为1 400～1 600元/m^2，比现浇井字梁有成本优势。
③ 整体现浇装配式车库，地下一层成本约为1 200元/m^2，造价大幅降低。
④ 地下二层比同等结构的地下一层造价高600～700元/m^2，因此有"一层为宜，二层接受，三层避免"的说法。
⑤ 同一层的人防地库比非人防地库造价高600～700元/m^2。
⑥ 同样的人防地库，要求却不同，造价相差也比较大。自建人防工程时，应依据当地人防主管部门规定，争取配建低等级、常规功能人防。人防的战时功能优先选择顺序为：6级物资库、6级二等人员掩蔽所、5级专业队队员掩蔽所、6级医疗救护站、5级专业队装备掩蔽所，如表7-7-4所示。

表7-7-4　不同人防等级的要求与内容（来源：百锐学堂）

项目	物资库	二等人员掩蔽部	救护站	专业队	装备部	二等人员掩蔽部
抗力级别	核6、常6	核6、常6	核6、常6	核5、常5	核5、常5	核5、常5
单元面积/m^2	4 000	2 000	1 500	1 000	4 000	2 000
净高需求/m	2.2	2.2	2.6	2.2	3.0	2.2
与普通地库差价/（元/m^2）	200	500	500	1 000	800	1 000
占用车位	2	7	35	14	0	14
布置位置	主楼区	主楼区	单建区	主楼区	单建区	主楼区

7.7.1.6　地下室做法对成本的影响

地下室的不同做法对成本的影响不同。

① 地下室层高每增加100mm，综合造价增加约18元/m^2。
② 地面结构找坡，对比100mm（50～150mm）厚垫层找坡，综合造价减少10元/m^2。
③ 顶板排水结构找坡，对比200mm厚配筋细石混凝土找坡，综合造价减少105元/m^2。
④ 车库外轮廓线必平直，且没有要剔除的无效面积，若有无效面积，则按建造成本1 400～2 400元/m^2计算，是无效成本。

⑤ 柱网及车辆布局不合理,使地库使用效率降低,优化后可额外产生成百上千万元的效益。

⑥ 顶板覆土厚度每增加300mm,综合造价增加30元/m²。

某公司分析单层地下车库覆土厚度及层高对结构成本的影响

以下是某公司统计的单层地下车库覆土厚度及层高对结构成本的影响,如表7-7-5所示。

表7-7-5　单层地下车库覆土厚度及层高对结构成本的影响(来源:百锐学堂)

层高/m	覆土厚度1 000mm		覆土厚度1 200mm		覆土厚度1 500mm		覆土厚度1 800mm	
	含钢量/(kg/m²)	混凝土含量/(m³/m²)	含钢量/(kg/m²)	混凝土含量/(m³/m²)	含钢量/(kg/m²)	混凝土含量/(m³/m²)	含钢量/(kg/m²)	混凝土含量/(m³/m²)
3.9	80	0.42	85	0.45	96	0.47	105	0.51
4.0	80.4	0.42	85.4	0.45	96.4	0.47	105.4	0.51
4.1	80.8	0.43	85.8	0.46	96.8	0.48	105.8	0.52
4.2	81.2	0.43	86.2	0.46	97.2	0.48	106.2	0.52

⑦ 地面消防车登高面的优化减少,对地库顶板的荷载也会相应减少,则顶板的梁板配筋也会减少。

⑧ 设备房挤占车位,要回相同车位可能付出三倍面积。

7.7.2　地下车库案例

车库提升设计节约土建成本

减少车库和塔楼的埋置深度,能减少基坑开挖工程量、节约基坑支护成本、降低抗浮水头等,能够有效地节约建设工期和降低建设成本。根据万达提供的一份资料,车库提升后的地库比一般普通地库节省造价1/3以上。

因此,在满足塔楼稳定性和地下车库计容政策的前提下,车库和塔楼应尽量浅埋,做成半地下室或者开敞式地库。当然,有些硬性规定例如核六级以上人防地下室必须采用全埋形式,则另当别论。

充分利用车库边角来提高车库利用率

充分利用车库边角或坡道下方空间，及不便于停车的位置，布置设备用房，提高车库利用率，如图 7-7-5 所示。

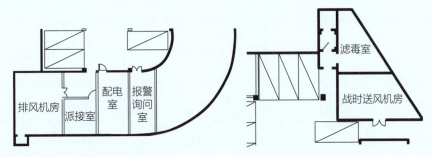

图 7-7-5
充分利用车库边角（来源：百锐学堂）

停车位布局优化

某项目车位 1 143 个，停车效率 33m²/辆。初步设计时错误理解为容许设置非标车位政策，大量布置非标停车位，导致"另类"降低停车效率。

案例反思：可优先布置标准小型停车位，在剩余"死"空间再填塞"非标"车位，从而进一步提高停车效率，如图 7-7-6 所示。

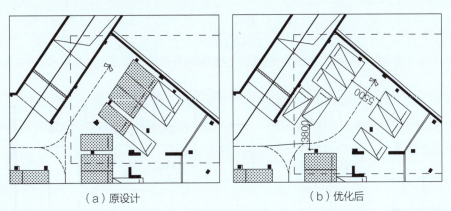

图 7-7-6
停车位布局优化案例（来源：百锐学堂）

地下室轮廓线优化

某项目有车位841个，停车效率45m²/辆。初步设计中，地下室轮廓线出现大量斜边、锐角，过多折边，于是进行优化设计。优化后，地下室轮廓总体简洁、方正，避免了局部不必要的转折，如图7-7-7所示。

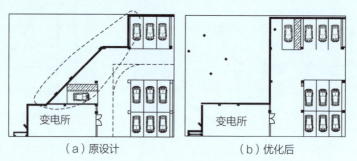

（a）原设计　　　　　　　　（b）优化后

图 7-7-7
地下室轮廓线优化（来源：百锐学堂）

关于塔楼下部分空间是否全包进地下室的思考

关于塔楼下部分空间是否全包进地下室，应具体项目具体分析，不能简单地以主楼外地库经验单方造价进行计算，应该对结构、基础、防水、基坑支护、回填土等变化因素进行综合比较，通常其增加的成本总量不高。

塔楼下空间是否包进地下室应从施工效益、增加附加值和增加成本三个因素综合考虑。当施工效益＋增加附加值＞增加成本时，推荐将塔楼下空间包进地下室。

本项目进行了方案比选后认为，塔楼下面多处空间无实际使用功能，可以利用塔楼的剪力墙做地库的外墙，因此优化后具有综合经济效益，如图7-7-8所示。

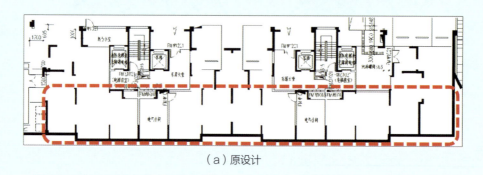

（a）原设计

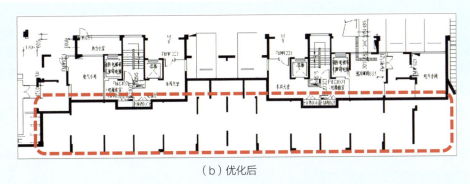

（b）优化后

图 7-7-8
塔楼下空间利用案例（来源：百锐学堂）

7.7.3　地下车库车位配比的深度思考

一提到地下车位，很多人的第一反应是能少配就少配，因为地下车位的造价很高。您认为这个说法对吗？

作者这里要告诉大家，所有的经验和结论都是基于某种假设条件的，"能少配就少配"的前提假设条件是，在三、四、五、六线城市，车位难以去化，建多亏多，因此要少建。这个假设放在了一线城市和二线城市也一定对吗？显然不能一刀切。例如在一线和二线城市的核心地区，车位销售价格是高的，而且随着城市化的发展，未来销售量有所预期时，可适当提高车位配比。

保利地产举了一个例子，某个城市的某项目，预计实际车位需要按建筑面积配置，标准为 1 车位/100m^2，而规划要求 0.8 车位/100m^2，车位销售价格 20 万元，车位成本 10 万元/个，两年的财务利息为 10 万元 × 6% × 2=1.2 万元。

多余车位的利润率为 8.8 万元/10 万元 =88%。综合计算，是一笔不错的投资。

某项目多方案比选

在河南郑州某地铁上盖综合体物业，老板一开始策划时一直为地下室建三层还是四层犹豫不决。绝大部分人的意见是，地下室造价很贵，能少建则少建，结果最后还是决定建三层。

作者去这家公司的时候，基坑支护及开挖已完成，一些部位地下施工已完成，正在进行地上部分，当时公司开始讨论地下三层的停车位不够，还需要占用位于两个小区中间道路下的地下空间进行停车。

经了解，郑州市政府在 2010 年 12 月 31 日印发《郑州市城市地下空间开发利用管理暂行办法》，依法按照地上折算楼面地价的 20% 缴纳地下空间使用权的土地出让金，一并签入国有建设用地出让合同。

由于地铁2号线、8号线经过此综合体,因此成为地铁上盖物业。地下空间的地下一层和地下二层只需要交很少的钱,就可以办商业产权证。这样的物业形态就不是停车位了,而是可售商业物业。而地下室每层的面积为3.6万平方米,如果只按一层可售来算,商业销售按1.2万元/m^2的保守数据来计算,就是4.32亿元,而地下室的建造成本一般不超过3 000元/m^2,此处按保守的4 000元/m^2计算,共支出建造成本1.44亿元,楼面地价按1 200元/m^2的20%计算,共支出864万元,则不计税的毛利有2.8亿元。建少一层地下室的代价其实是少赚2.8亿元。如果再极致一些,做成下沉式中空广场,则地下室的空间利用价值就有可能更大。

关于地下停车位不能一概说能少建则少建,有些停车位还是很有价值的。香港的中环中心一停车位,在2019年10月以天价760万港币成交。这说明,在一些位置好的地区,由于稀缺性和特殊性,停车位是具有升值潜力的,可能很值钱。

新鸿基对持有停车物业的思考

香港的新鸿基地产,在早些年一直是国内地产万科、中海学习的对象。主要原因是,新鸿基地产的品质好,管理理念先进,经营性现金流非常好。新鸿基地产的现金流好,有相当一部分来源于他的收租物业。在众多的收租物业中,有一个特殊的物业,就是停车位。作者曾经多年观察发现他们的停车位从来不卖,都是出租的,而且出租率非常高,出租的月租价格比其他小区都贵至少20%以上。

试想一下,即使停车位的租金比其他小区或者小区外的露天停车场贵50%,本小区的业主住户是不是就不租本小区的了呢?答案是一定不会,因为住着千万豪宅的业主,会因为每月贵1 000~2 000元的租金放弃开车到自己楼下的方便吗?由于小区的停车位需求是刚性的,具有不可替代性,因此,租金贵一些是可以接受的。

由此案例得到启示,建议国内的开发商,首先不要一定视停车位为累赘,对于豪宅物业,如果放在长远的角度来看,停车位收租一定是一个好的"现金牛"生意。

7.7.4 Loft 地下车库新技术

地下车库的优化一直是业内研究的重点。早期影响最大的是以万科为代表的一些看重设计和技术的标杆企业。以原万科总工王骥老师为代表,其"高、顺、双、序、长、边"秘诀帮助很多项目实现了十分可观的成本节约,为地库的优化推广做出了突出的贡献。

本书介绍一项革新技术——初光老师的"自驾式非机械立体停车系统"(发明专利号为"2015 10165766.X"),被形象地称为"Loft车库"。这项技术已在绿城、金茂、中粮、华侨城等企业的大量项目中应用。应用数据表明,Loft车库方案比一般车库方案造价平均节省30%左右,并且空间通透性大幅提高,值得业内学习推广和应用。

为什么造价能节省30%左右呢？作者分析主要有两个场景、两大关键点。

场景1：两层传统车库变为两层Loft车库。在保证2.2m净高的前提下，两层Loft车库高度只需5.6m，比两层传统地库的7.4～7.6m节省2m左右，可减少2m深水浮力（节省几千万元的桩基成本）；减少2m深度，可少做一道基坑支护，减少挖填土方量，节省工期。

场景2：一层传统车库变为两层Loft车库。实现同样的车位数，Loft车库开挖投影面积减半，在开挖区域多下挖2m隔出夹层（节省几千万元顶板和底板钢筋混凝土成本）；车库投影面积小，远离道路，可以放坡处理，节省了基坑支护成本；减少挖填土方量，节省工期。

关键点1：Loft车库结构独具特色，下层车道上方挑空，风烟管道吊装在挑空区上方，只需做一层且不占高度，而传统车库两层都需要风烟管道且占高度。

关键点2：Loft车库整体体积较小，通过结构创新，达到同样的车位数指标；Loft车库比传统车库体积小很多，从而带来建筑材料和工程量的大量节省。

对该项技术感兴趣的读者，可联系作者或直接联系专利方上海博普建筑技术有限公司。

7.8
地基、基础设计与成本控制专题

在项目开发过程中，基础部分是相对独立而又非常急迫要面对的一个分部工程，经常是总包还没有产生，施工许可证还没有办理，基础工程就以试桩、项目前期准备工作为由开工了，因此，基础先行，基础中的设计更是设计工作的先行者。

房地产公司常用的基础形式，一般分为四种，如图7-8-1所示。

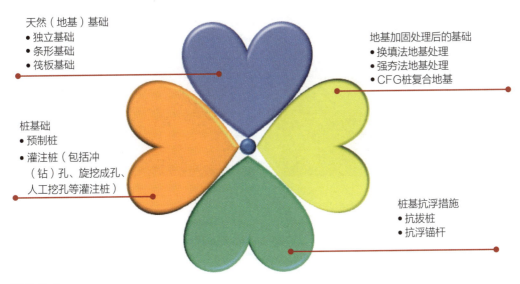

图7-8-1
房地产项目常用的四种基础形式（来源：百锐学堂）

在这些基础形式中，一定要熟悉每种基础的特点和适用范围，以及经济指标后，才可以做到信手拈来、灵活运用。

下面选取作者感受最深的两种特别基础来和大家讨论应用情况。

7.8.1 强夯法

强夯法是地基加固处理基础的一种较常用方法，它是用起重机械将大吨位夯锤（10～25t）起吊到一定高处（10～30m）后，自由落下，对土体进行强力夯实。强夯法适用于碎石土、黏性土、湿陷性黄土及人工填土等地基的加固。加固的影响深度为4～8m。

五矿哈施塔特项目使用强夯法代替灌注桩的优化方案

五矿哈施塔特项目位于广东省惠州市，总体用地面积约98万平方米，总建筑面积规划约117万平方米。项目依山面湖，是以山地别墅为主的项目，地理环境优越。经过努力，项目已是国家4A级景区，是惠州市的一张靓丽名片。房地产项目做成4A级景区的项目，在全国都是少之又少的。

大盘的开发过程一般都有很多故事。以规划设计为例，原设计想依山而建，根据地形，尽量不填不挖。因此在最初版本的规划方案中，别墅如同梯田一般，层层退台，户户景观，再看一下效果图，不由得让人怦然心动。但项目一期实施的实际效果是，很多别墅为了依山而建，会在山坡上进行灌注桩的施工，几乎每个结构柱下面都有桩，另外很多别墅旁边的斜坡做挡土墙，个别挡土墙非常高，成本上造成了非常大的浪费，如图7-8-2所示。

图7-8-2
山坡别墅做桩的案例（来源：百锐学堂）

项目一期的经营压力促使项目一定要考虑，如何在山地别墅项目中进行规划设计的优化，取消别墅的桩，从而降低整个成本。于是做了几个方面的工作：

① 做地形测绘，掌握现有地形地貌，造价支出是9万多元；

② 进行整个项目全面的地质详细勘察，造价支出约100万元；

③ 找相关经验丰富的规划院进行"平山头、填山谷、顺山坡"的土石方平衡规划策划；

④ 强夯法地基处理代替灌注桩基础。

大家可以看到，在上面的四项工作中，有三项都是基础性策划工作，第四项才是实施方案。作者的感悟是，策划工作的支出并不多，但确实是十分必要和重要的，很多人一看到大型的山地、斜坡地，没有前面的三项基础性工作，或者基础性工作不扎实，才导致类似该项目一期的问题发生。

关于土石方平衡，在具备了地形测绘详图和地质勘探等详细资料后，会对以上初步土方平衡进行细化和优化。以项目三期的策划为例，不但要做好项目的大平衡，还要做好项目三期的小平衡。三期土方合计：填方51万立方米；挖方45.2万立方米。其中：三期1区，填方17.5万立方米，挖方12万立方米；三期2区，填方24万立方米，挖方1.2万立方米；三期3区，填方9.5万立方米，挖方32万立方米（三区石头山，填方3.8万立方米，挖方30万立方米），如图7-8-3所示。

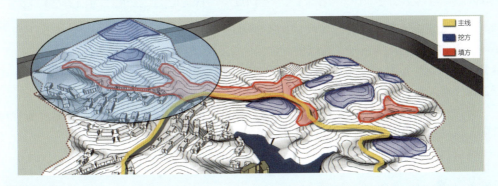

图7-8-3
土石方平衡案例（来源：百锐学堂）

关于强夯法地基处理，要求设计方按照强夯地基处理的总体要求去做基础设计。要求如下。

① 强夯作业要保证整个场地的稳定，尤其是强夯区域的周边坡地，作业期间要注意观察，避免因强夯出现滑坡、坍塌。

② 强夯地基处理的总体要求：对于布置多层建筑的场地，加固填土石层之后，能直接作为多层建筑物筏板或条形基础的地基；其他场地处理加固后，达到减少自重固结沉降和差异沉降效果，可以作为小区道路的地基。

③ 对于建筑物地基，强夯处理后地基的技术要求如下：

a. 地基载荷试验取得的承载力特征值$f_{ak} \geq 180\text{kPa}$；

b. 地基载荷试验取得的变形模量$E_0 \geq 12\text{MPa}$；

c. 处理后，要求交工面填土密实，地面平整度偏差小于±50mm。

除了设计支撑，施工也十分重要。经过访谈调研后发现，业内有一个普遍的共识是，强夯法是一个性价比非常高的方法，但强夯的质量很难保障，曾有项目因采用强夯法施工，导致别墅不均匀沉降。

究竟是什么原因导致不均匀沉降呢？

经过研究后，得出了以下结论：强夯不均匀导致部分地面承载力不满足设计要求。如何避免这个问题呢？答案是，加密地面承载力的检测密度，由原来国家规范规定的20m×20m网格检测，加密到每个别墅柱子都做检测（动力触探试验），施工方对检测结果总负责，业主方只负责一次检测费用，且业主方随时可以抽检，不合格的除了返工外，抽检的费用也要扣施工方；若抽检合格，则检测费用不用扣施工方。以上操作须严格执行。尽管检测费用的支出超出了国家规范的要求，比一般强夯项目的多，但是保证了强夯的质量，最后对比灌注桩的施工成本，强夯法的综合方案为公司节省了约1亿元的支出。

强夯法施工的别墅交付了若干年，回访项目建筑质量，未发现有不均匀沉降的问题发生，证明方案是十分成功的。

7.8.2 抗拔构件中锚杆、管桩、灌注桩三者的比选研究

根据《建筑地基基础设计规范》（GB 50007—2011）3.0.2第6条规定，建筑地下室或地下构筑物存在上浮问题时，尚应进行抗浮验算。当整体抗浮稳定性不满足设计要求时，通常有三种处理方式：增加压重，采用抗浮锚杆、抗拔桩，而抗拔桩常用预应力管桩和现场混凝土灌注桩。

假设相同的地质条件，抗拔构件中锚杆、管桩、灌注桩都是适用的，应该选择哪种构件呢？这种构件还有什么要求呢？

某公司对此做了详细的专题研究，这里和大家分享一下研究的结论。

7.8.2.1 对抗拔锚杆的研究结论

通过假设条件推演及案例分析，得出以下结论。

（1）后注浆工艺是否可以降低成本

① 后注浆的优势：在强风化层很厚时，减少了锚杆的总深度；在强风化层很薄时作用很小。

② 后注浆的劣势：整根锚杆的灌浆体造价增加15元/m。

③ 其结果显示，当原状土层及强风化岩层厚度足够大时，锚杆不进入中风化层，后注浆工艺可以降低成本；当锚杆进入中风化层时，采用后注浆工艺的造价反而更高。

④ 从上述案例推断，土层锚杆采用一些技术措施以减少总长度，就可以减少造价。如果施工条件允许，采用扩大头的锚杆，可减少造价。

对抗拔锚杆的设计建议：当原状土层及强风化层厚度大时，采用二次注浆工艺或扩大头工艺。如需锚入中风化层，则不采用二次注浆。

（2）锚杆直径变化对总造价的影响

表7-8-1计算了24个算例，针对不同地质条件下的锚杆，对比了3种直径锚杆的总造价，总结了一些规律。

表7-8-1 不同地质条件下不同设计对造价的影响（来源：百锐学堂）

算例	锚杆直径/m	自由段长度/m	场地原状土层厚度/m	锚杆入原状土长度/m	锚杆入中风化层长度/m	灌浆体总价/元	钢筋总价/元	总造价/元	节约比例，与0.15比/%	每延米造价/（元/m）	每千牛抗拔承载力造价/元
1	0.13	0	100	15.9	0	1 425.0	321.8	1 746.8	-11.23	110	6.7
2	0.15	0	100	13.8	0	1 291.6	278.9	1 570.4	—	114	6.0
3	0.18	0	100	11.5	0	1 153.1	232.4	1 385.5	11.77	120	5.3
4	0.13	10	100	15.9	0	2 319.9	523.8	2 843.7	-5.00	110	10.9
5	0.15	10	100	13.8	0	2 227.5	480.9	2 708.4	—	114	10.4
6	0.18	10	100	11.5	0	2 155.8	434.4	2 590.3	4.36	120	10.0
7	0.13	20	100	15.9	0	3 214.8	725.9	3 940.7	-2.45	110	15.2
8	0.15	20	100	13.8	0	3 163.4	683.0	3 846.3	—	114	14.8
9	0.18	20	100	11.5	0	3 158.5	636.5	3 795.0	1.33	120	14.6
10	0.13	0	0	0	3.2	285.0	64.4	349.4	-11.23	110	1.3
11	0.15	0	0	0	2.8	258.3	55.8	314.1	—	114	1.2
12	0.18	0	0	0	2.3	230.6	46.5	277.1	11.77	120	1.1
13	0.13	0	0	0	3.2	821.9	185.6	1 007.5	-1.07	110	3.9
14	0.15	0	0	0	2.8	819.9	177.0	996.9	—	114	3.8
15	0.18	0	0	0	2.3	832.2	167.7	1 000.0	-0.31	120	3.8
16	0.13	0	0	7	1.8	786.1	177.5	963.6	-1.29	110	3.7
17	0.15	0	0	7	1.4	782.4	168.9	951.3	—	114	3.7
18	0.18	0	0	7	0.9	792.1	159.6	951.8	-0.04	120	3.7
19	0.13	20	0	7	1.8	2 575.9	581.6	3 157.6	2.16	110	12.1
20	0.15	20	0	7	1.4	2 654.2	573.0	3 227.3	—	114	12.4
21	0.18	20	0	7	0.9	2 797.5	563.7	3 361.3	-4.15	120	12.9
22	0.13	20	0	10	1.2	2 790.7	630.1	3 420.8	2.27	110	13.2
23	0.15	20	0	10	0.8	2 878.8	621.5	3 500.4	—	114	13.5
24	0.18	20	0	10	0.3	3 038.2	612.2	3 650.4	-4.29	120	14.0

对抗拔锚杆的设计建议：

① 当锚杆未进入中风化层，或锚杆进入中风化层但中风化层埋深小于6～7m时，采用大直径180mm的锚杆同时采用二次灌浆，可节约造价，最多可节约11.7%的总造价。

② 当锚杆进入中风化层，且中风化层埋深大于7m时，采用小直径锚杆较为经济，建议直径取150mm。

7.8.2.2 对抗拔管桩的研究结论

为分析抗拔管桩不同直径下造价的差异、引孔与不引孔的造价差异，对抗拔管桩的几种代表性地质条件下的造价进行计算和分析。

（1）考虑下列几种工况

① 正常标准情况：填土层不是很厚，取4m；有侧阻力的原状土层也不是很厚，取

4m；入强风化层3m。强风化层判定采用未修正标贯数。

② 回填土较厚情况：填土层取8m，其他同工况①。

③ 原状土层较厚时，可提供侧阻的原状土层厚度取8m，其他同工况①。

④ 正常标准情况下，为提高抗拔承载力，采用引孔方式使桩进入强风化层4～6m，填土层厚度及原状土层厚度同工况①。考虑引孔增加费用。

⑤ 回填土较厚情况下，填土层取8m；为提高抗拔承载力，采用引孔方式使桩进入强风化层4～6m，原状土层厚度同工况①。考虑引孔增加费用。

⑥ 回填土及原状土缺失，开挖地下室即揭露强风化层，考虑采用引孔5～6m再打桩。

（2）抗拔管桩造价分析

单柱下的抗拔承载力特征值需求为1 300kN，原状土层修正后的抗拔侧阻力特征值取25kPa，强风化层修正后的抗拔侧阻力特征值取60kPa。先算出单桩抗拔承载力特征值，再计算单柱下的桩数，再计算所有桩的总造价，如表7-8-2所示。

表7-8-2 抗拔管桩造价分析表（来源：百锐学堂）

工况	管桩直径/m	填土层厚度/m	有侧阻力土层厚度/m	桩进入强风化层厚度/m	每平方米总单价/(元/m)	每千牛抗拔力造价/(元/kN)	单柱下需要管桩根数/根	单柱下需要管桩根数取整/根	总造价/元	造价排序
1.标准情况	0.4	4	4	3	125	3.91	3.7	4	5 500	4
	0.5	4	4	3	180	4.50	2.96	3	5 940	5
	0.6	4	4	3	250	5.21	2.46	3	8 250	14
2.回填土较厚	0.4	8	4	3	125	5.33	3.7	4	7 500	7
	0.5	8	4	3	180	6.14	2.96	3	8 100	11
	0.6	8	4	3	250	7.11	2.46	3	11 250	18
3.土层较厚	0.4	4	8	3	125	3.93	3.51	4	7 500	8
	0.5	4	8	3	180	4.53	2.24	3	8 100	12
	0.6	4	8	3	250	5.24	1.82	2	7 500	9
4.引孔，标准情况	0.4	4	4	4	150	4.22	3.51	4	7 200	6
	0.5	4	4	5	210	4.35	2.24	3	8 190	13
	0.6	4	4	5	290	5.00	1.76	2	7 540	10
5.引孔，回填土层较厚	0.4	8	4	4	150	5.62	3.51	4	9 600	15
	0.5	8	4	4	210	5.68	2.24	3	10 710	17
	0.6	8	4	4	290	6.54	1.76	2	9 860	16
6.土层及回填土缺失	0.4	0	0	5	150	1.99	3.51	4	3 000	1
	0.5	0	0	6	210	2.23	2.3	3	3 780	3
	0.6	0	0	6	290	2.57	1.92	2	3 480	2

(3)分析总结

① 相同地质条件下,即同一工况下,采用小直径抗拔管桩造价低。在设计抗拔承载力特征值小于下表的最大允许受拉特征值前提下,管桩可不出现裂缝,可满足中等腐蚀情况下的耐久性要求。建议在设计时优先采用 400×95AB 型管桩。

② 工况 6 说明强风化层埋深很浅时,采用引孔经济性非常突出。

③ 通过工况 1 和工况 4 的比较可看出,正常地质条件下,引孔可提高单桩抗拔力。

如果可以减少桩数,造价可降低。如不能减少桩数,造价反而增加。工况 2 和工况 5 的比较也说明此规律。引孔会增加工期,一般地质条件下不建议采用引孔方式来增加承载力。

7.8.2.3 对抗拔灌注桩的研究结论

分为两种情况:当场地强风化层厚度足够时,桩只进入强风化层;当场地土层及强风化层厚度不足时,抗拔桩进入中风化层或微风化层。由于两种情况的分析方法一样,结论基本一致,因此只做第一种情况下的造价分析。

(1)当场地强风化层厚度足够时,桩只进入强风化层的造价分析

桩径的变化对总造价的影响:桩径为 338~713mm 时,为达到相同承载力,桩径越大,造价越高。

某项目对桩径与造价的关系分析

某项目对灌注桩的桩身直径与成本的关系进行了精细化的分析。结论是:当桩的抗拔承载力特征值均为 1 300kN 时,600mm 桩径和 800mm 桩径的造价相差比较大。理论计算结果表明,桩径减少后,桩身造价减少的量大于钢筋增加的造价,致总造价降低 15%,如图 7-8-4 所示。

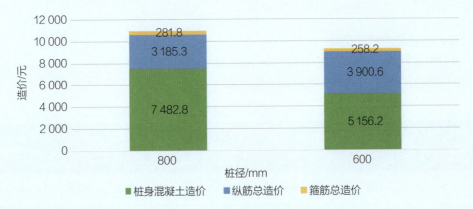

图 7-8-4
直径 800mm 与 600mm 桩的造价组成分析(来源:百锐学堂)

设计建议：在承载力一定的前提下，桩径越大，桩的总造价越高，因此设计中桩径应尽量取小值。

（2）设计参考的敏感性分析

取桩径 d、承载力特征值 R_{at}、桩上部自由段长度 H_k、土层及强风化层修正后的加权平均 Q_{sq}、箍筋面积 A_{sv}、箍筋间距 S_v、钢筋强度利用系数 k、钢筋主材综合单价 P 等参考，进行敏感性分析，得出参数的敏感程度从高到低为：

① 承载力特征值增加对造价有很大影响，相当于入岩段长度、桩身混凝土量、纵向钢筋的总面积、纵向钢筋总长度都同时增加；

② 总造价对桩径变化较敏感，桩径增加后，混凝土造价增加，钢筋用量减少；

③ 提高侧阻力可减少总桩长，对造价有较大影响；

④ 自由段长度的变化对造价有影响。自由段长度跟地质情况有关，不同的地层条件对桩的造价有影响；

⑤ 钢材单价变化对桩造价有较小影响；

⑥ 裂缝控制取 0.3mm 还是取 0.2mm，纵筋等效直径、保护层厚度等变化会导致钢筋强度利用系数 k 变化，对总造价有较小影响；

⑦ 箍筋直径和间距变化基本不影响造价。

有关总造价对各参数的敏感性影响，如图7-8-5所示。

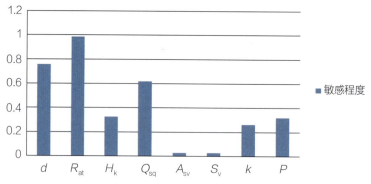

图 7-8-5
总造价对各参数的敏感性影响（来源：百锐学堂）

（3）旋挖桩的扩孔优势

如采用旋挖桩，可将桩底直径扩大一倍，相当于增加了侧阻面积，可减少入岩段长度，节约造价优势明显，可节约造价25.3%（表7-8-3）。

表7-8-3　旋挖桩扩孔可节约造价（来源：百锐学堂）

桩径/m	总桩长/m	桩身混凝土造价/元	纵筋造价/元	箍筋造价/元	单桩总造价/元	节约造价
0.8	15.4	7 480.6	3 176.5	277.9	10 935.0	—
0.8，底扩到1.6	11.5	5 589.1	2 373.3	207.6	8 170.1	25.3%

设计建议：如灌注桩确定采用旋挖桩成孔，则尽可能在持力层内扩孔。

7.8.2.4 最后综合比较锚杆、管桩、灌注桩的施工造价

(1) 一层地下室抗拔构件的成本比较

在九种不同的地质条件下，各采用锚杆、管桩、灌注桩这三种构件，计算每种构件的长度、配筋、柱下总根数、总造价。最后造价均折算到地下室每平方米建筑面积。

得出各种地质条件下抗拔构件的综合造价（含检测费，分摊到地下室每平方米总成本），如图7-8-6所示。

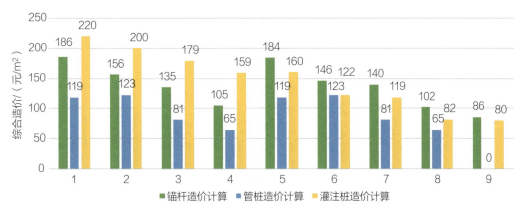

图 7-8-6
各种地质条件下抗拔构件的综合造价（一层地下室）（来源：百锐学堂）

从上图可见，管桩的造价最优，抗拔锚杆的造价次之，造价最高的是灌注桩。而在某种地质条件下，最高造价的灌注桩是最优造价管桩的2.44倍。

最后得出抗拔构件的设计建议如下。

① 不同的地质条件下，使用管桩的经济性最好，采用400mm直径抗拔管桩造价低。如果强风化层埋藏很浅，即使成桩前采用引孔措施，总造价仍然最低。

② 无法使用管桩基础时：

a. 当底板底的土层可作为持力层，且中风化岩层埋深大于15m时，建议采用抗拔锚杆，锚杆直径180mm，采用后注浆工艺，有条件时采用扩大头；

b. 其他情况建议采用灌注桩抗拔，桩径取600mm，有条件时采用扩大头灌注桩；

c. 如底板底即为中风化岩层，总成本的高低取决于锚杆、灌注桩的实际检测费用，需综合考虑工期、施工成本、检测成本等因素确定基础方案。

(2) 二层地下室抗拔构件的成本比较

之前以一层地下室作为假设条件，现改为以二层地下室做为假设条件。抗浮设防水位取室外地面约-0.3m相对标高，顶板覆土800mm厚，顶板面结构标高取-0.8m-0.3m=-1.1m。地下室两层，每层高3.8m。顶板采用单向板单向次梁结构，中板采用单向板单向次梁结构，底板采用无梁楼盖结构。抗浮安全系数取1.05时，单柱下的轴力标准值约为2 600kN，抗拔承载力特征值需求约3 500kN，探讨抗拔构件的最优成本。

得出各种地质条件下抗拔构件的综合造价（元/m^2，含检测费，分摊到地下室每平方米总成本），如图7-8-7所示。

图 7-8-7
各种地质条件下抗拔构件的综合造价（二层地下室）（来源：百锐学堂）

由此得出设计建议如下。

① 不同的地质条件下，使用管桩的经济性最好，采用 400mm 直径抗拔管桩造价低。如果强风化层埋藏较浅，即使成桩前采用引孔措施，总造价仍然最低。

② 无法使用管桩基础时：

a. 当底板底的土层可作为持力层时，建议采用抗拔锚杆，不入岩的锚杆直径采用 180mm，采用后注浆工艺，有条件时采用扩大头，入岩的锚杆采用 150mm 直径；

b. 其他情况采用灌注桩抗拔，桩径取 800mm，有条件时采用扩大头灌注桩。

碧桂园为了加强项目地下结构（基础+地下室）选型的成本管控，专门在2019年发文《关于进一步明确地下结构选型管理的通知》，明确了基础与地下室选型的工作流程和相关要求，体现碧桂园设计管理和成本管理中的一个重点工作是地下结构。

地下室还有一个非常重要的临时工程，对成本的影响有时非常大，对项目安全和进度的影响有时也是非常大的。这个重要的工程就是基坑支护分部分项工程。基坑支护通常发生在大城市的成熟社区，地下室至少一层，有的多达 2～3 层，因此基坑支护方案的选型非常重要。

很多标杆企业专门有这方面的研究，值得学习借鉴。例如，融创集团的产品中心和成本中心联合编写的《基坑支护方案选型和成本参考指南》，与之前发布的结构设计管控手册一起使用，十分便于在项目早期筛选较为可行的基坑支护方案选型和成本对标，以此安排并督导设计单位，再根据项目的实际情况进行有针对性的技术和成本对比分析，实现多方案的精细化比较和确定。

CHAPTER EIGHT

第 8 章

项目工程策划

8.1 工程策划与全成本价值策划的关系

本书前面阐述了工程管理是全成本价值管理的重要组成部分之一。这里在对于工程策划如何能体现出全成本价值策划的价值，仍然要特别做一个分析。原因是：其一，很多朋友对"头痛医头、脚痛医脚"很理解，但对"头痛捏脚"不太理解；其二，2021年8月的一次以"降本增效"为主题的课程调研，反映出公司的工程前线管理人员普遍成本意识不够，造成工程的多种浪费，如施工方案的不合理、施工工艺的不合理、各施工方协同不利、施工返工、工期延期等各种问题，导致工程费用上升。本书将工程管理中与成本相关的控制措施进行分析，最后得出结论：要想做好项目成本管理，工程管理也要做好，要做好工程管理，就首先做好工程策划。

8.1.1 工程策划与工程管理在降本增效中的作用

工程策划与工程管理在降本增效方面的作用主要表现在以下几个方面。

（1）通过科学策划、精细化现场管理来减少无效成本

其中，减少无效成本是工程策划与管理的重点工作。

① 施工方案合理编制及实施。例如某项目采用大穿插施工工艺，较传统施工工艺提前3个月达到项目预售节点。尽管大穿插施工工艺会带来一些额外的支出，但综合的经济效益还是比较显著的。

② 施工组织穿插高效，减少施工单位的窝工和施工单位对业主方的索赔。

③ 提前发现设计问题并积极跟进解决，避免打掉重做而造成的无效成本发生。

（2）通过提升工程品质，实现降本增效

项目品质的提升有利于项目的溢价。质量管理不但能提升产品的价值，还能减少质量成本。零缺陷之父、一代质量宗师菲利浦·克劳士比的《质量免费》一书，引发欧美国家的质量革命，成为管理学的经典名著。本书给出的结论是：质量不但是免费的，还是一棵货真价实的摇钱树。

质量的提升不光表现在选材和设计上，还会表现在施工上。在质量与成本的关系上，有一个"质量成本"的概念。正确地理解和运用了质量成本，就能摆正质量和成本之间的正常关系。

质量成本=低质量成本+预防成本。低质量成本是全部无质量缺陷或问题时本应不存在而事实上发生的费用，包括评价成本、内部缺陷成本、外部缺陷成本这三个方面。

质量又分为一致性成本和非一致性成本，如图8-1-1所示。研究表明，预防成本的增加会有效减少总体的质量成本，而预防成本的增加属于事前控制质量，因此工程策划中对质量的策划也会减少质量成本。

关于提升质量会增加成本的想法是很多人的固有观念。这是因为很多人只看到要提

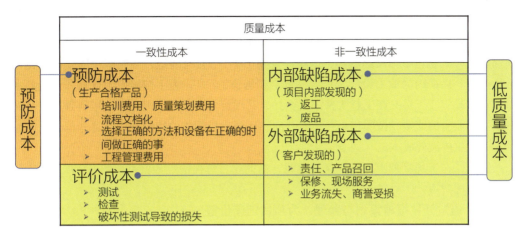

图 8-1-1
质量成本的组成（来源：作者整理）

升质量一定会增加投入，但其实质量的投入也是遵循价值工程的，也要计算综合的质量投入产出比，而且是综合的质量投入产出比，不是看到的和只分析局部的质量投入。有研究表明，在制造业，6西格玛质量管理体系能够将质量成本降低到5%以下。房地产业也属于传统制造业，尽管不需要做到6西格玛那么高，但是目前的房地产品质还是粗放型的，远远没有达到精品工程的要求，因此综合质量成本下降的空间还是很大的，如图8-1-2所示。

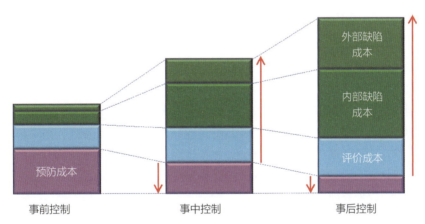

图 8-1-2
事前控制是减少质量成本的捷径

本书前面讲到强夯法的案例，就是合理应用质量成本的优秀案例。因为担心强夯法会产生非一致性成本，也就是为减少地面承载力不合格的缺陷成本，特别加大了一致性成本的投入，也就是加大了测试的成本，就是花小钱，省大钱的做法，从而实现强夯法的综合方案既保证了质量，又为公司节省了约1亿元的支出。

（3）通过工地开放日、施工直播等途径，助力营销

很多标杆企业，通过工地开放日、施工直播等手段，让业主增强了对项目品质的认可，同时也让业主更了解目前项目的进展情况，以及将来交付项目后的一些小区情况，助力营销的同时，也会提升项目的品质，最后对公司的品牌也会有较好的认知。

（4）通过工期管理，满足公司运营的节点要求

工期能对项目的成本乃至项目成败产生巨大影响。例如，某项目选择和管理总包时出现问题，导致总包中标后迟迟不肯进场，直到花了1个月时间进行谈判解决问题后项目才开始进行。后面因为业主设计变更，导致工期延长2个月，为了按照原定计划开盘，要求总包单位赶工，于是又产生赶工费。又例如，某项目由于各种原因，导致项目延期，从而影响了小业主的交楼，按照与小业主的合同，还要支付额外的违约费用。这些都是工期控制不力产生的额外成本。

因此，在工程管理上，时间就是金钱，有的项目每提前一天就可节约100万元的贷款利息等种种费用。

（5）通过开发报建策划与管理，为项目创造价值

"开发报建也是生产力"已是大家的共识，尽可能早日拿到规划证、施工许可证、预售证等证件能为项目创造价值，因此在本章专门用一节来说明开发报建是如何发挥生产效力的。

（6）通过完美交付，实现公司品牌价值提升

在工程的交付环节，往往因为各种原因，很容易产生小业主投诉多甚至群诉的事件发生。其实只要做好交付的策划，并做好实施，就完全可以在避免群诉的同时，还能提升客户满意度，从而为项目创造价值。

以上从六个方面讲到好的工程策划和工程管理的确可以降本增效，因此下面所讲的工程策划的所有内容都是为降本增效而做出的努力。

8.1.2 工程策划的内容

工程策划以项目整体策划为基础。不同的公司，其项目整体策划的目标不一样，工程策划的目标也不一样。

之前的项目整体策划中讲到，碧桂园工程策划在大运营的节点主要表现在工程策划会及二次工程策划会。而工程策划会召开的目的是在开工前进行全面交底，对项目整体开发思路进行推演，明确关键决策点、控制点，提前识别风险并提出预案，为开工做好充分准备。二次工程策划会召开的目的是明确当前工作偏差原因，项目传达经营目标并协助解决关键制约因素，保证各项工作顺利推进。

很多公司工程策划会的内容随着公司要求的变化而有所变化，有的工程策划方案实际上变成偏项目管理的项目策划方案，因此个别的包括了少部分营销策划的内容，有的工程策划是纯粹的总包视角的工程策划。图8-1-3是根据碧桂园工程策划会标准模板形成的思维导图。

而在中海地产的工程策划中则用了"工程推演"这个词。中海的工程推演是其公司运营体系中沙盘推演的一部分。推演的意思是推论演绎，推移演变。当前社会最多的"沙盘推演"广泛应用于军事、工程领域，因此中海地产也使用了"沙盘推演"作为运营体系的一个工具。推演与复盘是一对"孪生兄弟"，有了事前的扮演，就有了事后的复盘。工程推演与工程策划表达的是同一个意思，但显然工程推演更有文化底蕴。

中海地产"工程推演"分为一阶段工程推演、二阶段工程推演和专项策划，如图8-1-4所示。

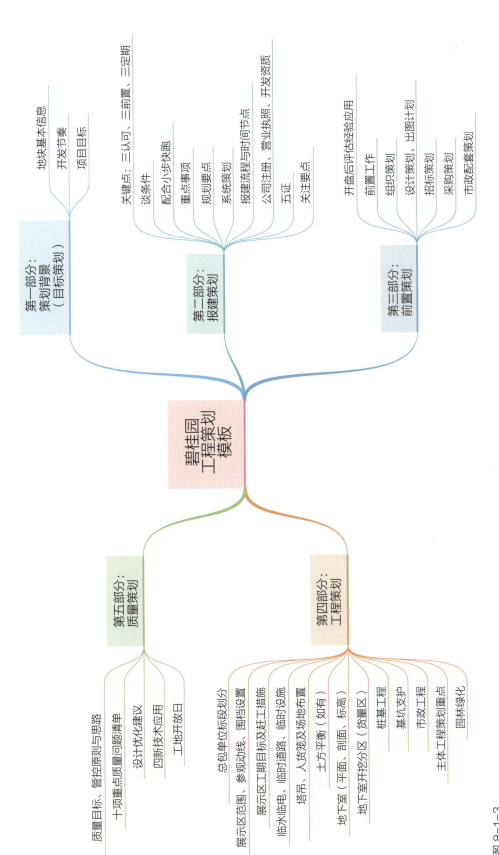

图 8-1-3 碧桂园工程策划会模板思维导图（来源：百锐学堂）

第 8 章 项目工程策划

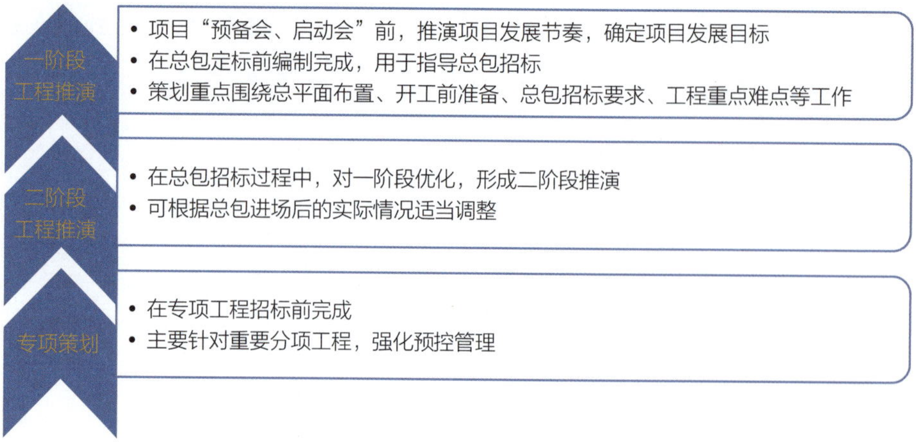

- 一阶段工程推演
  - 项目"预备会、启动会"前,推演项目发展节奏,确定项目发展目标
  - 在总包定标前编制完成,用于指导总包招标
  - 策划重点围绕总平面布置、开工前准备、总包招标要求、工程重点难点等工作

- 二阶段工程推演
  - 在总包招标过程中,对一阶段优化,形成二阶段推演
  - 可根据总包进场后的实际情况适当调整

- 专项策划
  - 在专项工程招标前完成
  - 主要针对重要分项工程,强化预控管理

图 8-1-4
中海的工程推演三阶段(来源:百锐学堂)

一阶段工程推演重点关注的内容如下。
① 项目基本情况:开放项目信息、地块自身信息、现场配套接驳等。
② 确定管理目标:管理目标根据具体项目而确定。
③ 工序穿插思路:地下室穿插、外立面穿插、装修穿插等。
④ 平面、立面动线:出入口、道路平面动线;塔吊、电梯垂直运输立面动线。
⑤ 落实技术使用:地质状况,试桩,结构选型,新技术等。
⑥ 信息化使用:智慧工地、BIM、工程 App 等。
⑦ 识别工程风险:报建风险、工程风险、大型活动、土地风险、危大工程清单等。

作者认为工程策划应该是站在房地产项目经理视角的工程条线策划,其核心内容应该包括:
① 项目基本情况(工程策划背景);
② 确定管理目标(目标策划);
③ 开发报建策划(可以单列成开发报建策划会);
④ 开工前置策划(工程开工的前置,给设计、合约招采提条件);
⑤ 平面、立面动线;
⑥ 工序穿插思路;
⑦ 质量技术策划。

需要特别强调的是,为达到现金流持续为正的目的,首期的供应货值要足够,经验值是首期供货值大于资金峰值的 2.38 倍,且满足当地政府对首次开盘的最低要求。

8.1.3 工程策划须遵循项目管理目标

确定管理目标其实就是定义项目成功的标尺。项目管理目标包括货值供应计划、工期节点计划、经营利润指标、质量目标等。

8.1.3.1 货值供应计划

项目的目标首先要满足集团大运营开发节奏计划的需要,即什么时候供货、各期供货量有多少？为此，需要根据项目特点及供应计划将货值做出分区开发，算出各区的货值。

某项目B的供货计划

某项目B总占地面积为70.5亩（46986m^2），容积率为2.5。预售条件是高层主体完成2/3。项目总货值为11.86亿元，分为四期供货，供货计划如图8-1-5所示。

批次	楼栋范围	可售面积或数量	货值/亿元	推货时间
示范区、首期货量	底商 1#栋 2#栋 3#栋 4#栋	49 390.67m^2	4.56	2020年8月1日
二期货量	底商 5#栋 9#栋	25 436.42m^2	2.38	2021年1月1日
三期货量	底商 6#栋 7#栋 8#栋	43 258.73m^2	4.35	2021年5月1日
四期货量	地下车位	865个	0.9	2022年5月1日

图8-1-5
某项目B的供货计划（来源：百锐学堂）

特别强调的是，为达到现金流持续为正的目的，首期的货值要足够满足"公司投资决策意见表"的要求。经验值是首期供货值大于资金峰值的2.38倍，且满足当地政府对首次开盘的最低要求。首期供货之后的后续供货原则是以销定产，按照销售情况进行调整。

8.1.3.2 工期节点计划

有了项目供货计划的运营大目标，就可以排出从项目拿地到首期供货乃至整体项目的工程计划。一般项目的重点时间节点体现是项目的开工三板斧，即从拿地开工到开盘的策划阶段。这个阶段通常以时间轴的形式表示。

接上面的案例，项目为高周转项目，主要工期节点计划图示如图8-1-6所示。为了达到项目节点，在获得施工许可证正式开工前，可争取提前动工；在开盘之前，做好

第8章 项目工程策划 **281**

展示区的抢工开放和确保货量区形象进度工作；首期后续货量推售则结合营销供需计划，确保按时或提前供货。

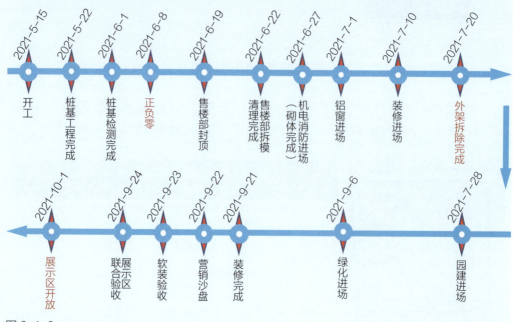

图 8-1-6
某项目展示区工期节点计划（来源：百锐学堂）

8.1.3.3　经营利润指标

经营利润指标包括净利润率指标、现金流回正时间、项目总成本、项目总销售收入等。

某项目的经营指标，如表 8-1-1 所示。

表 8-1-1　某项目财务主要指标（来源：百锐学堂）

项目开放时间	2020年10月25日	项目开盘时间	2020年11月20日
项目总货值	16.3亿元	土利获利倍数	0.3
首期供货	7.85亿元	净利润率	8.35%
全年销售目标	5.6亿元	自有资金回报率	949%
首期去化率	70%	项目奖金目标	0.3亿元

8.1.3.4　质量目标

质量目标一般分为工程实体实测实量质量目标、公司考核质量的评分目标、客户满意度的质量目标等。

某标杆公司在2017年发布了"工程质量管理检查评分表"，于是某项目制定的目标如下。

① 区域公司排名前三名。

② 质量检查综合评分表评分在90分以上，如表8-1-2所示。

表8-1-2　某项目某标段工程质量检查综合评分表（来源：百锐学堂）

检查项	土建工程			装修工程		
	土建分项得分	土建基本项扣分	"十条红线"扣分	装修分项得分	装修基本项扣分	"精装六条"扣分
标段分项得分	90	0	0	90	0	0
	90			90		
总得分	90					

③ 业主收楼率90%以上，户均问题不多于1.5条。

8.2 通过开发报建策划来降本增效

开发报建又称报批报建，是遵照国家及地区行政审批许可规定及流程，按时获取房地产项目开发所需的证照，以满足项目开发进度的需要。开发报建分为开发和报建两部分。开发是指将各研究成果、资源应用于某项计划或设计，以生产出新的或具有实质性改进的材料、装置、产品等。报建是指建设单位在工程项目可行性研究报告或其他立项文件被批准后，须向当地建设行政主管进行报建，交验工程项目立项的批准文件，包括银行出具的资信证实以及批准的建设用地等其他有关文件的行为。

开发报建对应的是开发指标和报建指标，如表8-2-1所示。

表8-2-1　某项目开发报建指标（来源：百锐学堂）

开发指标		报建指标	
占地面积	105亩	分证管理	×个
容积率	2.0	总平面图	（车位等指标受限）
计容建筑面积	140 007m^2	国土证	×个，2021年×月××日
地价	2.52亿元，240万元/亩	规划证	×个，2021年×月××日
楼面地价	1800元/m^2	施工证	×个，2021年×月××日
摘牌时间	2021年8月18日	预售证	×个，2022年×月××日
建筑密度	35%	备案证	2021年×月××日（第1区）
建筑限高	100m	土地款交付	一期，2021年×月××日，××%，××亿元
计划开工时间	2021年10月10日		二期，2021年×月××日，××%，××亿元
计划开盘时间	2022年5月1日		三期，2021年×月××日，××%，××亿元
90/70等限制	无	预售条件	—

8.2.1 开发报建的要素、定位、意义和作用

开发报建的要素有三个，规定、流程、证照。前两者是规则，证照是结果。因此开发报建的本质是：了解、掌握、利用规则。

从降本增效的角度来看，开发报建也是生产力，最直接的表现就是各种证件和政府审批的许可。可以毫不夸张地说，开发报建工作不到位的项目，一定是开发节奏不顺利的项目，一定是利润打折扣的项目。

开发报建的意义和作用主要表现在四个方面：①合法合规；②缩短报建时间，最大可能拿到证照和审批；③实现项目效益最大化；④为融资创造良好条件。

开发报建的角色定位和目标，如图8-2-1所示，分述如下：
① 是项目的工程、设计、营销业务联系政府的交集方；
② 是项目部和政府部门之间的桥梁与纽带；
③ 是项目开发每个环节的排头兵、先头部队；
④ 是项目部内部各部门之间的桥梁与纽带。

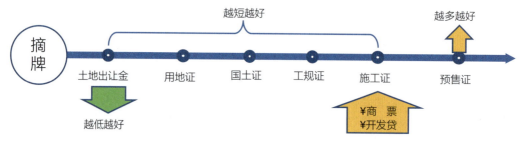

图 8-2-1
开发报建的角色定位和目标（来源：百锐学堂）

由于高周转的需要，碧桂园对开发报建十分重视，主要表现是将报建策划会放入大运营会议中，可见其对开发报建的重视。开发报建不只是开发报建人员的事，在成熟的公司，不同的层级有着一定的分工，作为区域总或主管副总裁是制定战略的书记，项目总是具体执行的市长，对应的是总体实施，而开发部或开发报建人员对应的是细节的执行，对应的是政府各局各部门的人员。

某标杆公司对一、二线城市31个项目无法实现6个月内开盘的主要原因进行分析，排在第一位的是开发报建，影响比例高达48%。可见开发报建对项目快速开工的影响是最大的，如图8-2-2所示。

这份分析报告进一步分析了开发报建存在问题的原因如下：
① 当地预售条件较高，报建流程繁琐周期长，无法实现提前售及提早售；
② 当地报建及监管要求严格，在未获取施工许可证前禁止动工；
③ 各种报建资料准备不足，文本质量和呼应度不够，忽视预沟通；
④ 报建团队的专业性较弱，未能处理好与各级政府的关系。

既然找到开发报建的问题了，就有了解决的措施和改善建议。
① 做好报建策划是关键。
② 寻找一切可以穿插、平行的流程，节省报建时间。

图 8-2-2
开发报建因素影响重要性（来源：百锐学堂）

③ 做好投资与报建的衔接和资源整合，确保投资阶段的优惠条件在报建阶段得以兑现，共享政府关系资源。

④ 尽早组建项目团队，项目核心成员应尽早介入前期投资策划工作。提前熟悉当地报建流程、规则以及政府关系，提前预沟通（要多轮），对于把握性比较大的项目，摘牌前尽可能完成规划预审，充分报建前置。

⑤ 可成立专业的报建精英团队，流程标准化和持续优化改进，共享报建资源。

另外，碧桂园为了实现高周转，并充分体现项目总经理是项目高周转责权利的第一责任人，在2018年发通知进行了以下规定："项目总经理亲自跟进和落实工规证、施工证和预售证等所有关键报建工作，项目层面不再设置开发部及专职报建岗位。"可见开发报建是综合性极强的重要工作，需要项目总亲自跟进才有保障。

8.2.2 开发报建策划的内容

开发报建策划的核心内容可概括为五证、两书、一表。五证指建设用地规划许可证、国有土地使用证、建设工程规划许可证、建设工程施工许可证、商品房预售许可证；两书指商品房质量保证书、商品房使用说明书；一表指竣工验收备案表（竣工验收备案证或竣工验收备案证书）。

其中五证的重要程度与核心工作如表8-2-2所示。

表8-2-2 五证的重要程度及核心工作（来源：郑伯博博士）

序号	重要性	证照名称	核心工作
1	★★	建设用地规划许可证	发改备案；工商注册及开发资质
2	★★★	国有土地使用证	达到融资放款条件
3	★★★★★	建设工程规划许可证	规划总平面公示；指标校核及核位红线图；消防总平面批复
4	★★★★	建设工程施工许可证	四大招标备案；质、安监手续；图审合格证；消防施工图审查
5	★★★★	商品房预售许可证	物业招标；工程形象进度；面积测量

根据重要性及投入的资源强度，五证的强度分布，如图8-2-3所示。

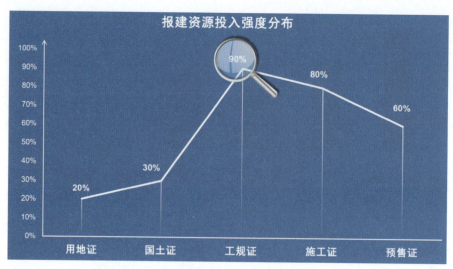

图 8-2-3
五证的资源投入强度分布（来源：郑伯博博士）

以上五证的重要程度不同，下面只重点对后三个证件的办理进行专题讨论。

开发报建中有一项非常重要的策划工作，就是分证。一个项目划分为多少个标段、多少个建设工程规划许可证（简称"工规证"）、多少个建设工程施工许可证（简称"施工证"）、多少个商品房预售许可证，对项目至关重要。分证的对应关系属于一一对应、互相牵制的关系，如图 8-2-4 所示。

图 8-2-4
分证的一一对应与互相牵制（来源：郑伯博博士）

分证遵循以下原则：
① 后期规划方便可调；
② 易于分批验收；
③ 减少预售资金监管；
④ 减少预售备案价限制。

某项目的土地分证计划

广东英德某项目，综合大运营节点、市场销售情况、红线及征地情况，以及高压线走廊、配套要求等各因素，确定规划方案和土地分证计划，如图 8-2-5 所示。具体分析如下：

① 展示区（示范区）为规划一分区（第一批次）。考虑因素是：现场展示区进度较快，可率先对展示区进行报建，尽量规避无证开工稽查处罚等；同时展示区形象进度快，可满足展厅开放、宣传蓄客等营销活动；展示区可尽快获取预售许可证，作为商铺出售可快速回现。

② 首期，即规划二分区（第二批次）的范围为首推货量（2~9号楼）。考虑因素：地质条件较好不用打桩，且为洋房单位，达到可销售进度较快。

③ 二期至四期为后续规划分区。作为非首推货量区，可根据首期销售情况适当灵活调整户型，因此分证时分为第三至第五批次，分证后可以后拿证。

图 8-2-5
英德某项目土地分证计划（来源：百锐学堂）

8.2.3 建设工程规划许可证策划

建设工程规划许可证是项目五证中最关键的证件。原因是，这个证是项目合理开工的标志，也就是有了这个证件之后，项目的总平面图、单体、标高等核心指标就不会变了，据此可以开展基坑支护、基础施工工程。建设工程规划许可证的办理主要涉及审查工作，如图 8-2-6 所示。

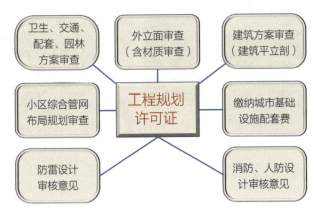

图 8-2-6
工程规划许可证审查内容（来源：百锐学堂）

只有充分了解当地的规划报建流程，才能知道什么地方容易有问题，什么地方可以加快，以广东省东莞市的规划报建流程为例，如图8-2-7所示。

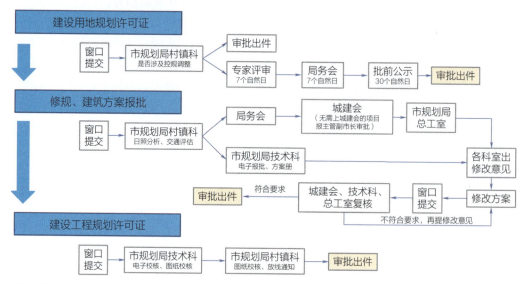

图 8-2-7
东莞市建筑工程规划许可证报建流程（来源：百锐学堂）

要想尽快取得建设工程规划许可证，规划方案须提前确定，有以下措施经验分享。

① 摘牌前与设计一起了解当地规划要求条件，特别涉及面积计算中的不计容面积、消防和人防要求。例如，要了解当地地下室计容的细则。个别项目当地规定只要车库边长不小于1/3掩埋，其余部分外露，则车库可不计算容积率。若当地规定架空车库需计容，而项目容积率有盈余时也可结合项目情况考虑建设架空车库。因为架空阳光车库可降低地下车库建设成本，同时可自然通风采光、减少车库设备耗能，如图8-2-8所示。

图 8-2-8
尽量架空车库设计（来源：百锐学堂）

例如，规划测绘与房产测绘不同，一般规划测绘要求建筑随层高增加，所计容的建筑面积也有所增加，但房产测绘规定无论层高多高，只按一层计算销售面积，因此需项目开发报建协同项目相关人员与规划局、房管局明确计算规则。某项目规划计容时需计算外墙保温层，但房产面积计算时不含外墙保温层，导致实际可售面积减少；但封闭阳台规划计容时只算一半建筑面积，房产面积需计算全面积，则可增加实际可售面积。

② 对于意向性投资等志在必得的项目，确定规划方案后，摘牌前或者当天送规划局预审，迅速拿到预审意见。待签订土地出让合同后马上正式送审，以节省时间。

③ 总规预审基本无误后，马上送施工图审查或者单体预审（如有）。或者有条件的地方，总规预审可与单体预审同时进行。单体预审无误后，送消防预审。预审期间，施工图的设计必须同步并及时修改，做好同步工作。

④ 总规批复后，尽快完成规划面积指标复核，确保较快批复建设工程规划许可证。

⑤ 在建设工程规划许可证办结取证之前要缴纳市政配套费，对于每期开发建设20万平方米或以上规模的项目，市政配套费金额较大，应提前做好减免工作，节省开发成本。必要时考虑分期办理建设工程规划许可证。

⑥ 需要关注环评、交评及水土保持。

对于上海等城市或者项目位于旅游景区、保护区之内及附近的项目，审查非常严格，前置沟通尤其重要，直接影响立项及规划报审。

另外环评的分宗地报审如果不当也会出现问题。

某项目环评问题的启示

某项目当地要求单宗地总建面超过10万平方米的，环评要报省里审批，流程和周期太长，项目为加快报建，将同一个组团的地块切分为两宗地分开报环评，故规划方案按此进行。后政府不同意将一个组团的地切分为两宗地块报环评，只能按一块地报省里审批，造成原定稿方案两次修改，导致欲速则不达的情况。案例的启示是：新项目在方案阶段应提前明确分宗地的环评问题，避免后期方案反复修改（图8-2-9）。

图8-2-9
某项目环评案例（来源：百锐学堂）

规划方案报批反复修改是行业的一大痛点。主要原因是：日照要求、户型产品、车位比例、容积率综合平衡未满足当地规范要求。应对措施：对于深耕当地的公司，应将当地的规范研究透，在总结反思的基础上，进行适应性提升；对于新进入的地区，前置提前研究，以及寻找及借力当地的良好合作伙伴，合伙共赢。

消防报审有时也会深度影响项目整体方案。

某项目消防报审过程中的问题及解决措施

某项目北侧沿街，因内外场地高差较大，采取图8-2-10（a）所示的竖向设计方式，但在消防报审时消防局要求登高面设置在核心筒的商铺一侧，而受所选户型限制，且该侧商铺进深较大，故按规范规定无法设置于商铺外侧和住宅内侧，导致后续多次修改方案。

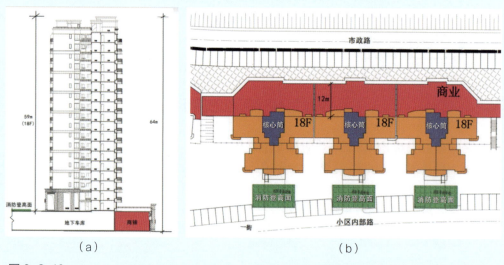

图 8-2-10
消防报审案例一（来源：百锐学堂）

第一次调整方案，将高层翻转180°，核心筒朝内，于内侧设置消防登高场地，规划满足消防要求，但审图中心提出户型北侧两户不满足日照要求（属于户型自遮挡，一般南方对日照要求不高，自遮挡可不考虑）。于是进行第二次调整方案，将商铺向内侧缩进，使商业裙房进深控制在4m，按规范可将登高面设于商铺一侧。但消防局再度提出其属于高度超过50m的商住楼，是一类建筑，相关防火要求更高。而根据规范也可以定义为附属于居住建筑的商业服务网点，相关消防要求相对较低。最后经过多方沟通后同意按居住建筑楼来考虑。两次调整的方案，如图8-2-11所示。

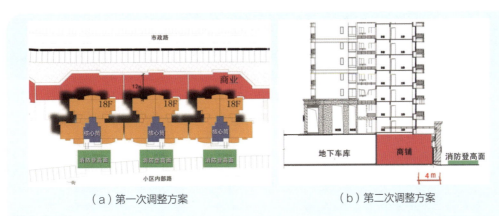

(a)第一次调整方案　　　　　　(b)第二次调整方案

图 8-2-11
消防报审案例二（来源：百锐学堂）

以上案例的启示是：为避免报建时才暴露消防问题，建议新项目在方案阶段即需同消防局和审图中心做好充分沟通，及时发现问题，解决问题。

8.2.4　建设工程施工许可证策划

建筑工程施工许可证是合法施工的标志。在办理建设工程施工许可证策划时重点的报批手续和注意要点如下。

① 外地企业的勘察、设计、施工、监理企业备案。

② 地勘报告及施工图审查。

③ 政府招投标流程。

④ 施工合同备案。

⑤ 质量、安全、文明监督手续（政府监管）。

⑥ 由于办理建筑工程施工许可证的前提条件比较多，因此要精心策划，做好同步和穿插报建工作，以尽量节省时间。

⑦ 提前进行施工图审查，缩短开发报建时间。

⑧ 对于有提前动工要求的工程，应及时协调质监和安监部门提前介入，并提前与城管部门进行协调，需要办理先行施工处罚的，要提早协调按已完成的投资额作为处罚依据。

⑨ 为使办理中标通知书的工作顺利进行，开发报建人员要提醒公司招投标部在对投标单位资格审查时的注意事项，以避免建设工程施工许可证办理得麻烦或时间延误。办理招标投标手续时尽量协调缩短公示期，以早日取得中标通知书，加快证件的办理；同时应与公司招投标部门沟通，适当降低标的物的工程造价标价，减少开发报建规费。

在施工合同备案时，施工合同上的造价必须和中标通知书上的造价保持一致。另外，应避免阴阳合同而引起可能的索赔。

另外，在施工报建阶段需要注意，如果某栋或部分区域是公建项目，则需要公司内部招标完成后，委托具有招标资质的单位出具中标通知书，并进行招投标备案。

8.2.5 商品房预售许可证策划

办理商品房预售许可证所需准备的资料较多,因此必须按当地的要求,提前做好报案的资料准备工作。主要的前期准备工作要点如下:

① 提前办理开设预售款监控账户和监控协议;
② 预售价格备案;
③ 解除土地及在建工程抵押(如有);
④ 前置预测预售面积测量,公关用电子版预先测量;
⑤ 提前(可提前7天)看现场、预估工程进度;
⑥ 网上楼盘信息录入;
⑦ 编制预售方案;
⑧ 备份资料,以备必要时在房管局现场修改。

预售前的难点或重点工作如下:

① 施工图出图之后,立即办理在审证明,保证施工图审查、施工证办理、面积预测提前进行。

② 办理规划证需缴纳多项费用。因为该金额较多,尽量协调规划局先发证,缓交一段时间,可节约大量资金占用成本。

③ 明确各栋使用性质是住宅、商业、配套用房,还是公建,同时确定其建筑面积,方便政府有关部门办理手续。对于公寓这类产权,各个地方要求不同,使用年限尽量参考住宅,而不是参考商业。

④ 注意预售前的面积审核,架空层不计算面积,也不计入容积率。

⑤ 安监资料不齐全及施工单位费用未及时缴纳的,无法取得安监证,从而无法办理预售证。解决办法:与建管处沟通,欠缺的证件由各部门证明代替并取得证号,并承诺一个月内将资料及费用交齐。

⑥ 施工合同未签订则无法备案,从而影响预售。解决办法:提前15天申请备案合同,合同条款征得政府相关部门同意后向公司申报网上流程。

⑦ 无法办理质量监督通知书,缺少合同、图审,导致无法办理预售。解决办法:与质监站沟通,先取得证号,资料不齐时先取得原件,用于办理下一步手续。

⑧ 审图合格证图纸准备时间较长,审图时间较长未取得证件。解决办法:与审图办沟通,先给予审图合格证原件,必要时借出。实际只需借出一小时,供其他部门核对原件即可。

⑨ 消防图纸审查时间较长,且需回复。解决办法:首先,同住建局协调暂缓提供消防审查意见,提前办理施工许可证,然后,督促消防支队加快审核速度。

⑩ 测绘工作量大,时间紧迫。对于开盘量在10栋楼以上,面积预测工作量较大的情况,解决办法是:由公司人员直接事先参与测算和画图工作,测算画图完成后拷贝至房管局测绘队,房管局测绘人员负责审核,从而加快测绘速度,一般能够在一周内完成。对于前置工作尚未完成,为了赶时间,在没有规划证,只有电子图就要开始预先测绘的情况,解决办法是:同测绘队沟通,先按电子版进行画图,待规划核准图出来后立即可以打印测绘报告。

⑪ 缺少必需的原件。解决办法:向政府承诺原件取得时间;同原件出具部门协商将

原件借出，用完后立即归还。

⑫ 形象进度不符合规定要求。解决办法：多搭两层外脚手架及附外网，或选择性拍照形象进度，在照片层面达到形象进度要求。

以上是一般住宅项目办理商品房预售许可证的手续，在一些特殊地区的特殊项目，如深圳城市更新项目中，还有一项非常重要的前置工作完成后才能取得商品房预售许可证。这个工作就是所有回迁户都同意补偿方案和回迁方案。作者在深圳做城市更新项目时就遇到过这个问题。这是一项异常艰难而细致的工作，对项目的开发报建是一种挑战。

8.2.6 优秀开发报建策划的良好做法

优秀开发报建策划的良好做法如下。

① 过程管控的每周标准动作。如周三复盘、周五抢证、周六早会、每周拜访统计、每周资料检查等。

② 灵活使用思维导图来跟进办证的关键事项，如目标、相关方、主要程序和要点、负责人等。

③ 建立与政府各层级领导、分管领导、业务部门的合法密切关系。按政府部门层级领导关系，逐级上报，下级能解决的不要用上级压下级。各种关系的建立必须是公司与当地政府的关系，杜绝只将关系建立在个人关系上，更不能参与到小圈子内，避免因领导调整而影响整个项目的运作。

④ 定期向主要政府领导汇报项目进展情况。汇报的形式可以是工作简报，定期书面报告政府主要领导，汇报重要工作进展，请求协调解决问题及提出处理方案的建议。

⑤ 定期或不定期邀请政府领导来项目指导工作。领导来项目指导工作时，允许的情况下，可配以媒体报道，既推动项目工作开展，也提高项目影响力。必要时，可以邀请政府领导到集团或公司其他成功楼盘参观。

⑥ 深入细致了解当地的开发报建流程和规则。

在一些地方，政府的文件并没有也不可能将所有的流程和规则都写在纸上明示，因此需要特别留意并吃透这些规则，以便于顺利开展工作。如果公司有资源，可以整理当地的开发报建指引，里面有开发报建的流程和注意要点。

⑦ 针对意向性投资项目和政府谈判一定要有文字资料，并尽可能写进合作开发协议。

⑧ 提前完成临时用地租赁和临建搭设工作，为施工单位进场创造条件。

⑨ 必须做好临水、临电的策划。做临水、临电的策划时，除了考虑全面开工的施工和宿舍生活用电，还要考虑售楼处和展示区的特殊用电要求，建议设置独立电缆，以免售楼处受施工保护电源跳闸的影响而经常断电。

在收地完成前就与水电部门沟通并力求签订合同，确定水电到达地块时间，确保摘牌后能顺利及时接入临水临电，不影响项目现场施工。在与电力、水力部门谈判时，可考虑将永久水电条款与临水临电一起进行谈判，使项目后期开展免去较多麻烦和减少重复的费用开支。

在条件不具备的情况下，可以在前期采用发电机的应急方案。发电机的应急方案不可时间太长，因为其电费是正常电费的一倍以上。

某项目对于开发报建策划的"三个三"

某项目对于开发报建策划总结出"三个三"的关键点：即三认可、三前置、三定期，如图8-2-12所示。

图 8-2-12
某项目开发报建策划的"三个三"（来源：百锐学堂）

某项目总结的加快项目报建进程五项措施

某项目加快项目报建的五项措施，如图8-2-13所示。

图 8-2-13
某项目加快报建的五项措施（来源：百锐学堂）

8.2.7 报建 12 个痛点总结

报建的6个阶段、12个痛点总结如下。

· 用地申请阶段

① 容积率、红线的各种退缩线。各专业口退缩线对规划的影响，可提前向各主管部门咨询核实。

② 收地状态及收地时间的签字。收地条件与付款条件挂钩，与办证时间挂钩，在合同中清晰约定，注意与下环节的市政配套条件结合。

· 设计前期调查阶段

③ 市政工作界面要清楚。在三、四线城市或偏远地区，红线内、红线外的市政配套工作界面划分要清楚才能做下一步的设计策划。例如，供电的四路管线建设、配电建设、加压泵、污水处理等基础管道建设。建议：先分界面，再配套设计。

④ 地块内现有管线排查。包括地表和地下的都要去排查，了解现有管线是否可拆、可移、是否需要保护。除了向主管部门要资料来了解地块内现有管线情况之外，还需要做好详勘工作。因为有很多资料上的坐标点与现场实际有出入而且有时偏差量达十多米，如果不了解实际情况，就会给设计带来不必要的困难甚至错误而引致项目开发时间延长及费用增加。

· 设计阶段

⑤ 土地出让合同与控规不同时的情况。控规、强条、地方消防的规范、限容、限高、限配以及设计规范，可能存在要求不同、互相矛盾的情况。建议不要轻易相信政府的口头承诺，需要在确定的时间内修改土地出让合同文件，否则还是按照各种强定规范来修改设计。

⑥ 公建、配套的权属约定，以及对应的土地性质、报建时规划建筑的性质，都需要在报建时约定清楚。正常来讲，公建主要服务公共人群，公建权属主体应该移交政府对应主管部门；而配套权属为业主共有，可以由物业公司经营。由于权属的确定会直接影响项目的成本分摊、经营利润，因此需要厘清物业权属。比较典型的物业是早期的幼儿园学校，有的地方是地方教育局收回，而有的地方是出售，有的地方是出租使用权。

⑦ 当地最低建造标准。需要尽早向政府拿取当地的最低建造标准和最低交付标准，以方便设计和报建。如外墙保温、内墙粉刷、水电到户、楼梯扶手等各种地方标准与要求。

· 施工阶段

⑧ 各种费用缴纳。包括垫付、预付类专项基金，散装水泥，节能检测，劳保金，水电接口费，检测费等，有些后续退时间较长，手续不明晰。如当地未曾明确由施工方或建设方付款，建议在与施工方的合同中明确约定。合同中已规定由施工单位包验收通过及包验收检测费的，规费可代为缴纳，然后扣回。

另外，开发报建也有节约费用的途径，如争取减免、申请缓交，因为存在的交费不一定合理，就算合理的交费也可能有友情价，如有线电视配套费、各种评估费是可能有议价空间的，须遵循不为难原则，即同地比较能否最小，同业比较，能否最优。政府的一些费用只要晚交也不影响项目推进关键节点的话，可以晚交。

· 预售阶段

⑨ 可售面积最大化。

⑩ 前后图纸要一致。报建给政府各主要部门的图纸，前后都要一致。这就需要各专业图纸会审必须与前后图纸一起核对。

a. 人防测量要出单独报告，不能忽视。

b. 若质安监备案图纸不相符,则竣工时不能验收(如遇省检、国检等发现问题则视改动方案的严重性有不同的处罚)。

- 竣工验收阶段

⑪ 报建图纸与现场不一致。由于报建时为过程图纸,施工过程中经过种种修改变更,变化较多,需要阶段性把修改通知筛选整理后送主管部门,争取在施工过程中解决问题,在验收时提供汇编资料。

⑫ 购房合同附图与现场不一致。导致购房合同附图与现场不一致的情况有两个方面的原因。

第一种是协商一致的偷面积、改造升级问题。因为到政府备案的购房合同图纸附件必须符合政府的要求,因此不能做出更改。可以在购房合同签署的同时,附加一份补充协议,规定竣工验收后,把偷面积、改造升级的责任,及实施方、实施时间的责任确定清楚。

第二种是人为管理错误引起的。例如开门、窗的位置和方向,柱子的位置,图纸都要与实际一致。业主发现实际与购房合同附图不同的,可要求整改甚至退楼,容易引发群体事件。因此,对于购房合同附件图纸,要结合当前所有修改通知,由工程部二次核对,保证是一致的、合理的。

8.2.8 开发报建与设计有效协同

某开发报建指南资料涉及用地申请阶段、设计前期调查阶段、设计阶段、施工准备阶段、施工阶段、预售阶段、竣工验收阶段、二次装修报批及验收阶段这八个阶段的216项开发报建环节,有相当多的内容与设计管理部提供的内容相关。可见,开发报建与设计的有效协同是十分重要的。

广州某项目,开发报建的综合协调工作

协调内容主要包括:明确当地政府特殊要求;根据消防新规实施倒推设计任务,与政府沟通争取预审条件;明确当地地方性规范标准,如图8-2-14所示。

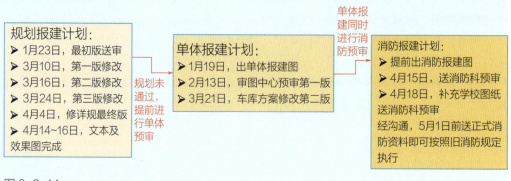

图 8-2-14
广州某项目开发报建的良好做法(来源:百锐学堂)

江西安义某项目开发报建

该项目在前期拿地及总平图策划阶段，开发报建准确及时地协同设计尽快实施地质勘察工作。根据初勘资料进行分析，地下部分区域有溶洞，于是将低层的桩基形式调整为天然基础，高层或地库尽量布置在地质有利范围，减少了结构基础的投入，如图8-2-15所示。

图 8-2-15
江西安义某项目根据勘察调整方案（来源：百锐学堂）

山东邹城某项目桩基优化

山东邹城某项目在施工图审查沟通中，遇到桩基形式的审查问题。山东省的审图公司普遍默认26层以上高层不能用预制管桩，且在当地没有项目尝试过30层楼使用预制管桩。于是当地图审中心提出基础选型不符合规定，要求将试桩后设计的预制管桩改为旋喷桩。开发报建协同设计部门与审图各方协调沟通，并联系到山东省院的专家对基础形式进行论证，专家支持基础形式可行的结论，最后使预制管桩方案顺利通过。

8.2.9　开发报建中的政府关系维护与公关技巧

开发报建过程中的对外沟通，涉及政府领导和部门，非政府的供水、供电等事业单位，也会涉及与房地产有关的第三方服务部门，因此，开发报建是在所有房地产岗位中涉及最多对外联系的部门和人员之一。

政府是房地产项目所有相关方中权利最大、利益较高的相关方。政府在实操中有较大的酌情量裁权,这个权力足以对项目的成本、工期产生深远的影响。政府掌握着土地价格,还掌握着房地产的出售价格区间,另外房地产售价中,有超过30%的直接税收和间接税收是交给政府的,因此,政府是最重要的项目相关方。

对于政府这个最重要的相关方,项目管理一定要采取重点管理的策略。本节着重总结政府关系维护和公关技巧。

（1）建立长期有效政府关系

要想建立长期有效的政府关系,就要勤走访、多联系,包括但不限于以下措施:

① 坚持定期或不定期拜访当地领导,保持沟通,维护关系;

② 邀请政府领导到公司参观,增强对公司印象,定时汇报公司动态、业绩,把握机会展示公司优势与实力,提高信任度、信心。

（2）找对人、办对事

基本经验是,能找基层干部解决的事情,尽量不找他的上级压他。

（3）知己知彼、换位思考,关注他人需求

知己知彼,首先要知道自己的岗位定位。开发报建不同于房地产的工程、设计、营销等部门,是公司里少有的乙方岗位,开发报建的甲方就是政府。因此开发报建是一份"求人"的活,因此要做到"脸皮厚、嘴皮厚、脚皮厚"。

和政府打交道,一定要了解政府的级别、架构,如政府的领导班子,如市一级政府的办事部门都有哪些,他们的人员是如何分工的,负责人是谁,都是要清楚掌握的。

遇到问题,应该站在政府的角度来看问题,站在老板的高度去想办法。

① 知道自己公司的基本立场,同时也让政府了解自己公司的立场。例如,向政府表白自己公司想长期深耕本地区,为本地区做最好的产品;又如声明公司是正规的上市公司,与私企的灵活性不同,但是会在不违反公司制度的前提下开展工作。

② 换位思考,了解政府需求。政府需求多种多样,如政府在土地出让方面的典型目的包括:政绩需要、土地出让金、增加税收、促进发展、平衡当地市场供求等。在众多政府需求目的中,通常政绩需求大于项目经济效益的需求,因此在和政府打交道时,换位思考政府角色后,就可以清晰地知道项目中哪些工作有利于政府政绩的提升。

（4）专业素质、敬业精神

具有良好的专业素质和敬业精神是非常重要的,会非常容易得到政府的信任和支持。

（5）以诚待人、有礼有节、有理有据、不卑不亢

无论政府官员职位高低,都要注意形象和礼节、以诚待人、有礼有节、有理有据、不卑不亢。

（6）用思维导图管理人脉

任何两个陌生人之间,都可以通过六个人来建立联系,即所谓的"六人定律"。这六个人,可以是家庭或亲戚,可以是朋友、同学、老乡、校友、战友,可以是同事、领导、下级,也可以是工作的伙伴等。用思维导图来建立并维护好人脉是一个良好的方法,如图8-2-16所示。

图 8-2-16
思维导图管理人脉（来源：百锐学堂）

8.3 展示区的降本增效策划

展示区包括营销中心、样板间等场地的营销卖场，无论是资源投入、时间紧迫性，还是品质保障方面都是项目的重中之重。有一位集团公司的老总说，他们是举整个集团之力要打造展示区的。世界上最难的两件事，一件事是将你的思想给别人，另一件事是从别人腰包里掏钱，而房地产的营销就是在做这两件事，展示区就是做这两件事的主要战场。

由于展示区的重要性，以及展示区的工程策划区别于货量区的工程策划，因此本节专门讲一下展示区的工程策划如何做到降本增效。

某项目展示区范围和参观动线的良好做法

某项目确定展示区范围和参观动线，如图 8-3-1 所示。

第 8 章 项目工程策划

图 8-3-1
某项目确定展示区范围和参观动线（来源：百锐学堂）

对于展示区的策划，各公司都有自己的策略和法宝。

某公司现场管理策划的良好做法

某公司总结出现场管理策划的经验如下。

① 做好前置工作。包括施工图纸、施工单位、材料采购全部前置；图纸满足施工需求，施工单位随时进场。

② 同步平行施工。展示区综合楼、园建绿化和塔楼板房同步施工，各板块独自施工，互不影响。每天至少两次垃圾清运，工完场清。

③ 工序及早合理穿插。前一道工序为后一道工序创造条件，合理穿插避免交叉污染，避免返工。

④ 24 小时施工，有工作面就有人，能上的设备和人力尽量上，不能流水。

⑤ 雨天能否施工要看工序，除去油漆等个别工序，绝大部分工序可穿雨衣施工。

⑥ 维护好政府关系。为项目开发创造良好外部环境，保证项目开工后不停工。

⑦ 一次做妥，次次做妥。做好图纸会审，样板先行，避免返工。

⑧ 严格执行"三不一要"。即展示区不准有材料堆场，不准有加工厂，不得有垃圾堆场，必须要有施工道路。

有些抢展示区的项目提出夜间施工的现场照明必须经过项目验收，做到"现场一片灯、灯下一片人"，保证夜间照明准备充足，创造赶工氛围。项目的经验中还提出"抢好天、战雨天"，施工单位进场时必须制定暴雨、台风等情况下的施工措施。

为达到 24 小时施工的效果，就要掌握好施工团队，至少人员安排上是作息三班倒。如何掌握呢？要有技巧有行动。工人听说明天下雨了，就不到工地去了，你有什么办法呢？可能头一天就得找到总包负责人，要求一定要去，备好雨衣做好防护。如果是园林绿化工程就要用油布、铁架和木方搭起雨棚后在雨棚下施工，有的工序为了保障雨天的现场干燥还可能要用火烤。并且甲方人员应该站在现场，身先士卒，而不是只打电话，不到现场。节假日也需要24小时开工，加班费要按照国家相关政策落实到位。冬天施工的时候很冷，为了保证工人心情舒畅，有些标杆企业在晚上会有红糖姜茶、夜餐等措施。为了很好地掌握施工队伍动态，甲方人员还要认识班组长，与他们搞好关系，以便于随时了解实际情况，以调动各方积极性，发现和解决问题。

如展示区需要打桩，桩机能布几台就布几台，一天打完也可能。打完再去打货量区。

案例8-3-3

展示区基础施工资源情况

在展示区土石方施工中，计算到综合楼土方量约0.6万立方米，组织4台挖机同步施工，1天完成基础土方施工，如图8-3-2所示。土方安排外运，后期使用货量区的土进行回填。在基础施工时，有2～3台泵车同时浇筑混凝土，并提供充足的混凝土罐车，保证在最短的时间内完成混凝土工程。

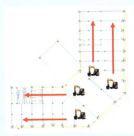 

图8-3-2
展示区土石方资源布置图（来源：百锐学堂）

下面重点介绍一下以碧桂园为代表的快周转企业的展示区工程策划。

8.3.1 做好前置的策划和标准动作

碧桂园所有从投资立项到项目交楼的关键标准动作都涵盖在公司的主项计划模板体系中。在展示区部分将主项计划分为三个版本，分别是立项版、定案版、审定版，按级别分为里程碑、二级计划、三级计划，按阶段分为摘牌、筹备、设计、采购、招标、工程、五证、销售、经营、验收等阶段。每个标准动作都有基准计划日期、输入条件、完成标准、需在计划系统上传资料、成果审批流程、责任体系部门及负责人等。货量区只有审定版，按级别同样分为里程碑、二级计划、三级计划，按阶段分为采购、工程、经营、设计、五证、销售、验收等阶段，共有69项标准动作。

展示区部分共有183项标准动作，其中有9项里程碑级别标准动作、31项一级标准动作、88项二级标准动作、55项三级标准动作。以下是主项计划模板体系中展示区部分的6个重点标准动作,一定要执行好。

8.3.1.1 规划设计前置

规划设计前置要点要根据公司及项目的特点抓住重点,例如有以下重点:
① 一经审批通过的展示区红线不得再擅自更改;
② 展示区的位置应临近城市道路,及最有利的、能马上动工的地方;
③ 特别重视产品选择,注意依据"去化率>利润率>容积率"的原则确定适合客户的产品,并认真做好客户调研的前期真实客户验证工作;
④ 控制户型的数量,所有户型都要设置样板房,主要户型设置精装修样板房;
⑤ 在城市道路边缘的噪声影响大的区域,避免设置户型较大、别墅等高总价的产品。

8.3.1.2 强势推进收地

① 对于意向性投资或合作项目,拿地前与政府或合作方谈好收地条件,做到收地时间与土地出让金或合作出资的交付时间挂钩。还要多渠道了解地块的现状是否满足开发要求。
② 收地措施的落实,包括收地建围墙,提前详勘,向基层干部了解地块是否存在征地款未付等问题。第一时间进行场地土方平整及道路开通。这时最容易暴露土地遗留问题,早暴露才能早解决。
③ 综合计算及平衡提前一天收地的代价和提前一天开盘带来的收益对比,按照项目利益最大化的原则强势推进收地工作。

收地后尽快建立临时围挡工程

某项目收地后第一时间做临时围挡工程。平面布置如图8-3-3所示左图。项目的西侧,西北侧20m及西南侧20m,考虑在主干道上,为了更好地对外展示,设置为6m高围挡,其余围挡考虑到成本问题,仅设置为3m高。

图 8-3-3
某项目围挡策划案例(来源:百锐学堂)

某地区意向性投资项目，政府想毛地出让，但在规划示范区内有一座关帝庙未拆。经沟通由政府负责拆除后再净地出让，避免了拆迁的纠纷，保障了项目的开发进度，也节省了开发费用。

8.3.1.3 勘探先行进场

对于项目的展示区部分，更应该在项目整体勘探先行的原则上，将展示区的初勘和必要的详勘放在先行的位置。

某项目地勘先行

常熟某项目在2019年7月18日地质勘探进场，共布设钻孔266个，其中技术孔89个，标贯孔177个，测试21个孔的剪切波速，总勘探长度为10812m，平均深度为40.6m。经过勘探提出如下对桩基选用的建议。

① 二层的物业用房及养老用房，建议采用400mm直径预制管桩，以粉质黏土为桩端持力层深入2m。推荐承载力特征值f_{ak}为180kPa。桩长约18～32m。

② 15~24层住宅楼建议采用直径为600mm预制管桩，以粉沙夹粉土为桩端持力层深入1.8m。推荐承载力特征值f_{ak}为180kPa。桩长约37～43m。

广西某项目勘探作业早进场穿插

① 确认获取地块后开始，第一时间安排勘探现场作业，追钻机到场。工作流程如图8-3-4所示。

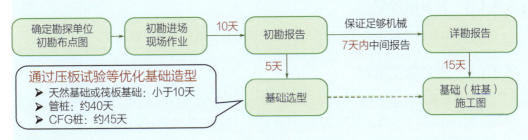

图8-3-4
广西某项目勘探作业穿插工作流程（来源：百锐学堂）

② 总平确定，详勘布点出具时间尽量早于初勘现场作业完成时间，以避免钻机窝工，如图8-3-5所示。

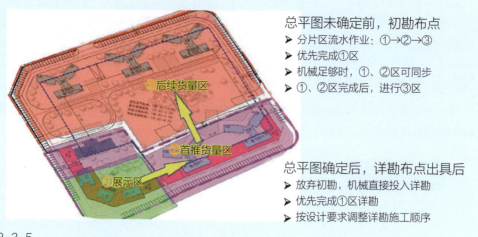

图 8-3-5
广西某项目勘探作业穿插（来源：百锐学堂）

8.3.1.4 提前开展招标

① 在拿地之前了解当地的最新材料市场价格。

② 掌握现场的环境特点、施工条件等情况，并在招标中做出反映和声明。

③ 展示区的图纸基本达到标准化后，给招标创造快速出标的条件；对于没有展示区标准化的公司，一定要平衡招标前置条件中对图纸的质量和出图时间的要求，避免图纸不清晰给招标带来争执，从而可能影响成本控制和工期。

④ 对于展示区施工，必须采用合作过的且有相关展示区施工经验的优秀施工单位来承接，所谓的"用铁杆供方"。对此施工单位的管理人员和施工队也要进行考察了解。

⑤ 合约策划时，示范区可以与货量区同时发标，也可以分开发标。但无论何种形式，工期务必约定清晰，对于赶工费可以提前讲好，延期的罚款也要有一点力度，以使施工单位形成一定的紧迫感。

⑥ 招标阶段，详细了解拟定投入的施工人员数量、机械设备投入、施工组织等各项情况，确保中标的施工单位有良好的施工策划和实力投入。

8.3.1.5 开发报建配合

关于开发报建的配合和政府关系维护，请参考开发报建专项策划章节。

8.3.1.6 专项施工策划

专项施工策划是基于具体项目的重点、难点和与一般项目的不同点而单独进行的专项策划。各个项目的专项施工方案不同、差异较大，本书不在此赘述。

8.3.2 四抢四保

碧桂园根据快周转的施工特点，总结出了"四抢四保"的口诀。早期的"四抢四保"是：抢临设、保畅通；抢地下、保地上；抢主体、保装修；抢板房、保货量。后期的"四抢四保"将最后的"抢板房、保货量"改为"抢立面、保室外",称为新"四抢四保"。"四抢四保"是对整个工程项目策划而言的,因此不仅适用于展示区,也同样适用于货量区。

下面分别介绍一下新"四抢四保"。

8.3.2.1 抢临设、保畅通

抢临设说的是要在项目开工之前提前搭好办公室和工人住宿与生活设施,实现后勤的保障。而保畅通说的是项目的道路要做好策划并在施工时一直保持畅顺,除了畅通的道路,还要求参观动线范围内的客户动线更要整洁干净。

有以下要点需要注意。

① 客户动线与施工动线严格分离,主次有别。施工动线一定要做到双车道、双出口,以方便施工的顺畅。

② 为"先生活、后工作"考虑,临时生活区必须提早搭设。在设置生活区时,除满足总包、项目团队的需求外,还必须满足展示区突击队的需求。在生活区的设置上,讲一下某地产的一种良好做法,就是先策划办公、生活区的位置、大小、标准,然后找专业的分包来施工,等总包和专业分包经招标产生后,可以租给这些总包和专业分包,这样做的好处是:a. 不用等总包产生就可以提前搭好,节省时间;b. 租赁使用可以最大化提升临时设施的利用率;c. 避免先进入的总包只占用有利位置而让后续总包位置不足的情况出现;d. 分包不会受制于总包。

③ 有序地组织甲方专属材料堆场,做到"兵马未动、粮草先行"。

④ 合理配置供电容量和供水管道。临电管理必须做好规划,例如对于展示区用电,最好设置专线而避免施工断电的干扰,另外也要规避后期施工中市政、园林、土方开挖可能造成的二次搬移和破坏。

⑤ 在总体满足项目道路规划的前提下,先行硬化道路,力求做到永久路与临时路结合。

8.3.2.2 抢地下、保地上

抢地下、保地上讲的是施工的顺序问题,要求所有的项目先完成地下管网和地下设施的分项工程后,再施工永久道路作为临时路使用,再开始地上部分的施工。这样可以避免通常项目的浪费。通常项目的做法是,为赶时间,先不做地下部分,直接铺临时路,做地上部分建筑,等地上部分建筑的外架拆除后再挖开临时路来做室外管网上的室外设施。

有地质条件不太好的小高层或高层项目,需要做打桩、开挖、基坑支护后,才能做地下室,一般有2层,有些项目要花4~6个月才出正负零地面,花在地下的时间非常长。为尽量缩短这个时间,通常实行阶梯式流水施工,实现不同工序的同时进行。有的个别项目还通过"逆作法"施工,同时进行上部主楼结构和地下室结构的施工,提前110天完成展示区的开放。

对于一般性住宅工程,为抢地下,有以下要点可供参考。

① 展示区小市政地下管网要预先完成。

② 政府实施的大市政管网优先协调实施,确有困难的必须预留实施空间,如道路设置过路管、预留管沟、主要绿化策划来规避等。

③ 地下永久构筑物,如化粪池、隔油池、地下独立泵房等,要与地下工程同步实施。

案例 8-3-7

某项目展示区永久道路和临时道路结合的良好做法

某项目展示区市政道路及管网工作，展示区永久道路和临时道路结合，并同步把污水管预埋，避免后续再破坏路面，如图 8-3-6 所示。展示区东侧和北侧的雨污水管及强电等过路管先行埋设。埋设过程中严格控制管底、检查井底标高和管道坡度，检查井位置优化，避免正对展示区大门口。

图 8-3-6
某项目展示区市政道路策划（来源：百锐学堂）

8.3.2.3 抢主体、保装修

抢主体、保装修的意思是，压缩主体工程的工期，以保障装修的合理工期，从而保障装修的质量，做到一次验收合格。之所以这样安排，是因为如下原因。

（1）主体工程

① 主体工程赶工的办法比较多，而装修工程的赶工问题多。

② 主体工程实施周期的弹性较大，抢工措施有增加模板、配置机械设备、增加工人数量等，可利用的余地较大。

③ 主体工程多属于隐蔽工程，相对粗糙，赶工也不会造成客户的观感效果降低。

④ 对于展示区主体工程施工，可通过不拆模连续施工、夜间灯光照明充足以连续24小时施工、适当提升混凝土强度等措施来加快进度。

⑤ 展示区内的内隔墙，可用轻钢龙骨代替砌体，节约工期。

（2）装修工程

① 装修工程实施阶段工期较难压缩，因为交叉工序多、相互影响、容易窝工等。

② 装修工程属于"慢工出细活"，赶工期容易造成质量问题，且往往无法修复，因此需要预留充足的装修时间，保证有足够的单个工序的时间。

③ 装修工程多属于可见工程，要精细得多，是客户观感的主要来源，客户的投诉往往是由于装修问题引起的，因此更加重要，值得花合理的工期来完成。

为此，除了抢主体外，也要做好装修的前期准备工作，如装修施工队伍的确定、施工图纸的细化、装修材料的采购等。

装修工程进行时，要有一些应急替代的方案，以应对特殊情况。例如，入户门、家具、定制灯具因故实在来不及了，怎么办？难道工期后延吗？答案肯定是"不能"。要积极应对，可以用临时门代替，说明是非交付标准，可以用临时家具、临时灯具代替。在所有可替代的应急方案中，最难且影响最大的可能是石材，这时可以考虑有现货的仿石材瓷砖，效果不一定差。

8.3.2.4 抢立面、保室外

① 按照目前的大穿插做法，全外墙立面可以从下往上分段施工，因此可提前插入施工外立面的装修和保温，以达到拆除脚手架的条件，为室外工程创造足够的工作面。

② 落地架部分先行插入施工，尽早拆除后腾出工作面交予土方回填、市政管道等室外施工。

③ 外立面的主要工作是外墙砌筑、外墙抹灰、外墙保温、外墙装饰。对于展示区项目，原有外墙砌筑全部改为现浇混凝土，属于主体工程的一部分。为加快进度，对于一般快周转项目也是改为现浇混凝土。而很多公司在大力推广外墙保温装饰一体板，成本不高、施工快、效果好，为抢外立面创造了良好条件。

④ 外立面的垂直运输设备、外架是影响室外地面的因素。对于碧桂园SSGF新体系，做大穿插的项目，主体封顶后半个月就可以解体外爬架了。

⑤ 室外工程可以分区分片流水穿插施工，室外施工总包单位需协调各方，按要求时间完成地下管线工程的土建施工，以及煤气管、市政自来水管、弱电管线的工作，合理铺排园林绿化工作，同步做好完工时的成品保护工作。

8.3.3 十项管理

十项管理是项目总经理和项目所有成员关注的重点，列举如下。

8.3.3.1 计划管理

展示区计划单独编制；适度超前，制定重大节点倒排计划；严格审核施工单位进度计划和劳动力、材料、机械投入；提前约定赶工措施。

在展示区及货量区，实行"整体市政管网先行，单体结构与砌体同步（必要时取消砌体），机电、装修、园林绿化穿插进行"的计划编排来组织施工。必须保证关键线路中施工资源配置到位，如图8-3-7~图8-3-11所示。

8.3.3.2 设计管理

设计确定合理出图时间和出图顺序，按照"先展示区，后货量区；先管线，后主体；先基础，后上部；装修、机电、绿化同步"的原则，及时出具图纸。

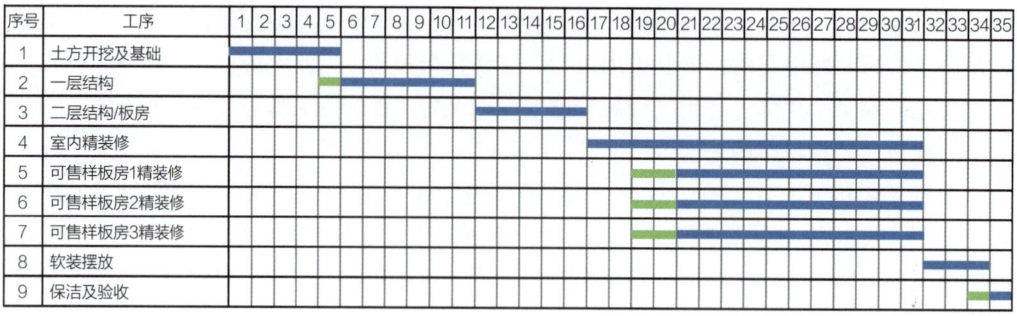

图 8-3-7
某项目 35 天模型总横道图（来源：百锐学堂）

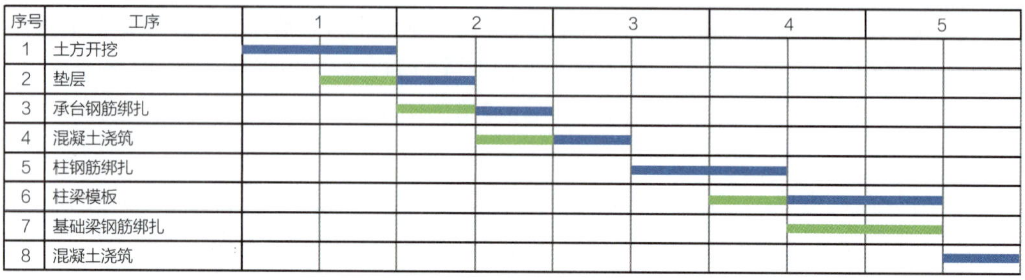

图 8-3-8
某项目 35 天模型的基础部分横道图（来源：百锐学堂）

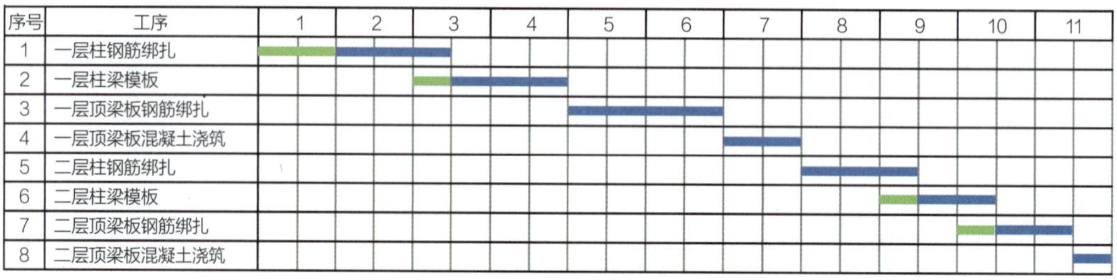

图 8-3-9
35 天模型的主体结构部分横道图（来源：百锐学堂）

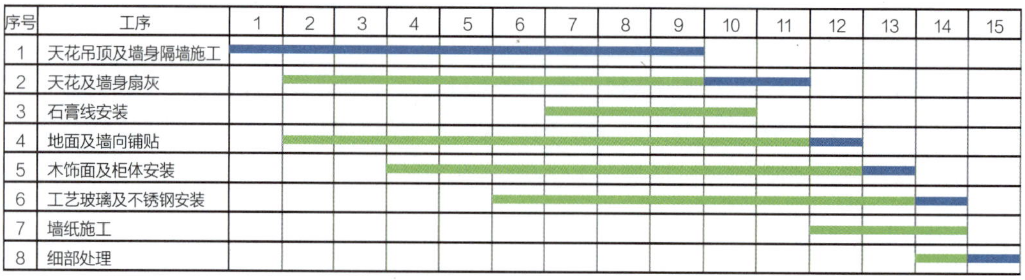

图 8-3-10
35 天模型的室内精装修部分横道图（来源：百锐学堂）

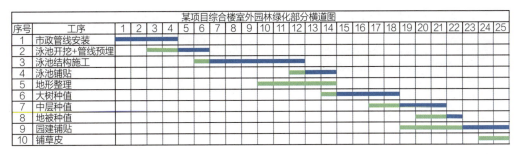

图 8-3-11
35 天模型的室外园林绿化部分横道图（来源：百锐学堂）

8.3.3.3 展示区管理

展示区实行重点的关键线路管理，即"123"原则，如图 8-3-12 所示。"1"代表的是售楼处和精装样板房必须放在第一位，保证首先完成；"2"代表的是样板区、展示区内的非样板房、室外市政、园林绿化等工程，应作为第二重点来抢工程进度；"3"代表的是首期货量区，需要达到预售条件。为实现展示区目标，需要 24 小时施工、有工作面就有充足的人手，即所谓满人工作，用好抢工奖。

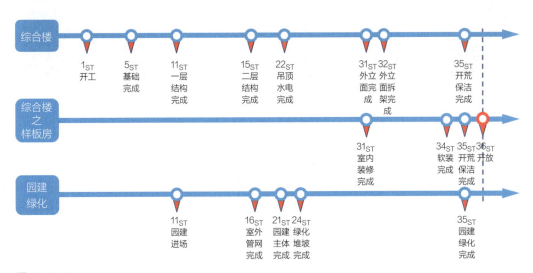

图 8-3-12
展示区 35 天关键线路的关键点（来源：百锐学堂）

8.3.3.4 施工组织管理

整体市政管网先行，单体结构砌体同步，机电、装修、园林绿化同步穿插。展示区抢工期间，沿综合楼南侧及东侧设置 2 台汽车吊或装配式塔吊，确保抢工期间的材料调运安排。如为塔吊，则塔吊基础尽可能提前浇筑，以及提前安装，塔楼塔吊位置设置于展示区之外，保障展示区开放效果，如图 8-3-13 所示。

展示区由专人负责夜间照明，移动式照明配合固定式照明，确保施工区域没有阴影、没有死角，为夜间施工做好准备工作，如图 8-3-14 所示。

图 8-3-13
展示区机电、装修、园林绿化同步穿插（来源：百锐学堂）

图 8-3-14
展示区赶工照明（来源：百锐学堂）

8.3.3.5　展示区抢工人员管理

工程管理更主要是人的问题，好的工程管理人员可以克服各种困难、整合各方资源来达成目标。开发效率高的项目有共性的特点：①项目中有抢开盘的熟手；②项目所在的区域和城市公司有专门团队整合区域资源，全力帮扶展示区抢工；③有抢工经验的好施工队伍，这个队伍不光有抢工经验，还要敢打硬仗、合作良好、有实力，不光去寻找，更主要的是要努力培养队伍，成为战略合作伙伴。

要求施工单位积极参与工程策划，让策划更加有实效性、接地气。严格按照工程策划约定组织展示区的抢工。首先保证总包施工人员数量，其次在装修方面要使用有经验的专业装修突击队。展示区项目管理团队必须执行"专人分片负责"管理，而不是"分专业"管理。

8.3.3.6　采购下单管理

按公司策划要求制定材料采购计划，并重点检讨监督执行情况。重点确保入户门、房间门、木地板、橱柜、家具能及时进场安装及摆放好。对于非标设计，要在设计过程中随时与采购中心联系沟通，以便尽快确定供应商，缩短供货周期。其他需要重点关注的还有楼房电梯、分展厅家具等。

8.3.3.7 园林绿化管理

展示区在项目开工时绿化同步开工。

8.3.3.8 样板房装修管理

要按照"轻装修、重摆设"的原则，让客户感受到"入住式的体验"，使客户一走进样板房就有购买的冲动。为此以最丰富的软装设计展示生活情趣和功能体验，营造入住式的体验营销。

8.3.3.9 联合验收管理

一般由区域工程部负责组织，项目部、设计单位、营销部、客户关系部、物业部及其他相关单位对展示区进行联合验收。展示区未经集团或区域验收或验收不合格的，不得对外开放。要做到目之所及，皆是完美。

8.3.3.10 开盘管理策划

开盘前，一定要确保有一定的筹货比，否则不建议开盘。开盘时，销控区域要放满人。如果一期销售得好，则二期工程第二天就能开工。

8.4 如何通过大穿插策划来降本增效

大穿插，又称"全穿插"（为统一考虑，以下全部称为"大穿插"）。早期作者在讲大穿插课程时做了一个关于大穿插的思维导图，如图8-4-1所示。大穿插不只是一个施工工艺这么简单，简直就是一个工程管理的体系，涉及的管理点非常多。有经验的专业人士形容大穿插是"三分技术、七分管理"。经仔细分析后，得出以下总体判断：核心原理非常简单，技术及管理细节非常复杂。

那么什么是大穿插呢？为什么要大穿插呢？

大穿插就是通过前置策划、工序优化、工作面优化和三新技术，达到多、快、好、省施工的目的。

这里的三新技术是指新工艺（技术）、新材料、新设备。

（1）新工艺（技术）

高精度地面、铝模免抹灰、厨卫防水反坎与结构混凝土同步一次成型、整体卫浴、层间止水技术等。

（2）新材料

混凝土早强剂、高精度砌块、预制墙板、PVC墙纸、自愈合防水材料、屋面保温预制块等。

（3）新设备

爬架、铝模板、抹灰机器人、高压拉毛水枪等。

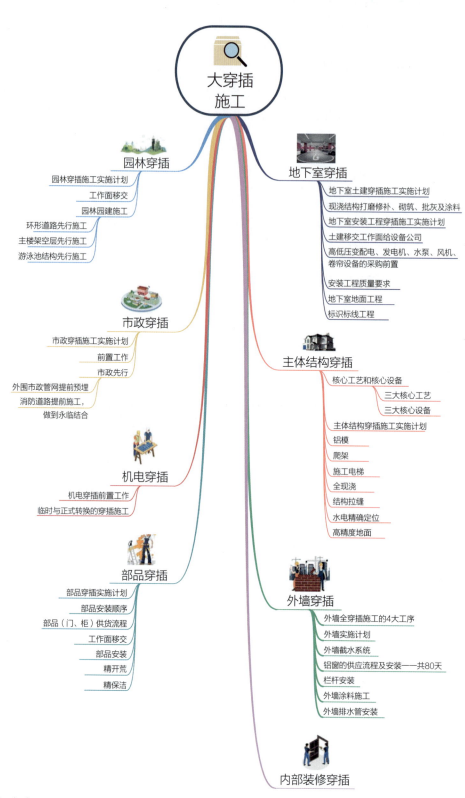

图 8-4-1
房地产大穿插思维导图（来源：百锐学堂）

这里所说的"多、快、好、省",如图8-4-2所示,分述如下。

图 8-4-2
大穿插的四大好处(来源:百锐学堂)

①"多"是通过提前穿插,实现多作业面同时流水施工。

②"快"是加快总进度。以万科双月湾项目为例,大穿插施工比传统工期缩短111天,约18%,如图8-4-3所示。

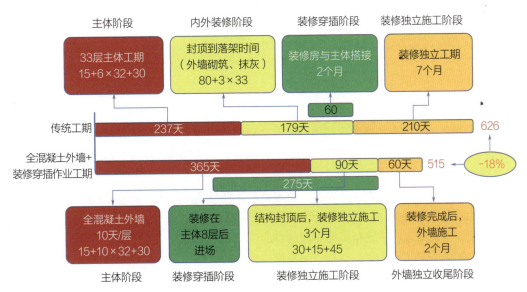

图 8-4-3
万科双月湾项目大穿插与传统工期对比(来源:百锐学堂)

③"好"是说工程品质好。二次结构及初装修施工工期延长,各工序精工细作,实现精细化过程管理,给质量验收工作提供了足够的时间和空间,有利于质量提升。

④"省"是说省人工,综合效益高。各工种按专业工序等节奏流水施工。减少楼层同时施工的作业人数,降低对熟练工人的需求,少量工人专业稳定作业,质量有保证,逐渐培养产业工人,向产业化迈进。还是以万科双月湾项目精装修为例,将传统工艺100天工期的精装修延长到250天,慢工出细活,品质得到提升,也节省了人工。传统工艺与穿插

法的比较,如表8-4-1所示。

表8-4-1 传统工艺与穿插法的比较(来源:百锐学堂)

提效措施	传统工艺			穿插法		
	人数/人	天数/天	工日/个	人数/人	天数/天	工日/个
砌筑/墙板	12	4	48	2	6	18
抹灰/保温板	10外,8内	4/5	80	5	6	30
管线一次预埋	6	5	30	4	5	20
全混凝土外墙	2	4	8	2	1	2
精装修	50	100	5 000	20	250	5 000

大穿插是从施工环节实施快周转的有力工具与技术,如图8-4-4所示。

图8-4-4
大穿插从施工环节实现快周转(来源:百锐学堂)

实战型名师刘祥老师对大穿插进行的解释则更直接些。他认为大穿插就是在主体施工的同时,将后续工作分层合理安排,实现主体结构、二次结构、室内装修、外立面装饰的施工流水段划分,将每个施工段进行合理的工序分解,按工序组织等节奏流水施工,形成空间立体交叉作业;每个施工工序由一个专业施工队伍负责施工,总包合理协调分配劳动力,组织整体大穿插施工,从而达到专业人员流水作业,提高工作效率,稳定施工质量、缩短工期、节约成本,实现精细化管理的目的。

大穿插不光是工程施工的穿插,还有图纸条线的穿插、招采条线的穿插,以及前期报建条线的穿插、投资条线的穿插,等等。因此大穿插是一个体系。

8.4.1 大穿插技术要点解析

8.4.1.1 大穿插技术及应用情况

大穿插本身不算是很新的技术,但目前来讲是比较成熟的技术。由于日本的标准化和装配率比较高,因此大穿插在日本的应用相对比较成熟,叫等节奏施工法、等步距施工法。

国内原来应用不太广泛,是因为劳动力成本比较低,没有经济效益。现在随着劳动力成本上升及劳动力缺乏，以及标准化的装配率提高，大穿插得到较快应用。

大穿插的多项优势如前文所示，但在经济性上也会有其适用范围。由于采用铝模和爬架，为分摊模板及流水施工等考虑，大穿插一般会在18层以上的住宅高层应用，其他多层非住宅可能不全部适用于本文所提到的大穿插，但是可以部分适用。

目前掌握的资料显示，较早应用大穿插技术的公司和项目是万科在2014年的惠州双月湾。由于一期积累了一些经验、但也有一些不足，如工期长、质量差、效率低、用工多的情况（万科项目部自己总结），因此决定在项目二A期工程实行大穿插施工。按照万科的"两提一减"要求（提高质量、提高效率、减少人工）和万科的内部要求，本项目的PC达到40%，装配式内墙达到100%，取消抹灰100%。

万科基于多项目的实践，提出"5+2+X"工业化建筑体系。其中的"5"是五件套，即：①铝模；②全混凝土外墙；③装配式内隔墙；④全钢自升爬架；⑤各空间、多专业、全方位穿插施工。"2"是实现主体，即：①适度预制；②装配式装修。其中的预制叠合板安装铺设是其中一大亮点，证明万科在业内的工业化建筑中非常具有引领价值，如图8-4-5所示。

图 8-4-5
万科工业化建筑体系现场（来源：百锐学堂）

万科实行"5+2+X"工业化建筑体系的目的是"两提一减"，如图8-4-6所示。

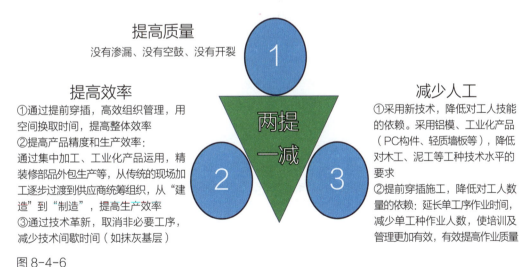

图 8-4-6
万科的"两提一减"（来源：百锐学堂）

后来，碧桂园在万科经验的基础上进行总结提升，于2017年在东莞茶山碧桂园实行名为"SSGF"的大穿插工法。据内部反映，碧桂园在本项目的实施团队曾是万科做大穿插项目的核心成员，因此碧桂园的"SSGF"不是凭空而出，而是有深厚经验与基础的。

茶山碧桂园作为碧桂园首个SSGF项目，占地面积为37.9亩，设计为27~29层高层住宅，于2016年8月开始建设，其间以样板打造，多次工地开放、工地观摩，吸引逾十万人次参观。在2017年底交楼后，业主投诉相比传统项目减少90%，房屋品质和客户满意度大幅提高，售价比周边竞品每平方米高几千元，工期较传统项目提前6~8个月。

"SSGF"的名字来源于四大核心理念：①安全共享，Safe and Share；②科技创新，Sci-tech；③绿色可持续，Green；④优质高效，Fine and Fast。SSGF就是以上四大核心理念的英文单词的首个字母。"SSGF"包括了近20项工艺，其中最核心的有几点，分别是铝模、全混凝土外墙、智能爬架等。

碧桂园在其集团2017年报中特别加以大力宣传推广。2018年，集团发文全面推广SSEF相关工作，要求莞深区域、惠深区域、深圳区域2018年1月1日以后获取的项目，100%应用SSGF，覆盖区域全产品系列。其他区域，22层及以上产品均应用SSGF。后面进行了大量的制度配套、工作指引、学习培训、应用推广等活动。作者当时在公司的感受是，项目经理如果不了解、不熟悉使用SSGF工法，就无法生存。由于强制推广，在2018年的7月，使用SSGF的区域就多达57个，实施的项目已有314个。

8.4.1.2 万科和碧桂园大穿插建造体系的比较

比较万科建造体系和碧桂园新建造体系的相同与差异，可以看出其核心技术都是铝膜浇筑、全混凝土外墙、智能爬架等，差异并不大，但是从对外呈现的形式上，却是两种类型，主要差异如下。

（1）出发点不同

万科是住宅产业化的先行者和倡导者，自2004年起就进行产业化研究，因此积累了深厚的技术底蕴和研发力量。万科产业化提升的核心是其中的"5化"，即工艺标准化（变专有为通用）、设计装配化（变设计为选择）、建造工业化（变手动为自动）、组件菜单化（变散件为集成）、模数原则化（变未知为已知）。

而碧桂园提出的"SSGF"是其规模化复制、高周转战略要求下的产物，更多体现在建造工艺上，重点是使主体封顶后120天达到精装修交付条件，在保证单工序合理工期的同时，将整体建造周期大幅缩短8~10个月，当然又同时具有了工业化的特征，因此成为其快速发展扩张战略的选择。

（2）侧重点不同

万科过去的产业化之路充满着各种基础研发，并不急于将成果快速转化为业绩，像是在"修道"。而碧桂园则是实用主义，更为直接具体，在这20多项技术中，采取了什么工艺，各工艺对成本、进度、品质的影响是多少，值不值得去推广，清清楚楚，十分实用，更像是"工法"。

（3）长期目标不同

万科的目标是推动产业化的发展，因此希望搭建一个平台。这个平台上的装配式建筑只是其中的一个点，还有生态环保、科技智能化等。同时在这个平台上，进行产业研发、教育培训、设计施工、材料整合等一系列资源整合，让更多的新技术、新产品、新产业在这个平台上进行孵化。而碧桂园则不断地将SSGF工法进行提升，使之更加有效、实用、标准化，更方便应用，为公司业绩提供帮助。

8.4.2 大穿插对成本的影响分析

碧桂园在"SSGF1.0"时由莞深区域分析了包括新建造体系中的7项工艺对成本的影响。这7项工艺包括：①铝合金模板+全现浇外墙；②预制内墙+N型耐水腻子+PVC墙纸；③智能爬架；④自愈合防水体系；⑤高压水枪拉毛；⑥大穿插施工；⑦楼层截水系统。分析后得到表8-4-2所示的成本分析结果汇总（2017年度茶山1~4号楼时的数据，算正负零以上，建筑面积按55885.1m²计）。

表8-4-2 SSGF体系成本分析（来源：百锐学堂）

SSGF新建造体系	缩短工期（增减）/天	建筑单方增减/(元/m²)	显性/隐性/展望成本增减/(元/m²)
传统工艺	0	0	0
体系一（全现浇外墙+高精度砌块体系）	−99	+25.9（计入展望成本后：−35.65）	显性，+68.16 隐性，−42.19 展望，−61.55（未计）
体系二（全现浇外墙+预制板墙体系）	−219	+54.24（计入展望成本后：−71.51）	显性，+141.78 隐性，−87.54 展望，125.75（未计）

注：之所以未计算展望成本，是因为开始实行SSGF时，总包没有将影响反映在招标报价中，而且作为一个新的工艺体系，总包可能会增加人手来应对，因此后续会做评估再考虑是否计算在内。

（1）体系一的显性成本分析

体系一的显性成本分析，如表8-4-3所示。

表8-4-3 SSGF体系一的显性成本分析（来源：百锐学堂）

项目	SSGF新建造体系一		传统工艺		差异/(元/m²)
	标准做法	建筑单方/(元/m²)	标准做法	建筑单方/(元/m²)	
全现浇外墙工程	全现浇外墙+铝模板+外墙质感涂料+外墙保温砂浆+爬架等	878.05	混凝土外墙+砌体+木模板+砂浆抹灰+外墙涂料+外墙保温砂浆+综合脚手架等	844.42	33.63
内墙工程	高精度砌块+薄抹灰+坡纤网+腻子涂料	86.01	砌体+抹灰（压玻纤网）+腻子涂料	75.14	10.87
防水工程	楼地面自愈合防水	22.36	卷材/聚合物防水+保护层+找平层	16.04	6.31
	地下室自愈合防水	47.73	卷材/聚合物防水+疏水板+细石混凝土保护层	38.37	9.35
穿插施工楼层截水系统		8	—	—	8
显性成本合计：		1 042.15	—	973.98	68.16

注：智能爬架比综合脚手架增加4.03元/m²。

（2）体系一的隐性成本

甲方管理费成本是隐性成本，如表8-4-4所示是某项目SSGF体系一的甲方管理分析。

表8-4-4　SSGF体系一的甲方管理费分析（来源：百锐学堂）

序号	项目	每天费用/万元	节约时间/天	节约成本/万元	单方造价/（元/m²）
1	项目管理费	1.00	99	99.00	17.72
2	物业前期介入费	0.70	90	63.00	11.27
3	预售监控资金利息（按5%）	0.41	55	22.66	4.06
4	开发贷利息	1.95	9	17.57	3.14
5	质量维修费节约（按6元/m²预估）	—	—	33.53	6.00
6	营销费用：新体系能提高品牌效应，能有效降低营销费用				
7	甲方隐性成本小计	4.06	—	235.76	42.19

（3）体系一的展望成本

总包管理费成本是展望成本，某项目的案例分析如表8-4-5所示。

表8-4-5　SSGF体系一的展望成本分析（来源：百锐学堂）

序号	项目	每天费用/万元	节约时间/天	节约成本/万元	单方造价/（元/m²）
1	臂距60m的塔吊租赁费及司机、司索费用	0.51	204	103.36	18.50
2	变频式人货梯用租赁费及司机费用	0.33	124	41.33	7.40
3	管理人员费用	1.65	69	113.85	20.37
4	水电费	0.19	69	12.88	2.30
5	安全文明措施费	0.48	69	33.12	5.93
6	临时设施费	0.15	69	10.41	1.86
7	办公运营费	0.32	60	21.87	3.91
8	伙食茶水费	0.10	69	7.14	1.28
9	总包方展望成本小计	3.73	—	343.96	61.55

此总包的节约成本没有纳入评估总成本中，因此列为展望成本，希望后续招标过程中节省此成本。

（4）体系二的显性成本

SSGF体系二的显性成本分析如表8-4-6所示。

表8-4-6　SSGF体系二的显性成本分析（来源：百锐学堂）

工程项目	SSGF新建造体系二		传统工艺		差异/（元/m²）
	标准做法	建筑单方/（元/m²）	标准做法	建筑单方/（元/m²）	
全现浇外墙工程	全现浇外墙+铝模板+外墙涂料+结构拉缝+外墙质感涂料+外墙内侧XPS保温板+墙纸+爬架等	850.12	混凝土外墙+砌体+木模板+内墙涂料+砂浆抹灰+外墙涂料+外墙保温砂浆+综合脚手架等	790.21	59.91

续表

工程项目	SSGF新建造体系二 标准做法	建筑单方/(元/m²)	传统工艺 标准做法	建筑单方/(元/m²)	差异/(元/m²)
内墙工程	预制墙板+N型腻子+PVC墙纸	130.76	砌体+抹灰（压玻纤网）+腻子涂料	75.14	55.62
防水工程	楼地面自愈合防水	24.94	卷材/聚合物防水+保护层+找平层	16.04	8.89
防水工程	地下室自愈合防水	47.73	卷材/聚合物防水+疏水板+细石混凝土保护层	38.37	9.35
穿插施工楼层截水系统		8	—	—	8
显性成本合计		1061.55	—	919.76	141.77

（5）体系二的隐性成本

甲方管理费成本是隐性成本，有关分析如表8-4-7所示。

表8-4-7 SSGF体系二的甲方管理费分析（来源：百锐学堂）

序号	项目	每天费用/万元	节约时间/天	节约成本/万元	单方造价/(元/m²)
1	项目管理费	1.00	219	219.00	39.19
2	物业前期介入费	0.70	210	147.00	26.30
3	预售监控资金利息（按5%）	0.41	175	72.11	12.90
4	开发贷利息	1.95	9	17.57	3.14
5	质量维修费节约（按6元/m²预估）			33.53	6.00
6	营销费用：新体系能提高品牌效应，能有效降低营销费用	—	—	—	—
7	甲方隐性成本小计	4.06	—	489.21	87.53

（6）体系二的展望成本

总包管理费成本是展望成本，有关分析如表8-4-8所示。

表8-4-8 SSGF体系二的总包管理费分析（来源：百锐学堂）

序号	项目	每天费用/万元	节约时间/天	节约成本/万元	单方造价/(元/m²)
1	臂距60m的塔吊租赁费及司机、司索费用	0.51	204	103.36	18.50
2	变频式人货梯用租赁费及司机费用	0.33	204	68.00	12.17
3	管理人员费用	1.65	184	303.6	54.33
4	水电费	0.19	184	34.35	6.15
5	安全文明措施费	0.48	184	88.32	15.80
6	临时设施费	0.15	184	27.75	4.97

续表

序号	项目	每天费用/万元	节约时间/天	节约成本/万元	单方造价/(元/m²)
7	办公运营费	0.32	184	58.32	10.44
8	伙食茶水费	0.10	184	19.04	3.41
9	总包方展望成本小计	3.73	—	702.74	125.75

从总包管理费来看，缩短了6.8个月的工期对降低总包报价非常有效，对于5.6万平方米的工程来说预计减少700万元的成本，因此碧桂园的SSGF不但对甲方有利，而且对总包施工单位也是有利的。

另外，还有一些影响因素对项目推行新建造体系产生影响。

（1）楼层数对模板成本的影响

楼层数量主要影响铝模的租用，从而影响显性成本，经过铝模与木模的单方分析后得出，在22层以上高层建筑中，使用铝模具有经济效益，如图8-4-7所示。

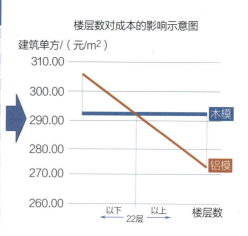

图8-4-7
楼层数对模板成本的影响（来源：百锐学堂）

（2）预售节点

对于进度达到什么情况下为预售节点，各地方政府要求不一。绝大部分地区应该在高层进度达到1/3或2/3时可以预售。但由于大穿插不一定导致主体施工本身加快进度，因此无论如何规定，预售节点都不会影响隐性成本。

（3）供应商资源

新建造体系中涉及的主要供应商为铝模、智能爬架、预制墙板。市场的资源比较多，只是做得好的公司和品质比较好的机械、材料不是太多，需要去考察筛选，选择后也需要去培养，力求能建立长期合作的业务伙伴关系。

另外，预制墙板的运距运费对成本有一些影响，100km内的运费约为11元/m²，换成建筑单方为3.88元/m²，但运距到200km以上时，运费单价上升为21元/m²，换成建筑单方为7.41元/m²。

8.4.3　大穿插的基本理论及逻辑支持

工程网络计划优化的方法有三种，分别是工期优化、资源优化、费用优化，如图8-4-8所示。

工期优化是指在网络计划工期不满足要求时，通过压缩工期计算达到要求工期目标，或在一定约束条件下使工期最短的过程。工期优化只考虑时间，不考虑资源。工期优化的方法有四种，分别是压缩关键工作时间；优化组织工作方式；调配计划机动资源；优选工作的可变顺序。

工期优化的目的是在保证成本不增加的情况下，品质有提升、工期有减少，从而实现项目利益最大化，提升公司竞争力。

资源优化是根据资源情况对网络计划进行调整，在工期和资源供应之间寻求相互协调和相互适应。资源优化又分为"资源有限，工期最短"优化和"工期固定，资源均衡"优化。

费用优化又称工期成本优化，是指寻求工程总成本最低时的工期安排，或按要求工期寻求最低成本的计划安排的过程。

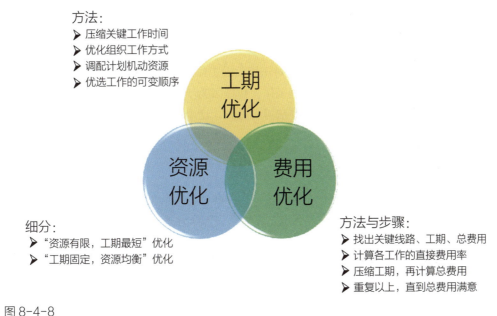

图 8-4-8
工程网络计划优化的三种方式（来源：百锐学堂）

那么大穿插属于这三种中的哪一种呢？

作者认为，大穿插主要属于工期优化，也兼顾资源优化和费用优化，因此是以工期为主，综合考虑了资源、费用的综合方案，符合项目多目标下的多方案比选以达至综合最优原则。业内听到最经典的一句话就是："向关键工作要时间、向非关键工作要资源。"

大穿插主要是以工期优化为主，其工期优化的四大方法如下。

8.4.3.1　压缩关键工作时间

大家可以通过模型看到房地产项目在工期优化上的方法。

理论模型案例为原计划17天的工期,现在要求压缩到14天,网络图形如图8-4-9所示。通常有三种选择,但是房地产公司会有第四种选择,就是将所有关键线路全部压缩到极致,低于14天,比要求的14天还要低,这就是房地产的现状!

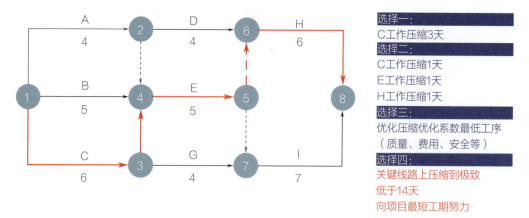

图8-4-9
房地产工期优化模型(来源:百锐学堂)

现实案例比较多,前面介绍的展示区主体工程,肯定是关键线路上的关键工序,通常是白天施工,加班时对关键工作施工到晚上9~10点,很少有开工到12点的,而对主体工程压缩到极致的做法是24小时开工。这对压缩关键工作时间的效果非常明显。

另外,招标采购是每个项目的关键工作。碧桂园为了配合快周转,压缩部分招标采购的时间到一个星期,然后有一系列的办法可以做到。这个压缩招标采购招数的理论模型就来源于以上工期优化的方法。

8.4.3.2 优化组织工作方式

优化组织工作方式主要有两种,①将依次工作调整为平行工作;②将串联工作调整为搭接工作(流水施工),如图8-4-10所示。三种组织工作方式,如表8-4-9所示。

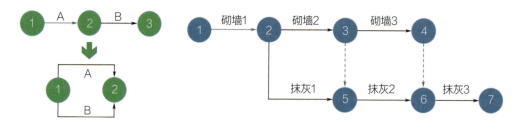

图8-4-10
优化组织工作方式模型(来源:百锐学堂)

表8-4-9 三种组织工作方式(来源:百锐学堂)

比较内容	依次施工(1)	平行施工(2)	流水施工(3)
工作面利用	不能充分利用	最充分利用	合理、充分利用
工期	最长	最短	适中

续表

比较内容	依次施工（1）	平行施工（2）	流水施工（3）
资源供应与施工管理	日资源用量少，品种单一，施工管理简单	日资源用量大而集中，品种单一且不均匀，施工管理困难	日资源用量适中且比较均匀，有利于提高管理水平
对劳动生产率和工程质量的影响	消除窝工则不能实行专业班组施工，对提高劳动生产率和质量不利	对合理利用资源，提高劳动生产率和质量不利	实行专业班组，有利于提高劳动生产率和质量
适用范围	规模较小，工作面有限的工程	工程工期紧迫，大规模建筑群及分期、分批组织施工的工程	一般项目均可适用

关于流水施工，一般都会采用，模型非常熟悉。而在实际的项目管理中，较为复杂的工序关系可能是混合搭接网络关系，即开始到开始、开始到完成、完成到开始、完成到完成等的时间，以此来表明紧邻的前后工作之间的各种搭接关系及其相互时距的网络关系。如图8-4-11模型所示，当基坑开挖工作进行到一定时间后，就应开始进行降低地下水，一直进行到地下水位降到设计位置。

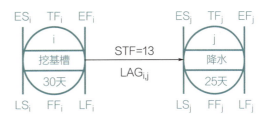

图 8-4-11
混合搭接网络计划模型（来源：百锐学堂）

为了做到大穿插，很多工作与工作之间都需要搭接进行，即各工作之间一定要交圈。例如，上一工序主体就算验收合格交给装修后，如果主体结构需要整改也要及时跟进整改。

8.4.3.3 调配计划机动资源

调配计划机动资源主要表现在两个方面：①推迟非关键工作的开始时间；②延长非关键工作的持续时间。以上两个方面基于同一个原因，就是可以调配计划机动的资源来支持关键工作的资源。

工期优化模型示意

已知某工程进度计划，原工期 $T=20$ 天，请将工期优化到 16 天。
图8-4-12中所采取的方法就是调配计划机动资源的做法。

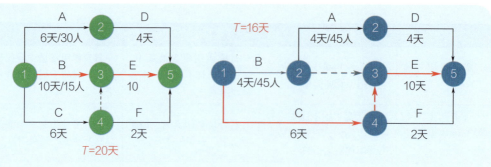

图 8-4-12
某项目工期优化（来源：百锐学堂）

这个是在理论上的，是在打非关键工作的主意。而在实践中一般是一个项目中有两个或几个总包标段，当某个总包标段需要赶工时，让"隔壁"标段的总包来分担一部分工程也是一个很好的办法。另外，除了内部项目调配，增加项目外援也是一种方法，如展示区的装修突击队。

8.4.3.4 优选工作可变顺序

上面所讲的优化组织方式是将依次施工变为流水施工，优选工作可变顺序就是将前后两个工序变为平行施工。

平行施工代替流水施工，实际上是充分利用了工作面。工作面是指供某专业工种的工人或某种施工机械进行施工的活动空间。工作面的大小，表明能安排施工人数或机械台数的多少。如表8-4-10所示，是传统工艺砖墙、毛石的工作面经验值，其他的每个工序都会有相应的工作面要求。

表8-4-10　以基础为例显示工作面限制（来源：百锐学堂）

工作项目	每个技工的工作面
砖基础	7.6m/人
砌砖墙	8.5m/人
砌毛石墙基	3m/人
砌毛石墙	3.3m/人
浇筑混凝土柱、墙基础	8m³/人

优选工作可变顺序的例子也是比较多的。

例如，展示区的主体结构、室外管线与园林绿化工程，正常情况下，项目应该先做主体结构和外墙工程，等拆完外架后才去施工室外的管网、道路和园林绿化，这个叫做依次施工。而这两个工序也可以流水施工，甚至可以做到平行施工，也就是在展示区中的室外游泳池在开工的第一天就和主体结构一起施工。

例如，外墙及室内精装修，传统的做法是自上而下，之所以自上而下是因为这样湿作业的上层不会影响到下层，而且也安全。而采用大穿插的做法后，就变成了自下而上。工序变了，就要把工序变更后引起的问题解决，这里出现了楼层截水系统，把本楼层的污水截断在本楼层，再有组织地排下去，保证已施工楼下的装修不受上层湿作业的污染。

8.4.4 碧桂园对大穿插及工期优化的指引

上面讲到了大穿插的本质、理论基础，其实是非常简单的。但是仔细分析大穿插中的细节还是有很多的。在实操中，很多公司也想实行大穿插工艺，但是发现会有很多问题，主要是大穿插本身是公司运营的一个体系，不只是工艺问题，更是管理问题。因此，公司想要成功实行大穿插，就要有一系列的公司政策指引来配合。

碧桂园对于传统工艺，没有采用铝模和爬架，而是采用传统木模和普遍脚手架的工艺，同样引入了大穿插技术，工期可以在400天，称为传统工艺理想工期模型（400天）。下面对此进行简介。

8.4.4.1 模型的假设条件与情况说明

广东省某项目，4栋30层2梯3户高层住宅，1层地下室，预应力管桩基础，外墙涂料，总建筑面积约6万平方米；采用木模、普通悬挑外脚手架，2层悬挑；未考虑任何内、外部不利因素的影响，如无法实现，可根据区域实际情况编制。

8.4.4.2 出图、招采、工程三条线的大穿插

出图和招采穿插，是实现项目整体大穿插施工的内在前提条件，如图8-4-13所示。

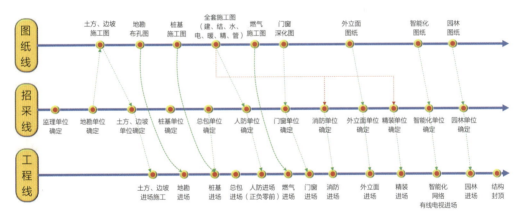

图8-4-13
图纸、招采与工程条线的大穿插（来源：百锐学堂）

① 图纸方面：确保全套施工图进度、质量。塔楼正负零前84天完成土建施工图，塔楼正负零前42天完成全套施工图，以保证后续各招标单位的确定及铝模深化。
② 招采方面：实现招标采购工作前置，确保所有材料按时足量供应。
③ 项目管理能力：确保内部穿插施工顺畅。
④ 现场策划方面：做足工程策划，做到科学合理。

8.4.4.3 传统工艺理想工期（400天）策划

传统工艺理想工期（400）天横道图，如图8-4-14所示。

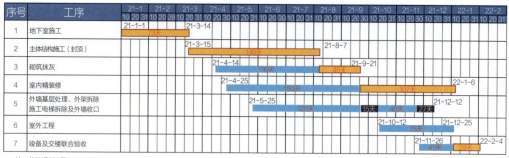

图 8-4-14
传统工艺理想工期（400 天）横道图（来源：百锐学堂）

传统工艺理想工期（400 天）网络图，如图 8-4-15 所示。

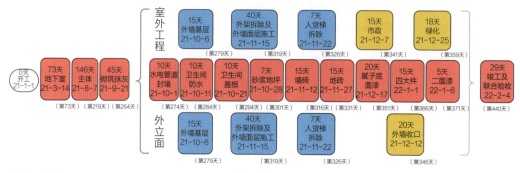

图 8-4-15
传统工艺理想工期（400 天）网络图（来源：百锐学堂）

8.4.4.4 新体系360天策划

碧桂园SSGF新体系360天理想工期的总体计划。此理想工期确实理想，但确实是研究工程策划的良好资料，各项目可以在参考此思路和良好做法的基础上，再根据实际情况进行调整和细化。

（1）SSGF关键线路横道图

SSGF关键线路横道图如图8-4-16所示；网络简图，如图8-4-17所示。

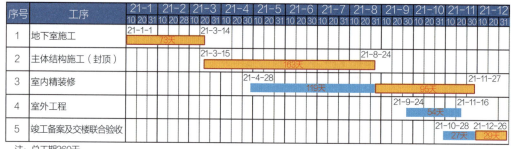

图 8-4-16
SSGF 新体系主要分项工程横道简图（来源：百锐学堂）

点评：本新体系实行大穿插后，由于外墙工程及室外工程与室内精装修工程并行施工，而室内精装修早在主体结构开始施工后一个月开始施工，主体结构封顶后精装修剩余工期长过外墙工程和室外工程，而且外墙工程完成后一个月即可进行爬架拆除，之后进行吊篮安装和外墙涂料施工，而外墙涂料施工较快，因此将传统关键线路的外墙工程与室外工程变成非关键线路。这是本模型的新体系与一般公司传统工艺的最大不同。当然，每个项目的情况不同，如果外墙保温、外墙装修复杂而导致工期较长，则有可能外墙装修会成为关键线路。

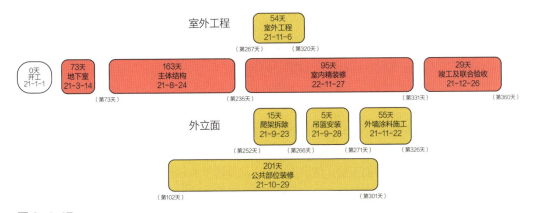

图 8-4-17
SSGF 新体系主要分项工程网络简图（来源：百锐学堂）

（2）关键线路形象进度剖面图

下面的形象进度剖面图非常形象地描述了五大阶段，12 大关键工程点在 30 层楼高的不同日期的不同分布，是活生生的不同工种的立体大穿插图，如图 8-4-18 所示。

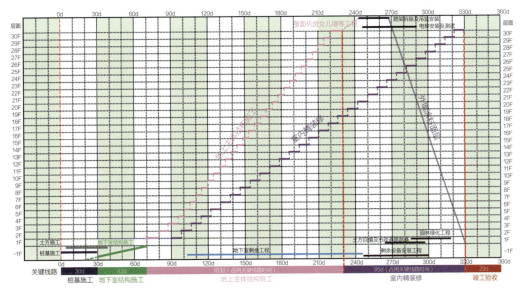

图 8-4-18
新建造体系工期图（360 天）（来源：百锐学堂）

（3）大穿插施工的标准做法

N 至 N-11 为精装修湿作业穿插施工，是步距为 5 天/层的等步距流水施工；N-12 至

N-19为异步距流水施工。

碧桂园的SSGF新建造体系大穿插包括主体穿插、外墙穿插、地下室穿插、机电穿插、装修穿插、部品穿插、市政穿插、园林穿插八大穿插。

① 地下室穿插：塔楼主体结构施工时，地下室同步穿插。

② 主体穿插：通过主体和内墙穿插施工，为N-10装修穿插施工创造条件。

③ 外墙穿插：通过铝窗、栏杆、腻子、排水管等穿插施工，为园林穿插施工创造条件。

④ 装修穿插：主体施工阶段，同步进行天花吊顶、水电安装、墙地砖铺贴、腻子油漆及墙纸的有序合理穿插。

⑤ 机电穿插：通过水电预埋、机电穿插施工，为装修穿插施工创造条件。

⑥ 部品穿插：在主体封顶后，开始部品穿插施工。

⑦ 市政穿插：a. 市政先行，外围市政管网提前预埋；b. 消防道路提前施工，做到永临结合。

⑧ 园林穿插：在爬架、施工电梯拆除后开始园林穿插施工。

（4）大穿插中的关键问题及应对

大穿插首先作为一系列的工法，是偏技术的。涉及技术的问题，一般都有标准答案，正确与否是比较明确的。但是在实际执行中，出现问题的地方多数不是纯技术，而是项目管理，或者说是项目管理的技术出了问题，再说得大一点，就是公司大运营在项目的执行上出了问题。

8.4.5　大穿插施工的三大突破和三大最难挑战

8.4.5.1　大穿插施工的三大突破

（1）政府验收程序突破

改变原有的结构验收模式，使验收工作前置且穿插，需要报建与当地政府部门提前沟通协调，如图8-4-19所示。

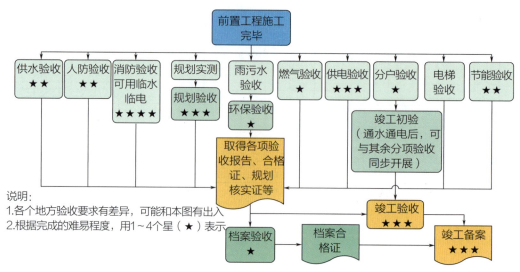

图8-4-19
政府验收内容与流程（来源：百锐学堂）

某项目将竣工验收进行前置策划,如图8-4-20所示。

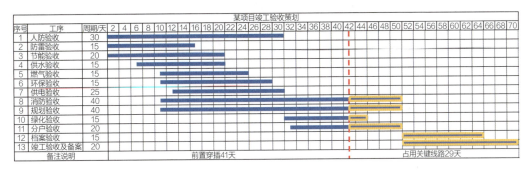

图8-4-20
某项目竣工验收策划横道图(来源:百锐学堂)

(2)组织方式突破

改变原有的外立面以及精装修在主体工序结束后由上往下的组织方式,变成由下往上的组织方式,使工序搭接更充分。改变后,变成"三延长一缩短"的提效效果。以贵阳万科大都会项目为例,其"三个延长"是指延长结构施工时间66天,延长初装修施工时间98天,延长精装修施工时间80天;"一缩短"是指缩短工期,由原来24.5个月缩短到17个月,缩短了7.5个月(图8-4-21)。

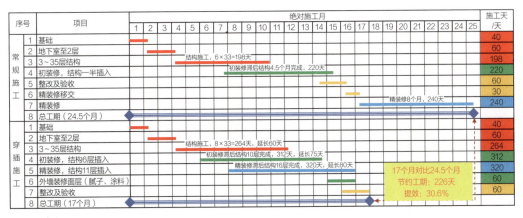

图8-4-21
某项目穿插施工与常规施工对比横道图(来源:百锐学堂)

平面布置和垂直运输的组织也非常重要,某项目总结了几项要点如下。

① 泵管设置优化。混凝土泵管设置于消防楼梯或电梯井,不影响室内及公区装修穿插施工。

② 施工电梯上行下达。施工电梯上至爬架两层,即N-2层以上,下至地下室,充分利用地下室空间。

③ 材料下地下室。除了钢筋加工工厂等无法在地下室进行外,各专业分包的材料、精装加工厂,都设置在地下室,为园林绿化先行提供场地条件。

④ 燃气管洞提前定位、预埋。提前让燃气公司出具燃气设计方案,市政配套部审核,确定燃气管道位置,施工预埋,避免后期开洞。

（3）资源获取方式突破

改变设计、招标采购根据现场进度逐步提供资源的方式，使计划性更强，集中采购优势更能体现出来。

8.4.5.2 大穿插施工的三大难点

有丰富施工经验的管理人员总结出实施SSGF新体系中的"三大难点"，具体如下。

（1）深化设计

设计的时间节点是项目大穿插的保障，进度轴线如图8-4-22所示。

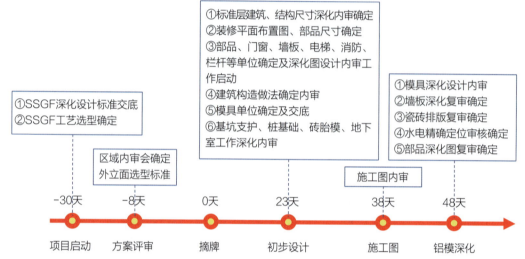

图8-4-22
SSGF新体系中设计的穿插点（来源：百锐学堂）

设计策划的目的就是确保出图进度和出图质量满足现场施工要求。

审图的主要单位有总包、铝模厂、设计院、公司设计部，站在不同角度都应有一个自己的审图清单。审图工作最好封闭进行，为避免影响审图，要有一定的措施，如吃饭在一起、手机收起来等，审完图后签字，声明谁签字后再提出改图纸，谁去找区域总裁申请。这样的效果是，图纸一经签字就不能再变更，因为变更一点点，影响一大片，因此提倡将实际变更率控制在千分之四以内。

（2）招标采购

前置的招标策划与采购策划对项目大穿插的成败也是至关重要的。为此须遵循一定的原则，即招标策划原则为"先定后干、先算后干、经验优先、必须书面"；采购策划的原则为"专项会议、查漏补缺、销项计划、专人负责"。

关于招采的细节，会在下一章节中给予详细说明，在此不做赘述。

（3）有序地无缝对接

为了实现有序无缝对接，有三张表非常重要：第一张表是进度总控表；第二张表是招采总控表；第三张表是质量总控表。

为做好无缝对接，各个专业部门一定要协同一致。对于标杆房企，已经成熟，各专业之间其实没有多少讨价还价的余地。但对于非标杆企业，则情况相差很大。这时负责运营的公司领导和项目总一起组织讨论后,由项目总听取各部门意见,站在项目的角度统筹协调,拍板定调。项目总一定要让各部门把话讲出来,讲出来后就没有怨气了,因为大家的目标是一致的,总能做到各专业的协同一致。

万科某项目大穿插的良好做法

在大穿插中会有很多问题,最根本的解决措施就是本书的核心观点:及早做好策划工作。然后在良好策划的前提下,要有强大的执行力和驱动力,大穿插才有可能顺利地运行起来。而万科作为大穿插的引领者,有很多项目做得非常不错,如图8-4-23所示。

图8-4-23
万科双月湾的周密专项方案策划(来源:百锐学堂)

在协调项目过程中,分包的管理一定不要指总包来统筹,一定要甲方强力统筹。因为在大穿插体系中,甲方是真正意义的总包,其他所有的施工单位是平行发包,因此甲方掌握的信息是最全的,可以协调动用的资源也是最多的,所以甲方一定要发挥绝对的主动性。

引用一句话来说明有些房企做大穿插做得好,而有些房企做得不好的原因,就是"幸福的家庭都是相似的,不幸的家庭各有各的不幸"。房企做大穿插成功的相似点是,都掌握了大穿插的基本原理,也掌握了项目管理的方法和技巧;不成功的是因为项目管理的某个或某些方面出现了较大问题，这些问题就是公司和项目的短板，需要通过反思、学习来改进，而项目参与人员的素质可以通过学习和培训得到加强和提升。"没什么难的，只要听话和肯学就可以了。"

8.4.6 现场降本增效的管理工具

这里介绍一个工程现场降本增效管理的工具——"智建云"。在工程策划中引入"智建云"能够降低人员工作量，提升管理效率，实现工程精细化品质管理。

8.4.6.1 什么是"智建云"

"智建云"是工程建造与交付信息化管理平台，分为智慧建造和智慧交付两个体系，如图8-4-24所示。"智建云"可以帮助房地产及相关企业在工程管理过程中提高工作效率，提升客户服务质量。

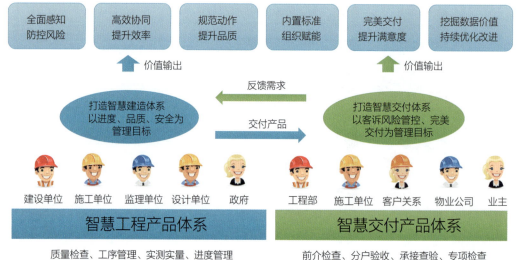

图 8-4-24
智建云的两大体系（来源：智建云）

以工程质量管理为例，"智建云"提供了较为完备的工程质量管控体系，包括质量预控、过程纠偏、验收/移交、风险评估四大块，并根据这四块进行不同的管理动作，确保在建造过程中能够全流程把控质量，达到一次做对、越做越好、厘清责任、量化风险的目的，如图8-4-25所示。

在房地产的交付管理方面，"智建云"交付体系贯穿交付管理的前、中、后阶段，前期分户验收阶段做好质量检查和整改，中期集中交付阶段提升一次交付成功率，后期维保期内对质量问题持续跟进整改，提高交付满意度。此外，"智建云"将地产交付管理与物业前期介入无缝对接，通过双方协同检查和持续跟进管理从源头减少后期物业管理风险，提高业主整体满意度，如图8-4-26所示。

	质量预控	过程纠偏	验收/移交	风险评估
管理动作	样板验收与交底	过程质检	关键工序	巡检评估
	方案报审	实测实量	工序移交	
	图纸会审	监理协同	界面移交	
业务目标	一次做对	越做越好	质量把关	量化风险
			厘清责任	
责任部门	项目主责	项目主责	项目主责	总部/公司主责
	分级管控			项目辅助

图 8-4-25
质量精细化管理内容（来源：智建云）

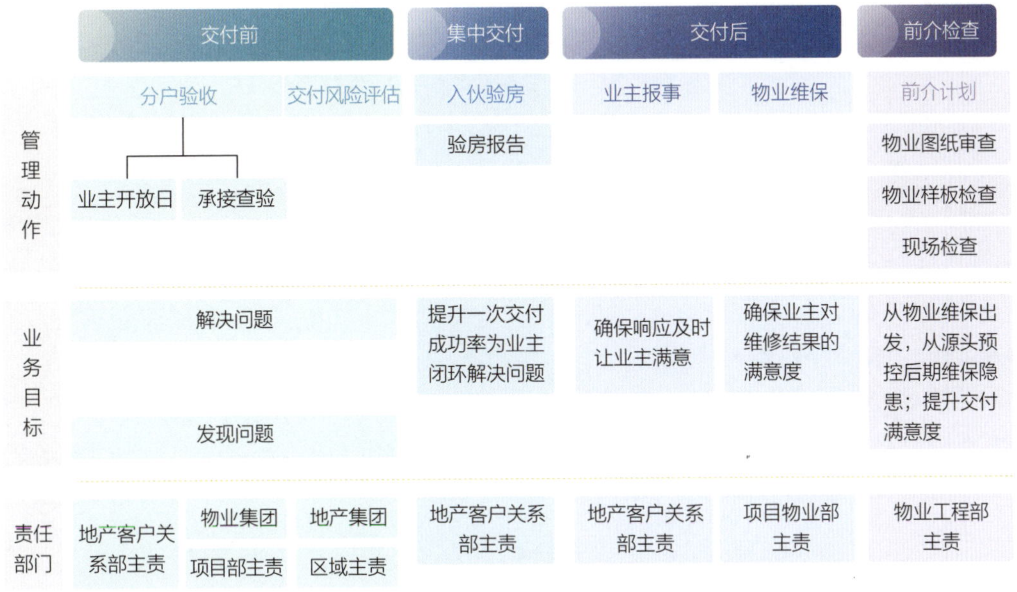

	交付前	集中交付	交付后	前介检查
管理动作	分户验收　　交付风险评估　　业主开放日　承接查验	入伙验房　　验房报告	业主报事　　物业维保	前介计划　　物业图纸审查　　物业样板检查　　现场检查
业务目标	解决问题　　发现问题	提升一次交付成功率为业主闭环解决问题	确保响应及时让业主满意度	确保业主对维修结果的满意度	从物业维保出发，从源头预控后期维保隐患；提升交付满意度
责任部门	地产客户关系部主责　物业集团　项目部主责　地产集团　区域主责	地产客户关系部主责	地产客户关系部主责	项目物业部主责	物业工程部主责

图 8-4-26
交付管理提升客户满意度（来源：智建云）

8.4.6.2　应用"智建云"的好处

　　业内以品质著称的龙湖地产的工程管理解决方案，就是智建云在龙湖的最成功实践，被称为"龙建App",有11个功能模块。截至2020年底,50个城市公司超过1000个标段上线,累计数据超过1.5亿条,注册人数超过2万人。

龙湖通过"龙建App",将龙湖的建造标准和精细化管控标准固化到App中,通过联动监理与施工,实现过程精细化管控,从而达到控制品质的目的,同时降低四方人员工作量,提升管理效率,通过应用"龙建APP",初步实现了工程管理的提质增效目标。

除了龙湖地产,智建云在业内其他地产商、建筑公司、物业公司、验楼公司也有广泛的应用,对提升业内工程精细化管理做出了突出贡献。

CHAPTER NINE

第 9 章

项目合约规划

合同，又称合约、契约，是指两个或两个以上的当事人为达到一定目的，明确相互权利义务关系的协议。在房地产工程合同中，房地产开发商与供应商和施工单位的关系就是合同关系，受相关法律保护，因而必须遵守。

9.1 认识合约规划

什么是合约规划？根据MBA智库百科的解释，合约规划是指项目目标成本确定后，对项目全生命周期内所发生的所有合同大类、金额进行预估，是实现成本控制的基础。合约规划也可以理解为以预估合同的方式对目标成本的分级，将目标成本控制科目上的金额分解为具体的合同。合约规划也是制定项目招投标计划的基础，根据合约规划编制年度或月度招投标计划，并根据合约规划分解目标成本，控制合同价。

碧桂园对合约规划的解释如下：合约规划是从目标成本到招采计划过程中，承上启下引领过程成本管控的一种专业管理措施。一方面"承上"，是合约规划将目标成本按照"自上而下、逐级分解"的方式分解为合同单元；另一方面"启下"，规划保持与合约实际口径和范围统一，指导从招标到最终工程结算整个过程的合同签订及变更的一种管控手段。合约是成本管控的最基本单元，合约规划聚集并落实到"合约"的操作单元，将成本控制任务具体转化为对合同的严格管控，实现了对"项目动态成本"的有效管控。

合约规划分为狭义合约规划和广义合约规划两个角度，分别是成本管理的宏观角度和微观角度，如图9-1-1所示。

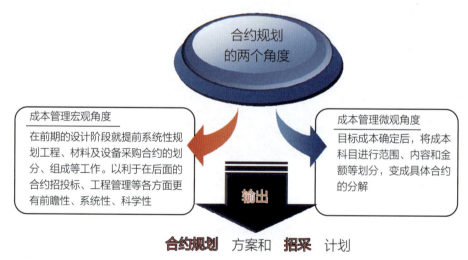

图 9-1-1
合约规划的两个角度（来源：百锐学堂）

狭义合约规划的范围主要是针对工程条线的合约，不涉及费用的支出，将项目目标成本分解为合约大类，以便找到合适的施工单位和供应商，以总包合同、分包合同、采购合约的形式去执行，实现项目预算管理与合同管理之间的桥梁。狭义合约规划的重要组成部分是招采策划，最早的合约规划就是做这个工作的。

广义合约规划的范围扩大到工程、营销、设计、开发报建等，以及兼顾费用支出，不只做合约规划，还要进行动态成本控制。强调以下三个重点工作。

① 目标成本的分解，即是WBS分解到合约，是以"自上而下、逐级分解"的方式。

② 分解后的限额指标作为成本控制的目标进行分判时的监测，如果分判价小于目标成本则没事，如果大于目标成本则分析原因，进行应对，例如重新调整施工方案或者降低设计的配套要求等，实在不能降低的，则要看相邻科目是否有空间消化此单项合约的超额。

③ 在合约执行过程中，在动态成本的控制中，将合约变更签证、索赔等已发生成本及时反映在动态成本中，进行预警及干预，以求达到最终目标成本不超标的目的。由上来看，广义的合约规划不只是合约规划的前期工作，还是合约规划之后的执行和监控工作。它的实质已经是成本规划与执行，改变了合约规划的重点。其实作者看来，应该将其改为合约规划与执行，或者叫合约视角的成本控制。

9.1.1 合约规划的作用

合约规划的重要作用是在项目管理过程中，通过合约规划的手段，使今后的合约招投标、工程管理、成本管理等各方面更有前瞻性、系统性、科学性。

合约规划的作用及要点，如图9-1-2所示。

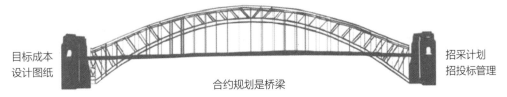

图9-1-2
合约规划的作用（来源：百锐学堂）

9.1.1.1 对合约整体把控规划，构建系统的管理体系

合约规划将目标成本、合约管理、招标采购进行了有效衔接，构建了更为系统、专业、有效的成本管理体系。明确项目合约数量、范围边界，避免重大错漏、减少合约拆分随意性。

另外，基于目标成本分解的每个合同的规划金额和目标成本金额，作为定标金额及合同金额的控制上限，对于超出控制上限的合同分析原因，通过合约规划，必要时重新招标。

9.1.1.2 前置成本控制的管理抓手

从成本管理全流程来看，合约规划应该处于目标成本和采购计划的中间位置。如果不把目标成本分解成合约规划并进行过程管控，成本管理就只能沦为成本部门自娱自乐的数字游戏。所以合约规划是虚实转换的重要控制点和制高点，是项目预算（目标成本）与合约管理之间的桥梁，也是虚实的结合点，即由虚的设计图纸开始转化为与施工单位的合约，通过合约的履行，将图纸转化为建筑实体。因此，合约规划可谓"上承目标成本，下接招采计划"。

在项目成本科目管控体系下，如果某科目下需要签订3份合同，有可能前面2份合同签订的金额已超出预计金额，但因为没有超出科目成本总额，在第3份合同签订时才发现超额的情况，而这时进行成本管控为时已晚。所以在项目预算范围内，应通过合约规划明确单个合同预计要签订的金额，在每份合同签订时进行成本金额的对比和管控，实现成本有效控制前置。

通过合约规划在成本管理中发挥的作用，引导项目做实目标成本管理，实现成本控制的过程分析和成本预控，如表9-1-1所示。

表9-1-1　合约规划的主要措施（来源：百锐学堂）

主要事项	措施	落地目标与措施
目标成本	科学合理-目标交底	➢ 开工前：成本策划+目标成本
成本策划	成本适配-方案交底	➢ 招标前：合约规划+标前测算
合约规划	合约受控-指标交底	➢ 实施前：方案测算+目标对比

9.1.1.3　招标采购策划，规范招标采购方式，指导招标采购工作

明确招标方式、签约形式、招标计划，对项目招标采购工作进行整体性策划和把控，规范项目招采工作的开展，保障项目开发进度。

在项目总体预算已经明确的情况下，到底项目开发过程需要签订多少个合同？这些合同都是什么样的？有多少需要采购招标？各合约之间的界面如何界定？如果没有清晰的规划，就会导致项目实施无序且难以决策。引入合约规划管理，就可以在项目预算范围内，基于成本估算、成本测算、专业造价咨询机构或历史成本数据沉淀，提前规划项目需要签订的合同，明确合约关系与承包范围，便于采购招标与合同签订工作能够更有序地开展。

合约规划的输出是合约规划方案和招标采购计划，对后期的招标采购具有重要的指导作用。同样是甲指材料，是否应该签约三方协议呢？不同企业、不同项目、同一项目的不同采购是不一样的，需要视情况而确定。

碧桂园将甲指材料分为三类，各类材料的要求、范围和采购模式都是不一样的，要通过事先的合约规划来进行说明，这样在执行招标采购时才会清晰。

合约规划中非常重要的一个输出是标段划分，标段划分是合约规划方案的一个重要组成部分。图9-1-3所示为某项目总包标段的划分示意。

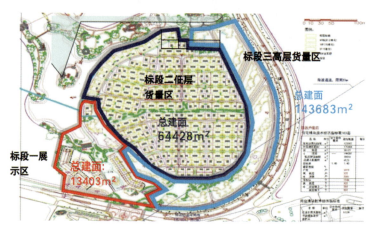

图9-1-3
某项目总包标段划分示意（来源：百锐学堂）

9.1.1.4 支撑资金计划动态预测

有了合约规划，配合进度计划，就有了付款计划，再加上贷款、收入，则资金使用计划和现金流收支计划就能得到落实。

很多房地产企业为减轻自身的资金投入，通常需要施工单位来垫资，或者采用供应链融资。究竟施工单位垫款多少钱，垫付多长时间才能满足房地产企业的要求，肯定要在合约规划时有一个策划，然后在招投标时给予落实。也就是说要早做合约策划，大家把要求写在合约里，垫资和供应链融资是法律允许的，合约是你情我愿的签署，施工单位自然没有也不应该有什么问题。以下是某项目的资金策划（图9-1-4），这是需要合约规划的配合才能完成的。

图 9-1-4
某项目资金策划（来源：百锐学堂）

9.1.1.5 保障审批权限下的权责落地

一般情况下合约签订有相应的审批权限，特别是跨区域发展的房地产企业。例如某企规定300万元以上的合约需要招标并经集团审批，如果在开始合约规划时没有合约的初步评估和招标拆分计划，就没办法执行审批权限。另外，可能造成部分城市公司将原本500万元的1个合约肢解为2个合约，化整为零，规避招标和集团审批，这样便导致集团既定的权责流程失效。而通过合约规划管理，明确项目的合约承包范围、数量和金额，可规避权责漏洞，避免成本失控。

合约规划横跨成本控制线、合约管理线、招标采购线，因此是系统的、多专业的。成本管理体系协同的作用自然是非常重要的，如图9-1-5所示。

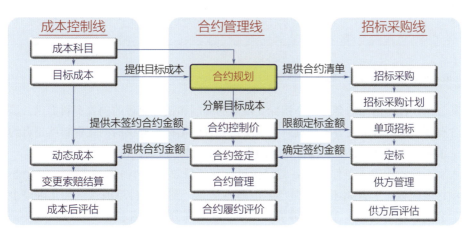

图 9-1-5
合约规划涉及各条线之间的关系（来源：百锐学堂）

9.1.2 合约规划的前置条件与成果输出

根据房地产项目管理的体系,合约规划是在运营计划、营销、设计、工程策划的基础上进行的,以更合理的方式、更合理的价格找到供应商和施工方的资源,实现将项目的工作内容分解实施的策划。因此,合约规划的输入,也就是前置条件,就是要做好客户定位、设计图纸、项目计划、质量要求等前期项目管理工作,也就是做好成本策划的前期工作。作为合约规划的主要编制单位,一定要让其他配合部门知道他们应该在什么时候提供什么样的配合,才能完成招标采购工作。

在碧桂园的整个运营体系中,合约规划是整个成本管理工作的一部分,是在成本策划和方案版目标成本完成之后,项目开工前就应该完成的重点工作。合约规划在其全成本考核中的比例为8%,如下图9-1-6所示。

图 9-1-6
碧桂园成本考核指标(来源:百锐学堂)

某公司在合约招标前会有一个招标立项书的编制和招标流程的前置资料提供。提供的资料含有施工范围选项表等各种资料。其实这些合约招标前提供的前置资料就是合约规划的一个重要组成部分,也有一部分是合约规划的前置输入。

大家不要小看输入条件。作者曾经做过一些项目总班的小组论文辅导,几个小组在分析项目的时候,一开始不讲清楚项目的基本信息,例如项目范围,一会儿讲整个大项目,一会儿讲项目一期,一会又讲项目二期。建议在分析项目和做项目策划时,一定要定义好范围,确定好对象,这是基本的。还有同样的一个项目一期,存在项目资料前后矛盾的情况。例如在工程策划中项目是分三个批次供货,分三个施工证、三个施工单位，在合约规划中就变成了四个批次供货，就没有说这四个批次分别属于什么施工单位，计划变了，合约规划也要变。项目有变更不可怕，关键是要前后衔接，让人看得清楚、看得合理。

而合约规划的输出，总结有以下两个方面。

9.1.2.1 合约规划方案

合约规划方案包括分判方案一览表、合约文件的特别要求等。

规划方案中，项目合约管理模式是第一个要解决的大框架问题。根据企业的发展规模、内部管理能力和自身优势，首先要确定企业基本的项目合约管理模式，如总包、分包方式等。

项目管理模式中，由于竣工备案的要求，绝大部分项目工程由总包直接和间接完成，最后以总包的名义对外进行竣工备案；少部分分项工程则不需要放在总包竣工备案手续中，可由业主直接发包。而放在总包施工图纸中的工程，又分为总包直接施工工程和总包名义下的甲方业主指定分包工程。因此项目的合约管理模式就分为四个方面：

① 总包施工图范围以内的总包工程，签署甲方业主与总包的二方协议；

② 总包施工图范围以内的专业分包工程，签署甲方业主、总包、专业分包的三方协议，甲方业主为见证方；

③ 总包施工图范围以外直接发包的工程内容，签署甲方业主与直接分包的二方协议；

④ 业主直接采购的物资，签署二方或三方协议。

图9-1-7是某项目的合约管理模式示例图，实际项目中还须将工程进行二次组合，形成合同结构及范围，如有的公司实行大总包制，独立分包方合约和专业分包方项目合约也可以全部纳入总承包方的合约范围之内。

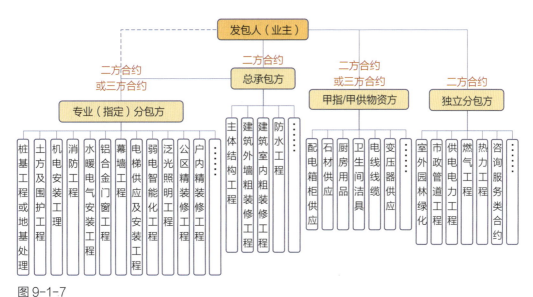

图9-1-7
某项目合约管理模式（来源：百锐学堂）

案例9-1-1

某标杆公司某项目承包方式的良好做法

表9-1-2是某标杆公司某项目承包方式的节选。

表9-1-2 某项目承包方式（来源：百锐学堂）

| 分类 | 编号 | 工程名称 | 承包方式 | | | 招标范围 | 承办职能组 | 各部门所需配合工作 | 费项编号 | 费项名称 |
| | | | 总包 | 指定分包 | | | | | | |
				二方合同	三方合同					
BA 一般土建工程	BA-1	施工临时用水工程		√			项目造价组			
	BA-2	施工临时用电工程		√			项目造价组			
	BA-3	土石方工程		√		★	综合成本组			
	BA-4	桩基工程	√			★	项目造价组			
	BA-5	护坡工程		√		●	项目造价组			
	BA-6	建安总包工程	√			★	综合成本组			
	BA-7	地下室防水工程			√	★	项目造价组			
	……	……								

有的公司将以上的总承包方项目、独立分包方项目（业主直接发包）、专业分包方项目（业主指定）、甲供物资项目分别称为A类、B类、C类、D类，并对这四种不同的类别实行不同的标准化流程和相应的合约范本。

中海早期的某项目合约关系架构采用"总承包＋专业土建装修分包＋专业机电分包＋甲供物料及设备分包＋非总承包协调工程"的形式。

案例9-1-2

中海某项目主要分判项目

表9-1-3为中海某项目对承建商的主要分判项目、投标单位数量要求和中标单位数量要求的方案。

表9-1-3 中海某项目主要分判方案（来源：百锐学堂）

序号	分判工程名称	投标单位/个	中标单位/个	预计分判额/万元	样板确认时间	备注
1	前期工程	5	1			
2	土方开挖与支护	8	1	3 000		
3	桩基础	9	1	4 500		
4	土建	9	2	30 600	20××.07.15	
5	防水	5	2	380	20××.07.15	指定分包
6	机电安装	8	2	7 000	20××.07.15	
7	工程监理服务	5	1	260		
8	人防门	5	1	250	20××.07.15	
9	白蚁防治	3	1	19		
10	铝门窗	8	2	3 500	20××.09.10	
11	阳台栏杆	—	1	500	20××.08.20	区域招标
12	弱电	—	1	660	20××.08.15	区域招标
13	消防报警	7	1	2 000	20××.08.15	
14	室内煤气管道	5	1	300		
15	变配电	7	1	2 500		
16	电信、有线电视	4	1	75		
17	直饮水	5	1	120		
18	泛光照明	5	1	130	20××.09.15	
19	精装修	10	2-4	21 000	20××.11.25	
20	室内木门及入户门	—	1	2 600	20××.09.15	区域招标
21	防火卷帘及防火门	—	1	530	20××.09.15	区域招标
22	橱柜	7	1-2	1 800	20××.10.20	
23	木地板	—	1	3 500	20××.10.30	集团招标
24	地库交通标志	4	1	50	20××.06.05	
25	地库地坪漆	5	1	250	20××.06.05	
26	清洁开荒	4	1	80		
27	室外道路、市政	—				归入土建分判
28	园建	7	1-2	1 400	20××.11.30	
29	绿化	7	1-2	900	20××.11.30	

案例9-1-3

中海某项目合约规划中对甲供材料的要求

以下为中海某项目合约规划中甲供材料计划的说明。此说明确定了甲供材料中施工单位和甲方的责任划分,以方便将此写入甲供材料的购买合约和施工单位的合约中,实现清晰的界面划分和材料供应上的有效协同。甲供材料计划中的补充如下(案例内容)。

① 供货周期天数为日历天,对于一次性全部到货的物资,供货周期是指正式下单后至货到工地的时间间隔;对于一次下单多批次到货的工程物资,供货周期是指下单后至第一批到货的时间间隔。

② 电梯设备正常供货的前提是预付款和提货款的正常支付,且不含非标设置;安装时间为从双方确认现场具备安装条件起到拿到电梯准运证的时间。

③《WZ06 甲供物资管理工作程序》要求:建筑材料、装饰性材料及设备,除洁具外,由承包商卸货;机电设备由供应商卸货;洁具由供应商卸货;卸货责任包括用人力将物资搬离运输车辆、转运至仓储场所、堆放整齐或安放牢固。机电设备供应商卸货责任包括用人力或机械辅助手段将物资搬离运输车辆,转运至合约管理部指定的位置(包括露天场地和仓储场所),堆放整齐或安放牢固,不负责二次转运。

④ 根据集团集中采购物资的要求,如属于供货商卸货,则满足合同条件第12.1.1条规定:如无特别说明,供方的供货责任应包括将货物卸车,搬运到工地内的上下不超过一层建筑物高度阶梯的任何地方,或距工地最近一个出入口200m以内、上下不超过一层建筑物高度阶梯的工地以外的地方,并按需方要求及根据货物特点堆放整齐。

⑤ 电梯、中央空调、发电机、不锈钢水箱、泳池设备、游乐设施、健身设施、桑拿设备等设备及样板房家具、窗帘、装饰灯具等,均由供货商卸货并负责安装。

⑥ 承包商接收货物后,随之保管责任转移至承包商。

⑦ 到货时间根据项目一期工程施工计划推算而得。

9.1.2.2 招标采购计划

合约规划中确定了各合约的范围、界面、金额,在此基础上,加上时间(出图、签约、进场要求)和责任执行人,就是招标采购计划了。这个计划不只是要编写出来,更重要的是各部门形成统一共识、相互承诺,执行起来才比较顺畅。

案例9-1-4

某项目招标专项计划

如表9-1-4所示,招标计划中列出了合约名称(工程名称)、招标方式、计价方式、与招标有关的完成时间节点要求、责任人等。这样的计划十分有利于执行和执行过程中的监控。

表9-1-4 某项目招标专项计划（节选）（来源：百锐学堂）

××项目招标合约专项计划

序号	分项	工程名称	招标方式	计价方式	立项准备资料	计划进场时间	招标立项完成时间	招标文件完成时间	招标工程量清单完成时间	招标单位确定完成时间	发标时间	截标时间	定标时间	合同签订时间	招标合约责任人	项目责任人
9		室内环境检测	年度协议，项目合同	单价包干，暂定总价	施工图	2020/10/25	2020/9/29	2020/9/29	2020/9/9	2020/9/29	2020/9/30	2020/10/5	2020/10/12	2020/10/20		
10		精装修	招标	单价包干，暂定总价	方案	2020/7/20	2020/6/21	2020/6/24	2020/6/24	2020/6/24	2020/6/25	2020/6/30	2020/7/7	2020/7/15		
11		泛光照明（单位与展示区一致）	招标	限额总价包干	效果图、平/立面图、园林图	2020/10/25	/	/	/	/	/	/	/	/		
12		园建铺装（单位与展示区一致）	招标	单价包干，暂定总价	/	2020/11/24	2020/4/11	2020/4/14	2020/4/14	2020/4/14	2020/4/15	2020/4/20	2020/4/27	2020/5/5		
13	货量区	防火门工程	议标		施工深化图	2020/5/10	/	/	/	/	/	/	/	/		
14		铝合金门窗（单位与展示区一致）	招标	单价包干，暂定总价	设计方案	2020/4/5	/	/	/	/	/	/	/	/		
15		栏杆工程（单位与展示区一致）	招标			2020/7/10	/	/	/	/	/	/	/	/		
16		智能化及安防（单位与展示区一致）	招标	限额总价包干		2020/10/1	/	/	/	/	/	/	/	/		
17		信报箱	招标	单价包干，暂定总价	方案	2021/7/1	2021/6/2	2021/6/5	2021/6/5	2021/6/5	2021/6/6	2021/6/11	2021/6/18	2021/6/26		
18		道路交通设施、标识导向、地坪漆（单位与展示区一致）	年度协议，项目合同	单价包干，暂定总价	车位画线图/方案	2020/11/10	/	/	/	/	/	/	/	/		
19		开荒清洁	招标	单价包干，暂定总价	方案	2021/3/15	2021/2/14	2021/2/17	2021/2/17	2021/2/17	2021/2/18	2021/2/23	2021/3/2	2021/3/10		

第9章 项目合约规划

很多公司有清晰的合约规划模板，还有很清晰的编写指引，就解决了输入输出的要求问题。

9.1.3 合约规划的实施时间

何时做合约规划呢？这主要是根据企业管理的自身情况而定。如果企业的费项归类、合约管理体系相对稳定成熟，可以在项目启动阶段的目标成本编制及审批后进行合约规划的编制。例如，龙湖著名的启动会九大成果之一就是"项目目标成本及合约规划"。如果企业管理精细化程度还没有达到这一步，至少应在目标成本最终确定后、招投标工作开始前进行编制，以便在目标成本的指导下进行招标采购，达至合约规划的目的和作用，如图9-1-8所示。

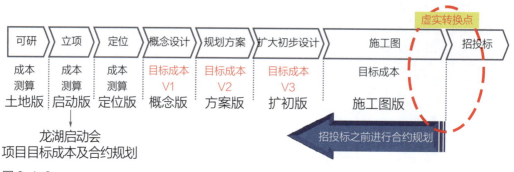

图 9-1-8
合约规划的实施时间（来源：百锐学堂）

对于快周转的公司，合约规划应该是在拿地之前或者拿地后，到项目启动会就已确定了。例如龙湖要求在项目启动会上输出"项目目标成本及合约规划"；碧桂园要求目标成本批复后30天内编写完成。

碧桂园合约规划管理的良好做法

碧桂园对于合约规划的管理有一个过程。开始的时候，比较特别的是，合约规划不用送审，但需要每月更新合约规划的变动及签订情况。变动情况应每季度最后一个月20日内在BIP完成上报及区域总裁审核工作。由此看出碧桂园的合约规划是看重过程落实的，是看重动态变动对目标成本的影响的。碧桂园合约规划职责划分，如表9-1-5所示。

后来在2016年，碧桂园出台了《项目合约规划工作指引V2.0》，将合约规划分为前期版和方案版两个版本，两次都必须送审。前期版的送审要求是：新项目摘牌前5天，旧项目新开发分期首次招标立项前5天，完成编制、发起审批；方案版目标成本终审后5天内完成方案版合约规划的编制，并发起审批。而且规定：无合约规划不签合约；合约规划与拟签署合约不一致，先调整合约规划再签署合约。该工作指引将权责划分清楚，招标合约部门负责工程类合约规划，而成本部门负责非工程类合约规划。

表9-1-5 碧桂园合约规划职责划分（来源：百锐学堂）

集团成本管理中心		区域成本管理部		项目管理部
		招标合约组	成控组	
①监督、考核区域合约规划工作 ②根据实际情况，更新工作指引		①负责统筹、指导项目开展合约规划工作，确保按时完成，并通过审批 ②复核工程类合约规划的完整性、准确性 ③按合约规划落实招标、合约工作，以推进项目开发顺利进行	①参与、协助项目开展合约规划工作 ②复核非工程类合约规划的完整性、准确性 ③复核目标成本拆分准确性	①结合项目实际完成合约规划编制，为项目全过程管理提前做好规划 ②依据合约规划，合理、有序开展各项工作
工程招标管理部 ①负责审核工程类合约规划的完整性、准确性 ②对区域招标合约组进行考核	成本管理部 ①负责审核非工程类合约规划的准确性及执行情况 ②审核目标成本准确性 ③考核区域成控组			

9.1.4 合约规划的编写组织

由项目总经理或成本合约副总经理总指挥，负责组织协调各部门，具体由成本合约部组织实施。

若想合约规划做得完备并产生良好的管控效果，最好成本与合约在同一个部门，即使不在同一个部门，也要一起协同工作。原因是，要想完成合约规划主要解决的三个问题，即合约清单的确定、目标成本值的确定与跟踪、招标采购策划，都不是成本部或合约部一个部门的事，需要协同一起。主要工作如下。

① 汇总各部门提供的内容，编制项目合约规划（含招采策划），输出合约规划方案和招标采购计划。

② 关注各个控制科目下的合约预算是否超出本科目的目标成本。

③ 关注工程类合约的范围是否有重叠、遗漏，是否合理。

④ 如有问题，需要组织商议如何解决。

参与部门如下。

① 设计：各种设计合约的预算、设计要求、图纸预计完成时间等。

② 工程：施工方案，包括各项施工单位和材料设备的预计进场时间、工程完成时间，各项合约范围的提出、建议与确认等。

③ 营销：各种营销合约的预算、预计签约时间、预计完成时间等。

④ 采购：各种材料设备合约的预算、预计签约时间、采购范围。

⑤ 开发报建：各项前期开发报建的费用预算、缴纳时间节点。

⑥ 成本与合约：如上。

9.1.5 影响合约规划内容的因素

有以下几个因素影响合约规划的内容。

9.1.5.1 政府或垄断部门的规定或市场习惯

① 虽然市政工程之间（包括供电、自来水、燃气、热力、电信、有线电视等）有很

多界面交叉和工程协调的事项，但实际上难于纳入总承包管理的范围。真正的"市政总包"就是甲方的市政配套部门，各个专业都和甲方签订独立承包合同。

② 还有一个典型代表就是消防专业。消检是工程验收过程中至关重要且具备相当灵活性的专业，因此甲方一般都会把消防单独拿出来作为指定分包，也有拿出来作为独立承包的。

③ 还有一些和当地市场习惯有关的，比如市政道路、雨污水工程，在北京一般由专业的小市政单位来承揽，和甲方签订独立承包合同；但在上海，一般都纳入总承包工程的范围，为"乙方指定单位"。还有就是混凝土供应，在重庆做成甲供，操作模式很成熟，市场也接受；但在北京和上海，市场的接受程度就要差一些，总承包单位抵触心理较强，实际合作中"找茬"的案例屡见不鲜，在甲方管理不到位的情况下，甚至会导致成本、进度和质量的失控。

9.1.5.2 业主对项目管理的特点、项目本身的特点

① 港资、外资的房地产企业一般喜欢比较纯粹的总承包管理模式，不会把总承包工程范围切得太碎。

② 有的房地产企业虽然是总承包管理，但工程范围被切得很碎，同时甲方对工程管理介入的程度很深。

③ 还有的房地产企业习惯于自身当总包，一直采用平行承包模式。

9.1.5.3 项目对成本的要求

事实一再证明，在绝大多数情况下，甲方采购的成本优于总包单位。具体原因主要有：
① 甲方的管理更加规范；
② 甲方通常是战略采购和集中采购，采购量非常大；
③ 甲方的信誉好于总包单位；
④ 甲方的付款条件优于总包单位。

9.1.5.4 项目对责任和效率的要求

有些合约分判方式的选择是项目对责任和效率的平衡决策的结果。各合约分判方式的特点，如表9-1-6所示。

表9-1-6 各合约分判方式的特点（来源：百锐学堂）

方式	特点	备注
乙方指定分包和乙供单位	乙方承担100%责任	—
甲方指定分包、甲指乙供	乙方100%承担法律上的管理责任，便于合同的要求很高（有成熟的模板）	从道义上讲，至少总包不认为自己应该100%承担管理责任，并会在实际管理中想方设法地推卸责任
独立承包和甲供类	100%都是甲方的管理责任	某些对总承包单位的责任和违约风险可以通过合同传递给甲方的独立单位和供应单位

9.1.5.5 项目对质量的要求

对于产品质量、效果影响较大的材料和设备；或行业水平参差不齐，差异较大的材料设备；或资源缺乏、独特、稀缺的材料设备，甲方都应采用甲指或甲供的方式供应材料和设备。

9.1.5.6 设计图纸和技术要求

设计图纸和技术要求的内容和深度对合约关系和合约范围会有一定程度的影响。

① 没有设计图纸就要确定施工单位的情况下，就要做费率招标或模拟清单招标，就做不到总价包干。

② 对设计图纸和技术要求极高的部分，比如小品、小区大门、特殊的装饰件，甚至一些工艺做法（比如氟碳喷涂），甲方有必要直接聘请或指定优秀的专业单位来承造。

③ 设计图纸的工艺材料标准化程度越高，则战略采购和集中采购越容易执行，价格优惠也会更多。

④ 在图纸和技术条件尚未完全清晰时，成本管理人员要根据自身的经验来进行灵活性较大的合约规划和撰写合同条款。

9.1.5.7 工程进度要求

对于快周转项目，合约规划必须更加严谨可行。例如，招采计划必须前置，招标方式有可能将公开招标变为议标。又比如，对于一些先于总包确定之前进场的单位，或在总包已撤场才进入的单位也没有必要（或可能）纳入总承包管理体系，比如前期的三通一平、桩基，甚至土方工程。

9.1.5.8 公司所面临的市场情况和市场地位

一般来说，强势的市场地位下，会要求面面俱到，高标准的成本、质量、进度要求缺一不可；相对弱势的情况下就要有取舍了。例如某公司刚进入一个新的城市，面临的基本态势是：品牌知名度不高且项目较少，对外部资源的吸引力一般；区域内缺乏有合作经验，配合好的合作单位；项目的进度、质量和"现金流"比成本重要。这时的合约规划就要找准公司的痛点和难点来做更加有针对性的规划了。

9.1.5.9 承包商的条件和心态

要价低，能力又强的施工方，是所有房地产公司都向往的。关键是房地产公司吸引多少这样的公司，并将其扶持成战略合作伙伴。

某标杆企业与战略合作方的良好做法

某标杆企业与中建某工程局签订战略合作伙伴关系，会定期进行高层的交流，解决问题，维系良好的关系。当年没有完成300亿元合约额指标，这个标杆企业就去沟通了解帮助解决问题，调整了一些合作的条款。这样让承包商会觉得受到重视，在此条件下的合约规划就可能会考虑，此项目是明星项目，尽量要找战略合作伙伴公司来做总包。

9.1.6 如何来编制合约规划

上面讲到合约规划分为广义合约规划和狭义合约规划,编制合约规划应该先从源头的狭义合约规划开始。因为很多成熟的企业,真正编制完成的合约规划可能就是合约规划表和招采计划表,合约规划的重要方面因为有公司的现有指引、模板、制度而没有去思考和涉及。这在一般情况下是可以的,但是在特殊情况下就会遇到很多问题。例如合作项目,每个合作方虽然都有自己的一套体系,但是项目的合约规划只能有一个方案,这时就体现出了合约规划的重要性。

一般标杆公司的标准化程度非常高,因此合约规划方面也是标准化。但是标杆公司在合作项目上就不一定按照本标杆企业的标准化做法,会涉及合约规划不妥引起的诸多问题。因此,在合作项目时的问题和建议如下。

① 设计和招采建议由合作项目公司中一家标准化程度较高的公司操盘,这样会使项目策划顺利得多,避免非标准化产品条件下,设计图纸错漏项目严重、专业承建单位资源较少、采购时无法下单等问题。

② 在决定依据由合作方的哪家公司为蓝本来编写合约模板文件时,也要慎重。因为合约模板文件通常只能适用于本公司,未必适合其他公司或者合作项目公司。因此建议先了解对方合作公司的合约版本和付款方式等信息。最佳的做法是尽量采用更为成熟的合作项目方的合约体系来做,实在不行再进行非标准化处理。

③ 具体到流程文件和合约条款,一定要提前策划、提前协商,并约定处理时间。

④ 关于投标单位的选择,建议各家推荐相等数量的单位。在选择单位前,在合约规划阶段,合作项目各方都要确定选择单位的原则。

⑤ 项目各合作方甲指及甲供材料的资源品牌和价格都会有所不同,除了设计和招采建议由一家公司操盘外,也要在合约规划中确定选择物资材料供应商的程序和原则。如果战略单位给合作双方的集中采购体系不一致,则建议先暗标比价,当项目公司基本确定后,再进行内部公司采购流程。

⑥ 与合作方合作时,共同约定净利润率底线,这样确定目标成本后,合约规划中的每个合约都有了中标限价,以便更好进行动态成本控制。

案例9-1-7

某公司合作项目上的兼容性策划

如表9-1-7所示,是某公司在合作项目上提出的财务、成本、招采、设计、工程合作模式兼容性考虑,都是合作项目在合约规划乃至整体策划中应该考虑的问题。

表9-1-7 某公司在合作项目上的兼容性策划(来源:百锐学堂)

序号	兼容性描述	原因简述
1	如果本公司负责财务,那招采也尽量是本公司负责	招标合约、请款流程应与财务对应

续表

序号	兼容性描述	原因简述
2	施工图设计和招采需由同一公司（如招采是本公司负责）完成	非标材料在本公司很难采购
3	营销和财务不能是非本公司的统一公司（如果是两家合作）	营销费用很难控制
4	招采本公司尽量不负责，可负责成本	本公司招采制度较严格，流程繁杂
5	工程基本可自由组合	工程与上述相关性不大

中海合约规划的模板框架

中海做合约规划比较早，其模板框架可以做一些参考。现给出合约规划结构框架思维导图，如图9-1-9所示。其中的合约关系架构和合约分判的总体思路等亮点值得借鉴。

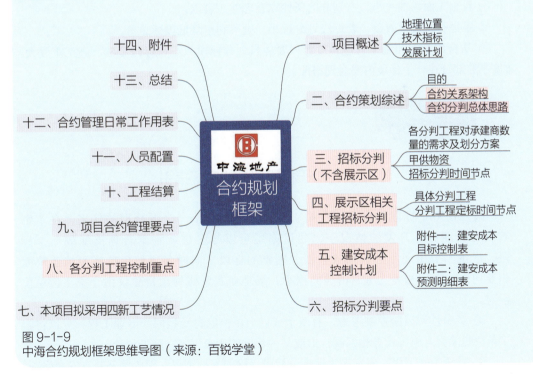

图 9-1-9
中海合约规划框架思维导图（来源：百锐学堂）

综合各方在编制合约规划方面的优势后，作者认为编制合约规划主要有以下八个步骤：

① 将项目分解为若干合约（合理划分标段）；

② 梳理各合约间的界面划分；
③ 设备及材料供应方式策划；
④ 理清各合约与各科目间的关系衔接；
⑤ 输出招标采购计划；
⑥ 拟采用招标、评标、定标方式策划；
⑦ 各合约中特别条款及内容的策划；
⑧ 输出整体合约规划方案。

9.2 合约规划之标段划分

9.2.1 总体标段划分原则

合约规划标段划分解决的问题是将项目分成多少个合约，各个合约叫什么名字，每个合约包含的内容是什么，通过对合约进行整体把握，避免项目的重大错漏或者重复，减少及避免合约拆分时的随意性和不合理性。

合理拆分（划分）标段的原则如下。
① 看施工面场地大小，有划分的条件和合理性才可以。
② 看是否有规模效益，若标段划分过小，则不利于降低投标总价。
③ 从合约管理和施工管理角度看，要适当划分标段大小和标段金额。施工难度大与难度小的部分在一个标段内要合理搭配。

某公司对于标段划分的良好指引

某公司对于标段划分有一些指引文件。例如对于一个混合型的住宅，在不影响项目分期分区开发的情况下，建议高层可以与多层或别墅合理搭配成一个标段，尽量不要出现单独高层或多层、别墅的标段；同时各主包单位标段的建筑面积要均衡，不宜相差太大；占地面积小，场地布置紧张的项目建议由一家主包单位承建。

① 竞争性和风险控制考虑。有两个或以上单位同时承担同一专业工程，可以将施工单位的能力与施工任务相匹配，形成某种程度的竞争气氛，降低风险。
② 对于特殊工程，不宜人为地拆分标段，比如支护工程，因为涉及基坑安全问题，不宜由两家单位同时施工。

百锐研究院发布的项目管理指标对标表中有一项指标是"工程合约数量"，即一个一般项目，所签订合约金额大于50万元的工程合约数量应该小于45个，一般以30~40个为宜。有公司推行大总包模式，希望总包承担更多的管理责任，可能合约数量就会少些。有公司精细化管理，总包只是包基本主体结构框架和少量其他工程，会有较多的分包以甲指分包形式来进行施工管理。这样的项目工程合约数量会多些。

案例9-2-2

两种合约管理对比分析

表9-2-1为两个体量相当的毛坯房交付项目的比较，请看一下哪个项目的合约管理比较健康。

表9-2-1　两项目合约管理对比（来源：百锐学堂）

项目名称	预计总金额/亿元	工程合约数量/个	300万元以上工程合约数量占比	300万元以上工程合约金额占比
A项目	2.8	178	8%	59%
B项目	2.6	42	18%	86%

很明显，A项目合约分得太散太细，不但给招投标增加了数倍工作，在施工方管理上也会给现场管理增加数倍的协调难度。而且，由于每个标书合约额不是太高，就没有价格的优势，这就是合约规划不好的表现。相对来讲，B项目从数量上和300万元以上合约金额占比来看，比较合理，应该是经过良好合约规划的结果。

另外通过合约的分拆，还要将每个合约控制在一定的限度内，范围及合约金额不能太大，也不能太小。例如一个20万平方米的项目，拟定由两个总包完成，这两个总包的合约额及范围内的难易程度应该差不多。为此在拆分时要有一定的合约额估值，然后找到这个合约额估值对应的目标成本。其是否可控，是后续招标定标的主要依据。

基于整体规划及规划模块化的土地分证，进行独立规划报建、取证。在合约规划编制前与项目成本及开发充分讨论，确保合约规划子目内标段下政府备案及现场标段划分完全一致。同时，在合约规划内增加后期可能涉及的子项，特别是鉴定类、红线外市政道路等，避免后期发生了却无法增加。

9.2.2　中海总包分区分段划分的良好做法

总包工程是决定项目成败的重要部分，需要在合约规划时以及合约招标文件中提出具体要求来明确总包的责任、义务、工作方式。工程管理策划中80%以上是对总承包商的策划，而标段划分是与总包进行博弈的先手棋。

总包标段划分有如下原则。

（1）应谨慎选择首次合作的总包单位

不宜轻易将大额工程整体分判给一家新引入的单位，尤其是展示区等公司特别重视的工程，更加应该慎重，最好是由其他地区的已合作过的铁杆供方来施工。

某项目选择总包单位的教训启示

某地区公司新分公司，首个开发项目的总包工程为12万平方米，分判给一家没有合作过的施工单位。总包工程于3月初开工，但施工单位进场后，一方面施工进展非常缓慢，管理人员和施工人员数量严重不足；另一方面却要求调整合约价款和工期。在公司做出适当让步后，依然不同意签署合同，管理也没有任何改善，并自5月份起现场已基本处于停工状态。在别无选择的情况下，经努力后，最终在8月中旬将原单位清退出场，并更换为新的两家总包单位。经统计，因更换总包单位造成的工程直接成本增加近1 000万元，工期延误超过3个月，使得原本当年能够顺利竣工结利的一期项目变得困难重重。

正确的做法是，做好风险应对，将项目在可能的情况下分为两个标段，相对重要的标段由铁杆供方来做，另一标段让新引入的公司先行施工非重点区域的工程。如果首次合作公司在本项目中合作良好，才考虑其他项目的更深度合作；如果这个项目表现不好，则另一标段的铁杆供方还可以做备选应对。

（2）谨慎面对大体量工程

在场地允许的情况下，单个标段不宜太大；同一单项目不宜由同一总包单位连续中标。合理的标段大小如下。

① 高层与超高层：8万~12万平方米一个总包，最高不超过15万平方米。

② 多层与小高层：5万~8万平方米一个总包，建议每3万平方米由一个劳务队伍承包，每个劳务队伍一般能提供两个能力较强的施工班组，是对项目顺利进行的有利安排。

③ 别墅：对于工期小于8个月的工程，建议2万~3万平方米一个总包，以便于全面展开施工；对于工期大于10个月的工程，建议3万~5万平方米一个总包，以便于材料周转。

某项目招标策略的启示

某项目总建筑面积23万平方米，拟定三个总包标段招标。首批两个标段均由同一家总包单位中标。其后由于总包在前两个标段的结构施工中配合较好，在第三标段招标中继续投标且最终中标。此时，该总包因连续承接三单工程而名声大振，在当地继续中标了多单工程，管理精力进一步分散，在三标段总包施工时只能寻找新的劳务资源，因此该总包在后期装修阶段表现较差，另外在三标段结构施工队伍频繁更换，结构进度大受影响，导致三标段总体进度延误4个月以上。

（3）根据总包平面布置确定总包分界

对于场地条件宽松、周边交通便利的地块，仅需考虑总包承包的能力即可。对于场地紧张、出入口限制严格的地块，则需考虑场地内多个总包之间的互相干扰和交通的组织。宜尽量安排各总包均有独立出入口，在各自场地内形成运输回路。塔吊、人货梯及钢筋场地的布置也应便于材料的运输，减少倒运次数。同时，各总包承包范围内的楼栋也应符合流水规律，不可单纯为了追求工程量平分而出现"一个劳务队不够用、两个劳务队太浪费"的情况。对于场地异常紧张，交通组织困难的大标段，也可由一家总包单位承包，但应明确独立劳务班组的个数，一般来说以3万～4万平方米一个劳务班组为宜。

当一个地块划分为多个标段同时施工时，应力争几个标段一次性招标，要求各投标单位对每个标段的开办费单独报价。定标时，一个施工单位可以只中一个标段，也可以同时中多个标段，以增加标段的吸引力。当一个施工单位同时中多个标段时，中标的开办费用可以进一步下调，但此时要注意控制同一家单位中标多个标段的风险问题。

对于高层建筑较密集的地块，若存在多个标段且先后进场施工，应严格规定先进场总包的场地范围，在定标前确定塔吊布置，避免先进场的总包为施工方便占据大量场地，先安装的塔吊影响后续楼栋施工的情况。

9.2.3 中海分包招标的良好做法

9.2.3.1 基坑支护及降水工程分判建议

由于此分包工程属于临时性设施，不需要正规设计院出正式的施工图，因此可以先行招标，而且多数采用带方案招标的形式。显然，如果不是项目特别大，则应该由一个分包完成整个项目。

先行招标的三个条件如下。

① 基坑外尺寸。当一个项目的平面布置图确定后，项目的外框边线就可以确定下来了。如果外框和红线贴得很近，则可以向外放2m左右，确保基坑完全包住红线且留有工作面即可。

② 地勘报告。根据勘探先行的前期策划实施，会比较快地拿到地勘报告。

③ 基坑埋深。地下室层数确定后，基坑深度基本可以确定，其偏差不会超过1m。可以在合约中提前明确，基坑深度调整在10%以内或者在1m以内时不调整总体，减少合约风险和合约争执。

根据以上三个条件，找有资格、有实力的专业地基基础公司进行带方案的投标，将所有责任及方案的变更费用都包含在单价或总价之内。当然，方案必须得到政府有关部门及专家的认可。而且中海的做法是，对于带方案的工程，先评方案，确保方案都能通过可行后，才能再开经济标。

9.2.3.2 机电工程

有些公司将机电工程与总包工程放在一起，而有的公司则分开来招标，各有利弊。但对于房地产公司来说，总体上是分开招标的利大于弊，因此将机电分开招标的做法比较多见，原因如下。

① 总包单位转包。一般总包单位为土建施工单位，会转包给自家公司的机电部与其他机电公司。与其由总包转包，不如由地产公司自己控制分包，然后做成甲方指定分包的形式。

② 机电单位可能受欺凌。如工程款发放不及时，往往影响资金周转和机电单位的积极性。

③ 可能的无端费用。总包必定向机电单位收取一定管理费，可能有6%以上，但总包行使的管理责任非常有限。

④ 总包的项目经理一般不懂机电，或者不重视机电与土建的配合，而机电单位不直接对业主，有可能遇到困难不能及时反映，可能影响施工。

⑤ 存在售后维修问题。由于机电与总包签约，售后维修只能找总包负责，总包再找机电公司，影响售后维修的质量。

对于建筑面积在10万～20万平方米的住宅项目，由于住宅工程的机电并不复杂，即使有多个总包分区分段，也建议仅由一家机电单位承包配合。

对于商业写字楼、综合体等项目，由于其体量大、机电系统复杂、合约额巨大，可以将机电工程按专业再进一步拆分。

9.2.3.3 幕墙工程

幕墙工程有一定的专业性，应该尽早招标。理想状况是，结构出正负零时，幕墙已经定判进场了，可以随主体结构施工进行连接件的预埋工作。

作者经历过几个有幕墙工程的项目，在执行过程中涉及与业主的大量索赔问题，其原因有一个共同点，就是带方案招标，将方案深化的责任推给幕墙公司。由于带方案，业主会提出一些修改意见，幕墙也会不断优化，多数业主不专业，造成设计的主导权事实上变成了幕墙公司，幕墙公司视业主的意见而变更，引出大量的索赔。

从一些包方案深化的幕墙工程招标来看，业主要将深化设计的主动权掌握在自己的手中，在幕墙工程招标之前，先找一个专业幕墙设计公司进行优化设计，然后幕墙工程招标只包施工。这样虽然表面看起来多花了专业设计费，优化设计的时间会造成幕墙工程招标的延后，但是却为之后的设计及合约扫清了障碍。

9.2.3.4 室内精装修工程

对于室内精装修工程的标段划分，有以下经验数据可供参考。

规模大实力强且多年合作的精装修队伍，一般合理承包范围为300～500户，一般精装修队伍为200～300户。施工工期：根据工程量的大小和工期要求，一般大面积精装修工期应控制在6～8个月以内，对于定位低端、户型较小的也可以控制在3～4个月以内。所以在对精装修工程进行标段划分时，要综合考虑各种因素。

9.3 合约规划之承包范围与界面划分

合约承包范围与界面划分的管理在业内称为合约界面管理，是业内项目管理的难点和痛点。合约规划中的界面管理就是在合约执行之前提前制定好游戏规则，做好事前控制。

正如之前文中提到，工程管理策划中80%以上是对总承包商的策划，而合约界面划分是与总包进行博弈的另外一个先手棋。因此，本节重点讨论总分包之间的界面划分问题。

9.3.1 合约界面管理的意义

在合约规划中，界定好总包与分包商之间、分包商之间等各参建方之间的承包范围与界面划分，意义重大，可以避免施工范围交叉、重叠，减少施工过程中的争议，减少现场责任分歧和签证现象，保障工程进度和质量。

如图9-3-1所示，合约界面划分时须考虑成本、进度、质量等各种因素。合约界面不清晰造成的"三不管"等问题，会带来签证争议乃至成本的增加、进度的延误、质量的隐患。有一个形象的比喻来形容界面管理：界面管理是基础设施的路面，这个路面修好了，车辆才会跑得快；路没有修好，坑坑洼洼的，在这样的路上开车会非常不舒服（质量不好），也会开得很慢（进度不好），而且投资不一定少花钱，还会导致路面再返工（增加成本）。

图 9-3-1
合约界面划分时考虑的因素（来源：百锐学堂）

某项目洗手间界面划分策划

某高端项目的洗手间，总包负责防水工程施工，闭水试验没有问题后，交给精装修单位施工。精装修负责铺装，而给水管和热水系统的安装分包给了机电分包。在装修过程中，出现了给水管、地漏预留位置不美观的情况。甲方项目部追责到总包，总包说他不是精装修单位，预埋工作是机电分包的，他已尽到了协调的责任，不负责分包的问题。于是再追责到机电分包，机电分包说他已经按现有图纸进行了预埋，他们没有收到过装修图纸，因此不知道这些预埋水管、地漏要精确到什么位置，现在讲位置不对也无能为力。

最后找到精装修单位，精装修单位说他只负责贴瓷砖，进场之前形成的位置不对的事实是他无法改变的，除非出工作指令，让他来修改到合适位置。就这样扯皮了两个月后，甲方实在无法承受工期压力，于是出工作指令让精装修单位来修改位置不合适的给水管和地漏。经过各方努力，卫生间精装修工作终于完成，开始一户一验，发现有些洗手间的淋浴间有个别渗漏返潮到了隔壁房间。找寻的结果是：精装修单位在更改给排水预埋位置后，因甲方工作指令上没有要求其做二次防水，所以没有去做（按照常识一定要做的），导致原有总包的防水失效。找到原因后，对于淋浴间渗漏的单元，重新打掉瓷砖，做完防水工程且经过验收后再贴瓷砖，导致工期延误2个月，成本大幅增加，由于质量问题而延期交付给小业主，对公司品牌产生了一些负面影响。

由此可见，工作内容和工作界面划分不合理而造成的不良后果有时是非常严重的。

9.3.2　总分包界面管理的原则

在总分包界面乃至所有施工界面划分时，有一些原则是要遵守和综合考虑的。总结起来有四大原则，分别是：责任清晰原则、质量保障原则、成本较低原则、综合平衡原则，如图9-3-2所示。

图9-3-2
总分包界面管理原则（来源：百锐学堂）

9.3.2.1　责任清晰原则

责任清晰原则是要求在划分界面时考虑：责任有没有划分清楚？责任给谁比较好？划分给这个施工单位是不是对的？他能不能承担得好这个责任？他是否方便施工？在界面划分中，责任划分是在合约策划时重点考虑的问题。

中海某项目总包与精装单位施工界面的合约规划

精装修项目合约分判模式是：精装修各专项分包单位和甲供材料供应商均纳入精装修主包单位的管理范畴，这样精装修主包单位的责任就变得十分清晰明确。其分判模式的几项要点如下：

① 确立装修工程主包人的地位，扩大主包装修工作内容，卫生间防水、水电安装工程划入主包工作范围。橱柜、木地板等专业分包工程在招标完成后，纳入装修主分包人管理范畴，由主包人负责专业分包人的工期计划安排、初步验收、安全文明管理和成品保护工作。

② 装修主包人进场后，由业主会同土建总承包人共同向装修主包人移交工作面，由总承包人提供标高、定位的基准点和线给装修主包人进行定位和施工，并形成书面交接文件。装修主包人在接收工作面后，再向其他专业分包人交接。

反面的案例也有很多，现举一案例。

某项目招标界面不清晰，答疑回复后还是不清晰

投标单位在投标时提出：总承包单位与独立分包的界面不清晰，请给予详细表述。结果招标答疑的回复只讲了一个分界原则，具体施工缝和后浇带的位置还是十分模糊，不具有可操作性，还需要中标之后再去界定界面的具体划分。如果是清单或者费率招标是没有问题的，但这单标书是合价包干合约，投标单位在信息不明确的情况下，肯定会保守报标，受害的最终还是业主方，如图9-3-3所示。

疑问23	招标文件PL/11中3.4.1，发包方已完成项目："发包方已雇佣土方工程及售楼处工程的独立施工单位完成或部分完成了本工程的基坑支护、降水及地下室土石方开挖工程及售楼处工程（须由总承包方负责的除外）"。此条款对总承包单位与独立分包的界面划分不清晰，请给予详细表述。
回复23	基坑支护、降水（仅指基坑南区坑底黄海高程-4m，北区坑底黄海高程-4.3m的基坑降水）分项工程由发包方雇佣独立施工单位完成，并完成售楼处（1#楼裙楼局部）工程量。总承包单位与独立分包单位工程量界面仅限于售楼处（1#楼裙楼局部），以施工缝和后浇带为界，以设计文件为准（以1#楼裙楼局部的建施、结施图纸为准），后浇带属于本次招标范围

图9-3-3
投标单位反映界面划分不清晰，回复还是不清晰（来源：百锐学堂）

9.3.2.2 质量保障原则

界面划分一定要在保障质量的前提下进行。如果是一个非常高端的项目，对质量的要求非常高，小业主来收房是带着验房师来的。在这种项目上，想要做出精品，一定要减少不同施工单位引起的界面问题。因此对于这样的项目，遇到上述高端洗手间案例的问题，要果断地将精装修部分的水电、机电、防水、铺装等分给有实力、有能力的一家精装修公司来做。比较有代表性的就是早期的绿城。绿城的精装修单位是做到给排水管线的铺设、上下水地漏的安装的。大家都知道做给排水管线的铺设和上下水地漏安装分项工程，总包的价格肯定比精装修单位便宜，但为什么要给精装修单位来做呢？就是对于非常高端的项目，会舍得花钱，这些成本不是太敏感了，而淋浴器出水口的安装位置和美观程度、地漏的安装位置和美观程度则变成非常敏感的质量问题了。

9.3.2.3 成本较低原则

在满足基本质量要求的前提下，才有成本的高低考虑。对于某些成本敏感型项目，如刚需房项目、首改项目，在进行界面划分时，就要考虑两个或者三单位都可以做同一项工作，质量也有基本保障。如果决定让某一单位做了，要想办法清晰界定界面，这时就要看是谁来做的成本比较低。

9.3.2.4 综合平衡原则

前面讲了三个原则，其实还有一些其他要考虑的因素，例如公司习惯性管理原则、项目特殊性原则。因为项目管理有一定的复杂性，其实没有一个标准的界面划分模板会适用于所有的公司，就算是同一公司的模板也不会适用于所有的项目。当遇到一个项目时，要在实战中结合实际情况综合平衡，在公司原来模板的基础上，考虑是否有调整的必要。

9.3.3 总分包界面管理

厨房、卫生间、阳台防水的界面划分

某项目，在整体策划时，是在毛坯房竣备后，再做精装修施工，然后交给小业主，因此，厨房、卫生间、阳台的防水施工界面划分，就有三个选择。

（1）做一遍，由土建总包单位施工

原因之一是精装修施工的费用略高于土建总包；原因之二是在毛坯房交楼阶段，精装修单位没进场，竣备的资料里一定要有防水的闭水实验，土建总包的责任是一定要做防水的。听起来是不是有道理呢？但此方案是不是最优方案呢？如果出现漏水问题，责任是不是很清晰就是土建总包的呢？

土建总包单位做本身比精装修单位便宜，是不是真正省钱了呢？成本节约的副作用是什么呢？就是一旦发生渗漏情况，必须要把饰面层打开，意味着饰面层同样也需要进行维修和更换，会额外地增加返工的成本。那么额外增加了谁的成本呢？是额外增加土建总包的成本吗？如果让土建总包去承担，土建总包会承担吗？土建总包往往不会承担，他会讲，这个防水层的破坏不是他干的，防水层完成后，已做了闭水实验，实验的报告都有，甚至监理全程旁站的录像都有，大家都能证明是合格的。这个时候你让土建单位承担维修费用，他大概率会指向精装修单位，告诉你是精装修单位破坏掉。你一想，对啊，一开始是好的，现在坏掉了，应该是精装修单位破坏的。然后你压着精装修单位："你破坏了防水层，你自己承担这个费用。"精装修单位不干了，会说这是土建单位当时没有施工好造成的，他的材料有问题，他的工艺有问题，他的厚度有问题，有些地方反坎都没有做；而且他还会说，你没有给他这个做防水的钱，他对于极少部分的破坏原防水的部分已经做了防水措施，你们也看到了，也做了二次蓄水实验，当时也没有问题，也有录像。这样一来，你发现矛头全面调转到甲方的工程管理部，你协调不动了，没人理你了，最后的责任由谁来承担呢？甲方自己承担？如果出现这样的情况，这个界面划分是不是一个好的界面划分呢？

（2）做两遍

既然土建总包做了，但是精装修过程中肯定涉及部分管线和洞口的改造，因此精装修单位一定要做第二次，经过闭水实验后才放心。业主在投标时特别强调，要像防酒驾一样解决防水问题，哪个项目防水出了问题，一定要承担后果。而且业主要肯给钱再做一次防水。尽管成本上有二次防水的钱，但刚才说了，在质量保障的情况下，才能谈成本。现在二次防水的质量肯定有保障了，而且从界面清晰的角度来看，也是非常清晰的，精装修单位担负最后的责任，没有争议。看来这个方案也是好的，美中不足的是比第一个方案多花了钱。

这个钱花得值不值呢？很多人觉得值。品质就等于品牌，无数个单项目的品质就组成了集团公司的品牌，品牌就影响项目的销售去化，所以要看到，如果大量的项目产生渗漏，项目的周转率一定上不去，因为房子卖不掉，口碑差，甚至发生群诉现象。为什么会出现群诉现象呢？因为防水做得不好。现在做了两遍防水，还可以作为卖点向客户宣传，客户也会觉得开发商有匠心精神。

会有比较较真的朋友提出，两遍防水施工一定会好过一遍吗？一定能保障不漏水吗？如果是优质的施工质量，一遍就足够了（精装修单位施工），如果是不好的施工质量，两遍都有漏水的可能性。说到这个份上，似乎也是对的，可能问题的关键不是一遍还是两遍防水的数量问题，而是严格的施工工序一定要保障品质的问题。

（3）做一遍，由精装修单位来做

这个方案是否可行呢？答案是肯定的。在前期策划充分的前提下，让精装修提前进行招标定标，并且提前介入毛坯房的防水施工，这相当于在项目竣备阶段，精装修单位是土建总包的专业分包，因为土建总包自己通常找专业的防水劳务分包，这个防水劳务分包提前由甲方确定了，竣工资料还是总包的，责任是精装修单位的。

竣工备案后，再开始土建总包工作面交接给精装修时，防水部分就是精装修交接给自己。这就形成了在防水问题上界面划分的清晰主体，而且精装修做一遍会对成本产生直接影响，省钱了。省了多少钱？按 $60 \sim 80$ 元$/m^2$ 来计算的话，也是一笔不小的开支。从质量的角度考虑，土建总包施工的工艺水平及品质不及精装修单位。从管理的综合平衡角度考虑，精装修验收前负责下水支管的施工以及验收后墙地面的贴砖、收边收口等工作，防水交由精装单位施工。后期如有渗漏情况，责任好界定，维修方面也好协调，不存在第二家单位交叉施工，避免了互相指责、推卸责任的情况。因此，防水交由精装修单位施工是合适的。

当作者在一次杭州的项目经理培训班上谈到这个案例时，有一个学员直接举手交流，说这三种情况他都经历过，而且是一个公司的不同项目，都是近期的事。作者就问这三个项目进行得如何了。他说都没有问题，各种方案都有优缺点，只是一旦确定了某个方案后，将确定方案可能产生的问题给予积极应对、规避，也不会有什么问题。这位项目总是在一家标杆公司。作者问他为什么不统一标准，他说三个项目，有两个合作项目，有时没办法统一标准，而且每个项目也不同，要因地制宜。他的现身说法非常能代表作者的一些观点，深以为然。

但作者也表达了自己的观点，就是：第一，防水工程是否漏水，并不是闭水实验做了不漏水，以后就不渗漏，因为渗漏是一个漫长过程，可能需要2～5年的时间才能显示得出来，这就是为什么《房屋建筑工程质量保修办法》和《建设工程质量管理条例》规定，有防水要求的卫生间、房间的保修期为5年；第二，作者倾向于选择方案三，即由精装修单位来施工防水，并且特别强调，在施工时，一定要严控各防水工序质量，这个是问题的关键。有必要时，将防水工程的一些要点在合约条款中重点反映出来，这也是合约规划应该做的事。

各专业分包工程与总包工作界面划分

各专业分包工程与总包工作界面划分，如表9-3-1所示。

表9-3-1　各专业分包工程与总包工作界面划分（来源：百锐学堂）

序号	工程名称	专业分包工作界面	总包工作界面（包括但不限于）
1	桩基工程	负责工程桩施工，做好测桩单位配合工作	①负责凿桩处理及桩头清理 ②负责塔吊方案专家论证 ③配合桩基检测 ④负责桩位偏位测量，施工因桩基偏位增加的工程量
2	土方及围护工程	①负责挖土阶段的土方开挖、短驳、外运、回填、压顶梁、边坡放坡及喷锚，移交前的基坑降排水等工作 ②土方回填至指定标高 ③总包修土后的土方外运工作 ④凿除的桩头外运工作 ⑤负责围护施工，包括围护桩、冠梁、锚杆、预应力锚索等施工及拔除	①负责凿桩 ②人工修土，电梯井及机房等局部深基坑的土方、承台、地梁、桩间等处的土方挖运 ③基坑移交后的降排水运行、维护及后续降水井封堵 ④基础底板与围护桩之间的同等级素混凝土浇筑及地下一层底板与围护桩之间的换撑施工（含围护桩及换撑破除） ⑤压顶梁以及支撑、喷锚等的拆除及外运工作 ⑥提供挖土标高、范围及现场指挥管理 ⑦基坑开挖方案专家论证及基坑验槽等工作
3	机电安装工程	①负责承包范围内的管道安装及预埋、套管预埋、安装孔洞预留（需要土建预留的除外，如管道井内安装孔洞）等 ②负责承包范围内的桥架及支架施工、线缆安装等 ③负责承包范围内的各系统施工及调试 ④管道安装后套管内洞口封堵（通风管道边除外） ⑤防火封堵 ⑥人防通风，包括人防设备 ⑦室内精装修工程——结构预埋 ⑧弱电、消防——结构预埋 ⑨所有弱电、消防桥架及支架施工 ⑩地下室所有共用支架施工	①安装完成后的土建封堵（混凝土、砌块部分）及修复，包括预留孔洞；完成封堵部位的建筑做法 ②直径或单边长度超过300mm的洞口（含300mm）预留，如管道井内安装孔洞等 ③所有墙体开槽后的土建修补工作（抹灰前） ④设备房、屋顶水箱、屋顶支架等其他所有与消防相关的各类混凝土、砌体基础施工及抹灰、金属工程等相关辅助工作 ⑤支架、管道等混凝土包方 ⑥地下室、管道井、楼梯间等的临时照明 ⑦提供垂直运输，包括塔吊吊装及人货梯使用等 ⑧套管外封堵 ⑨完成机电施工后土建部位污染处的修补

续表

序号	工程名称	专业分包工作界面	总包工作界面（包括但不限于）
4	消防工程	①消防报警联动系统、消火栓系统、自动喷淋系统、消防正压送风系统及防排烟系统、防火卷帘、挡烟垂壁等 ②消防管道安装后套管内洞口封堵（通风管道边除外）	①消防系统安装完成后的土建封堵及修复 ②地下室消防箱基础施工 ③设备房及其他所有与消防相关的各类混凝土、砌体基础施工及抹灰、金属工程等相关辅助工作 ④按施工图预留洞口 ⑤套管外封堵 ⑥消防箱背后墙体或混凝土封堵及钢丝网粉刷 ⑦完成消防施工后造成土建部位污染处的修补
5	铝合金门窗工程	①按照设计图纸负责现场深化优化图纸（经甲方认可），安装铝合金门、窗框、打发泡剂和内外侧打胶处理等，门扇和窗扇及五金的安装调试工作 ②与安装预留避雷体的连接	①按招标人要求提供、清理洞口及负责门、窗安装完成后的洞口封堵 ②门窗与洞口间防水塞缝及洞口周边防水施工 ③负责门窗安装后的粉刷修补工作 ④负责埋设主体结构中窗体的预埋件 ⑤在外墙每层提供标高控制线 ⑥精洞口施工 ⑦完成门窗的淋水实验 ⑧提供垂直运输 ⑨对门窗防雷设计的防雷预埋件埋设到位
6	幕墙工程	①负责后置埋件施工、龙骨安装和面层石材施工、铝板施工及岩棉保温施工 ②玻璃栏杆、铝合金格栅栏杆、钢结构、玻璃雨棚、飘板、坡道栏杆、坡道雨棚等 ③避雷接地的连接	①负责土建结构施工时期预埋件施工，并对埋件外侧刷防锈漆进行处理 ②在外墙提供每层标高控制线 ③负责阳台栏杆安装后的土建收头修复工作 ④负责幕墙与结构冲突时的凿除修复工作 ⑤按幕墙施工要求搭设外架，在拆除前无条件提供幕墙使用 ⑥完成幕墙的淋水实验 ⑦提供垂直运输
7	弱电智能系统	①负责弱电工程的穿线和弱电系统安装和调试验收 ②避雷接地的连接	①安装完成后的土建封堵及修复 ②设备安装后主体结构上的收边收口 ③按施工图预留洞口 ④完成弱电施工后造成土建部位污染处的修补 ⑤所有与弱电相关的各类混凝土、砌体基础施工及抹灰、金属工程等相关辅助工作 ⑥提供垂直运输
8	地坪漆、交通设施工程	地下室等施工范围内的地坪漆施工（是否地下室车库、汽车坡道、夹层自行车库、楼梯间），交通设施提供、安装、调试等	①负责提供标高线、基层找平层施工处理、工作面清理 ②施工完毕后局部破损（非正常破损除外）的修复清理 ③基层找平层 ④地坪施工前的防水堵漏

续表

序号	工程名称	专业分包工作界面	总包工作界面（包括但不限于）
9	外墙涂料单位	按照交界线划分区域范围内负责涂刷底漆、面漆施工，负责交界面各单位的成品保护工作	①负责外墙涂料单位的基层找平层施工 ②提供外架满足涂料的施工 ③外架型钢预留洞及架体拉结的封堵清理 ④提供垂直运输
10	电梯工程	①设备安装调试 ②遵守总包安全文明施工规定 ③遵守施工完毕交付业主前的成品保护条例	①按照图纸结构预留门、洞、孔及预埋件 ②电梯机房地、墙、顶及门、窗施工完毕（门窗单位） ③机房内电气系统施工到位（机电单位） ④井道及基坑清理、排水 ⑤井道内的照明施工完毕（电梯公司） ⑥楼层电梯门洞围护及临时防水翻边施工 ⑦每层电梯厅提供标高控制线，并书面确认 ⑧井道脚手架搭设提供 ⑨调试电缆提供到位（机电单位） ⑩电梯安装完成后的土建封堵及修复（包括电梯厅门与主体的空隙封堵） ⑪设备安装阶段按需求提供顶层设备间临时门锁 ⑫电梯设备临时仓储 ⑬电梯安装时的楼层混凝土挡水反坎施工 ⑭电梯图纸中的楼层结构圈梁施工 ⑮电梯机房的预留孔洞、预埋件施工

独立专业分包工程与总包工作界面划分

独立专业分包工程与总包工程界面划分，如表9-3-2所示。

表9-3-2 独立专业分包与总包工作界面划分（来源：百锐学堂）

序号	独立专业分包	专业分包施工内容	需总包配合内容
1	市政管道	①管道施工 ②施工完毕后局部破损（非正常破损除外）的修复清理	①施工水电接口及场地的提供 ②其他可能涉及的工作内容，过程中予以配合 ③市政管道施工工作面的清理
2	景观工程	专业承包范围内施工	①施工水电接口及场地的提供 ②施工完毕后局部破损（非正常破损除外）的修复清理 ③回填土回至建筑室外标高 ④室外地下室顶板的刚性防水层

续表

序号	独立专业分包	专业分包施工内容	需总包配合内容
3	供电	①小区供电线路及变电站和开闭所设备材料供应及施工 ②从变电站出线到住宅楼或公建设施计量表前（不含计量表）的所有供配电设施 ③室外供电排管及电缆井、沟的施工 ④配电房、开关站、公专变电所、开闭所内盖板的供货安装，挡鼠板的制作安装，门及门锁供货安装（由防火门单位施工）等	①配电房、开关站、公专变电所、开闭所内的回填，管沟，基础施工 ②提供配套公司施工用水电接口及材料堆放场地 ③穿墙、楼板的结构预留孔洞 ④线路及设备安装后在建筑物上留下的收边收口工作及修复清理 ⑤配电房内的环氧地坪施工
4	供水及消防环网	专业承包范围内施工，从红线内的供水及消防环网到一户一表（含一户一表）的施工	①设备基础浇筑 ②机电含在总包内的，给水套管由总包单位施工；机电单独分包的，给水套管由机电单位施工 ③可能涉及的工作内容，过程中予以配合
5	电信	室外管道敷设及与机电总包预埋出户管对接，各类井砌筑，从室外总管至交接间和楼道交换箱穿线接线，设备安装及调试交付使用	①配套公司施工水电接口及场地的提供 ②负责电信工程穿线套管施工、墙面修补等工程
6	智能化	专业承包范围内施工	可能涉及的工作内容，过程中予以配合，如桥架及穿弱电井防火封堵由总包单位施工
7	燃气管道	室内外管道、支架安装及油漆，管道试压吹洗；调压站的安装，室外管沟的开挖回填。室内管道入户；煤气表采购；煤气表后管道施工	①套管外土建封堵及修复 ②按施工图预留洞口 ③燃气分包施工水电接口及场地的提供
8	有线电视	室外管道敷设及与机电总包预埋出户管对接，各类井砌筑，从室外总管至交接间和楼道交换箱穿线、接线，设备安装、调试和交付使用	①配套公司施工水电接口及场地的提供 ②负责CCTV工程穿线套管施工、墙面修补等工程
9	移动和联通	移动机站机房及地下室、电梯井内布线和蜂窝安装（宁波采用三网合一，电信联通及移动，由电信单位负责）	机房的移交条件（如粉刷、涂料、门等条件）；施工的配合

案例9-3-7

室内装修分包与总包工作界面划分，如表9-3-3所示。

表9-3-3 室内装修分包与总包工作界面划分（来源：百锐学堂）

序号	部位		总包完成状况	装饰单位完成部分
1	户内厨卫间及阳台	顶面	完成至结构面；阳台、设备阳台等如有与外墙涂料交界面，相关基层（找平层、外保温砂浆层）施工由土建总包施工	吊顶及装饰面
		墙面	完成至抹灰面、等电位接地扁钢预留；阳台如有与外墙涂料交界面，相关基层（找平层、外保温砂浆层）施工由土建总包施工	装饰基层（砂浆找平层、防水层）及装饰面、等电位盒安装及等电位引接
		地面	完成至结构面，立管边下口与结构板交接的混凝土墩子由土建总包完成，结构蓄水试验完成后书面移交精装修	找平层（地暖回填混凝土、防水涂料保护层等）及装饰面、立管外面的砌块砌筑施工，支管开孔及封堵
		室内门	预留门洞（按规范预设含过梁、窗台梁）	装饰门基层制作安装
		排烟、气道	总包完成，烟道、气道下口与结构板交接混凝土翻边完成	完成排烟、气道的装饰、止回阀安装；立面粉刷、基层防水
2	户内其他功能区域	结构	完成至结构面	局部墙体拆除、增设或移位
		顶面	完成至结构面	吊顶及装饰面
		墙面	完成至结构面	装饰基层（粉刷石膏层）及装饰面
		地面	完成至结构面	找平层（如有）及装饰面
		门窗	按要求预留门窗洞口	门窗周边收口、装饰门基层制作安装

案例9-3-8

某五星酒店项目机电总包与精装修施工界面划分，如表9-3-4所示。

表9-3-4 某酒店机电总包与精装修施工界面划分(来源:百锐学堂)

序号	区域	功能	专业	工作范围	
				机电分包	精装修
1	酒店(4~18F)及别墅	酒店及别墅客房	暖通空调	中央空调系统:全部施工安装到位	提供精装区域内的装饰风口
2				卫生间全套排风系统全部安装到位	提供精装区域内的装饰风口
3				若通过风口可看到铁皮风管,则风管内需进行喷漆,相关工作由机电承包单位完成	无
4			给排水	冷水供水至客房管井阀门(包含阀门)	阀门以后至淋浴间所有管材安装到位
5				热水供水至客房管井阀门(包含阀门)	阀门以后至淋浴间所有管材安装到位
6				排水至客房洗手间全部安装到位	负责卫生洁具安装、地漏安装
7			电气	从楼层配电箱至客房配电箱进线总开关之间所有桥架、管线的供应和安装	客房配电箱及之后的所有设备、管线的供应和安装
8				应急照明:从楼层应急照明箱出线开始,预留管线至客房内应急照明灯位置	客房内应急照明灯具供应及安装,以及相应接线
9		公共区域	暖通空调	中央空调系统全部施工安装到位	提供精装区域内的装饰风口
10				卫生间全套排风系统全部安装到位	提供精装区域内的装饰风口
11				其他排风系统全部施工安装到位	提供精装区域内的装饰风口
12				若通过风口可看到铁皮风管,则风管内需进行喷漆,相关工作由机电承包单位完成	无
13			给排水	冷水供水至每个区总阀门(如有水表包含)	总阀门以后至用水点角阀包含洁具软管
14				热水供水至每个区总阀门(如有水表包含)	总阀门以后至用水点角阀包含洁具软管
15				排水全部安装到位	负责卫生洁具安装、地漏安装
16			电气	动力设备供电:全部	无
17				一般照明、应急照明:供应及安装从低压配电柜至一级配电箱和应急配电箱	一般照明、应急照明:自一级配电箱和应急配电箱之后的全部管线、灯具、设备等
18				疏散指示灯具:全部灯具、管线的供应及安装	无

续表

序号	区域	功能	专业	工作范围 机电分包	工作范围 精装修
19	酒店裙房（1~3F）	餐饮、厨房、SPA、泳池以及其他功能区	暖通空调	中央空调系统：全部施工安装到位	提供精装区域内的装饰风口
20				所有通风系统全部施工安装到位	提供精装区域内的装饰风口
21				若通过风口可看到铁皮风管，则风管内需进行喷漆，相关工作由机电承包单位完成	无
22			给排水	冷水：厨房内水源至每个用水区的总阀门以及水表，卫生间内至总阀门	厨房总阀门至每个用水点，卫生间总阀门至每个用水点
23				热水：供应及安装系统到每个用水区的总阀门以及水表	热水：供水接入口以后的所有洁具及附件、管道等
24				排水：厨房内排水预留总接口，卫生间区域预留总接口	厨房总接口以后至每个排水点，卫生间总接口以后至每个用水点
25			电气	动力设备供电：全部	无
26				厨房等后勤区域：一般照明及应急照明/插座、厨房炒菜区照明全部施工安装到位	无
27				精装修区域一般照明、应急照明：提供到相关区域总配电箱的进线开关处（包括配电箱和进线开关）	精装修区域一般照明、应急照明:各区域总配电箱及之后的所有灯具及管线的供应及安装
28				机电承包商负责供电至厨房总配电箱（包括箱内所有元器件），并负责厨房内照明和空调动力配电；厨房分包负责厨房动力配电（包括厨房动力控制箱及有效接驳至厨房总配电箱）	无

案例9-3-9

某公司市政配套工程各专业界面划分良好做法

某公司的市场主要位于一、二线城市的郊区或者三、四线城市。项目拿地时的市政配套不是很好，因此需要房地产公司来做一些市政配套。该公司十分看重市场配套工程，成立了专业的市政配套部门来做相关工作。其中的市政配套工程各专业界面划分是此公司管理细化的一个成果，现与大家分享。

市政配套包括供水、供电、燃气、供暖、有线电视、光纤网络通信等各专业工程，现举例如下：

① 供电工程。总体把握上，以移交供电局维护、管理的电气工程（供电局与其三产公司施工的电气工程）为分界点。

② 供水工程。以移交供水公司维护、管理的表（供水公司或其三产企业施工的给水工程）为分界点。

③ 燃气工程。以燃气公司指定的燃气接入点至业主用户终端的阀门为分界点；酒店、会所以接入点的计量表为分界点。

④ 供暖工程。以供暖公司所收配套费负责的工程内容后至各业主或运营单位（酒店、会所）的采暖入户井进水装置后上法兰及出水装置前下法兰为分界点。住宅用户原则上以外墙边1.5m处作为市政供暖配套及土建总包的施工分界点。

⑤ 通信工程。以电信公司指定的信号接入点至各业主户内的弱电箱（不含弱电箱）为分界点；酒店、会所以机房为分界点（不含机房内设备）。

⑥ 有线电视工程。以有线电视广播公司指定的信号接入点至各业主户内的弱电箱为分界点；酒店、会所以机房为分界点。

⑦ 环境工程。总包或机电公司承包范围以外的污水处理及中水回用处理站，以进入泵站内至排出泵站外的第一检查井为分界点（含与泵站连接的第一个检查井之间的管道安装、土方挖填）。

9.3.4 界面划分的三种表现形式

界面划分是一个非常复杂的工作，很多公司以为就是简单的用表格的形式就可以表述清楚了。表格形式比较直观明了，有其好处，但只是讲到要点，要想说得再详细一些，或者有些根本就是作为分包和总包的一般合约性责任，但也要把他责任说出来，就有了合约中的一个条款，就是甲乙双方的责任条款。例如，在总包和分包的合约条款中，会有总包的重要责任，如何配合分包单位与独立施工单位。作者看到龙湖针对总包的要求条款写了8页纸，证明总包在整个项目中的配合责任和义务是非常多的，也是非常重要的。下面列举一下龙湖合约规划中的总分包照管配合内容的部分要点。

① 总承包商须为所有甲方指定分包单位（后面简称"指定分包"）及独立承包商及政府部门提供照管和协调。该等费用已包括在照管费及措施费中。

② 总承包商须为上述单位免费提供已安装在现场的施工机械、脚手架、爬梯、工作台、塔吊、外运电梯及其他升降设备的使用，协助卸下他们的施工机械和材料，为他们提供正常的临时照明和施工及调试、试运行所需的水电、保安、清运及消纳垃圾工作等，并免费提供临时厕所。

③ 总承包商须为甲方指定分包单位，为独立承包商安排合理的施工计划，并对指定分包的质量及进度负责。

④ 总承包商须取得各指定分包及独立承包商在钢筋混凝土结构上的留洞、做槽口、凹槽等及其形成所需的一切详情，并须为他们提供所需的尺寸和其他资料，以使他们能正确地定出孔洞、槽口、凹槽等位置，避免随后的修改。如果总承包商未能按此规定在钢筋

混凝土结构上预留孔洞、槽口、凹槽、管子槽等,他必须自费开孔洞或槽,但未经业主做出特别批准,结构工程不可进行任何割切工作。

⑤ 为指定分包商及独立承包商的放线工程提供参考点等。

另外,在合约界面划分的形式上,除了文字段落叙述版本、表格版本,还有一种十分直接的可视图版本,是在海外的资料中看到的应用,分享给大家参考。可视化版本的合约界面划分如下,如图9-3-4所示。

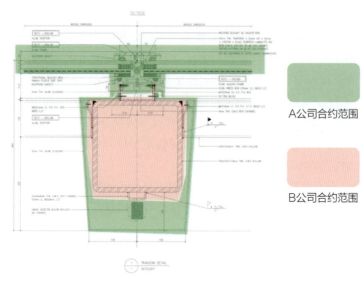

图 9-3-4
可视化界面划分案例(来源:百锐学堂)

9.3.5 关于界面划分中的质量交接面

前面提到最多的是物理交接面,其实质量交接面也是非常重要的。也就是上家以什么质量交给下家施工,质量的标准是什么。

某项目总包与精装修单位质量交接要点

中海某项目总包与精装修单位的施工界面合约规划要点如下:

① 总包单位的毛坯质量,如墙面的垂直度、平整度,天花的水平高差、是否顺平对精装修的质量影响非常大;

② 将实测实量的指标及奖罚措施写入总包合约中;

③ 在总包合约中将毛坯的交楼标准提高到高级抹灰标准;

④ 同时在施工阶段要有针对性地制定质量保证措施,如果条件允许的话可以考虑

让精装修单位参与对毛坯交工样板的验收。

总包单位配合的好坏直接影响精装修工程的质量与进度,所以要做好工作面的移交与移交后的配合。

9.4 合约规划之招标计价方式

盘点现今的工程招标计价方式,总结起来应该有五种,如表9-4-1所示,分别是费率计价、工程量清单计价(单价包干)、模拟工程量清单计价(单价包干)、总价包干计价、复合型招标计价(先费率或工程量清单后预算总价包干)。其中第五种复合型招标计价方式分解成了不同阶段的两种招标计价方式。

表9-4-1 招标计价方式(来源:百锐学堂)

序号	计价方式	适用范围
1	费率计价	无图纸或图纸不全,非标准化或者标准化产品,主要因为工期十分紧张而采用
2	模拟工程量清单计价	无图纸或图纸深度不够,标准化产品,有类似工程借鉴
2	工程量清单计价	图纸齐全,招标周期合理
3	总价包干计价	图纸齐全、标准化、成熟运营,招标周期合理
4	复合型招标计价	招标时图纸深度不够,采用费率计价或工程量清单计价;中标施工图纸齐全后再施行总价包干计价方式

9.4.1 费率计价

费率计价适用于无图纸或图纸不全的项目,适合工期十分紧张的快周转项目。费率计价又分为两种。

① 传统费率计价。就是早期的项目采用定额计价的费率模式,由于同一地区的定额是统一的,因此只需要大家在投标时填写降价的系数即可知投标单位的回标价格。

② 创新模拟清单后的费率计价。项目标准化在一定情况下,虽然没有图纸或图纸不全,但是会有模拟清单。将模拟清单的数量和价格都填写在招标文件中,投标单位只需要回复×××系数即可。此种费率计价已在一些标杆企业实行,大大减轻了投标单位的投标压力,效率非常高。

传统定额费率计价有以下不足,因此应用越来越少。

① 总价不确定,对于项目最终成本没有清晰的标准。

② 结算核对工程量时易发生纠纷,核对时间冗长。

③ 变更签证的单价未确定,施工方会以难度高、时间紧为由要求提高单价。

④ 匆忙开工、审图不细导致施工过程变更多,增加成本。

⑤ 对于不合理的技术指标（如钢筋含量、混凝土含量）不能及时发现。
⑥ 对成员个人水平的依赖性较大。

9.4.2 模拟工程量清单计价

工程量清单是国内、国际最通用的计价方式，而模拟工程量清单计价得以实施的前提是，尽管没有图纸或者完整的图纸，但是由于公司标准化程度高，有类似的工程经验参考，因此可以做出较有质量的模拟工程量清单。该计价方式有着较多的优势：

① 可以快速招标；
② 总价和单价两方面的充分竞争；
③ 降低职业风险，对成本管理人员个人水平的依赖性降低；
④ 提高工作效率，尤其是能大大缩短结算核对时间；
⑤ 便于成本数据积累，建立成本数据库；
⑥ 工程总价准确，可提高进度款的支付比例，发挥资金优势；
⑦ 及时发现设计失误，减少变更；
⑧ 及时评估出造价咨询公司的工作质量。

9.4.3 工程量清单计价

工程量清单计价方式得以实行的前提是已经有图纸，也有时间细化工程量清单，因此以上模拟工程量清单计价的优点会体现得更加明显。

对于工程量清单包干，通常的理解是"综合单价包干"。对于除模板脚手架以外的措施费项目，通常是跟建筑面积单方造价包干。而对于安装、市政、装修、桩基础、大型土石方项目，就是全费用综合单价包干。

工程量清单计价在国际上十分通用，包括标准计量方法（SMM）、合同计价说明（Preamble）、项目描述（Item Description）等。国内目前也是参考了国际上的做法，形成对应的工程量计算规则、报价说明、工程量清单等。

百锐研究院发布的采购、合同指标对标表中，有一个指标就是"清单加图纸合同价格包干的比例"，行业标准指标是100%，也就是要求要100%实行工程量清单计价方式。工程量清单是业内主推的计价方式。

9.4.4 总价包干计价

总价包干计价是在工程量清单计价基础上的进一步操作，是成熟运营的公司进行成本控制的通常手段。总价包干的优势非常明显，就是不再去特别关注工程量清单有没有漏项，而是包图纸、包工作范围、包工程量清单。这样施工单位在中标后就会将主要精力放在如何做好项目上，理论上来讲如果没有图纸变更和加减项目，中标价基本上就是结算价（不计合理的材料调价），就算是有变更，结算调价也只是针对与投标时不同的部分，因此预结算是非常快的。总价包干是很多标杆公司主推的计价方式。

总价包干适用于图纸完整，招标范围及界限清晰，后期规划及变更变化小的项目。尽管总价包干有很多优点，但是，如果工程达不到一定条件，如图纸不完善、界面不清晰等，就无法发挥总价包干的优势。另外，有些分项工程不适合总价包干，如桩基工程。

碧桂园对招标中的预算总价包干有一项工作指引，即《工程预算总价包干造价实操工作指引》，共有20多页，对预算总价包干的实操进行了指引式规定，包括实施范围的规定，如表9-4-2所示。

表9-4-2　碧桂园总价包干规定工作实施范围（来源：百锐学堂）

分期分区	总承包工程 （正负零以上、毛坯）	室内装修、铝合金门窗 专业分包工程	安装、园建及市政等 专业分包工程
示范区	鼓励招标总价包干	鼓励招标总价包干	鼓励招标总价包干
首期货量	鼓励招标总价包干	必须招标总价包干	鼓励招标总价包干
二期及后续货量	必须招标总价包干	必须招标总价包干	鼓励招标总价包干

9.4.5　复合型招标计价

复合型招标计价就是在投标阶段先进行费率或（模拟）工程量清单的招标，等中标单位进场后，甲方出全了图纸，进行了图纸会审，将图纸问题基本解决，这时再和这家单位协商以总价包干形式签署补充合约。因此复合型招标计价方式分成两个阶段完成。

复合型计价方式既满足了项目快周转下的大运营效率要求，也同时兼顾了成本控制的预先控制原则，是标杆企业的良好做法，应该大力推广。

碧桂园对先模拟清单招标后再转成预算总价包干的时限进行了规定，如表9-4-3所示。

表9-4-3　碧桂园对复合型招标计价的时限要求（来源：百锐学堂）

分期分区	总承包工程 （正负零以上、毛坯）	室内装修、铝合金门窗 专业分包工程	安装、园建及市政等专业分包工程
示范区	若采用模拟清单招标： ➢ 自招标结果审批完成之日起至区域预算初审完成并提交至成本管理中心止，总时限为6个月	若采用模拟清单招标： ➢ 单独发包：自招标结果审核完成之日起3个月内转成预算总价包干模式 ➢ 包含在总包合同内：按照总承包工程预算总价包干时限要求	
首期货量			
二期及后续货量			

以上介绍了五种计价方式可在合约规划时进行选择。选择时需要根据项目的实际特点选择合适的招标计价方式。

案例9-4-1

中海某项目计价方式的良好做法

中海对计价方式有自己的要求，很早之前就基本上实行了总价包干和单价包干两种模式。

第9章　项目合约规划

在合约规划阶段，有32个合约，总价包干有11单，占比为34.4%，单价包干有18单，占比为56%，视图纸情况决定采用总价包干还是单价包干的占比为9.6%。总价包干的前提条件是要有完整的施工图。而就算是单价包干，为了报价的准确性和避免以后的变更和索赔，提出了图纸要求、材料选型和样板要求（表9-4-4）。

表9-4-4　中海某项目合约规划及前置要求（来源：百锐学堂）

序号	项目	建议采用计价方式	图纸要求	材料选型及样板要求
1	主体施工	多种方式	完整施工图	详细的技术要求，各种主材品牌及型号确定
2	幕墙工程	视图纸情况	总价包干需完整施工图，如果只有大样图则只能单价包干	铝材、玻璃、五金配件指定品牌，并定样
3	钢结构	总价包干	完整施工图	
4	样板房装修	单价包干	完整施工图	橱柜空调等部分材料甲购；影响效果材料指定品牌乙购，材料样板在分判前需经设计师确认
5	会所及售楼处精装修	单价包干	完整施工图	部分材料甲购；部分材料乙购
6	室外工程硬景施工	单价包干	景观设计完成后，需配套设计施工大样	高档石材可考虑甲定乙购或甲购，其他低档面层材料如能选定定版完成可考虑指定品牌乙购
7	环境（绿化）工程	单价包干	景观设计完成后，需绿化专业设计深化	苗木表中对苗木的要求需详细
8	铝合金门窗	单价包干	正式施工图	铝材、玻璃、五金配件指定品牌
9	施工用水用电	总价包干	完整施工图	
10	土石方工程	单价包干	场地内土石方平衡图	
11	边坡支护工程	单价包干	基坑支护完整施工图	
12	桩基施工	单价包干	单桩设计大样，提供预估的工程量、桩位及承台平面图	
13	栏杆施工	单价包干	各种栏杆施工大样图及节点图	分判前提供实体样板
14	室外给水工程	视图纸情况	如有正式施工图且现场情况变化不大可采取总价包干，否则只能费率包干	
15	防水施工单位	单价包干	大样图及施工范围	
16	沥青道路工程	单价包干	节点构造大样或要求、施工总平面图	

续表

序号	项目	建议采用计价方式	图纸要求	材料选型及样板要求
17	室内落地窗安全栏杆	单价包干	大样图、立面图、落地窗宽度	分判前提供实体样板
18	小区标识	单价包干	大样图、立面图	分判前提供实体样板
19	场地清理	总价包干		
20	水池防腐工程	单价包干		
21	人防设备工程	总价包干	完整施工图	
22	地下车库划线及标识	单价包干	正式施工图	
23	消防工程	总价包干	正式施工图	
24	水景及泳池设备采购	总价包干	专业单位深化后的施工图	
25	高、低压配电	总价包干	正式施工图	高压柜、变压器多为甲定乙购
26	水泵房设备采购及施工	总价包干	正式施工图（水、电）	
27	泛光照明施工	总价包干	专业单位设计的施工图	部分材料指定品牌乙购
28	小区智能化工程	总价包干	专业单位设计的施工图	
29	燃气施工单位	按户单价包干	正式施工图	
30	有线电视	按户单价包干		
31	电话、网络	按户单价包干		
32	发电机房设备及安装	总价包干	技术要求	

9.5 合约规划之评标、议标、定标

在合约规划阶段，需要对合约招标过程中的一些重点进行规划，如供方入围要求、投标供方数量要求、招标还是议标、评标办法等。

9.5.1 招标方式决策

招标方式有战略合作、优先合作、年度标、公开招标、议标这五种方式。

（1）战略合作

以碧桂园为例，战略合作的流程如图9-5-1所示。

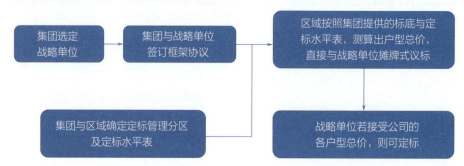

图 9-5-1
碧桂园战略合作流程（来源：百锐学堂）

（2）优先合作

以碧桂园为例，优先合作的流程如图9-5-2所示。

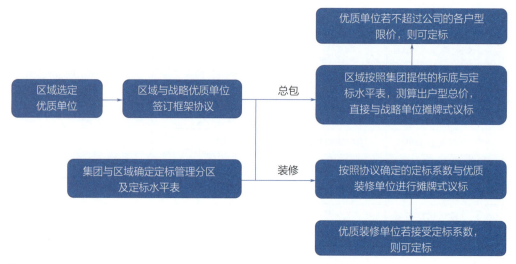

图 9-5-2
碧桂园优先合作流程（来源：百锐学堂）

（3）年度标

除了战略合作和优先合作外，还有一种新的合约招标方式——年度标，就是将一个区域公司中多项目的经常性合约招标项目按照每年签署一次合约的形式进行招标采购，如地质勘察工程、临时围挡工程、沥青工程、白蚁防治工程、交通设施、道路划线、标识牌工程、信报箱制作安装工程。年度标的好处类似于物资采购中战略采购和集中采购的优势。

碧桂园规定的年度招标范围如下：

① 示范区涉及工程（亮化、围挡）、货量区园建、白蚁防治、沥青工程、地库划线、交通标识、地坪漆、防雷工程、信报箱、楼宇及小区指示标牌、临时围墙、围挡、第三方维修、零星装修、防水、防腐、外墙保温；

② 示范区的其他分项工程和园建工程按发文权限执行；

③ 工程服务（含勘察、设计、监理、监测、检测）和采购安装类等，需要相应的职能部门同意方可执行；

④ 经集团成本管理中心终审同意的其他工程。

另外，还对投标有效期进行了说明，即在招标文件中要明确有效期最长一年，且需明确有效期的截止日。

（4）公开招标

公开招标是最普遍的招标方式，适用于公司的所有招标工程。

（5）议标

一般公司不太主张议标，但是也有议标做得好的公司。议标做得好，除了有制度上的支持，还要有责任的承担。

碧桂园议标责任与追责的良好做法

碧桂园实行双享制度，议标的责任主体就是主张方，对议标失败的责任主体实行如下追责。

① 议标的责任主体为主张方，即谁主张议标，谁承担责任。

② 因议标主张方判断错误致使标失误而引起工期损失的，由主张方承担。

③ 因议标单位推翻承诺而导致增加的成本，从区域的第一笔成就共享中开始扣除（但不超过成就共享的50%）。

④ 如议标单位推翻承诺，仅按承诺施工完示范区，但未完成货量区施工的，取消该单位的议标资格；议标单位拒绝施工完示范区的，将其列入公司黑名单。

9.5.2 招标与议标的合约规划

招标与议标是有分别的。招标的意思是按照公司的规定进行较为完整的招标程序，包括发邀请书、投标、开标、评标、定标、签订合同。一般招标的投标人是多家，例如某公司规定公开招标的投标单位数量不得小于2n+2（n为标段数）。由于公开招标旨在保证有效竞争，避免围标，因此在没有定标之前不知道哪家会中标并签署合约。而议标严格来讲本来是招标的一部分，本处的议标是指简化招投标流程，通过一对一谈判达到招标采购的目的，因此，议标不具有公开性和竞争性。

鉴于议标的特殊性，在合约规划时就要做好招标还是议标的策划，不能说实在没有时间了，被迫只能做招标，这样往往适得其反。

另外，有的公司对议标进行了一定的适用性规定，将议标规范化，力求在发挥出议标优势的同时，规避议标可能带来的问题。

案例9-5-2

碧桂园对议标规则规定的良好做法

碧桂园对议标从以下三个方面做出规定。

（1）适用范围方面（碧桂园内部规定的Ⅰ、Ⅱ类工程）

① 总包工程、酒店装修工程；桩基础（不含单独的试桩工程）、地基处理、抗浮锚、基坑支护、边坡支护、降水工程；永久（含永临结合）红线外的市政公用工程（包含市政桥梁、涵洞、道路、排水、排污工程等），预估总造价300万元以上的幕墙或钢结构工程；货量装修工程及非示范区的会所、幼儿园、学校等装修工程。

② 原则上，合同金额超过50万元的专业及零星工程，尽可能通过招标确定施工单位。

③ 区域主导的专业分包及零星工程议标须经区域总裁审批，具体办法由各区域参照公司规定自行制定，并报集团成本管理中心备案。

（2）满足议标价的引用条件

① 引用的价格是通过招标的中标价，非正常情况项目的定标价格不得引用（由成本管理中心判定）。

② 引用时限为180天（从被引用标段的招标结果审批流程终审之日起，至议标标段的议标请示流程发起之日止）。

③ 引用与被引用项目的直线距离不超过150km。

④ 桩基础跨项目引用还需要符合条件：被引用的定标系数不超过100%，地质情况相近。

（3）议标单位的资格要求

对于以下表现良好的施工单位，可以考虑议标：

① 已承接工程的进度、质量、配合良好；

② 接受供应链融资；

③ 至少有一份施工合同已结算。

对于以下情况，议标单位没有议标资格：

① 曾做出损害本公司利益行为的单位；

② 在以往招标和结算中配合差的单位；

③ 从未合作过的新单位或实际承包人；

④ 已列入暂停投标、暂停议标黑名单内的单位；

⑤ 其他存在较大履约风险的单位（由成本管理中心判定）。

通过规范议标，基本上可以避免议标可能带来的问题。但是，现实中尽管公司的规定看起来完善，但议标带来的问题还是不可避免。以下是某企业做的招标用时对比分析，说明议标往往会造成时间长、价钱高的问题。

案例9-5-3

某公司多项目招标用时对比分析的良好做法，如表9-5-1所示。

表9-5-1 某公司多项目招标用时对比（来源：百锐学堂）

招标类型	招标		招标		议标		议标	
工程名称	鹤山某高层总承包工程		阳春某总包工程		某基坑支护工程		某项目七期总承包工程	
时间节点	计划日期	实际日期	计划日期	实际日期	计划日期	实际日期	计划日期	实际日期
发标	7月12日	7月10日	7月24日	7月21日	10月17日	10月12日	5月24日	5月23日
回标	7月21日	7月17日	8月2日	7月28日	10月21日	10月15日	6月2日	8月14日
定标	7月26日	7月23日	8月7日	7月30日	10月26日	议标失败，转招标，11月1日定标	6月7日	10月22日
用时	15天	14天	15天	10天	9天	20天	15天	152天

通过以上案例，得到以下启示。

① 只要前置招标工作，比如及时了解地块信息，提前储备好投标单位，提早了解当地的市场价格，招标就比议标快（非公司规定的），不会出现长达几个月的协商谈价过程，可以实现摘牌当天中标单位进场。

② 区域、项目务必做好合约规划和招标计划，不得以时间不充足为由进行议标。

③ 议标对总包单位的要求是，最近一年工程质量评分83分及以上，且原则上至少有一份总包合同已结算的施工单位，才可获得议标资格（注："工程质量评分83分"是指工程管理中心抽检的工程质量评分、区域季度检查的工程质量评分，两项平均评分不得低于83分）。

④ 不允许将整个开发项目的总包工程与一个公司议标，第一期开发的货量至少有一个标段招标。后续因特殊情况申请议标的，须经集团总裁审批，且只能引用180天内通过招标定的价格，150km内。

以上是招标与议标的时间对比，下面比较一下招标与议标在中标价上的对比。

案例9-5-4

同一地区公司同一年份的招标与议标项目的对比与反思

招标项目位于东莞市大岭山某项目一期一、二标段总承包工程。该项目在2015年

6月25日定标，招标定标水平与标底比例如表9-5-2所示。招标价格水平比区域公司之前议标工程有了明显的下降，且项目和区域反馈，此中标单位进场后配合度较好，质量、进度及案例均能满足要求。

表9-5-2 招标定标水平与标底比例（来源：百锐学堂）

项目类型	比例/%
地下车库	95.20
低层	97.80
高层（17F）	99.36
高层（32F）	94.71

议标项目位于东莞市厚街某项目总承包工程，项目议标花费为2个月（6月23日至8月25日），过程异常艰难。定标水平参考上述大岭山某项目一期一、二标段总承包工程适当上浮。定标后，议标单位要求修改招标文件约定的价差调整原则、赶工部分的计价原则，以及工程暂缓期90天的索赔等条款，导致合约签订缓慢，增加项目管控难度。

另外一单标项目位于东莞虎门，总建筑面积34万平方米，其中地下室5.1万平方米。由于议标单位不接受公司建议价格，经过近3个月艰难谈判，最后双方均做出最大让步，签署合约。定标水平比上述大岭山某项目一期一、二标段总承包工程明显偏高，尤其是地下室，费用增加约1 500万元，最后要求施工单位满足创优、保证完成各节点工期、使用铝模。

以上来看，议标通常会比招标价格高，因为想再降价，会花费较多的时间进行谈判。有时能谈下一些，但还会高于招标价；有时谈不下来，甚至被迫又改为公开招标。因此，对于议标还是要慎重对待。原则上，一个项目首期至少一个标段招标后，再招标和议标结合，议标以招标的价格为参考，才有可能达到理想效果。

对于议标项目的目的，除了项目想加快进度的原因，还有一个原因可能是地方垄断。

案例9-5-5

湖南某项目议标中的问题分析与启示

湖南某项目，土石方工程量约为：清表11万平方米、场地转运18万立方米、外购土方回填21万平方米。当地土方垄断较为严重，于是项目建议与街道办推荐的土方单位先行议标。议标的结果是，经过多次洽谈报价701万元不合理，僵持不下。在此情况下不能妥协，工期再延也不允许，于是项目排除干扰，与公司协商立即启动招标流程，成功将报价降低到合理水平，工期也基本上没有受到影响，后续工程进行得也算顺利。

这个案例的启示是，当采用议标方案时，要做风险管控；在议标遇到困难时，要以倒排工期的方法，限时启动招标流程，规避风险。

9.5.3 评标定标原则

关于评标定标的原则，很多公司在其合约及招投标管理制度中都会说明，一般在合约规划中都省掉了。但是，省掉了不代表不考虑，尤其是对于合作项目，还是要有相应的评标定标原则的。

9.5.3.1 评标定标的良好做法

① 对于部分带样板投标的项目，如装修工程，先确定样板，直至所有投标样板均满足要求后，再开经济标。

某项目样板选择对招标的影响分析

曾经有一单装修工程，设计单位拿了一块石材样板作为投标的报价标准。A企业找到了类似效果的样板。B企业找不到这样的样板，就找了一个相近的石材样板，然后投标企业回标时同时提交了标书和样板。最后打开标书一看，A企业比B企业便宜，且样板最满足要求。正常情况下似乎定标没有悬念，但是甲方对B企业非常有信心，于是召集B企业来沟通。B企业说："你们业主的板和A企业的板本身有问题，是染色石材，对人体不但有害，日久还会脱色，影响美观。我们是正规的大公司，目前提交的样板虽然不是业主要求的，但是天然不染色的。我们不敢用染色的。"业主听到这里才恍然大悟，于是重新选了一款常用的天然石材，再重新进行报价。

这个案例提醒大家，如果样板不确定或者有问题，经济标就没有意义。当然，解决方法是也可以由业主甲方来采购材料，减少乙方采购可能带来的问题。

② 对于带设计方案的工程，须先确定设计方案，直至所有设计方案均满足要求后，再开经济标。带设计方案的工程，常见于基坑支护和降水。由于属于临时工程，是施工措施的一部分，因此不需要设计院出具正式的施工方案，一般是由有经验的地勘基础施工单位进行设计和施工。由于经验和设计的水平不同，有时经济标的差距比较大，是不是找报价最低的中标呢？一定不是，应该如何呢？肯定是在满足技术可行、安全可靠的前提下，再去看价格是高还是低。因此，带设计方案的工程，须先确定设计方案，直到所有设计方案均满足要求后，再开经济标的做法是有道理的。

而且，就算是确定了给某企业中标，也是有条件中标。如果中标单位无法通过专家评审方案，则需要修改方案直至通过为止。若限期内无法通过，甲方则有权终止合约。

③ 合理低价中标，如何保证不让劣币驱逐良币？很多公司实行合理低价中标，实际上简粗暴的理解是最低价。这种理解基本上没有问题，合理低价低于标底的情况下，当作

废标，甲方是有权这么做的，但是，他没有中标，你如何知道他做不下来呢？

选择最低标中标的深度思考与实践

作者在中海时经历过一单土石方工程，最低标报价约6 000万元，然后二标高过最低标20%。最后老板决定给最低标的这家单位做，于是地盘就去执行。管理过程可以想象是十分艰苦的，分包单位也十分艰苦，但是最后还是完成了工程，没有影响进度，也没有补给施工单位额外的不合理费用。作者一直在思考，为什么施工单位在价格这么低的情况下能做得下来，且还是赢利的。当时老板是如何决策的呢？作者分析后，有以下的体会与大家分享。

① 土石方属于比较特殊的工程，泥石的比例，能否有泥尾，泥尾的运距多远等都会影响成本。例如，报价50元/m^3的泥运出去，运去10km的泥仓正常是刚刚够价做的，但有的公司报价只有一半，原因是他有办法直接倒在1km附近的一个地方，不但不花钱，还要收人家钱。因此，不能简单地说别人的价格低于成本价太多就不合理。

② 如果定标时不给最低标而是给次低价中标，立即就能体现出项目多支出20%即1200万元的额外支出。老板当时的决策可能在考虑，如果这个施工单位实在需要补钱才能做得下去，也不一定能补到1 200万元这么多，可能补一半都够了，公司还是能省钱。

③ 这家施工单位在公司的口碑和实力还是好的，而且在公司过往的工程中累积的保固金都超过1000万元。如果施工单位中间违约，他的保固金就会被没收，会被列入黑名单并损失信誉，因此，就算后期有困难有风险，这家施工单位多数是可以应对的。

尽管有以上个别案例证明超低价也可以做下去，但是这不是偶然，而是有风险评估和风险管控基础的。现实中很多施工单位低价抢标，之后再索赔再博弈去争取中标后的商机，仍然是大概率事件。因而"低价"被视为行业发展的顽疾而被业内深恶痛绝，称为"劣币驱逐良币"。

9.5.3.2 避免劣币驱逐良币的良好措施

那么如何才能避免劣币驱逐良币呢？作者认为从以下几个方面来做就可以避免此类事情，做到优质优价。

（1）把好供应商入围关

这就要求考查客观认真，对于考查中不太理想的供应商，就算有特别关系也不能入围。

（2）做好初次合作供应商的防范工作

初次合作供应商的风险很大，因为这需要双方努力去磨合、适应。例如，公司出一个变更指令后，初次合作方会思考：这个变更能不能收到钱，收到多少钱，什么时候收到钱？他思考后觉得还是要正规些，提出变更涉及的费用增加单，并要求甲方签字确认后才能施工。这样甲方肯定不高兴了：我们是大公司，不会亏待你的，会给你钱的，公司有流程需要时间，你先做了再说。于是双方会僵持、博弈，走到一方会让步解决问题为止。这就是初次合作供应商的沟通成本。

而如果供应商是公司的"铁杆"供方，已熟悉认可了甲方的规章制度，就知道要立即执行，公司后续会给钱的，不会让他亏的，因为甲方过去的变更签证都能较好地处理。

初次合作有沟通成本，这是事实。甲方可以做的就是做好风险防范工作，例如：

① 初次合作工程不宜太大、工程最好不在关键工作范围内；

② 做好万一情况下的其他供应商备选方案，如万一发生时其他标段供应商有机会接手或协助应急；

③ 初次工程合作的施工单位提交保证金或保函，证明实力和诚意，以应对可能的风险。

（3）把好供应商履约关

履约过程中有下列行为的，须评定为不合格承建商/供应商：

① 在投标过程中有违规行为的；

② 在中标后弃标的；

③ 进场施工后却中途退场或已没有意向合作的；

④ 在合作过程中发生恶意讨薪或发生任何法律诉讼的。

（4）通过合约及招投标措施来规避风险

还有重要的一点就是，在合约招投标时写清楚对项目的各项具体要求，招标时针对报价过低的价格应提出，并核实原因，力求让投标者将风险和合约的要求计入合约价格内。对于单价偏高项目，一定要指出并力求修正。

9.5.3.3　中海定标的原则

中海定标的原则如下。

① 无因降价："大幅度"的定义为降低绝对金额超过100万元且相对比例（以首次修正投标总价为基数）超过5%。

② 议标单位出现无因加价和无因降价的，无中标优先机会。

③ 中标概率：不得超过40%。

表面看起来平淡无奇，但外行看热闹，内行看门道。中海这个原则的确定，是反思了无数个违反原则的失败案例后才得出的。就拿中标概率不得超过40%来说，如果一个大项目分为三期，需要分为三段标段确定三个总包，第一个标段是A单位，第二个标段A单位还参与投标，由于和第一个标段有协同优势，大概率也是最便宜的，在第一个标段有先入为主表现较好的优势。如果没有公司这个40%的规定，第二个标段就应该A单位中标。这样就造成了两个问题：第一，风险控制问题，两个标段都是同一个单位，当这个总包单位发生问题时，项目一定是被动的；第二，第三标段的招投标问题，大概率也是A单位中标了，其他公司基本没有兴趣再来竞争，这加重了项目风险的程度，即是将一个大项目都放在同一个总包这个"篮子"里。这对于中海这种成熟管理的公司，是无法接受的，因此才有这样的定标原则。

9.6 合约规划之物资采购策划

上面讲到,物资采购模式是项目合约管理模式四大方面中的一个方面。

物资采购的方式通常分为:甲购物资、甲指乙购物资、甲限乙购物资、乙购物资。

目前对于较为重要的物资,一般都会由甲方采购,这主要有成本、质量、风险方面的三大好处。

① 较好地控制成本。通过甲方集中购买,发挥付款方面的优势,达到降低成本的目的。

② 较好地控制材料设备质量,满足甲方设计要求。如果是乙方采购,设计时要提供材料样板,在保证效果的同时还要考虑经济性。招标时提供材料样板确保乙方按照甲方的要求来购买材料。乙方肯定是完全响应投标要求,但是中标后可能会有假冒,也可能声称货的供应有问题而不想去采购原合约的材料,这时甲方会比较被动。如果是甲方采购,则只需要一次材料样板,保证了质量。

③ 风险可控。如果采用乙供,则无法包死单价,或即使合约包死单价,但当材料涨价时施工单位会因无能力承受而重新讨价还价,并影响工期。而甲方供应采购,就没有以上的问题。

某知名地产公司的甲购物资种类如下。

① 建筑物资,包括钢筋、混凝土、外墙砖、电线电缆、UPVC排水管、电工管材管件等。

② 装饰物资,包括抛光砖、墙地砖、石材、马赛克、木地板、洁具、淋浴隔、水暖装饰件、五金、炉具、热水器、抽油烟机、微波炉、消毒碗柜、排气扇、灯具、康体娱乐设施等。

③ 机电设备,包括电梯、发电机组、水泵、阀门、变频柜、空调主机、空调末端、户内配电箱、冷却塔、热水炉、煤气调压柜、不锈钢水箱等。

9.6.1 甲方采购

甲方采购的方式,又分为集中采购、战略采购、零星采购。

9.6.1.1 战略采购

战略采购是一种系统性的、战略意义上的采购管理,是基于"赢得市场竞争"的目的,建立相对稀缺的优秀服务供给渠道的过程。战略采购奉行的是"长期主义",分享的是"竞争优势",适用对象主要是专业分包方。因为他们相对来说可替代性弱、产能小或扩产难,采购方愿意对他们实行"优质优价"的策略。战略采购,本质上采购的是"能力"和"服务"。

战略采购的核心目的是锁定优质分包商,通过强强联合提升合作双方及其产品的竞争力。战略采购有利于增进互信,关键时刻可以解决项目快速进场、迅速形成生产力等难题。战略采购如果单纯强调价格，甚至将价格压到不合理的水平，最后的结果可能就是双方共同生产出低品质的产品。也许从某个项目来看供方也能赚钱，但可能因此牺牲品质与服务，带来对未来和长期发展的损害。作为战略采购方，不应将低价作为选择优秀合作方主要甚至是唯一的考量因素。

战略采购的优点总结如下：

① 提升部品部件质量和施工整体质量；
② 提高效率；
③ 减少供货风险；
④ 降低成本；
⑤ 强强联合，提升公司品牌影响力；
⑥ 共享资源；
⑦ 统一标准，促进部品与设计的标准化推动；
⑧ 实现规模效益。

例如，某企业使用洁具的量非常大，为了提升精装修的品牌，于是与知名洁具品牌签署战略采购协议。又如，电梯属于优质优价的产品，也可签署战略合作协议。

万科战略采购清单的做法，如表9-6-1所示。

表9-6-1 万科战略采购清单（来源：百锐学堂）

序号	产品服务类别	序号	产品服务类别	序号	产品服务类别
1	施工总承包	11	内外墙涂料	21	PVC覆膜户内门
2	有机房电梯	12	屋面瓦	22	实木贴皮户内门
3	无机房电梯	13	厨房电器	23	瓷砖
4	户内配电箱	14	燃气热水器	24	石材
5	户外非标配电箱	15	电热水器	25	衣柜、玄关柜
6	陶瓷卫生洁具	16	外墙劈开砖	26	橱柜
7	水龙头	17	室内灯具	27	空调
8	开关面板	18	防水材料	28	背景墙
9	PVC、UPVC、PP-R	19	建工险	29	墙纸
10	对讲设备	20	地板		

百锐研究院的对标体系中，有一个"战略采购合同额比例"，行业的标杆指标为：30类品占总采购合约额的比例为48%。可见标杆企业对战略采购的重视程度。

9.6.1.2 集中采购

集中采购简言之就是通过打包批发提高议价能力，以最低采购价格获得当前所需相对丰富的资源的交易过程。

集中采购奉行的是"现实主义"，分享的是"规模红利"，适用对象主要是设备物资材料分供方。因为他们相对来说可替代性强、产能大或扩产容易，因此采购方选择实行"合理低价中标"的策略。集中采购，更聚焦"质量"和"价格"。

集中采购成本下降的空间相对战略采购来说更大。一方面，集中采购可以让采购方直接对接生产方,省去了经销商的中间环节;另一方面,集中采购通过批量采购,释放了工厂的批量产能,有利于工厂提升规模效益。

应该说,战略采购与集中采购既有区别,也有联系和一致,因此很多公司基本上按照同一个流程模式在运作,而且是在集团公司层面进行统筹,以发挥更大的采购优势。

9.6.1.3 零星采购

零星采购是指一些金额小、零散的采购行为。根据各企业不同的管理层级、管理权限与管理范围,数额可以界定在从几百元到几万元不等。由于零星工程比较小,通常授权由项目进行采购,也有公司是由地区公司平台完成,项目只需要提要求和收货使用即可。

零星采购的特点如下:

① 所购买的物品不在集中采购目录中;

② 商品单价较低,用量单一;

③ 多为一次性购买商品。

零星采购的难点在于品种繁多、单据零散、计划性差、需求模糊等,例如,混凝土回弹仪、手持激光测距仪、电脑、不间断电源等的采购。

尽管量比较小,但有些管理精细化做得到位的公司,会做到"抓大不放小",一样管理得非常到位。

案例9-6-1

碧桂园物资采购策划

碧桂园物资采购分为四类,分别为A类甲指、B类甲指、C类甲指、甲供材料。

(1) A类甲指

A类甲指主要包括以下几类:

① 室内铺贴类,如陶瓷墙地砖、仿古砖、腰线、仿石线、内墙涂料;

② 室外铺贴类,如人造文化石、纸皮砖、劈开砖、广场砖、外墙涂料等;

③ 屋面瓦;

④ 机电消防类,如电线、电缆、火灾自动报警及消防联动控制系统、防火门监控系统、消防电源监控系统、可燃气体探测监控系统等;

⑤ 其他类,如成品天沟、防水卷材、PVC管材、HDPE管材、管桩、同层排水相关配件等。

采购模式为:签订三方合约,代付代扣模式付款。在三方合约中,发包人原为甲方变为三方合约中的丙方,承包人变为三方合约中的甲方。也就是由发包人(丙方,受托人)代为支付材料款至乙方(供应商,卖方),并从承包人(甲方,买方,施工单位)进度款中扣回。

(2) B类甲指

B类甲指主要包括以下几类:

① 锌钢组合栏杆；
② 防火门；
③ 沐浴屏风；
④ 智能门锁；
⑤ 晾衣架等。

采购模式为：发包人（甲方）项目部在指定厂家库里自行选择厂家，以专业分包形式采购。

（3）C类甲指

C类甲指主要包括以下几类：
① 铝合金、塑钢门窗及配件；
② 钢筋；
③ PC构件等。

采购模式为：承包人（乙方，即施工单位）在品牌库中选择，与厂家直接签订合约采购。因此，此模式是为限定品牌，不指定价格，由施工单位自行购买。

（4）甲供材料

甲供材料主要包括以下几类：
① 卫浴；
② 配电箱、开关；
③ 灯饰；
④ 空调；
⑤ 智能化系统；
⑥ 新风系统；
⑦ 其他，如浴霸、排气扇等。

采购模式为：由发包人（甲方）购买，直接提供给承包人（乙方）用于施工。

9.6.2 甲供材料的界面划分

（1）工作界面

一般约定由业主联络供应商供货到现场（一般是首层地面，业主指定的车辆可到达的地方）。由供应商负责卸货、掏箱。总承包商（安装商）负责验收（包括政府规定的必要的试验和检验）数量和质量、仓储、保管、运输、二次运输、安装和成品保护直至交工验收。

在实际执行中，建议不同材料设备区别对待，对一些易碎品，尤其是饰面材料等应要求供应单位卸货、掏箱验收。灯具甚至可要求供应商负责至仓储和出库验收。其他材料设备可以是总承包商卸货、掏箱、验收。但要求验收责任不清的问题（以监理判断为准）都由供应商承担，否则供应商可以选择自行卸货、掏箱。

（2）质量责任

常规是以三方验收为界限，之后完全由总承包商负责。同时，对需要调试和运行的机电设备要扣一部分对应的押金和质保金。

(3) 进度责任

在总承包商（安装商）合同里要求他们提前28天提交首次进货计划，之后每次的进货计划一般都要求提前10天提交（以上天数仅供参考，实际要根据具体情况来定，比如混凝土，开挖需几个小时就可以了）。这些进度要求要同步有缩减地在供应合同中体现。对有效的供货通知要做明确定义。

总承包商（安装商）把进货计划（供货通知）直接发给供应商，同时抄送项目部和材料组。如果定义的有效供货通知是业主方某部门，那么这个岗位人员就要即时发出供货通知，从这时起，业主方就要关注材料供应情况了。

如果出现进度拖延，首先要看是否是关键路径，不是的话就不用承担违约责任；如果是关键路径，业主方就要承担违约责任。在这里建议与此有关的违约责任，合同里必须注明只跟违约金挂钩（或者业主有权选择支付违约金或顺延工期），除违约金（顺延工期）外，业主不需承担任何费用和任何工期或商务索赔，不论直接或者间接。相关的违约金条款要传递给供应商。

(4) 供应商结算问题（退货的问题）

供应商结算问题，如表9-6-2所示。

表9-6-2 结算问题（来源：百锐学堂）

结算对象	量的确认	奖惩措施	
供应商的结算问题	以总承包商、监理验收合格的接受量为准，以合同价为准来进行结算	无	无
总承包商（安装商）之间的结算	首先要确认一个基准量（即供应数量），一般来说基准量的确认有三种方法：图纸净量、图纸净量加定额损耗、图纸净量加自报损耗	总承包商（安装商）签认量低于基准量时，量差的收益一般有两种处理方式：收益完全归总承包商（安装商）；收益中定额基价部分归总承包商（安装商），溢价部分归业主	总承包商（安装商）签认量高于基准量时，一般会约定一个高于比例，比如10%。在此比例以内的，按实扣减材料款，高于这个比例的除按实扣减材料款外，还要扣除业主方的管理费和罚金

一种做法是甲供材料和设备的供应单价不包括在承包人的合同总价中（如果包括了，也会在结算原则里面要求扣除），辅助材料设备和安装费用以及除合同规定的损耗率以外的其他额外损耗费用已包括在合同固定单价中。合同固定单价包括任何安装和实施这些材料和设备所必需的供应数量与安装数量的差异，搭接、运输损耗、搬运、储存、切割和施工损耗费用、辅助材料费用、采保费、清关费（如果是进口材料）、包装费、安装费、管理费、利润和税金均已含在原所报综合单价中，不能根据实际供应单价与暂定单价之间的差额，以及材质、规格、型号的差异进行调整。

这种方式的争议主要会发生在损耗上，尤其是一些在投标时无法准确判断损耗，但实际损耗又明显大于定额或自报损耗时（比如贴砖，不同的排砖有不同损耗）。对于此种情况，有两种处理方式，一种是合同里仍按包干处理，实际执行中甲方掌握主动权，可根据实际情况来灵活处理。另一种是合同里约定明显超过合同损耗时，双方协商和测量具体损耗，当不能达成一致时，按合同损耗来处理。

甲供材料在总包合同中需明确约定原则上不能退货。在实际操作中，对时效性不敏感，且退货价格合理的，可以转给物业公司或其他项目用或协调退给供应商。

9.6.3 甲指乙供材料的界面划分

(1) 工作界面

业主方和总承包商的工作界面同乙供。

由总承包商负责采购、运输（包括运输到现场或其他发包人同意的地方）、装卸、验收、试验和检验质量、清点数量、掏箱、运输、仓储、二次搬运、安装和成品保护直至交工验收。

在实际操作中，总承包商和供应商之间时常会发生争议。业主方在道义上，或为情势所迫，有时也得出面协调。一般来说，业主方在操作此种模式时，会全权负责三方合同的编制和定稿，在合同中会清晰地明确总承包商和供应商之间的界面。常规表述如下。

总承包商需在工地接收供货单位送来的材料和设备，并负责卸货、验收、储存、堆放，以及从储存点到安装点的一次或多次搬运和安装。对已接受的材料和设备，总承包商要妥善保护，直至安装和交工验收，并需自费补充任何受破坏、遗失或被偷窃的物料。

甲定乙供中总承包商和供应商界面的原则和道理同甲供模式中总承包商和业主方的工作界面。

(2) 质量责任

业主方和总承包商的质量责任划分同乙供。

业主方指定总承包商采购和供应的材料与工程设备，如果其交货数量、规格型号、质量与合同图纸、技术规范要求不符，则总承包商负完全责任。发生此类情况时，监理工程师应书面通知业主方。验收时，如果总承包商未通知监理工程师组织检验，则总承包商将承担该部分材料和工程设备的质量和延期责任。

(3) 进度责任

业主方和总承包商的进度责任划分同乙供。

总承包商对供应计划、进度和工程整体进度负完全责任。

这个时候，业主方最大的风险在于甲指合约的进度约定和总承包合约的约定不符。这一点务必避免。一方面须要求总承包商在考虑采购、加工、订货、运输时间的基础上在合理的期限内向业主方提交该部分的采购供应计划；另一方面也要求业主方的采购工程师有专业判断能力，因为有很多采购可能在总承包商还没有签订合约的时候就得准备了。

只要两个合约之间进度计划衔接得上，理论上过程协调、组织、管理就都由总承包商负责了。但在实际操作中，我们还是要时时关注进展，防患于未然。

(4) 供应结算

结算方式同甲供材料。

甲指乙供的供货合同将由业主方、总承包商与供应商三方签订，价款经总承包商确认后由业主方支付。有关材料设备的变更及结算由业主方负责。

9.6.4 关于对认质认价问题的看法

有些公司一直有认质认价的做法，而且将认质认价的条款写入合约中，是在定额造价实行时的通常做法。后来随着定额的逐渐淡出，认质认价的模式也越来越少了，甚至最近看到的标杆企业合约条款就没有提到认质认价了。

究其原因，主要是地产界管理标准化、精细化水平提高的结果。对于重要的材料设备，要么甲供，要么甲指，基本不存在事先没有这种较为重要的材料和设备，然后甲方提出要求，让施工方去货比三家的情况。

另外一个原因是，认质认价本身存在着操作难度较大的问题。常发生的情况是总承包商以供应商涨价、供应进度有问题、付款条件达不到等为借口来向业主方施压。此种情况下，业主方应于总承包合同里约定认质认价的核心条款，在认质认价项目定标后拿到供应商签章的合同再去找总承包商，并且在总承包合同里约定严厉的违约条件，比如：总承包商须按认质认价通知的要求与供应商签订供货合同；由于总承包商延迟签订合同和订货的（没有在接到认质认价通知后七天内签订合同及订货的），每延迟一天须支付违约金××元，并赔偿因此所造成的一切损失等。还有就是总承包商向供应商索要折扣、佣金、管理费等额外费用，不按合同约定支付货款，不及时办理结算，克扣货款等。遇到这种情况，首先要在总承包合同中约定相应的违约条款，比如：业主方认质认价的材料设备，若施工单位未按施工单位与供应商签订的采购合同中约定的支付和结算条款支付相应材料设备货款，业主方有权直接代施工单位向供应方支付相应款项，并在施工单位的工程进度款中全额扣回，同时收取业主方为承包人代交纳费用的手续费（约定一个操作性强的）。总承包商向供货方索要折扣、佣金及管理费、税金等，业主方一经查实将对承包人处以每次××元的违约金，并对总承包商主要责任人和经办人进行撤换处理。

甲方是甲乙双方合约中制定游戏规则的一方，为避免操作中可能出现的问题，干脆不用认质认价的方法更好。

9.7 合约规划中合约与成本科目的对应

之前讲过，合约规划是连接目标成本与招标采购和合约管理的桥梁，因此保证每个成本科目都有相对应的一个或多个合约项目，或者反过来说，每个合约都有对应的若干成本科目，即处理这种一对多、多对一、多对多的关系，是一件非常复杂的事。因此，很多公司制定了"项目工程合约规划编制指引"，标准化了模板，对于与标准模板不一样的，就可以根据指引进行修改、合并、增加。

在房地产界，成本科目与合约的对应关系有以下三种模式。

（1）总量控制，基于成本科目自上而下分解合约规划

以合约规划为中心的新成本管理体系，注重以合同业务为中心，大幅简化"成本控制科目树"（2~3级，70多项），强调基于简化后的"成本控制科目树"下的合约规划与合

同管理，通过合约规划指导和控制合同签订来实现项目成本管控。

（2）合约控制，预算构成项自下而上打包形成合约

某港资企业在项目开发模式上遵循项目管理方式和专业管理方式，强调专业人做专业事；在项目成本管理方面，通过专业的造价咨询公司实现整个项目的合同框架梳理和规划，从而指导采购招投标和合同签订。而项目有总体预算严格控制的要求，那么怎样做好合约与成本的有效关联呢？港资企业注重业务管理的精细，对于预算控制同样要求基于单个合同金额的成本管控。因此，预算管理部通过将项目总体预算分解至各成本科目，并向下分解至预算构成项，其中预算构成项的粗细程度根据具体合同构成的测算明细而灵活制定。然后根据合约规划的范围将预算构成项打包，从而实现预算与合同的关联关系，有效管控成本。

该管理模式的特征是以实际合同业务为基础，进行项目总体的合约规划编制，实现合约规划与合同的一一对应；合同执行的业务部门在签订合同时，不管是总包合同还是土地合同，只需选择对应的合约规划。而对应预算管控的事情，则由预算管理部根据合同范围进行合约规划对应的预算构成项调整，基于预算构成项实现单个合同成本的预警和强控，从而支撑整体项目预算管控。这充分体现出专业人做专业事的管理方法。

而项目全成本价值管理还涉及政府规费、营销合同等管理，对预算管理部的项目成本造价预算、项目开发经验和专业能力要求都比较高。但往往很多时候对于营销合同、政府费用等是很难预估到底要签订多少份合同，所以会通过预估的合约规划及较粗的预算构成项进行管理，在实际发生时进行刷新调整。

（3）按成本科目与合约双维度分解合约规划

当企业成本控制经验沉淀多年，在合约规划的编制过程中，建安类合同通过历史项目经验沉淀和造价咨询公司进行合同规划和成本测算，而对于前期合同、营销合同和政府规费等，不明确合约数量，特别是针对新进入的地区和开发项目，需要根据项目预算进行总额控制。通过科目和合同双维度进行合约规划分解，这样实现了项目的建安成本基于单个合同预算进行成本控制，而其他合同及费用则基于科目总金额进行成本管控。在合同签订时，应使合同与合约规划进行一一对应，从而实现项目成本控制。

该管理模式的特征为建安成本科目设置预算构成项，对于建安合同进行整体合约规划，通过较细的预算构成项打包实现成本科目的关联；而对于非建安合同，如政府规费、营销费用等，则通过较粗的成本科目预算向下直接分解合约规划。在按科目和按合同双维度编制合约规划的模式下，我们可以发现其对项目成本管控的灵活度。对于项目重大合同和成熟合同，可以进行单个合同的预算控制，而对于一般非成熟的合同和费用，则通过成本科目总金额进行总量级管控。

总体来说，企业根据自身管理水平可选择相应的合约规划管理模式。比如，在项目开发过程中，建安类合同可以根据合同架构进行规划，而营销广告类合同或政府规费等很难划分清楚到底有多少，只能给出总体预算，所以可以按科目进行分配。因此，从成本控制业务匹配的角度来看，按科目和合同双维度分解合约规划的管理模式是发展趋势，既能满足成本科目总量预算不超标，也能对重点合同的预算进行控制，从而保证合约规划的落地实施，有效管控项目成本。

总体的管理模式与关系模型图如图9-7-1所示。

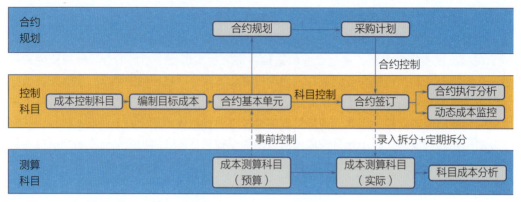

图 9-7-1
合约与成本管理模式与关系模型（来源：百锐学堂）

这个模型图描述了合约、控制科目、核算科目（更细的科目）之间的关系。科目的粗细不同公司会有差别，合约发包也会有差别，所以很难用固定的关系去说明。这个模型图就是考虑了这些因素，控制科目、核算科目、合约规划，三者各司其职。实际项目中，相信大家对于科目也会有不同层级的应用，只是不一定称作控制科目、核算科目，其实就是一个粗细程度，管理的出发点不同。成本科目未必要控制到四、五级科目，可能二、三级就可以了。

关于这个图还要强调的一点就是，做合约规划时，要知道这个合约规划应该对应哪些目标成本科目，对上了，合约与成本才是有协同的，否则目标成本无处落地。还有些特别情况在执行时需要考虑到，即合约可能跨分期，而一般企业目标成本是一期一期做的，那对于公建、公摊部分要考虑好怎么放。否则合约不好签，没有成本可用。

下面以绿城指引的部分内容为例，说明合约规划与成本科目的对应关系。

① 基于标准工程合约规划，一个合同需拆分成为多个合同的，将原合同的合同范围进行拆分，并分别重新命名。拆分后的合同与成本科目的归集对应关系应与原合同保持一致。

某项目将交楼标准装修工程合同中的墙地砖调整为甲供

集团标准合约规划中，"交楼标准装修工程合同"中的墙地砖是由施工方采购。当某项目进行合约规划时，决定墙地砖由甲方采购供应，则应调整和增加相应的内容。

集团标准合约规划原内容如表 9-7-1 所示。

表 9-7-1　集团标准合约规划原内容（来源：百锐学堂）

成本科目及合同	合同范围
03-03-01　硬装	
交楼标准装修工程合同	交楼标准精装修工程、精装修入户门制作安装、木饰面、淋浴门、室内石材、基础灯具、墙地砖、马赛克、内墙涂料、排气扇等乙供材料

项目合约规划调整结果如表9-7-2所示。

表9-7-2 集团标准合约规划调整结果（来源：百锐学堂）

成本科目及合同	合同范围
03-03-01　　硬装	
交楼标准装修工程合同	交楼标准精装修工程、精装修入户门制作安装、木饰面、淋浴门、室内石材、基础灯具、马赛克、内墙涂料、排气扇等乙供材料
墙地砖供货合同	墙地砖供货

② 基于标准工程合约规划，相同科目下有多个合同可合并为一个合同的，将合同合并，命名为单一合同。该合同范围为合并前多合同的范围集合。

入户门与入户门锁合同合并

集团标准合约规划原内容如表9-7-3所示。

表9-7-3 集团标准合约规划原内容（来源：百锐学堂）

成本科目及合同	合同范围
03-01-02-06-02　　入户门	
入户门制作安装工程合同	入户门供货及安装工程、门五金等乙供材料
入户门锁供货合同	入户门锁

项目合约规划调整结果如表9-7-4所示。

表9-7-4 集团标准合约规划调整结果（来源：百锐学堂）

成本科目及合同	合同范围
03-01-02-06-02　　入户门	
入户门制作安装工程合同	入户门供货及安装工程、入户门锁、门五金等乙供材料

③ 基于标准工程合约规划，不同科目下有多个合同可合并为一个合同的，将合同范围合并命名为单一合同。原合同范围与成本科目的归集关系不得改变，新合同以合同范围方式归集进入相应成本科目。

第9章 项目合约规划　　393

单元门与入户门合同

集团标准合约规划原内容如表9-7-5所示。

表9-7-5 集团标准合约规划原内容（来源：百锐学堂）

成本科目及合同		合同范围
03-01-02-06-01	单元门	
	单元门制作安装工程合同	单元门制作安装工程
03-01-02-06-02	入户门	
	入户门制作安装工程合同	入户门供货及安装工程、门五金等乙供材料

项目合约规划调整结果如表9-7-6所示。

表9-7-6 集团标准合约规划调整结果（来源：百锐学堂）

成本科目及合同		合同范围
03-01-02-06-01	单元门	
	单元门及入户门制作安装工程合同（单元门）	单元门制作安装工程
03-01-02-06-02	入户门	
	单元门及入户门制作安装工程合同（入户门）	入户门供货及安装工程、门五金等乙供材料

要做好以上调整，保证合适的合约对应合适的成本科目，都需要合约成本密切配合。如果合约部门与成本分部门沟通协调不够，很容易出现的问题就是成本做成本的，合约做合约的，两个不搭接，导致后续的动态成本控制不准确、不及时。因此，在合约规划时要加强各部门间的协同与合作。

9.8 合约规划后期的更新与动态成本监控

在合约规划后期的执行中，需要每月对合约的数据进行及时更新，以准确反映在动态成本工作中。

碧桂园在招投标阶段及定标后的动态成本控制要点

碧桂园将合约数据及动态成本的更新与监控分为五大阶段,其中在招投标阶段的动态成本控制如图9-8-1所示。

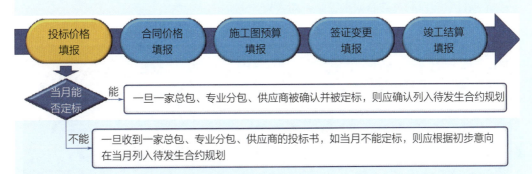

图 9-8-1
碧桂园在招投标阶段的动态成本控制(来源:百锐学堂)

而在定标后的动态成本更新如图9-8-2所示。

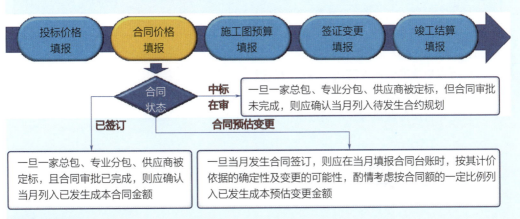

图 9-8-2
定标后的动态成本更新(来源:百锐学堂)

然后,围绕合约变更部分进行动态成本的控制,如图9-8-3所示。

图 9-8-3
动态成本构成(来源:百锐学堂)

第9章 项目合约规划

这个过程被业内称为动态成本的"合约控制法",或者被称为"目标成本法",就是制定目标成本,将目标成本按预计要签的合同大类进行分解;同时将目标成本落实到具体的责任部门,把目标变成可执行的行动计划,并在执行过程中把实际结果与目标进行对比分析,找出差距,分析原因,制定改进措施。

某项目合约控制及动态成本控制,如表9-8-1所示。

表9-8-1 某项目合约控制及动态成本控制(来源:百锐学堂) 单位:万元

科目/合约清单	目标成本 A	定标合约金额 A1	当前评估合约内金额 B	变更金额 C	合约余量 D=A1-B-C	规划余量 E	待发生 F	动态成本 G=B+C+D+E+F	科目余量 H=A-G
科目1	2 000								
科目1.1	800	750	660	50	40	10	10	770	30
合约1		250	270	5				270	
合约2		500	420	20				420	
……	……	……	……	……	……	……	……	……	……

这个合约控制法有以下优点:
① 可以更加准确地控制成本,准确预警;
② 便于精细地成本管控;
③ 比科目法方便执行,不用成本拆分。

某项目合约定标时的动态成本管控

在合约定标时,可能发生目标成本规划值 A 大于或小于实际定标合约金额 B 的两种情况,经过差额($A-B$)分析,进一步采取相应的管理措施,如图9-8-4所示。

当拟签约合约金额小于规划金额时,需经办部门针对金额差距阐述原因,并对差距金额后续使用方式做出判断:合约费用节约,相应金额进入费项规划余量,可调配给同费项其余合同,并出具费用节约单;合约范围变更,后续仍需签订额外合约,则相应金额编制为另一个合约规划;合约金额压缩和风险规避,后续合约会产生相应变更,则需要为合约编制预计变更。

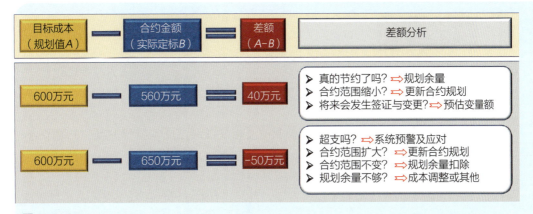

图 9-8-4
合约定标时的动态成本分析管控（来源：百锐学堂）

当拟签约合约金额大于等于规划金额时，同样需经办部门阐述金额差距原因，并对缺口金额寻找解决方案：如果是合约范围变更，就调整相关的合约规划金额，补充为本合约规划金额；如果是原先预算不足或外部环境变化导致的合约成本增加，则需查找规划余量，并从规划余量中划拨金额作为补充，同时出具项目成本超支单。

某项目成本分析与管控

某项目"主体建筑工程"科目中的目标成本为 4 800 万元，分解为"地基与基础工程"和"主体结构及粗装修工程"两个合约规划（表 9-8-2），则：

动态成本＝已发生成本＋待发生成本＝500 万元＋4000 万元＝4500 万元

规划余量＝目标成本－动态成本＝300 万元

表 9-8-2　某项目签约合同时的分析管控（来源：百锐学堂）

科目	目标成本	动态成本	待发生合约规划	合同＋变更	规划余量
主体建筑工程	4 800 万元	?			?
地基与基础工程			500 万元		
主体结构及粗装修工程			4 000 万元		
合计：			4 500 万元	0	

在项目成本控制上，涉及的点太多，其实在总体控制的同时，应该抓住重点，例如抓住合约规划这个重点。而在合约规划中，也要抓住合约规划中的重点。

第 9 章　项目合约规划　**397**

案例9-8-5

中海某项目合约规划中的成本控制要点

中海某项目合约规划中,对成本控制的要求就强调了成本控制重点、关键节点。摘要如下。

① 建安成本控制:根据成本预测确立成本控制目标,分析建安成本控制重点,从合约管理角度制定相应建安成本控制措施,合理、有效地降低项目发展成本,以实现合约统筹的根本目的。

② 建安成本控制目标应包括总建安成本控制目标和分项工程成本控制目标,分项工程分为前期工程、岩土工程、基础工程、各类可售物业土建及安装工程、配套设施土建及安装工程、配套工程、室外工程等。

③ 建安成本控制重点中应分类说明在合约管理中建安成本控制的关键节点,对占建安费用比例较大和成本变动可能性较大的分项工程进行详细分析。

④ 建安成本控制措施应从合约管理技术手段、管理制度等方面,从项目发展的前期、当期、后期三个阶段制定具有可操作性的建安成本控制措施。

CHAPTER TEN

第10章

项目成本策划

本书第2章讲到了全成本价值管理，以及全成本价值管理的维度。根据所讲述的理念，自然会得出所有的项目管理都与全成本价值管理有关的结论。这是宏观的成本角度。

具体到微观的成本角度，就是在第4章讲到的项目成功标尺中的成本指标。这个视角是从成本管理部门及其负责人的角度来看待成本指标，并对其进行成本策划、成本过程管控和成本的后评估。

10.1 成本策划的认识

什么是成本策划呢？简单来说，就是从项目成本管理直接责任人的角度，依据项目成功标尺中的成本指标要求，在项目开工前，就如何确保经营目标达成甚至超过预期目标而制定的全过程成本管控方案。

成本策划作为项目策划的一个组成部分，同样是典型的前置管控动作，是微笑曲线前端管控的重要措施。所谓谋定而后动，而不是盲目求快，做到精心策划在前、狠抓落实在后。

在成本管理的思路中，很多公司都提到以事前控制为主、事中控制为辅。

碧桂园及中海成本管理的良好做法

碧桂园提出"先策后控"。中海地产提出"策、控、评"。就是要先做好前期的策划，后面再狠抓落实。其中，中海地产的"策、控、评"包括的要点如图10-1-1所示。

在成本刻度、成本适配，保证收益最大化、成本总额可控的情况下，优先保障前期客研、后期客服敏感点的成本投放，注意成本的投入产出比

全成本、全方位、全过程的动态成本管理体系

成本后评估、对历次成本控制目标的变化加以分析，重点分析实际成本以及V2和V4版本目标成本的差异原因，总结经验，为后续项目成本控制提供参考

图10-1-1
中海成本管理策略（来源：百锐学堂）

例如在碧桂园集团，所有项目在拿地之前就已经做好设计方案，并且集团主席亲自审核，主导把关设计阶段的成本控制，不断从客户的角度、成本的角度来研究设计问题，如图10-1-2所示。想一下集团的"一把手"这么重视的事情，肯定做得好。

图 10-1-2
碧桂园成本管理策略（来源：百锐学堂）

碧桂园将全成本全过程管理体系分为三个部分，分别是：
① 前置管控目标管理体系，是以经营为中心的目标管理；
② 过程预警动态监控体系，是以目标为中心的动态监控；
③ 节点复盘后评估体系，是以结果为中心的后评估管理。

如图 10-1-3 所示，第一部分是成本策划阶段，而第二部分和第三部分是成本控制与执行阶段。另外，碧桂园十分善于总结，将成本策划和动态成本控制过程中的常见问题汇总，形成《成本策划 100 问》《动态成本 50 问》等资料，便于参考。

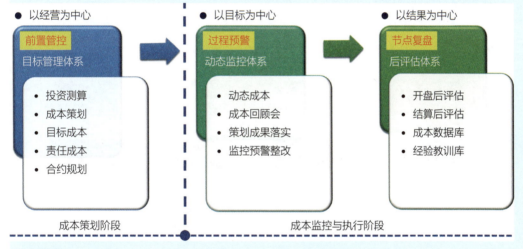

图 10-1-3
碧桂园成本管理的三部分（来源：百锐学堂）

从上图中的成本策划阶段可以看出，成本策划的重要作用如下。

（1）明确经营目标，即目标利润、目标成本

一般项目在不同的阶段有不同的目标成本和目标利润。在拿地阶段，会设定投资版的目标成本和目标利润，通常作为底线考核的依据。而项目拿地后，通常会用投资版本的目标成本来指导设计方案的确定，以确保设计方案能满足投资的底线要求。方案确定后，项目合约规划之前的目标成本和目标利润通常称为方案版本的目标成本。这个通常会作为成本考核的依据。

碧桂园方案版本的目标成本就是公司内部成就双享的依据。其编制流程如图 10-1-4 所示。

第 10 章　项目成本策划　401

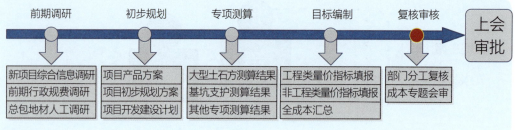

图 10-1-4
碧桂园方案版本目标成本编制流程（来源：百锐学堂）

（2）制定管控方案，即制定风险评估及预控方案

在各阶段制定成本管理的具体方案与措施。例如，在合约规划阶段，招标控制金额在目标成本基础上预留签证变更的成本余地。在确定合约标底时看一下是否超过目标成本，在确定合约中标单位时再核查目标成本的可控程度。又如，在签证变更过程中，需及时确认责任及金额，专项管理定期汇总，及时更新监控动态成本等。

对于标准化程度比较高的标杆企业，这些预控方案通常以公司制度、指引、模板等各种形式出现，以方便执行。例如碧桂园有健全的体系、规范的制度、层层的制约来保障项目目标的达成，如图10-1-5所示。

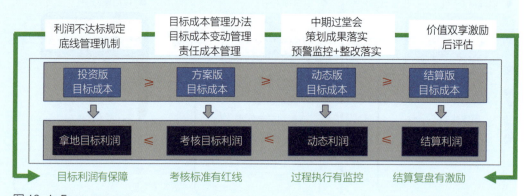

图 10-1-5
碧桂园主要成本制度与考核原则（来源：百锐学堂）

（3）清晰管控责任，即责任成本

责任成本不但要分解到责任部门，还要到责任人，确定主承责人，确定配合责任。

成本策划的核心是：成本适配、匹配定位、合约规划、目标成本分解与责任成本。成本策划的最终目标是实现项目利润最大化。因此，成本策划不是解决如何省钱的问题，而是解决如何科学花钱的问题。

由于成本策划作用重大，因此碧桂园将成本策划会作为重大节点而纳入七前三后会议体系中，以公司大运营体系的一个重要环节来实现成本策划的作用。成本策划会的汇报分为两个方面，一个方面是由区域总裁向集团汇报目标成本及成本策划方案；另一个方面是由区域公司组织，并于开工前7天内与工程策划会一起合并召开。

在成本策划的责任上，区域总裁为成本策划的第一责任人，而项目总经理为项目的直接总责任人。成本策划由区域公司进行成本控制和组织实施。

10.2 成本策划的内容

标杆企业都制定了成本策划的模板,内容各不相同。

而在诸多企业中,碧桂园的成本策划是值得大家借鉴的,本节以碧桂园的成本策划为蓝本进行扩充。碧桂园成本策划模板中的内容分为四个部分。

① 第一部分是项目整体经营指标,即明确经营的目标。

② 第二部分是项目成本策划内容,即制定管控方案。

③ 第三部分是项目资金策划,包括项目股权结构、项目现金流策划和项目融资规划。

④ 第四部分是成本管控策略,即监控方案落地。

碧桂园成本策划的思维导图如图10-2-1所示。

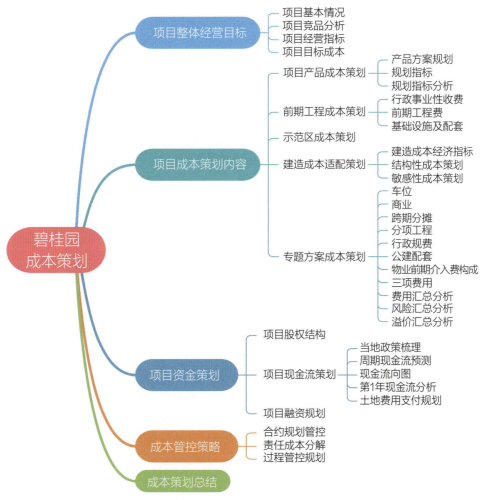

图10-2-1
碧桂园成本策划思维导图(来源:百锐学堂)

由成本策划的内容看出，成本策划包括了成本控制的重点，其中包括项目产品的策划、主要重点成本科目的策划、资金策划、合约规划、责任成本等。将成本管理工作做到这么细致，体现了碧桂园近年精细化管理的水平。

成本策划的部分内容在之前的专题策划中有所提及，此处不做重复。下面分析解构成本策划的重点内容。

10.2.1 项目经营指标

在本部分中，有三个重点。

（1）限额成本与限额设计的对标情况

限额成本和限额设计是很多公司成本控制的重点，因此在方案版目标成本中的一些关键性限额指标需要在成本策划中进行与公司限额的对标。

案例10-2-1

某项目限额成本与限额设计对标模板

表10-2-1是某项目限额成本与限额设计的对标模板，指标包括：可售比、窗地比、车库层高、单车位面积等。

表10-2-1　限额成本与限额设计对标模板，来源：百锐学堂

指标名称	集团限额	成本策划会
可售比		
窗地比		
车库层高		
非人防地库		
人防地库		
单车位面积		
建筑层高		

（2）投资版本目标成本与方案版本目标成本

通过对比看到经营指标中利润率变动的情况，分析销售收入和开发成本调整的原因，并列出期望的销售净利润率。

在经营指标的各业态权重及货值分析中，需要分析各业态的可售面积、可售单方、售价、净利率，以及特殊业态（底商、非人防地下室、人防地下室）货值占利润比。

在对比投资版本目标成本与方案版本目标成本变动的分析时，需要分析到一级科目成本变动的原因。

（3）标准成本对标

同样是一级科目的成本，将本项目实际数据与标准成本经验数据进行对比，进行差异的分析。

案例10-2-2

某项目标准成本对标及分析如表10-2-2所示。

表10-2-2 某项目标准成本对标及分析案例（来源：百锐学堂） 单位：万元

序号	科目	标准成本 A	XX项目 B	内部对标差异 A-B	差异分析
一	景观标准（单方）	600.00	730.00	-130.00	项目景观标准较高
二	基础设施费	511.95	539.00	-27.05	
1	供水	68.47	66.71	1.76	
2	供电	319.12	340.60	-21.48	项目内线单方偏低，现按市场信息调整
3	燃气	25.67	22.84	2.83	
4	弱电智能化	63.69	56.95	6.74	增加地库信号覆盖及电梯信号覆盖
5	其他	35.00	51.90	-16.90	配合售楼处施工保留较多泛光照明
三	配套设施费	67.57	79.24	-11.67	
四	开发间接费	94.90	85.44	9.46	
五	基本预备费	71.80	85.91	-14.11	

10.2.2 项目成本策划内容

项目成本策划的重点内容有以下几个大项：
① 项目产品成本策划；
② 前期工程成本策划；
③ 示范区成本策划；
④ 建造成本适配策划；
⑤ 专题方案成本策划。
下面分别进行介绍。

10.2.2.1 项目产品成本策划

项目的成本策划首先从项目产品入手，即通过产品投入结构的分析进行不同产品形态及方案调整，达到项目收益最大化的目的。

案例10-2-3

成都某地块拿地的合作共赢模式

成都某地块，当地某公司与中海一起竞标拿地，当地的公司只能举到50亿元，最终地块被中海地产以56亿元拿下后，做起了当地的创新户型，实现了产品的溢价，再加上中海的优秀成本控制，最终项目实现了较好的赢利。当地企业的领导感叹，如果他们也是56亿元拿下这块地，不一定能赚钱。

项目产品成本策划包括以下内容。

① 投资版本规划方案与方案版本规划方案的对比，如果进行了方案调整就要说明原因，以及调整后对销售收入、开发成本和利润率的影响，另外还需要说明装修溢价情况。

② 规划指标的跟进情况。通常碧桂园在三、四线城市都是以意向性投资为主，会检讨在拿地协议时列出的指标要求与项目实际指标的差距。

③ 各项主要规划指标对成本的影响分析，具体包括容积率成本方案、可售率指标、地下室成本方案。通过这个主要指标对成本的影响分析，会看到后期是否有优化空间以及采取的方案措施。

10.2.2.2 前期工程成本策划

（1）行政事业性收费

列出政府收费中必须缴纳的、政府可以减免的以及减免的法律文件、政府可以返还的，将费用的名称、金额、依据、最新情况列出，如图10-2-2所示。

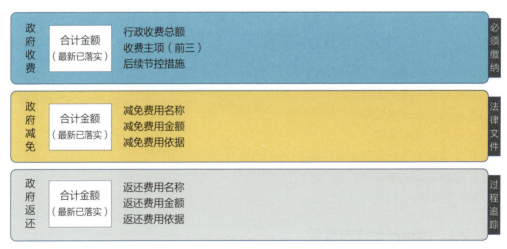

图10-2-2
政府收费政策清单及应对措施（来源：百锐学堂）

（2）前期工程费

前期工程费包括：三通（五通）工程、场地平整与土石方工程、临时设施、勘察测量、规划设计等。

（3）基础设施及配套

基础设施及配套包括政府出让土地时强制要求建设工程的内容及涉及金额，以及需要项目自行配建的支出。

10.2.2.3 示范区成本策划

示范区成本策划除了基本数据、配置标准、总成本之外，还有一个计划收入和盈亏分析。如果项目分期开发，则示范区的成本可能要分摊，在此也应有说明。

某项目示范区成本策划，如表10-2-3所示。

表10-2-3 示范区成本策划案例（来源：百锐学堂）

示范区项目名称	建造成本/元	配置标准/(元/m²)	总成本/元	计划收入/元	备注
综合楼硬装		4 800			
综合楼软装		5 000			
示范区别墅		4 000			
示范区洋房		4 000			
室内恒温泳池					
室外泳池		2 000			
室外园建		800			
室外绿化		600			
……					
示范区成本自负盈亏情况					
示范区成本后期分摊说明					

10.2.2.4 建造成本适配策划

因为之前在产品定位策划中已详细进行了成本适配的策划，所以此处只需要列出重点的建造标准单方数据，以及对标其他标杆及参考项目的建筑单方指标。

下面重点讲述与成本适配有关的三种成本，即按照客户的敏感度和成本的敏感度对成本进行分类，分为结构性成本、敏感性成本和功能性成本，如图10-2-3所示。

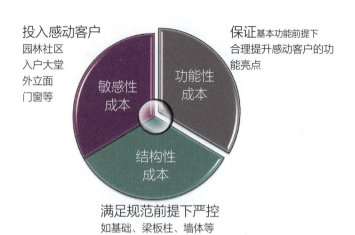

图 10-2-3
成本适配的三类成本划分（来源：百锐学堂）

（1）结构性成本

建筑在荷载受力、结构稳固等方面的功能主要靠结构性成本来实现，主要构件有桩基、墙、柱、梁、板等。结构性成本主要通过控制桩基形式、标准层钢筋含量、标准层混凝土含量、窗地比、架空层、结构转换层、标准层层高、地下室层高、地下车位平均面积、地下室钢筋含量、硬景面积比例等各方面的指标实现控制。

根据明源地产研究院提供的数据，如表10-2-4所示，对七个指标进行整体严控和优化，项目单方成本就可减少145～260元/m^2。如果按照开发量500万平方米计算，则可以降低成本约10亿元。

① 标准层钢筋含量：以普通高层住宅为例，通常钢筋含量每降低1kg/m^2，成本节约6元/m^2，所以在满足规范要求及结构安全的前提下，应选择合适的配筋率，既能避免钢筋含量不足导致的承载力欠缺，又能避免超筋带来的成本浪费。

② 标准层混凝土含量：混凝土含量每降低0.01m^3/m^2，成本节省约7元/m^2。

③ 窗地比：指门窗洞口面积与地面面积之比，窗地比越小越经济，一般普通住宅窗地比为0.22左右。通常窗地比降低0.01m^2/m^2，成本节约5元/m^2左右。

④ 地下室层高：地下室层高每降低0.1m，成本节约5元/m^2左右。

⑤ 地下室车位平均面积：每降低1m^2/个，成本节约12.5元/m^2。

⑥ 地下室钢筋含量：通常钢筋含量每降低1kg/m^2，成本节约1.2元/m^2。

⑦ 硬景面积比例：每降低1%，成本节约0.02元/m^2。

表 10-2-4　七大成本指标（来源：百锐学堂）

七大成本指标	指标改良	成本节约量
标准层钢筋含量	1kg/m^2	6元/m^2
标准层混凝土含量	0.01kg/m^2	7元/m^2
窗地比	0.01kg/m^2	5元/m^2
地下室层高	0.1m	5元/m^2
地下车位平均面积	1m^2/个	12.5元/m^2
地下室钢筋含量	1kg/m^2	1.2元/m^2
硬景面积比例	1%	0.02元/m^2

由于客户对结构性成本的支出不太敏感而极少关注，但结构性成本占到建安成本的45%～55%，对项目整体成本的影响非常大，因此顺理成章地成为房地产开发商最应关注的成本。对于结构性成本的要求，是在保障安全的前提下严控，严控的是无效成本，做到不浪费。

在前面章节对以上所涉及的七大指标做了一些案例对比和案例分析，例如对门窗的专题分析，对地下室车库的专题分析等。这里再补充一个桩基的说明，因为桩基的形式是十分重要的关注点。

桩基形式主要包括：冲孔桩、钻孔桩、旋挖桩、人工挖孔桩、沉管灌注桩、预应力管桩、CFG桩等。对于桩基选择，要把握以下三个关键。

① 本项目的地质情况适合哪几种桩型，不适合的再便宜也没用。

② 在适合的桩型中，在还没有设计之前，要知道这几种桩的造价，实在不行，就要设计与成本一起先做一些研究后，再确定桩基的形式。一般当地有经验的地质勘探设计院都会掌握这些信息。

③ 把握设计合理性的标准，一般是根据设计院提供桩的总反力与建筑总重量的比值，来判断其合理性。当然桩的反力通过试桩的结果会体现得更加经济合理。

（2）敏感性成本

敏感性成本是指客户比较关注，通常成本增加一点点，收益就大幅提升甚至有助于打造企业品牌的成本。这种成本称为投入感动客户的成本。敏感性成本的核心在于基于客户视角的"敏感"二字，将成本投放在客户愿意买单的地方，实现产品的溢价。对客户购买真正产生关键影响的成本约占总成本的20%。敏感性成本主要包括几下几部分：大堂精装，室内精装，铝合金门窗，外立面、入户门，室外景观以及电梯等。

某企业某项目对关键部位建造标准的指引标准，如图10-2-4所示。

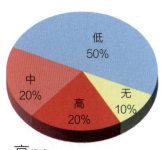

基于客户感知度的成本构成占比图

高代表：
客户可以明显接触和感受到，并对购买决策产生关键影响

客户关注点	建造标准
园林绿化	景观面积500元/m²
入户门	2 000元/樘
室内精装	1 200元/m²
铝合金门窗	粉末喷涂铝合金，单层白玻，380元/m²
大堂精装	1 500元/m²
电梯间精装	900元/m²
外墙	一层20%石材+30%面砖+50%真石漆，二层及以上真石漆
阳台栏杆	铝合金玻璃栏杆400元/m

图10-2-4
某项目对关键部位的建造标准（来源：百锐学堂）

由图10-2-4中的表格可知，园林绿化相对于园林自身单位面积的成本往往以百元计，但其相对于总建筑面积的单位成本只有十几元至几十元。从总造价来看，景观费用只占项目开发总成本的2%～3%，但其附属价值和效应可以用"四两拨千斤"来形容。

由于园林绿化工程具有十分好的价值工程投入产出比，因此很多标杆企业都对园林绿化十分重视，其中绿城的园林绿化研究更是到了十分高的水平，如图 10-2-5 所示。

图 10-2-5
绿城的园林绿化实景（来源：百锐学堂）

由于价值规律已是房地产业界普遍的共识，因此"好钢用在刀刃上"变成了业界的普遍共识。为使好钢用在刀刃上，就要对每一种方案和选项进行价值评估，然后进行敏感度排序，就会得到此项目房地产的刀刃区。

作者的思考是：能在房地产刀刃区域排第一的是园林绿化，而刀刃区域的重点是刀尖，在房地产中就是园林绿化的大门，也可以更广泛地认为是小区的大门、楼单元的大门、电梯厅和入户大门。

在中国传统建筑中，徽派建筑是典型代表之一。徽派建筑有一句非常有名的说法，叫做"千两银子七百门，无宅不雕花"。意思就是如果盖一栋房子要花一千两银子，则花在门上的成本就是七百两银子，而且这些钱用在门的雕刻上。由此可以看出大门的重要性。

那么门的重要性又是如何落实的呢？下面举几个案例分析说明。

中海某项目园林营销

中海曾在其官方微信上发布一篇题名为"一座中海园林，惊艳了整个江南"的文章，里面引用《黄帝宅经》曾记载的"宅以门户为冠带"，九唐·酌月在宅门材质的选择上，不惜花费重金从缅甸进购大批金丝柚原木（金丝柚木生长于东南亚热带雨林，从生长到成材需要经历 50 年以上）。而且，如此珍贵的材料交由非遗传人"香山帮"精雕细作，将"家风"刻画于"门风"之内。项目采用了"随墙门、垂花门、将军门"三种形制，其中，精巧的垂花门指的是上檐柱不落地，而是悬于中柱穿枋中，柱上有花瓣莲叶等华丽的木雕，一般为书香门第、家境殷实的人家所用。

中海的园林从宅门重点入手，体现出中海对"门"的客户敏感点把握得到位。另外，园林绿化的最高境界是艺术和文化，而采用非遗传人在珍贵的木料上精雕细作，就体现出了艺术和文化的价值。中海这个项目的产品定位、营销策略都是值得称赞的案例。

万科项目入口经验分享

万科通过总结过往项目入口的多个成功经验，系统总结出项目入口序列的十大内容，通过入口的体系化设计，清晰表达出了项目的品质、客户属性、社区规模、产品特色等特质：

① 引导空间序列（市政道路包装）；
② 车行流线设计（含指示及人员管理）；
③ 人行流线设计（同上）；
④ 大门形象（特色、品质感）；
⑤ 入口对景设计（强化特色）；
⑥ 整体绿化（突出价值感）；
⑦ 项目标识设置（突出特点）；
⑧ 灯光效果（考虑晚间宣传和夜景）；
⑨ 社区围墙（强化品质感和安全性）；
⑩ 物业管理设置完善性和创新性。

万科根据入口的研究形成公司标准化的体系，例如以下入口面宽的设计要求为28m、入口的进深要求为70m，如图10-2-6所示。

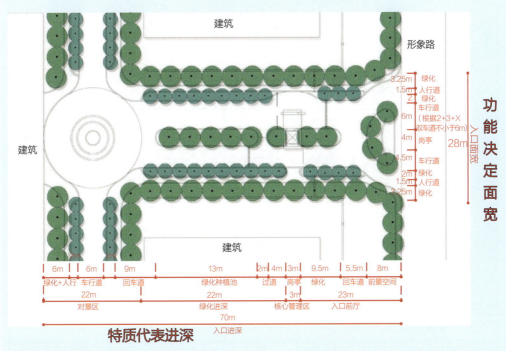

图10-2-6
万科入口设计模板案例（来源：百锐学堂）

回到项目成本策划,基于上述的敏感性成本分析,会在项目的成本策划中着重策划敏感性成本指标和重点内容。

案例10-2-7

某项目敏感性成本指标清单,如表10-2-5所示。

表10-2-5 某项目敏感性成本指标清单(来源:百锐学堂)

敏感性指标		计算依据	高层洋房		底商	
			成本标准/(元/m²)	配置标准	成本标准/(元/m²)	配置标准
货量区景观园林	园建	园建面积	500			
	绿化	绿化面积	555			
公共部位装修	入户大堂	大堂面积	5 000			
	楼梯间	楼梯间面积	350			
	电梯间	电梯间面积	2 000			
	电梯轿厢	电梯轿厢面积	30 000			
外墙装修	外墙干挂石材	外墙干挂石材面积	750		750	
	外墙幕墙	外墙幕墙面积	1 000			
	外墙块料	外墙块料面积				
	外墙涂料	外墙涂料面积	100			
门窗工程	外墙门窗	外墙门窗面积	550		550	
	入户门	入户门面积	5 500			
	防火门及防火卷帘门	防火门及防火卷帘门面积	800			
	单元门	单元门面积	7 200			
	装饰百叶	装饰百叶面积				
电梯		台	420 000			
智能化		户	5 000			
室内精装修		装修面积	700			

（3）功能性成本

功能性成本是指满足业主功能需要的设施投入，例如车辆自动识别系统、保安系统、入户门、健身跑道、健身器材等。

对于功能性成本的投入，更多强调它的合理性。对于基本功能之外的附加功能而言，如果它还属于敏感性成本，则可形成销售卖点，增加产品附加值并支撑销售溢价及快速去化，同时还能产生品牌效应，提高成本回报。因此，在保证基本功能的前提下，合理提升感动客户的功能点，是项目应该考虑的。

例如，在客户入户的玄关处增加一些小挂钩、换鞋时的座位、洗手盆、总开关电源键、USB插座等，尽管投入并不多，却方便了住户的日常生活。这个成本就是功能性成本，是值得投入的。

随着新型冠状病毒的传播对社会造成深远影响，大家对住宅的健康要求会越来越高，于是与健康有关的功能性成本的投入就会兼具客户敏感性成本的功能。因此很多企业为此做了大量研究和改进，也做了很多投入，很有价值。

在园林绿化的植物种类中，适当增加康体保健植物的数量，对客户是一种特别的健康关爱，也是项目的销售卖点。

龙湖采用康体保健植物的良好做法

龙湖甄选罗汉松、海桐、水杉等具有愈疗复健功能的植物进行配置，在老人、儿童活动区进行种植。树木的气体挥发物中的芳香醛会使空气中负氧离子增加，调节人体神经系统的功能，并具有强身健体和理疗的作用。

10.2.2.5 专题方案成本策划

专题方案的成本策划会根据公司的重点和项目的重点进行专题选择。例如三、四线城市的地下室车位对成本十分敏感，因此需要做一个专题方案。又比如某项目的商业可能对项目的成败起关键作用，因此也需要做一个商业的专题方案。

在碧桂园专题方案成本策划中，会有一些重点，比如"地上、地下、红线内、红线外"的特别项目等。具体到成本策划书的内容方面，规定以下专题为必须分析项。

（1）桩基选型

根据地质勘察资料进行桩基选型和方案优化，最后得出多方案比选的结果。

某项目桩基多方案比选的良好做法，如表10-2-6所示。

表10-2-6　某项目桩基选型多方案比选（来源：百锐学堂）

方案	旋挖桩方案			预应力管桩		
	洋房	底商	非人防地下室	洋房	底商	非人防地下室
建筑面积/m²	134 267	3 967	33 375	134 267	3 967	33 375
单方造价/（元/m²）	210	172	405	89	368	422
造价/万元	2 820	68	1 351	1 198	145	1 409
造价/万元	4 239			2 753		
优化金额	共计：1 486万元；可售单方造价减少86.93元/m²					

（2）土方竖向论证

对土方进行竖向标高认证，最大化利用地形地貌的特点，考虑挡土墙、道路、地下室挖土深度等各种因素，多方案比选，最后得出优化后的方案。

某项目土方优化的良好做法

某项目地块地形现场高差较大。原设计方案根据现状，考虑采用"双排灌注桩+钢筋混凝土挡土墙"的挡土墙方案，南面挡土墙绝对标高为25.6m，与原总规图地面标高的高差达13m。项目优化整体外围标高后降低了挡土墙标高，采用了毛石挡土墙。优化后的地下室顶板比地面标高高出仅0.8m，为梁的高度。此次优化方案为土石方优化的成本达150万元。

（3）土石方平衡

某项目土石方平衡的良好做法

某项目对土石方平衡进行策划优化，形成方案总表如图10-2-7所示。

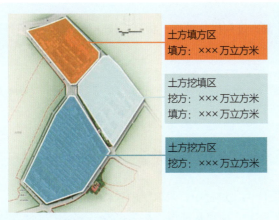

图 10-2-7
某项目土石方平衡优化（来源：百锐学堂）

（4）降水方案

对原设计的降水方案进行多方案比选和优化设计，将最后优化的结果与原设计进行对比，附图，并填入表格。

 案例10-2-12

某项目降水方案优化的良好做法

某项目对原设计的降水方案进行优化，节约了53万元的降水措施费成本支出，如图10-2-8所示。

图 10-2-8
某项目降水方案优化（来源：百锐学堂）

第10章 项目成本策划 **415**

（5）基坑支护

对原设计的基坑支护方案进行多方案比选和优化设计，将最后优化的结果与原设计进行对比，填入表格。

某项目基坑支护优化的良好做法

某项目二期地下室基坑支护，在设计优化过程中，采取了两项优化措施：

① 将地下室部分室外正负零提高了1m，项目基坑周长约为658m，考虑按1∶1放坡计，基坑支护中的喷射混凝土工程量减少了约1 000m²；

② 将原有4m基坑更改为3m，免去了深基坑专家论证的费用和时间。合计优化约13万元，如表10-2-7所示。

表10-2-7　某项目基坑支护优化（来源：百锐学堂）

序号	优化项目	原设计 工程量	优化后 工程量	减少 工程量	综合单价	优化成本
1	支护方案-喷射混凝土（60mm厚t）	4 700m²	3 700m²	1 000m²	80元/m²	80 000元
2	深基坑专家论证费用	1项	无需论证	—	—	50 000元
合计优化						130 000元

除了以上五项，专题方案成本策划必须分析的项目还包括红线外景观、红线外大市政（供水）、红线外大市政（供电）、红线外大市政（供暖）、红线外大市政（燃气工程）、红线内供暖等方面。本书不再一一展开。

除了以上专题方案评估外，还有两个管理的亮点。

① 风险汇总分析。很多公司都在做，有简单也有复杂。个人的看法是，只要重点的风险能识别得到、分析得到、把握得到，就是一个优秀的风险管理，形式上并不重要。

② 溢价汇总分析。在进行溢价汇总分析时，不但要评估支出的金额，还要评估溢价的效果。这个溢价的效果估算是很有难度的，也是很容易引起争议的地方。例如，在原来建造标准的基础上，提升了100元/m²标准的园林绿化水平，根据作者之前说的中海地产的1∶5的价值比例，至少提价500元/m²，结果销售形式非常好，一售而空。对于这样的情况，可能要反思，这个1∶5不一定对，（1∶10）～（1∶15）也可以，也就是提价1 000～1 500元/m²也会销售形势非常好；也可能不用提升100元/m²标准的园林绿化，而直接提价500～1 500元/m²也会销售一空。这个问题在学界叫"合成逻辑错误"。就是因和果有可能不是强相关的，可能导致结果的原因是多个方面，个人认为的原因并不是导致结果的主因。无论有什么争议，总归还是有方法解决的。这个方法叫做专家共识的群体决策中的德尔菲技术。例如，有十个房地产业内的专家坐在不同的地方对同一个问题打分，最后得出一个相对有共识的溢价数值。

10.2.3 项目资金策划

项目资金策划是会深刻影响成本的，对有些项目的生死存亡甚至是关键的、致命的。近几年有些个别的公司由于集团资金链断裂，导致十分优异的个别项目陷于停滞状态，令人感叹。另外项目使用资金的时间、额度不同，支出资金的时间不同，也造成项目的资金利润有时相差比较大，因此项目开始前就做好项目资金策划是十分重要的一环。

项目资金策划包括项目股权架构、项目现金流策划和项目融资规划这三个方面。

（1）项目股权架构

项目的股权架构设置一般会影响出资比例、管理权限、利润分配等多个方面。

近年来，为了减少拿地竞争，联合拿地后联合操盘导致很多项目股权结构不再是单一股东的情况比较多。另外在收并购项目中，也会出现股权架构的相关复杂情况，因此有必要厘清项目的股权架构情况。

另外，一些企业由于成就双享的实施，在项目股权架构中会有员工持股的股权存在，列出股权架构也有利于厘清其在项目股权中所占的比例。

（2）项目现金流策划

项目现金流策划分为以下几个方面。

① 梳理清楚当地政策，主要是预售资金监管政策梳理，以及银行按揭、放款的条件和流程，还有公积金贷款的当地政策执行情况。

② 项目周期现金流支出、收入及借贷预测表。

③ 现金流量图。

④ 第一年现金流分析。要求按月、按各现金流项目进行分析。

⑤ 土地费用支付规划，列出土地支付次数、每次支付金额和支付日期，以及支付税费等情况。

（3）项目融资规划

项目融资规划要注意两个问题，第一是买地前融阶段的钱从哪里来；第二是买地后的经营性贷款，一般有开发贷、股权融资等形式。

10.2.4 成本管控策略

成本管控策略分为三个部分，分别是合约规划管控、责任成本分解、过程管控规划。

之前有专门的章节论述合约规划，此处在成本策划中的合约规划只要求列示主体建筑安装工程，完整版合约规划以 Excel 表格插件形式放入成本策划中。

在责任成本分解中，责任成本分解到成本细项层级，列出责任部门和直接责任人，并以表格形式展示。

在过程管控规划中，将项目前期、中期、后期的重要节点进行时间界定和责任主体的分工，以方便进行后续跟进。

最后一项就是成本策划的总结。即成本策划前后，对比投资版在目标成本上的差异列出表格，并且列出方案版本的目标成本期望，作为过程成本管理的基本准备。表格范例如表 10-2-8 所示。

表 10-2-8　各版本目标成本差异汇总表（来源：百锐学堂）

版本	总成本/万元	总收入/万元	净利润总额/万元	净利润率/%
投资版-目标成本				
策划版-目标成本				
差异（策划成果）				
方案版-目标成本（期望值）				

10.2.5　成本策划的主要成果

成本策划要达成的主要成果包括以下几方面：
① 确定经营目标；
② 明确目标成本；
③ 交底产品方案；
④ 交底规划方案；
⑤ 明确项目适用建造标准；
⑥ 明确项目适用结构指标；
⑦ 明确项目重要成本方案；
⑧ 预控项目重大风险；
⑨ 落实责任成本。

10.3 成本策划的动态监控

成本策划分为三个部分，前面重点讲了第一个部分，即以成本策划会为成果的前置管控，本节重点讲述过程的预警，即动态监控体系，如图 10-3-1 所示。

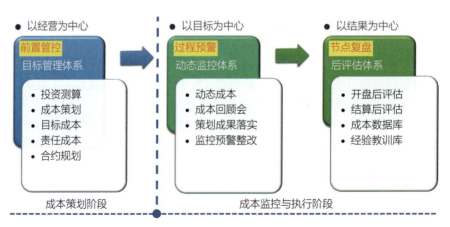

图 10-3-1
成本动态监控体系（来源：百锐学堂）

10.3.1 碧桂园动态成本的良好做法

关于动态成本控制,碧桂园总结了以目标为中心的动态监控体系,具体分为施工前、过程中、结算前,如图10-3-2所示。

图 10-3-2
碧桂园动态成本管控三大节点(来源:百锐学堂)

10.3.1.1 施工前

施工前的主要成本控制工作是对标目标成本、做实成本测算、锁定前期风险。在对标方面的重点是图纸方案对标、预算指标对标、招标范围对标。在成本风险关注点方面,对于地质条件、正负零以下部分的桩基、土石方开挖、基坑支护、地下室,以及挡墙护坡、重大效果类进行重点分析。

施工前有一个重要的动态控制动作,就是在招采过程中的目标管理,碧桂园将其简称为"两个回头看"。

① 第一个回头看,是在发标时看标底是否超目标成本,如果不超,会正常推进流程,推进工作重心到下一步。如果标底超过了目标成本,又分为两种情况,第一种情况是,时间可争取,就要即时组织人员进行优化;第二种情况是,时间不可争取,则要提前进行超支预警,在发标的过程中进行风险应对。

② 第二个回头看,是在定标时看合约成本是否超规划控制金额。也是分为两种情况,如果不超控制成本金额,会正常推进流程,正常发出中标通知书和正式签约。如果中标价超过了控制成本金额,也分为两种情况,第一种情况是有空间可争取优化设计和改善措施,组织优化后再行定标;第二种情况是无优化空间可争取,则需要制定管控的应对方案,如图10-3-3所示。

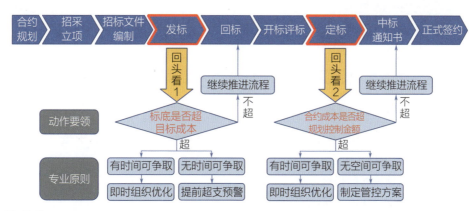

图 10-3-3
碧桂园的两个回头看(来源:百锐学堂)

某项目的泛光照明工程"回头看"

某项目的泛光照明工程,为助力营销采取了升级设计,在标前的标底编制过程中发现,预计超支30万元。于是针对标前测算的结果,采取线路优化和减少灯具等措施,在保持差不多效果的同时进行优化,优化后预计节余达70万元。此案例给大家如下启示。

① 目标管理:效果提升会带来成本增加,成本控制不是只能追加成本,通过主动发挥专业的作用降低成本才是最好的方法。

② 标前测算:有效地用好标前测算,先测后动,主动前置寻找优化空间,提升效果,助力经营。

南通某项目供水工程成本风险预警与解除案例

项目一期供水的目标成本为571万元。预签约时的合约金额显示,动态成本为594万元,且合约约定为按实际结算。于是"回头看",进行风险预警:①预签约金额594万元>571万元;②开口合同,结算易超合约暂定金额。

问题处理与预警解除措施:

① 发现问题,在ERP审批流程发起预警;

② 项目团队快速呼应,召集相关部门进行方案优化;

③ 最终结果为合约总价488万元<571万元,488万元为总价包干,规避开口合同风险。

南通某项目园林绿化工程成本风险预警与解除案例

项目一期示范区园林绿化工程的目标成本为1 956万元。定标时的合约金额显示,动态成本为1 978.8万元,其中合约列出示范区绿化面积为32 980m^2。于是"回头看",进行风险预警:1 978.8万元>1 956万元。

问题处理与预警解除措施:

① 区域发现问题后,发起动态成本预警;

② 项目团队快速响应,进行方案优化,复核园林绿化工作量;

③ 最终结果为合约总价1 200万元＜1 956万元，为项目额外创造了756万元的利润，其中园林绿化面积减少到21 000m²，减少了34%以上。

10.3.1.2 过程中

过程中控制动态成本，主要是通过指标分解、责任到人、动态准确的预测、发现问题及时预警等方法和措施，达到动态成本不超目标成本的目的。

重点的注意事项有：专人管控，控制方案落地的偏差，关键节点数据的体检，超支预警，控制签证变更。还要关注风险点的落地情况，如示范区和红线外的政府配套落地情况，政府优惠减免政策的落地情况，以及大市政、内外公装标准、景观环境是否适配及有优化的空间。

某项目成本超支预警控制

某项目主体建筑安装工程，已经发生了66.9%，动态成本报表显示偏差率为0，规划余量也为0。于是怀疑已发生成本没有及时更新，未准确预估签证变更。最后经过逐级排查和梳理，实现了动态成本的数据准确，结果发现建筑安装成本已超支6.6%，总成本超支2.88%。然后发布预警，并采取了控制措施。

过程管控的核心工具就是动态成本的月报，要及时更新动态成本，就能做到及时超支报警和控制动态超支节余。

碧桂园动态成本管控的"136"，如图10-3-4所示。

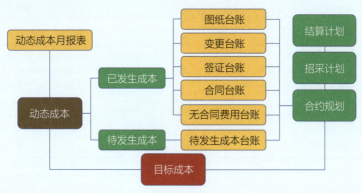

图10-3-4
碧桂园动态成本管控（来源：百锐学堂）

碧桂园除了动态成本月报这一大报表之外，还总结了动态成本管控的"136"。
① 1大报表：动态成本月报表。
② 3大计划：合约规划、招采计划、结算计划。
③ 6大台账：合同台账、签证台账、变更台账、无合同费用台账、待发生成本台账、图纸台账。

10.3.1.3 结算前

结算前的重点工作总结为：指标分析、提前预估结算；履约管理、控制签证变更；知己知彼、主动应对索赔。

到了结算阶段，可操作的空间十分有限，因此结算前的重点工作，其实是通过准确及时的动态成本，及时发现问题和风险，实施超支预警的措施。只有及时反馈了成本超支节余情况，准确预估结算才能成为可能。

案例10-3-6

竣工结算周期与结算上浮率的相关性研究

有人做了330份已竣工项目的统计发现一个结论，就是结算周期拖得越长，结算上浮越大，如表10-3-1所示。可能有人会说，容易买的都是争执本来就少的，结算起来容易，肯定结算上浮有限。而本来复杂的变更索赔，需要时间去解决，才导致周期延长和结算上浮较多。我们不得不说，可能结算的难易程度与结算周期和结算上浮率有一定关系，但不能否认，结算周期越长，结算上浮越大的事实。

表10-3-1 某公司结算周期与结算上浮相关性分析（来源：百锐学堂）

竣工备案情况	总份数	结算完成数	结算上浮情况（超合同）
已竣工	330	32	16.69%
其中：			
竣工时间不详	28	7	12.25%
已竣工1～6个月	81	0	-
已竣工7～12个月	90	1	7.75%
已竣工1～2年	89	10	14.49%
已竣工2年以上	42	14	22.10%

因此很多企业有强制规定，一定要按期结算，提前结算有奖励，拖后结算有惩罚措施。

某标杆企业对目标成本节余的奖罚措施

某标杆企业制定了目标成本管理办法。按照此办法的规定，对目标成本节余的奖励和超支的处罚都有具体的措施，做到奖罚分明合理，如表10-3-2所示。

表10-3-2 某标杆企业对目标成本节余的奖励与处罚措施（来源：百锐学堂）

目标成本节余奖励		目标成本超支处罚	
目标成本节余	奖励按节余总金额的比例	目标成本超支	处罚按超支总金额的比例
1%及以内	1%	1%及以内	1%
2%及以内	2%	2%及以内	2%
3%及以内	3%	3%及以内	3%
4%及以内	4%	4%及以内	4%
4%及以上	5%	4%及以上	5%
		5%及以上	同时对相关责任人问责

10.3.2 动态监控的两种做法

10.3.2.1 成本信息化管理

成本管理工作和成本专业的基础在于数据，对数据的要求是：理得清、预得准、控得住。如果没有准确及时的数据，一切皆为空谈。因此成本信息化管理体系的建设就首先解决了数据层面的问题，有了共享数据之后，数据的分析就有了基础，管理决策的依据就十分及时和充分，这个被称之为"数据挖掘"。另外信息化管理，使知识管理、知识共享成为成本管理的重要组成部分。

碧桂园信息化管理介绍

碧桂园随着企业的发展，成本信息化管理取得了长足进步。通过全成本管理理念的贯彻，将成本信息化的工作融入公司的信息化体系中。下面是碧桂园信息化管理建设的总览图，通过持续优化业务、信息、制度三合一综合管控平台，实现工作提效率、成本控得住的管理目标。在成本控制上，实现了全成本云平台，包括三大系统、14项子应用、三项专利技术，如图10-3-5所示。

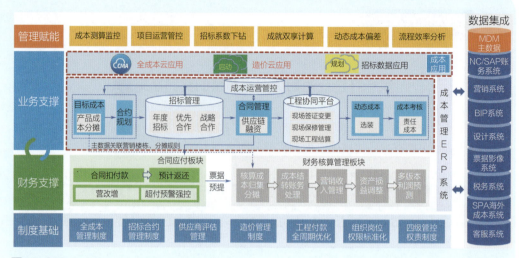

图 10-3-5
碧桂园成本信息化管理总览（来源：碧桂园官网）

通过成本信息化管理，很容易建立起成本数据采集和分析平台，其中包括各种指标库：产品经济指标库、产品技术指标库、行政事业性收费、建安工程库、四费库、敏感性指标库以及其他建造成本库。

通过信息化管理系统，支撑了投资拿地决策（3项子应用），支撑了经营管理决策（4项子应用），支撑了专业管理决策（4项子应用），支撑了一线动作规范（3项子应用）。其中，通过云应用、智能跟踪监控系统、监控策划成本的全面落实，从而最终保证经营目标达成。通过云应用，进行大数据体检，预警项目风险，促进专业管控及时到位。其中，通过云应用智能数据体检，对于各类问题进行精准打击，例如对项目动态成本月报的分析。

10.3.2.2 中海对目标成本超支的监控与预警机制

中海地产在动态成本监控过程中，有三个定期的成本监控制度，即：
① 地区公司每季度上报成本合约台账；
② 地区公司每季度召开项目成本分析会；
③ 区域公司每半年会同地区公司召开成本分析会。

对于建安成本超支预警及通报的要求如下：
① 对目标成本超支5%以上的项目进行橙色通报；
② 对目标成本超支2%~5%以上的项目进行黄色通报；
③ 对目标成本超支2%以内的项目进行蓝色通报；
④ 对动态成本接近目标成本（≤-1%）存在超支风险的项目进行预警。

中海地产除了以上超支预警外，还有一个对于区域成本绩效进行评比的红星和黄星的过程评价机制。红星代表做得好的正面奖励点，黄星代表做得不好的改进点。评价表格如表10-3-3所示。

表10-3-3 中海地产成本绩效评价（来源：百锐学堂）

序号	类型	发星标准	发星类型	发星数量
1	成本管理	成本报批阶段，申报金额准确合理，成本优化到位，资料提供及时完善，过程顺畅，在启动会、评审会前一次性完成审核	★	1
2		成本执行过程中不断提出优化建议，研讨优化措施，且落实到项目中，使成本合理节余（季度排名第一），对项目盈利起到了重要的作用	★	1
3		区域所辖地区，半年内申报的所有项目建安成本，审减额平均≤2%，区域积极主动参与项目成本优化	★	1
4		区域公司积极主动参与地区公司成本优化，并不断提出优化建议，且切实落实到项目中，使成本合理节余（季度排名第一），对项目盈利起到了重要作用	★	1
5		成本报批阶段，申报金额严重偏离（审减比例＞5%），成本未能有效控制，资料提供滞后且缺失，经多次沟通无实质效果	☆	1
6		建安成本出现严重的不合理结余（季度排名第一）或动态成本超启动评审会批复成本指标，视情况严重程度	☆	1
7		区域所辖地区，半年内申报的所有项目建安成本，审减比例平均＞5%；未能有效参与成本优化等工作	☆	1
1	招标管理	总包招标合理策划、过程顺畅、结果正常，定标时效满足全景计划要求且控制在15以内，有力助推项目发展	★	1
2		对全景计划监控不力，非合约因素使定标时间超过10天，未采取有效措施，无明显改观	☆	1
3		定标出现其中一种情况：①定标过程出现标序跳越，疑似串标等不合理现象，以致重新调整结论；②总包工程全景计划逾期，且施工图定稿到定标资料提交时间超过30天	☆	1

10.3.2.3 碧桂园对目标成本超支的监控与预警机制

碧桂园在动态成本控制中，提出项目成本管理的"234"要求。
① 2个基础：是基本素质，要求目标科学合理，动态及时准确。
② 3个要求：来发现问题，要求实时监控、及时预警、目标管理。
③ 4个步骤：来解决问题，要求前置测算、成本分析、优化比选、管控落地。

之前的一些案例表明，当发现成本超支时，是有很多办法解决问题的，有时偶尔的成本超支反而促使项目挖掘更好的优化方案，从而将坏事变成好事。以下是碧桂园成本超支后通过强控解除预警的途径，如图10-3-6所示。

（1）首选方案优化
通过多方案的比选找到品质不降或者品质下降不明显情况下能降低成本的方案。

（2）一级科目内调剂
当二级、三级、四级科目的成本出现超支后，无法通过方案优化将其消灭在本科目时，都可以申请在一级科目内进行调剂。碧桂园规定，一级科目单次调增金额1000万元以内，且累计调整幅度小于1%，由区域公司的成本管理部终审即可。若一级科目单次调增金额1000万元以上，或累计调整幅度超过总成本的1%，则由集团成本管理中心总经理终审或集团终审。

（3）符合制度的调整

规定以下四种情况是符合公司制度的调整：

① 因集团原因或集团审批通过的调整项目总体规划，导致成本变化的；
② 因国家或地方政策调整，造成项目成本变化的；
③ 因政府与合作方违约，造成项目成本变化的；
④ 非区域和项目原因，如停工缓建、合作模式变化，以及经集团确认的特殊情况等。

（4）不符合制度的追加

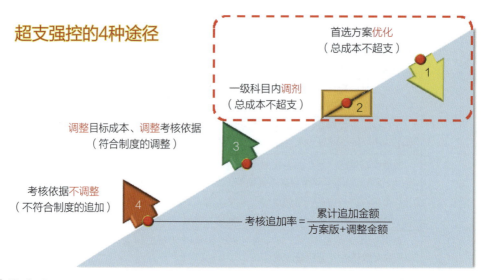

图 10-3-6
碧桂园成本超支的强控途径（来源：百锐学堂）

具体到实施动作上，碧桂园有一个开盘后评估的要求，在动态成本控制上的作用非常大。

某项目开盘后评估的成本差异分析

某项目开盘后评估的数据分析表明：预计项目总收入会下降3.49亿元，预计总成本超支1.26亿元，相应的利润率下降4.96%，下调幅度达55%。如表10-3-4所示。

表10-3-4　某项目开盘后评估目标成本差异分析（来源：百锐学堂）

成本阶段	可售面积/m²	预计总收入/万元	总开发成本/万元	总利润/万元	利润率
拿地版目标成本	380 427	301 534	231 335	26 861	8.91%
调整版目标成本	368 537	266 640	243 940	10 541	3.95%
差额	−11 890	−34 894	12 605	−16 320	−4.96%

经过分析，发现收入下降的原因如下：

① 拿地时对市场预估偏乐观；

② 产品没有实现溢价；

③ 可售面积减少11 890m^2，约合3%的可售面积。

而对于成本超支的原因，分析如下。

① 项目前期定位不严谨，导致后期方案调整，致总成本上升3 891万元，可售单方上升105.58元/m^2。主要表现是：原方案是3m层高的平层公寓，在方案版本调整为5.5m层高的Loft公寓；原方案的洋房装修标准为600元/m^2，后提升为740元/m^2；园林绿化标准由280元/m^2大幅度提升到454元/m^2。

② 不确定因素测算缺漏导致总成本上升7 752万元，可售单方上升210.35元/m^2。具体表现在，对于基础工程，由于地质勘探不及时不准确，造成桩基工程在目标成本评估时乐观地取值为150元/m^2，正式勘探后发现地质情况很差，导致桩基成本增加到350元/m^2。除了桩基工程，对临时板房、围板广告包装等临时设施成本估计不足，增加费用为334万元。

③ 地方政策调研不准确，导致实际成本上升4 744万元，可售单方上升128.73元/m^2。具体表现为：拆迁补偿方面，拿地时条件是净地交付，实际没有净地交付，增加了拆迁补偿和耕地占用税；人防工程方面，目标成本测算时按照缴纳异地建设费，实际上是不可行的，只能自建人防；门窗工程方面，目标成本测算时按普通铝合金门窗考虑，而实际情况是，当地政策强制要求做断桥隔热门窗，导致仅这一个方面的差距就达1 574万元；市政配套方面，目标成本中未考虑供水、供电的设计费，且未考虑配电房设施建设费和运营维护费。

④ 红线外需沿河建造园林绿化，在方案阶段没有明确，也没有在目标成本中列支，造成成本疏漏，直接导致总成本上升332万元，可售单方上升9元/m^2。

10.3.2.4 标杆企业动态成本对标

百锐研究院有一套申请专利的对标体系，包括6个核心财务指标、14个运营指标、27个项目管理指标、5个满意度指标、11个策划营销指标、13个设计指标、12个采购合同指标、12个成本指标、13个工程管理指标、15个人力行政管理指标、21个团队管理状态指标等。其中直接涉及动态成本的对标指标共有7个，如表10-3-5所示。

表10-3-5　百锐动态成本对标指标（来源：百锐学堂）

序号	指标名称	行业标杆指标	填表说明
1	目标成本偏差率（追加率）	5%	目标成本变动率=（项目结算实际成本－项目目标成本）/项目目标成本。有公司细化出目标成本追加率，并将其作为成本管控考核指标，其实质与目标成本变动率是一样的，只是考核指标值时需要衡量可实现度以达抓两头带中间的效果
2	设计变更率	1%～3%	设计变更率=因设计变更引起的成本增加额/项目工程合同结算总额
3	现场签证率	1%～2%	现场签证率=因现场签证引起的成本增加额/项目工程合同结算总额

续表

序号	指标名称	行业标杆指标	填表说明
4	建安成本动态控制一月一清	100%	建安成本动态控制一月一清：建安成本每月都可以做到一月一清，管理层能够每月动态准确地了解建安成本变化情况或可能会发生的变化
5	补充预算一单一算率	100%	补充预算一单一算率：补充预算一单一算的比例
6	补充预算按合同编流水号率	100%	补充预算按合同编流水号率：补充预算按合同编流水号，避免出现漏算或重算
7	现场签证与设计变更绝对金额	37元/m²	此费用均摊到结算建筑面积上

除了动态成本对标，其他的合约、招采、设计等各个指标会直接影响动态成本并对动态成本指标产生影响，建议在对标时一起考虑。

通过与标杆企业的相关指标对标，就可以找到其中的差距，从而侧面帮助发现动态成本管理乃至项目管理中的一些问题。

10.4 动态成本控制的"一月一清"专题

相信很多公司的管理制度里都会有建安成本动态控制的"一月一清"制度，以便管理层能够每月动态准确地了解建安成本变化情况或者可能会发生的变化。试问一下，我们绝大部分公司实际执行得如何呢？为什么大多不理想？如何才能做得更好些呢？

首先必须承认，真正做到"一月一清"确实比较难，因为表面看起来是能否做到"一月一清"的动作，而实质上，"一月一清"管理动作的本质是减少和避免签证。因此，如何做好签证工作这样的表面问题，在真正管理者思想中变成首先要规范签证的问题。"一月一清"动作只是规范签证的其中一个点，解决问题的最高境界是避免签证，如图10-4-1所示。

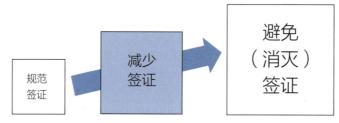

图10-4-1
现场签证管理思路（来源：百锐学堂）

10.4.1 认识签证、变更、索赔

现场签证单、工程洽商联系函、工程签证单、现场确认单、设计变更通知书、工程变更、工程签证单、工程量确认单、工作联系函（单）、工程指令、会签单……这些名词您分得清吗？其实，回归到国内、国际上的合约条款，关于原合约以外的增加工程项目，并没有这么多的名词，只有变更和索赔。业主和施工方只同意变更和索赔，其他的都是过程文件，可能是变更和索赔的一部分，只是由于业主和施工方的立场角度不同，业主一般会否认是变更，也会认为索赔（可能不用"索赔"这个词，但表达索赔的实质）没有依据，而施工方肯定想方设法争取变更和索赔。

那怎么又多了一个签证出来？作者个人看法，这是对签证的滥用，滥用到原合约的工程量确认也需要用签证了，本来是变更和索赔，却绕开变更和索赔这些敏感的说法，变成签证。

为什么目前的签证是滥用呢？因为涉及签证的本质，签证签的是记录，准确地讲是工作日记，或者叫工作日志，工作日记需要大家一致认可吗？需要涉及额外的费用吗？大家觉得没有这么重要，也不一定额外产生费用，工作日记记录的内容可以是人、材、机，也可以是一个状态，一些当时的数据等，本身不应该涉及造价。

作者在香港工作多年，亲历过香港的合约管理，发现香港的合约管理有以下几个特点。

① 很早实行工程量清单，合约体系非常完善，社会的合约意识和合约精神非常好，工作记录也非常齐全，这是一个大前提。

② 当发现有可能构成一个变更和一个索赔时，施工方会提出PVO或者RVO，意思是建议的变更，当业主认为有道理时，就会用正式的变更来代替，否则一直是建议的变更。

③ 上述所提的建议的变更，在数量方面，绝大部分是根据图纸测算的工程量，较少是工作记录，实在不行了才是工作记录，而代工一定是工作记录，赶工费大部分是工作记录；价格方面，绝大部分是从原合约单价拆出来再重新组价，极少是全新的单价，除非原合约没有参考单价，极少根据工作记录的实际资源来做变更的评估。

④ 索赔中涉及损失的会比较多用到工作记录，但只是工作日记，而不是签证。

应该说，在香港还是有所谓签证的，这个签证没有图纸的依据，基本上是合同价款之外的费用补偿，"合同价款之外"意味着"合同外"，是管理不完善所致，是项目管理不到位产生额外费用的代名词，很可能是无效成本，是可以通过良好的管理避免的。尽管每个项目中签证都是不可避免的，但都力所能及地减少签证，因为签证多代表管理有问题，是很有压力的。

还有一点非常重要，就是签证的最终形式不是签证本身，可能是变更引起无效成本的记录，可能是索赔的记录。当不能通过变更反映费用时，可以通过索赔的形式来反映费用，而不是签证（现实中很多公司通过签证来做显得很乱）。因此所谓签证其实就是变更，最终签证只是签署了一个记录而已，不会独立存在，会变成变更。当然，有些签证也会是索赔，但是索赔在绝大部分情况下也会成为变更。因此，这里做统一，签证的最终形式是变更。这从某公司工程变更价款的定义中可以看出："由设计变更、工程指令（包含设计变更或工程指令引起的相应签证）以及单纯发生的签证等引起的相关价款统称为工程变更价款。"因此前文提出要消灭签证、避免签证，就是这个道理。

原合约内的工程，涉及确定合约内的工作量。有些公司为避免争执，习惯用签证的形式来确认工程量，作者觉得这是滥用签证的最直接表现。如下案例所示某签证单，重新出图，其实是原合约工程中钢筋、混凝土的数量重新计算，不应该办理签证。

案例10-4-1

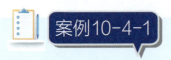

某项目的不合理签证

某项目在签证变量单中，列出签证的原因：X花园6#地块垃圾房的设计重新出图需办理签证，暂估费用为：116 839.9元（其中土建92 050.84元，安装24 789.06元），如图10-4-2所示。

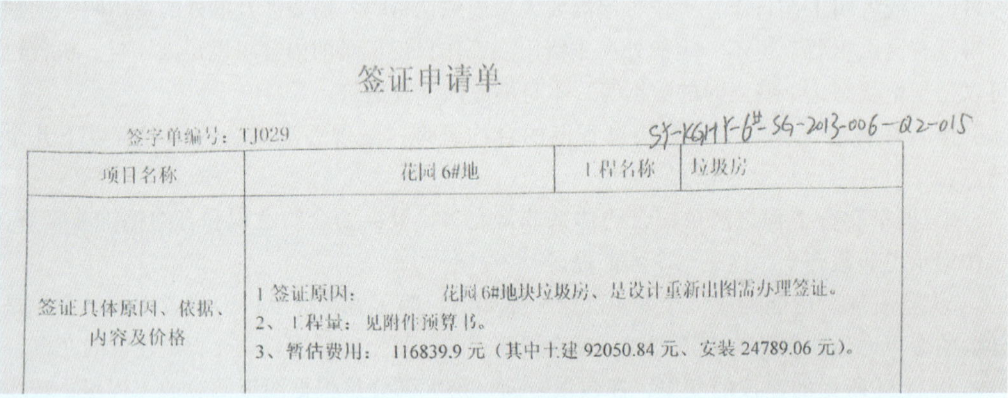

签证申请单

签字单编号：TJ029　　SY-KGHY-6#-SG-2013-006-Q2-015

项目名称	花园6#地	工程名称	垃圾房
签证具体原因、依据、内容及价格	1 签证原因：　花园6#地块垃圾房、是设计重新出图需办理签证。 2、工程量：见附件预算书。 3、暂估费用：116839.9元（其中土建92050.84元、安装24789.06元）。		

图10-4-2
某项目的不合理签证（来源：百锐学堂）

办理签证的理由是设计重新出图，这个原因肯定是值得商榷的。经查重新出图只是改变了垃圾房的结构，只需要在原合同内重新计量即可。发生这样的问题不是偶然，也不是某个同事或某个承建商故意的行为，原因是大家还不清楚什么是签证。因此，要区别工程量确认单和工程签证。原合约内工程的计量文件，称作工程量确认单，应由合约部门主责，只是一个记录，只需要根据图纸或者甲乙双方在现场确认签字或者双方的测量人员在测量数据上签字即可，没有上升到签证的形式，更不会涉及在签证单上谈价钱。而且，就算是签字了，也未必一定按签字的去评估，因为一定是能用图纸计算的就计算，能量化的就量化，尽量不要用记录的形式实报实销地评估。

首先，签证最终是变更，原合约内工程不是单价的变更，只是工程量清单合同中，数量在投标中是不确定的，不应采用变更形式。

其次就算是隐蔽工程，也一定是要提供最新的图纸，或者实际的测量数据，然后辅助以照片，而不是直接写一个数据，让别人在这个数据上确认。

因此，作者提出，就算签证，只能签记录，签完整的与事实一致的证据，并且要让认价工作远离现场，以免滥用签证，造成管理的疏漏。

10.4.2 引起签证、变更的原因及应对

前面讲到，签证的最终形式是变更（绝大部分索赔也会以变更的形式解决），因此，分析签证的原因，也是分析变更的原因。

变更指工程变更。一般公司在工程变更通知单中，将变更分为4大类，分别是设计类、现场施工类、营销类、物业类。而大部分变更都会通过设计变更来实现，因此很多人认为工程变更就是设计变更，其实是不对的。仔细分析签证变更的发生，会发现是比较多的原因引起的，分析得越细，应对的措施越有针对性。

10.4.2.1 设计变更原因引起的设计变更签证

设计变更是对原工程设计中不合理或错误的内容，根据现场实际情况进行变动或完善而改变原设计。设计变更是引起现场签证的主要原因之一。

设计变更又可分为业主角度的设计变更和施工方角度的设计变更。对业主来讲，设计变更是指自初步设计批准之日起至通过竣工验收正式交付使用之日止，对已批准的初步设计文件、技术设计文件或施工图设计文件所进行的修改、完善、优化等活动；对施工方来讲，设计变更是指自投标中标之日起所有与合同不同的设计文件、施工图设计文件。施工方角度的变更一定是业主的变更，而业主的变更不一定导致施工方的变更出现。很明显，签证变更属于施工方角度的变更。

明白了以上的角度分别，就可以知道，业主自身的变更和优化不一定会带来费用的增加和无效成本的增加，因此，从某种角度来看，设计变更不一定是大问题，应该鼓励良性的变更，就是按照价值规律来衡量。如果设计变更对项目的成本（包括衡量了可能的无效成本）、技术、进度、质量的综合效益比没有变更之前有较大的提升，就是一个受欢迎的变更，因此不能简单地将变更视为"洪水猛兽"。

设计变更的签证分为以下几种：
① 设计优化影响出图日期，进而影响施工进度；
② 设计错误未及时发现，引起返工；
③ 设计缺陷引起返工，增加成本；
④ 补充设计引起工作量增加；
⑤ 二次设计（如精装修等）引起原工作的返工或废弃；
⑥ 领导思路的变化、偏好引起营销变更，进而引起设计变更；
⑦ 客户需求发生变化，引起设计变更；
⑧ 市场竞争发生变化，提出设计变更；
⑨ 物业公司提出的设计变更，其实是从客户需求的角度以及日后运营维护的角度提出，等等。

万科的设计变更原因按照提出方归口归类如下：设计院、甲方设计部、甲方工程部、甲方销售部、甲方项目部、乙方、监理、客户、物业。这样的分类是为了方便对变更进行分析、管理，从而减少变更的发生。

为减少施工方角度的变更签证，就要从以下几个方面进行努力。
① 通过审图来规避变更。例如万科设置了初步设计图阶段和施工图阶段两步审图；内部封闭式单专业审图、多专业交互审图，外部专家审+施工单位审+监理审+物业咨询

顾问审，以内为主以外为辅；建立不同阶段审图的企业内部审图问题标准集，作为审核参照；特别强调总图、小区竖向图、景观设计图的分别和对应审图。与建筑单体相比，室外环境的可变因素更多，如室外景观设计的要求和评审标准不同、施工的季节不同、树形不同、种植后的养护不同、施工队伍水平不同等，因此设计变更是难免的。这些变更都会直接影响建设成本。为此，在室外管网开始施工前，要对总图、小区竖向图、景观设计图进行全面对应检查，根据单体与室外的标高、相对位置，重新审视园区道路、景观与单元入口、人防出入口等之间的衔接；各专业对图纸进行详细拼对，争取在这一阶段的图纸上解决大部分问题，统一进行变更，以使道路、景观施工时尽可能避免现场变更与签证。

② 提早在招标前、最迟定标前完成好项目定位、设计优化等各项工作，做到宁可前面多花些时间、多些变更，也要尽量少些后续的变更。

③ 如果在招标时、定标前不能确定某些方案（如装修方案不确定），则可以在招标文件中事先列出各方案的工程量清单。在合约文件中考虑了这些不确定性，则对于施工合同来讲就不是设计变更了，由于实行了货比三家，清单的单价就十分合理。

④ 减少和避免"设计+施工"合约的模式。例如玻璃幕墙、楼宇智能化等工程，很多公司为了省事，或者认为施工单位在优化设计上更专业，因此完全依赖施工单位做优化，常常出现前期一切推进良好，后期"被变更绑架"的尴尬局面。因此，建议要自己找专业公司先做好优化设计，然后再让有关单位来施工。

⑤ 确定三个"提早"样板。

a. 提早确定材料样板和工程样板。提早确定材料样板和工程样板，可以减少材料变化引起的价格重新确认。例如标杆企业一般实行材料的标准化，集团采购的主要材料只有40~50种，而且都有对于材料如何使用的指引，这样就极大提升了项目的效能，减少了变更的发生。

b. 提早进行工程标准层的施工。对工程标准层做实施标准确认：当单体主体封顶后，第一时间进行标准层施工；当砌体、开关插座位置、给水表阀位置、排水水管位置、暖气片位置、燃气管及表位置确定后，再组织设计、营销、工程人员分别进行样板间评审。设计人员对照现场实体，很直观地对使用功能、合理性进行评审。营销人员针对实体与销售交付标准进行评审。工程人员对工程质量进行审评，以此作为工程质量样板。全部评审合格后，由设计部门统一对提出的问题和需要变更的内容进行归类并发变更，这样再开始大面积的施工，几乎就不存在由于设计变更引起的返工成本了。

c. 提早进行工程样板房的施工。这对于实施室内精装修的项目来说尤为重要，是减少后期变更、实现成本控制的有效途径和方法。随着房地产市场的逐步发展、客户的成熟和需求标准的提高，大多数房地产开发商都或多或少地接触到室内精装修。由于精装修涉及的部品更细，衔接口子更多，管理流程更复杂，现场实施效果的不确定性更大，投入成本更大，因此后期出现各种问题的可能性更大。所以，提早进行工程样板房的施工，几乎是不可省略的重要一步，为客户展示效果只是它重要职能的一方面。对成本控制部门来说，更重要的是与设计部、采购部、工程部联动，及时清理样板房的各类成本，寻找对应效果的性价比更高的理想替代品，分析总结装修实施各个环节中可能出现的问题，防患于未然，为精装修工程招投标和后期大面积铺开实施打下良好的基础。这才是此阶段变更成本控制的关键。

案例10-4-2

某项目外立面签证的启示

某项目广场二期7、8号楼,由于外立面方案变化,原来玻璃幕墙预埋件位置大部分不能利用,需要重新埋设,发生签证费用约86万元。给大家的经验教训是:设计思路不能多变,施工前设计图纸必须完善,施工开始后尽量不做大改动,特别是领导不要随意改变设计方案。

10.4.2.2 合约出现漏项或重叠或清单说明不清引起的合约签证

合同出现漏项或重叠或清单说明不清引起的合约签证是现场签证的罪魁祸首之一。现场的表现通常是,各施工单位都不包(或者不清晰)的灰色地带工程,或者明明应该是此施工单位的工作范围,但是合约清单没有相关项目。为减少或者避免此类签证,有以下几点要注意。

① 要尽量做到包图纸、包工作内容、包工程量清单的总价包干形式,当然这样的前提条件是图纸齐全且图纸的质量要好;做不到总价包干的,一定要做到工程量清单报价,清单说明尽量要标准化,具体明确,避免清单错漏。

② 招标文件的有关条款或工程量清单中的报价说明应注明类似以下的说明,如"这些问题由投标单位在报价时根据自己的实际情况考虑,并把有关费用包含在相应的单价中",或者对清单说明进行完善等方法,就可以轻松地避免类似签证的发生。

③ 合约界面划分要清晰,参考本书有关合约规划的内容。

10.4.2.3 由于业主原因引起的返工、停工

如果业主变更导致工程返工,就会有部分已经购买材料、下料或部分开工,签署签证时只需对变更项目或修正项目加以计量、签证确认,对原图纸不变的内容不要重复签证。对于设计变更而造成的下料购料签证,必须将相应的材料名称、半成品或成品、规格、数量、变更日期、是否运到施工现场、回收或代用价值有多少等情况详细列出。

对于业主原因引起的停工索赔,主要是指承包商对由非承包商责任和合同约定风险范围以外的因素所造成的,长时间中断停工,大型机械不能撤离而造成的损失进行索赔的经济活动。当发生停工时,甲乙双方应尽快以书面形式确定停工的起始日期、现场实际停工工人的数量,现场停滞机械的型号、数量、规格,已购材料的名称、规格、数量、单价等。应结合实际工程情况,参考有关定额和清单规定处理办法,分清停工与窝工费用、机械台班租赁费或折旧费与台班单价的区别,尽可能合理地办理签证。

10.4.2.4 零星工作的用工

零星工作的用工有时不可避免,最好的做法是在投标时列出零星用工的工种、工

第10章 项目成本策划

日单价。这样中标单位施工时如果发生零星用工，只需要记录零星用工的内容、工作量和工日即可进行付款。上文所说，本来这部分不应该采用签证，而是应该采用工程量确认单的形式。如果为了单独分析这部分，非要单独列出来，作为签证变更也是可以的。

10.4.2.5　场地移交不清引起的责任签证

场地移交不清引起的责任签证主要表现在以下几方面。

① 水准及坐标控制点移交。

② 施工水电接驳点以及读表记录移交。

③ 作业控制线移交，比如1m控制线移交给入户门、二次装修、防火门、门窗、电梯、栏杆施工单位。

④ 场地土方标高移交，比如：原始场地移交给土方单位；土方单位将平整后的场地移交基坑单位；基坑单位将基坑移交给桩基单位；桩基单位将工作面移交给主包单位等；基坑坡度与桩基、主包施工的关系移交。

⑤ 主包与分包之间工作面移交，比如：门窗洞口移交；入户门、防火门洞口移交；栏杆工作面移交；防水工作面移交；外墙涂料工作面移交；白蚁防治工作面移交；水池防护工作面移交；电梯井道移交；烟道工作面移交；二次装修工作面移交；电梯机房、消防中心、变配电房、水泵房、弱电（电话、电视、宽频）等各类设备房移交；人防、消防、燃气、智能化等设备专业工作面移交。

⑥ 分包之间工作面移交，比如：电梯安装与大堂二次装修工作面移交等。

⑦ 室外工程施工各分包单位（污水、雨水、暖气、燃气、电力、给水、消防、各种弱电、园林与绿化等）工作面的移交与控制。

10.4.2.6　额外施工措施费签证

施工措施费，是指投标人完成本招标工程所需的技术、生活、安全等方面的非工程实体项目全部费用，并已充分考虑了招标文件的施工管理及技术要求、配合售楼准备工程的要求。

由于各项措施费很难量化，也没有必要量化，因此在国际上的通常做法是，措施费一般不会单独列出，而是包括在工程量清单的单价中，不包括措施费，所有的管理费、税、利润都会包括在工程量清单的单价中，而且形成了一个合约管理的体系。

在国内则是特殊的工程量清单，采取的措施费为包干形式。关键是包得住吗？当项目情况发生变化时，是否有调节机制，比如，在项目长期停工、合约总金额与实际结算金额相差较大的情况下，措施费是否会调整呢？以及合约中措施费项目是否有漏项呢？如果合约不清晰，就会给施工单位创造签证索赔的机会。

解决方法非常简单，为了避免合约执行时的争执，就要完善标准合约文件体系，把漏洞——进行修复。例如中海地产对于管理费的定义，花了非常多的篇幅列举说明应该包括什么内容；又如碧桂园的措施费，将安全措施文明费单独列出，将脚手架工程单独列出，是公司对措施费精细化管理的具体体现，值得借鉴学习。

10.4.2.7 技术措施和质量标准不清晰签证

工程技术签证是业主与承包商对某一施工环节的技术要求或具体施工方法进行联系确定的一种方式，主要表现形式为技术联系单。经过签字确认的工程技术签证是施工组织设计方案的具体化和有效补充，因其有时涉及的价款数额较大，故不可忽视。

对一些重大施工组织设计方案、技术措施的临时修改，建设单位应征求设计人员的意见，必要时应组织论证，使之尽可能安全、适用、经济、合理。工程部门对此类签证只需对事实予以认可，合约部对技术措施签证必须根据合约来判断是否成立，因为绝大部分技术问题，属于施工单位自行解决的问题，甲方具有审批和建议权，也有特殊情况下的否决权。但是如果两个技术方案都是可行的，这两个技术方案的成本支出不一样，甲方认为的方案如果是成本支出高的那个方案，则这个签证索赔成立的机会就比较大。

为了解决技术措施和质量标准不清晰的问题，标杆企业都是在投标文件中列出有关的技术要求和质量要求，从而大大减少因此造成的签证和索赔。

另外，在正式施工前，一定要做到施工样板先行，避免在施工过程中出现由质量标准不清晰而造成的争执。

10.4.2.8 主要工艺变更引起的价格签证

工艺的变更如果是由甲方的特别要求引起的，就构成了索赔，因为工艺的选择是乙方的权利，甲方对产品可以提出品质的要求，不会细化到对工艺的参与，除非在合约内明确了工艺的选择权。索赔的签证由于甲乙双方的理解不同，不一定成立，也不一定能达成共识，按照索赔的流程处理即可。

10.4.2.9 现场条件变化引起的签证

现场条件变化引起的签证，列举如下：①地质勘探不清，引起地下基础结构形式变更或换土；②原有建筑清理不清，或地下障碍物未清理；③场地不具备三通一平条件；④现场标高与设计标高不一致引起土方挖填费用；⑤周边关系影响（如与周边居民发生纠纷等）；⑥原施工方案变更，增加技术措施费等。

某项目现场条件变化问题的反思

河北某项目1号楼，基坑开挖到设计标高时，发现有生活垃圾及软土层，经设计变更，需人工清除生活垃圾及软土层后，再用3:7灰土回填。另在施工中遇到气温骤降到零下，灰土中含有凝结后不能进行压实，但部分区域灰土已结束（上部未打夯）。为保证质量，挖除灰土回填级配砂石。此案例的经验教训是：软土层和建筑垃圾换成灰土，是不可避免的签证，但作为管理者，应考虑全面，多了解天气状况（通过天气预报），如不是意料之外的天气变化，则可以防止挖除灰土回填砂石的签证。

10.4.2.10 甲方原因引起的工期签证

工期签证一方面涉及工期,另一方面涉及费用,而且今后如果赶工还需赶工措施费,所以签证应格外慎重,严格审核。

工期签证要根据施工进度计划,判断是否在关键线路上,是否影响总工期。其中涉及的机械闲置费应按折旧费签证,而不是台班费;人工窝工费按人工降效费签证(因可以安排其他工作)。

10.4.2.11 其他原因引起的签证

① 总包管理费、总包配合费签证。
② 施工合同范围外零星工程的确认签证。
③ 甲供材料管理采保费,以及甲供材料损耗签证。
④ 低价入场后,申请变更的变相索赔签证。
⑤ 市场价格发生无法控制波动的市场签证。
⑥ 市政管网工程交叉作业引起的室外工程签证。
⑦ 由施工单位原因引起的违规处罚签证。
⑧ 与索赔有关的其他签证。

索赔涉及的范围非常广,比较复杂,以上绝大部分是归于索赔签证,这里不再展开。

其实以上讲了这么多签证原因,最终都应该归于变更和索赔。这里想讲的是,一定要认识到签证的本质就是签记录,不是签钱,最终签钱的形式是变更和索赔。因此,一定要改变乱签证的业内普遍现象,达到减少签证、最终避免签证的最高管理境界。

10.4.3 规范签证的良好做法

作者曾经在施工单位工作过一段时间,对施工单位如何根据签证的潜规则增加额外收入有一定的体会,也看过施工单位写的心得体会,感觉总结得很好。后来做甲方,对堵塞这方面的漏洞就得心应手,其实很简单,反其道而行之就是。

例如,在施工单位总结的心得中,有以下这样的话:"在填写签证单时,施工单位总要使所签内容尽量明确,能确定价格最好。这样竣工结算时,建设单位审减的空间就大大减少,施工单位的签证成果就能得到有效固定。 施工企业填写签证时按以下优先次序确定填写内容。能够直接签总价的就不签单价;能够直接签单价的就不签工程量;能够直接签结果(包括直接签工程量)的就不签事实;能够签文字形式的就不附图(草图、示意图)。"您看完了以上这些经验,作为甲方的管理人员,是不是很容易反其道而行之地堵塞这方面的漏洞啊。下面是规范签证的一些良好做法。

10.4.3.1 制定公司签证管理规定,执行现场签证原则

很多公司都有关于签证的管理规定,例如五矿地产在2000年时就制定了《工程指令和现场签证管理规定》。上面有很多关键性的良好做法,例如有工作指令后才有对应的签

证，完工后要进行确认，实现管理闭环。

签证管理的六项原则如下。

（1）事前审批原则

建立现场签证事先报告制度，即甲方以工程指令的形式，确定签证范围和做法后再实施，规范签证流程，按程序办事。

（2）及时性原则

及时性原则又称时间限制原则，一月一清原则，即各项目对现场签证及其补充预算实行严格的时间限制，及时办理，并对限定时间内未能及时签署的进行追责。

施工单位必须在每月25日前报送上月所发生的签证单，同时必须在报送签证单时附上补充预算，每月月底前，成本管理部应审核完承包单位上月报送的补充预算。实行一单一算，严禁事后补办。建立现场签证与设计变更管理台账，做到一月一清。

（3）标准表格原则

所有的现场签证单都必须使用规定的标准表格。

（4）完工确认原则

当现场签证完工后，工程量确认单必须有监理公司、项目部专业工程师、项目经理共同签字，否则一律无效。时间方面有公司规定在完工后5日内签字确认。如属隐蔽工程，则必须在其覆盖之前签字确认，签证单中必须附覆盖前的照片。

（5）原件结算原则

现场签证的结算必须要有齐备、有效的原件作为结算依据。

（6）责任归口管理原则

一定要给某些关键岗位授权，内部制衡不能太复杂，否则工程管理本身难做。项目管理时，可以不相信某个人，但是我们一定要相信某个岗位。"三个一支笔"建议：现场项目经理对现场所签事实负责，一支笔，即在责任分工上，工程部只负责确认事实和审核工程量；成本部经理对定价负责，一支笔，即成本部负责判断签证是否有效，并按照签证来执行，以及必要时的审定价格；工程老总对现场签证总负责，一支笔。

订立这些原则和公司管理制度，都是为了防止签证中发生问题。例如施工单位在处理一些复杂、耗时较长的合同外工程时，经常请建设单位代表、监理人员去现场观看，等事隔多日之后（一般不超过签证时效），待他们只记事情不记尺寸时，再去签证，导致现场签证内容与实际不符。有些施工企业任意把完成工程量的时间往后推，在签证日期上做文章，利用在建筑工程结算中不同时期完成的工作量其材料价差和人工费调整的不同，争取得到更多的利润。因此有管理制度的规定，就会在一定程度上减少和避免类似事情的发生。

现实中的情况是，大公司的规章制度都是齐全的，但是执行的力度和弹性差异非常大，有规章制度只是良好管理的一个必要条件，而不是充分条件。因此，除了规章制度之外，还应该遵照如下关于签证方面的要点与良好做法。

（1）有工作指令才会有签证

有工作指令后再去做签证，这样的管理叫事前控制，就是实行每一个签证之前必须有一个工作指令。这个工作指令会详细说明让谁做、做什么、在什么部分做、达到什么要求、什么时候完成等信息。有了工作指令后，签证就是对工作指令结果的执行，因此就不会乱签证了，单纯从签证中钻空子的事就不会发生。

（2）事前确定单价后，变成合约内工程，避免签证

甲方控制工程成本的优势在于，可以预先知道可能会发生的事，只是不知道有多少数量，于是可以在投标时将其放在招标文件中，货比三家，最后选出标价合理的中标单位。如果没有放在合约内工程中，可能后期就会出现的大量签证、变更、索赔。

举个工地经常签证的例子，就是钻孔。经常土建为机电安装留的各种孔洞位置不对，或者根本没有考虑预留，这时为了解决问题，就要在梁、板、墙的结构上钻孔。如果在原合约内有钻孔的大小、深度、直径的报价，施工时只需要做好记录就可以了。但如果合约内没有报价，也没有清晰的责任界定，往往就会扯皮合约责任，重新议价，议价时往往因强调难度高、位置太分散无法提升效率等原因而使价格虚高。

（3）签证前需要现场确认的要点

① 隐蔽和打凿工程必须当场拍照且有隐蔽验收记录。

② 土方工程必须提供施工作业前后的土方方格网图以供计算工程量。

③ 所有发起的现场签证和设计变更至现场成本工程师审批时，需要对现场签证和设计变更单下发的合理性进行审核。合理性审核包括以下几个方面：

    a. 判断审批单内容是否与合同相矛盾，合同归属是否正确；

    b. 与合同相对应的关系描述是否为合同必须增加的项目；

    c. 确认发出审批单的必要性，是否属于合同内已经包含的内容；

    d. 判断每份签证和变更单是否存在相关责任单位；

    e. 对确定为不完善或不应发出的指令单应说明理由并退回经办工程师；

    f. 变更指令措辞不清，结算时易引起分歧、纠纷的应予以退回。要求变更指令提出部门表达清楚，不致引起歧义。

10.4.3.2 中海地产一月一清的良好做法

中海地产的很多项目都是可以做到一月一清的。究竟他们是如何做到的呢？现在给大家分享一下。

（1）专人负责

中海比较看重刚毕业的学生，现在有一个统一的品牌式的称呼是"海之子"，就像龙湖的"仕官生"一样。他们毕业分配后首先在项目最前线锻炼，其中有人做了一月一清的专门工作。"海之子"做这项工作有多项好处，首先是基本素质够，其次是都有一个上进好学、积极工作的心态，再加上"海之子"培养体系中"师傅"的指导，让一月一清成了强有力的组织保障。

（2）建立和每月更新签证台账、变更台账

尽管信息化建设在房地产领域应用甚广，形式和手段更丰富，但其根基还是要有台账数据的及时输入更新。其实没有什么非常特别的地方，关键是执行，数据相对及时、合理非常关键。

项目现场签证统计表（模板），如表10-4-1所示。项目变更台账统计表（模板），如表10-4-2所示。

表10-4-1 项目现场签证统计表（模板）（来源：百锐学堂）

某项目现场签证台账统计表（202×年×月）

填报单位：　　　　　　　　　　　　　　　　　　　　　　　　　　　　　　　　　　　成本控制责任部门：×××项目部、合约部

序号	成本内容	合同号 COBSZ030	合同名称	现场签证控制状态					
				签证时间及编号	估算值及时间	施工单位报补充预算金额及时间	成本部初审金额及时间	成本部老总审核金额及时间	
一	工程分判								
1	前期工程								
1.1	临时道路及给排水	030G002	东区北侧临时道路工程						
1.2	临时给水								
1.3	临时供电	030G004	临时电工程						
1.4	临时设施	030G009	项目部办公室装修						
1.5	临时围墙	030G001	临时铁丝网围墙及水泥桩坐标点						
1.6	其他								
1.6.1		030G008	现场细叶相思树移植						
2	岩土及基础工程								
3	主包工程								
3.1	主包合约一	030G010	1~6#楼主包	030G010—001					
				030G010—002					
	……								
二	物资采购								
1	钢筋	030W001	钢筋采购合约						
2	……	030W008	西区钢筋采购合约						
	合计								

表10-4-2 项目变更台账统计表（模板）（来源：百锐学堂）

某项目设计变更台账统计表（202×年××月）

填报单位：　　　　　　　　　　　　　　　　　　　　　　　　　　　　　　　　　　　成本控制责任部门：×× 项目部、合约部

序号	成本内容	合同号	合同名称	设计变更控制状态				
				设计变更时间及编号	估算值及时间	施工单位报补充预算金额及时间	成本部初审金额及时间	成本部老总审核金额及时间
一	工程分判	COBSZ030						
1	前期工程							
1.1	临时道路及给排水	030G002	东区北侧临时道路工程					
1.2	临时给水							
1.3	临时供电	030G004	临时电工程					
1.4	临时设施	030G009	项目部办公室装修					
1.5	临时围墙	030G001	临时铁丝网围墙及水泥桩坐标点					
1.6	其他							
1.6.1		030G008	现场细叶相思树移植					
2	岩土及基础工程							
	……							
二	物资采购							
1	钢筋	030W001	钢筋采购合约					
	……							
	合计							

(3) 每月及时进行初步评估和更新

由于有"海之子"在现场全程参与,能够及时知道项目发生的签证变更,并对其进行评估。有时在没有等到施工单位提交有关资料的情况下,海之子也能独立进行初步评估。

(4) 对于初步评估的签证变更会反映在当期或者下期的工程款支付中

尽管支付的有关工程款只是评估价的6~8折,但是极大地提升了施工单位的积极性,使得施工单位愿意尽快提交合理的签证变更资料,这样方便项目进一步及时进行评估。有些限于公司的制度规定,变更签证在工程过程中虽然给予评估,但不做中期工程款的安排,只有在后期才可以做出适当的调整。这极大限制了施工单位做签证变更的积极性,甚至不愿意接收签证变更的指令,使得项目执行受到影响,一月一清在实际执行中变得很困难。对于这样的公司,需要适当调整公司的规章制度,使之适应实际情况的需要。

(5) 建立一月一清的考核制度

中海月度动态控制一月一清,分三级预警:橙色0~2%、红色2%~5%、黑色5%。若出现预警情况,必须将专题报告提交集团审核。专题报告必须连同分析对经营指标的影响。

后记

首次萌生写书的念头是2001～2005年在做香港迪士尼乐园工程时。当项目接近竣工时，已经知道这个项目的项目管理做得还不错，应该属于"名利双收"型的项目，于是公司上下都想总结一下，项目为什么做得这么成功？参与项目建设的同事都深有感触地说，有太多故事要讲了。作者当时在想，如果有时间的话，真该写本书，好好总结项目成功的经验和其中的不足之处。但这只是个美好的想法，当时不但没有写书的时间，更重要的是没有写书的能力。幸运的是，却有参与写书、发表论文、参与总结、表达想法的机会。

首先是公司发动参与项目的同事写总结，于是在杂志、报纸上出专刊专题，在国家一级刊物上发表了几篇文章，然后参与尊敬领导姚先成先生的《国际工程管理项目案例：香港迪斯尼乐园工程综合技术》一书的素材提供工作，还参与编写及注册了两项发明专利，参与申请了詹天佑大奖、国家科技进步奖等。这些都是对自己项目管理水平的一次巨大提升和升华。再加上业余时间学习了美国项目管理协会的PMP，读了南澳大学的MBA和南开大学的EMBA，并通过多个特大型、特复杂项目的实践，对项目管理及成本控制具有了一些心得与感悟。

2011年下半年，作者结束了11年的香港工作，回到大陆做房地产工作，先后积累了五矿地产、中海、碧桂园等多家房地产公司的工作经验，在项目管理实践过程中大力潜心收集资料、研究房地产的项目管理与成本控制，一直抓紧机会继续学习。

由于个人兴趣爱好，作者于2012年参加了培训师的系统学习。当刘大海博士讲到如何成为一名成功的培训师时，作者受到很大的启发。他说，个人至少要有以下的一种核心能力才可能成功：①著名企业的出色工作经历；②师从名师；③写一本畅销书；④至少要有一门好课。当时想了一下自己，前两项还是算有的，后面两项则需要努力。写书是遥远的，但开发一门好课还是可以的。

于是开始与著名的房地产培训机构百锐学堂联系，没想到得到了卢卫东院长的大力支持与帮助，也非常认同百锐的"好好学习、天天向善"的理念，于是签署了独家合作协议，从此正式走上了房地产讲师之路，利用业余时间进行备课与培训。

这条路注定是十分艰苦的，不光是体力的、精力的，还有心力的磨炼。因为尽管自己以为具有非常好的工作经验，但是成人的教学不但需要技巧，还要有对房地产某些领域的独到见解和认识。所谓，一定要讲干货，让学员学了就能立即用于实际工作。这对讲师提出了很高的要求。在百锐学堂里，有大家公认的标杆老师——兰国胜博士，他的每次课堂评分都接近满分5分。这里感谢百锐的卢院长，时常课后复盘、传授课程要点与技巧，在作者想放弃时积极鼓励，顺利地渡过了适应期。后来作者开始得到了学员的积极鼓励与高度评价，记得最高时取得了"4.89分"的学员评价（一般情况下是在4.7分以上），算是口碑非常良好了。

作者近几年利用业余时间，借助百锐学堂的平台，与很多地产界的朋友分享了上百场的课程，接触的学员有很多来自地产的头部房企，也有一些来自中小房企，学员的专业几乎包括了所有与房地产有关的专业，因为项目管理和成本控制是所有人员都应该关心的，也是息息相关的。

讲课的过程让作者深刻感受到分享知识与经验的快乐和学习的快乐，也让作者深刻体会到，教就是最好的学，老师是站着的学生，学员是坐着的老师。每次课程下来，作者都进行复盘，感觉收获最大的应该是作者本人。在传授"干货"的同时，学友们积极参与互动与反馈，进一步完善了作者的认知，使作者感受到自我的进步与分享的快乐，乐在其中。

为了更好地提升自身素质，2020年8月作者在北京参加了著名的实战派专家、教学设计专家田俊国老师的行动学习课程，收获颇丰。而且田老师的课让作者意识到，好的老师对学员的影响不光是课堂上的时间，更有可能是持续的、深远的。田老师除了线下的培训外，线上还做了很多免费的咨询和交流，为曾经的学员答疑解惑。其中在听一次网上交流时，田老师讲到如何用很短的时间完成《组织学习新范式》的写作时，提出了对写书的感受是：①一般2～3天的课就可以出一本书；②讲课时讲得好，一讲就往外流的情况下，写书也变成一写就往外流；③第一次写书是1.0版本，不成熟没有关系。作者按照田老师的指引进行对照，发现已有2～3门最受欢迎的课，每门都可以讲1～2天，在讲课时，也达到了激情澎湃地自然外流的地步，而且还能主动突破自己的舒适区，非常愿意现场互动解答学员实际工作中的问题，涉及的实际案例非常多。经过认真评估后，觉得写一本书的时机已基本成熟了。

突如其来的新冠疫情对人类造成了巨大冲击，影响了人们的生活和工作，让很多人停下了匆忙的脚步，甚至被迫接受隔离。对作者的影响是，2020年12月25日，当开始被隔离在酒店时，想到了前人闭关写书的故事。在酒店隔离的3个星期与闭关真的差不多，基本没有外来的打扰。于是真正开始动笔写书。没有想到，从一开始的迷茫，订立的小目标，希望能有20万字就达到目标，超过25万字就非常理想了，到后来的一发而不可收，不到半年的时间就利用业余时间，写到30万字了，而且还有很多内容没写的感觉。

这本书能够出版，不是因为作者的能力有多高，而是运气好。庆幸工作中遇到了好平台、好领导、好团队，工作、生活中遇到了许多贵人，才有了作者的特殊经历，才有了现在，才有了本书的出版。

感谢中海、中建的各位领导与同事。作者在中海、中建工作了近20年，是中海、中建提供了这么好的平台。最值得一提的是，中海自费培养作者就读南开大学EMBA并毕业，因此得以向戚安邦老师学习项目管理学，对作者本书的写作产生了巨大影响，是本书的理论基石。

感谢碧桂园的各位领导与同事。作者在2018年2月以投资总监的名义入职了碧桂园并拓展宁波产城业务，与各位领导和同事一起，用了短短的3个月时间就签署了涉及面积达14.8km^{2}的科创小镇项目合作实施协议。感谢碧桂园的项目总培训，让作者在2018年9～10月参加了两个月的全脱产项目经理班培训，同样遇到非常优秀的领导、老师、同事。尽管在碧桂园的时间只有一年多，但是"双人""双享"等企业文化与制度还是对作者产生了很大影响。

同样感谢百锐学堂陈东辉先生和百锐研究院卢卫东院长的直接指导与帮助。同时也感谢百锐学堂的学友们，是你们的鼓励与分享让作者有了丰富的写作案例，也真正认识到，学员是坐着的老师，老师是站着的学生，教即是学的道理。

更要感谢恩师戚安邦教授和老领导吴建斌先生的指导帮助。他们一位是国际著名项目管理专家，另一位是国际财务管理专家和兼顾摄影、写作等多才多艺的奇才。两位顶级大师的指导帮助使作者收益颇多。

感谢本书出版过程中所有关心、帮助过作者的挚亲、挚友、学友、领导、同学、各界朋友，尤其感恩香港海兴集团姚茂龙先生和冯素娟女士的大力支持，使作者得以在工作之余有更多的可支配时间来完成本书的写作，在此祝海兴集团更加生意兴隆！

特别感谢挚友周彤，大学时睡在上铺的兄弟，原长春工程学院白桦林文学社的社长，才华横溢，现在是投资专家、园林专家。他做了本书的斧正润色和专业指导，还抽时间写了推荐序。也要特别感谢挚友陈启亮，他主动从百忙中抽出时间对本书进行校正补漏，也体现了兄弟朋友相助之情。

最后感谢家人的支持！本来许多的假期、周末是陪伴家人的"家庭日"，晚间是陪伴家人的"美好时光"，结果绝大部分时间用在了培训咨询与写作上。另外，爱人吴涤女士和刚考入电子科技大学的儿子化朝阳，还一起帮本书做了查错补漏的工作。

尽管已尽最大努力进行多次修改、核实、校对及推敲，但因时间所限，书中还存在疏漏和不足之处，还请读者批评指正。

参考文献

[1] 陈中.看透本质[M]. 北京：机械工业出版社，2020.

[2] 彼得·德鲁克.管理的实践[M]. 齐若兰，译.北京：机械工业出版社，2018.

[3] 安德斯·艾利克森，罗伯特·普尔.刻意练习：如何从新手到大师[M].王正林，译.北京：机械工业出版社，2016.

[4]（美国）项目管理协会.项目管理知识体系指南（PMBOK指南）[M]. 6版.北京：电子工业出版社，2018.

[5] 戚安邦.项目管理学[M]. 北京：科学出版社，2007.

[6] 吴俊宏.项目管理中的逆向选择与道德风险[J]. 财经科学，2003

[7] 明源地产研究院.房地产项目运营最佳实践[M]. 2版.北京：中信出版集团，2016.

[8] 戚安邦.项目管理十大风险[M]. 北京：中国经济出版社，2004.

[9] 程东升，刘丽丽.华为经营管理智慧[M]. 北京：当代中国出版社，2005.

[10] 阿图·葛文德.清单革命[M]. 王佳艺，译.杭州：浙江人民出版社，2012.

[11] 阚洪波.合约体系与成本管控[M]. 北京：中国建筑工业出版社，2021.

[12] 吴建斌.我在碧桂园的1000天[M]. 北京：中信出版集团，2017.

[13] 唐浩明.曾国藩[M]. 武汉：长江文艺出版社，2012.

[14] 戴维·加尔文.学习型组织行动纲领[M]. 邱昭良，译.北京：机械工业出版社，2004.

[15] 邱昭良.复盘+：把经验转化为能力[M]. 3版.北京：机械工业出版社，2018.

[16] 刘永中.行动学习使用手册：一本书讲透行动学习如何落地[M]. 北京：北京联合出版公司，2015

[17] 王献.招商地产成本适配体系的研究与应用[D]. 天津：天津大学，2015.

[18] 田俊国.上接战略，下接绩效：组织学习新范式[M]. 北京：北京联合出版公司，2020.

[19] 孙武.孙子兵法[M]. 北京：蓝天出版社，2006年.

[20] 李文平.建筑结构优化设计方法及案例分析[M]. 北京：中国建筑工业出版社，2016.

[21] 李文平.地下建筑结构设计优化及案例分析[M]. 北京：中国建筑工业出版社，2019.

[22] 侯龙文.房地产建筑设计成本优化管理[M]. 北京：中国建材工业出版社，2016.

[23] 阚洪波.项目策划与工程管理[M]. 北京：中国建筑工业出版社，2021.

作者简介

化荣庆,南澳大学MBA,南开大学EMBA(中海资助),香港优秀人才,资深PMP、PMI会员,高级工程师,原百锐研究院副院长,伟历信咨询公司高级顾问,深圳市房地产投资协会副秘书长,深房投孵化器CTO,创裕投资发展(深圳)有限公司董事长。曾主持过香港迪士尼乐园工程等特大型世界知名项目。具有28年国内外房地产及建筑项目管理实战经验。就职于世界500强企业达21年,并担任企业高管,服务过的企业包括中海、碧桂园、五矿地产等。曾在海外工作11年,目前在粤港澳大湾区,具备国际化视野。曾师从李维安、戚安邦等著名导师,理论与实践并重。

作者经历的有代表性的项目获奖情况如下。

香港迪士尼乐园工程:国家科技进步二等奖,詹天佑大奖,中建总公司科学进步一等奖,中国土木工程学会"百年百项杰出土木工程"奖,最佳项目经理银奖,最佳安全施工程序(优异奖)等多项大奖。

五矿哈施塔特工程:最佳建筑、规划双金奖,中国风景园林学会优秀园林绿化工程金奖,国家4A级景区,珠三角最美异国风情奖等。

香港铜锣湾隧道工程:最佳高空工作安全改善计划(银奖),建造业安全推广活动-最佳演绎奖(金奖),最佳安全文化分判商(金奖),最佳安全文化活动小组(金奖),最佳安全文化项目经理/地盘总管(金奖),最佳安全施工程序地盘(金奖),最佳安全文化地盘(银奖),杰出环境管理奖(金奖),公德地盘(优异奖),香港环保卓越计划-减废标志(卓越级别),工地健康操及工地座谈会短片创作比赛(银奖),最佳预防工作时中暑职业健康计划(金奖),建造业安全奖励计划(优异奖),最佳安全施工程序地盘(金奖),公德地盘(银奖),建造业安全奖励计划(金奖),世界隧道工程大奖等多项大奖。